D1937458

Kindler
Taschenbücher

Geist und Psyche

Iwan Petrowitsch Pawlow

Auseinandersetzung mit der Psychologie

Eine Auswahl aus dem Gesamtwerk, besorgt von Gerhard Baader und Ursula Schnapper
Einleitung und Anmerkungen von Gerhard Baader

Kindler
Taschenbücher

Diesem Auswahlband liegt die im Akademie-Verlag, Berlin, erschienene sechsbändige Ausgabe von I. P. PAWLOW »Sämtliche Werke«, Gesamtredaktion Dr. LOTHAR PICKENHAIN, Berlin 1954/55 sowie die dreibändige Ausgabe »PAWLOWSCHE Mittwochkolloquien«, Redaktion Dr. LOTHAR PICKENHAIN, Berlin 1955/56, zugrunde.

Kindler Verlag GmbH, München
Lizenzausgabe mit Genehmigung
des Akademie-Verlags, Berlin
Redaktion: T. Felgentreff
Korrekturen: M. Bergholz
Satz und Druck: G. Appl, Wemding
Bindung: R. Oldenbourg, München
Printed in Germany 1973
ISBN 3 463 18096 0

INHALT

Einleitung 9

I. Pawlows Lehre von der Physiologie der höheren Nerventätigkeit 17

Einleitung zur 1. Auflage von »Zwanzigjährige Erfahrungen mit dem objektiven Studium der höheren Nerventätigkeit (des Verhaltens) der Tiere«, Petrograd 1923 17

Die Analyse einiger komplizierter Reflexe des Hundes 23

Die neuesten Fortschritte beim objektiven Studium der höheren Nerventätigkeit der Tiere 31

Über die Untersuchung bedingter Reflexe bei Kindern 43

Über die Möglichkeit einer Verschmelzung des Subjektiven mit dem Objektiven 44

Der dynamische Stereotyp des höchsten Gehirnabschnitts 45

Gefühle der Bemächtigung (Les sentiments d'emprise) und die ultraparadoxe Phase 50

Kritik des Buches von Claparède »Die Entstehung der Hypothese« 55

Der bedingte Reflex 65

Diskussion des Artikels I. P. Pawlows »Der bedingte Reflex« für die »Medizinische Enzyklopädie« . . . 89

II. Die Auseinandersetzung Pawlows mit der Gestaltpsychologie 101

Über die Kritik Köhlers an der Lehre von den bedingten Reflexen 101

Versuche an Menschenaffen 102

Das Wesen des Verstandes der Menschenaffen und die fehlerhafte Deutung Köhlers 108
Über das Buch von Woodworth »Die moderne Schule der Psychologie« und über das Studium des primitiven Denkens bei Affen 112
Fall von Konzentration einer schwachen Hemmung bei M. K. Petrowas »Mirta« 116
Kritik der Gestaltpsychologie an Hand des Buches von Woodworth »Die moderne Schule der Psychologie« 118
Über die Thesen Köhlers und über eigene Beobachtungen 152
Kritik der Gestaltpsychologie anhand des Buches bleme« 159
Über das Buch Dunckers »Psychologie des produktiven Denkens« 166
Die »Verhältnisse« der Frequenzen verschiedener Reize als Form des bedingten Reizes und die Fehler der Gestaltpsychologie 168

III. Die Auseinandersetzung Pawlows mit Kretschmer . . 175
Die physiologische Lehre von den Typen des Nervensystems, den Temperamenten 175
Über Hysterie 186
Über Kretschmers Schizoide und Zykloide 188
Über die Typen der höheren Nerventätigkeit der Tiere und des Menschen 191
Bemerkungen über das Buch von Kretschmer »Körperbau und Charakter« 194

IV. Pawlow und die Behavioristen 197
Antwort eines Physiologen an die Psychologen . . . 197

V. Pawlow und Freud 234
Der Zielreflex 234
Der Freiheitsreflex 241
Kritik an der Neurosekonzeption des Psychiaters Schilder 247
Über die Neurosen des Menschen und des Tieres . . 247
Über Hysterie 251

Über den Wahn 255
Das Problem der positiven Bedeutung des »Sozialreflexes« 258
Schwierigkeit der Bestimmung des Typs des Nervensystems bei gewissen starken Hunden (»Tresor« und »Satyr«) mit starker Tendenz zur Hypnose 260
Noch einmal über den Phänotyp 265
Der Reflex der biologischen Vorsicht (passiver Abwehrreflex) und seine Beziehung zum Untersuchungsreflex 267
Beiträge aus der Nervenklinik. Über Hysterie und Psychasthenie 270

Anmerkungen 274
Sachregister 299
Namenregister 308

EINLEITUNG

Psychologie kann auch heute noch in ihren wesentlichen Bereichen als funktionalistisch bezeichnet werden[1]; der für diese Forschungsrichtung wichtige Leistungsgedanke, dessen Maßstäbe aus der gegebenen gesellschaftlichen Umwelt entnommen werden, macht sie zu einer Ideologie der modernen Industriegesellschaft. Andere Vorstellungen konnten erst in der Kritischen Psychologie vor allem Klaus HOLZKAMPS entwickelt werden. Der historische Funktionalismus sah als sein vornehmlichstes Ziel die Erforschung der Funktion von Erlebens- und Verhaltensgegebenheiten bei der Anpassung des Organismus im Dienst des Überlebens an. Zwar glaubten die Behavioristen ihn weitgehend zu überwinden, doch ist der Behaviorismus, d.h. die Verhaltensforschung, nicht nur in seiner orthodoxen Form nichts anderes als eine Weiterentwicklung des Funktionalismus. Der Behaviorismus wurde darüber hinaus jedoch entscheidend bestimmt durch den Einfluß, den die russischen Physiologen, besonders IWAN PETROWITSCH PAWLOW mit seiner Lehre von der Physiologie der höheren Nerventätigkeit, auf einen seiner Schöpfer, nämlich auf JOHN BROADUS WATSON, ausübten.

Diese Lehre IWAN PETROWITSCH PAWLOWS ist nur aufgrund dreier Faktoren zu verstehen:

1. Der Einfluß der antivitalistischen, physikalischen, quantitativen, experimentellen Richtung in der Physiologie, wie sie sich besonders in Deutschland seit 1840 herauszubilden begann und in HERMANN HELMHOLTZ, ÉMILE DU BOIS-REYMOND und CARL LUDWIG ihre Hauptvertreter hatte; Schüler des letzteren war PAWLOWS Lehrer ELIAS DE CYON gewesen.

2. Der Einfluß der stärker in der französischen und englischen Physiologie vertretenen Richtung, die die Organisation des Lebendigen in den Mittelpunkt ihrer Forschungen stellte. CLAUDE BERNARD, J. PIERRE FLOURENS mit seinen Untersuchungen über

die koordinierende Leistung des Gehirns, besonders aber MARSHALL HALL mit seiner Reflextheorie (1833) sind hier zu nennen.

3. Der Nervismus IWAN MICHAILOWITSCH SETSCHENOWS; er verband seine Entdeckung der zentralen Hemmung mit der Feststellung, daß alle sogenannten psychischen bewußten Handlungen vom zentralen Nervensystem gesteuert und nichts anderes als Reflexe sind (1863). Setschenow steht mit seinem revolutionären Versuch, physiologische Methoden auf die Analyse psychischer Prozesse anzuwenden, in der Tradition des russischen Materialismus der Mitte des 19. Jahrhunderts.

PAWLOW hat SETSCHENOWS Ansätze konsequent weitergeführt. Die Tatsache, daß bei der sogenannten Scheinfütterung, d.h. bei vorgetäuschter Nahrungsaufnahme, Magensaft zu fließen begann, ebenso wie die, daß beim bloßen Anblick der Speise Speichelfluß beobachtet wurde, führte er auf bedingte, d.h. erworbene Reflexe zurück, die er von den unbedingten, d.h. angeborenen abhob (1903). Die Reize, die in keiner Verbindung zur physiologischen Rolle des Speichels stehen, bezeichnete er als Signale (1904). Mit der Darlegung des Zusammenspiels von Erregung und Hemmung bei der Entstehung bedingter Reflexe (1909)[2] hat PAWLOW SETSCHENOWS These von der Einheitlichkeit des Empfindungsapparats und die Auffassung von allen Formen psychischer Tätigkeit als reflektorische Prozesse verifiziert und die Grundlage für seine eigene Lehre der Tätigkeit der Großhirnhemisphären und der anderen Subkortikalformationen gelegt.

Auf zwei Ergebnisse der späteren Arbeit PAWLOWS soll hier noch kurz hingewiesen werden:

1. 1932 zeigte PAWLOW, daß das bedingt reflektorische Geschehen in der Regel nicht in isolierten bedingten Reflexen, sondern in Komplexbildungen abläuft, den sogenannten dynamischen Stereotypien, unter denen er auch Erscheinungen versteht, die wir als Gefühle und Emotionen zu bezeichnen gewöhnt sind[3].

2. Von überragender Bedeutung wurde PAWLOWS Lehre vom zweiten Signalsystem, die er anläßlich der Frage der Anwendung von Ergebnissen der Tierexperimente auf den Menschen zu entwickeln begann. Er zeigte, daß die Menschen mit den Tieren zwar die bedingten Reflexe, die ersten Signale, gemeinsam hätten, jedoch wäre die für den Menschen spezifische Sprache ein

Signal der ersten Signale, die die konkreten Widerspiegelungen der realen Außenwelt herbeiführten. Letzteres bezeichnete PAWLOW als Tätigkeit des zweiten Signalsystems. Es wies darüber hinaus nach, daß beim Menschen das erste wie auch das zweite Signalsystem sozial determiniert ist und entdeckte als spezifische Funktion des zweiten Signalsystems das höhere menschliche, d. h. begriffliche Denken. Dies ist – auf dem Boden der PAWLOWSCHEN Lehre von der höheren Nerventätigkeit – nicht nur die konsequente Weiterentwicklung der Vorstellungen SETSCHENOWS von der Sprache als einem System bedingter Zeichen, das sich parallel zum Denken und ihm angepaßt entfaltet, es ist darüber hinaus die physiologische Bestätigung der marxistischen Widerspiegelungstheorie, nach der das subjektive Abbild eine sich im Kopf des Menschen abspielende Verwandlung der Eindrücke der objektiven materiellen Welt ist.

Alle seine Forschungsergebnisse hat PAWLOW noch selbst kurz vor seinem Tode in seinem Beitrag zur Großen Medizinischen Enzyklopädie zusammengefaßt, der auch in die Große Sowjet-Enzyklopädie aufgenommen wurde und der den programmatischen Titel »Der bedingte Reflex« trägt[4].

Wenig Hilfe bei seinen Untersuchungen hatte PAWLOW von der traditionellen Psychologie seiner Zeit erhalten. Das ist um so verwunderlicher, als sie nicht anders als die Physiologie durch die Arbeiten HERMANN HELMHOLTZ' und die Psychophysik GUSTAV THEODOR FECHNERS ihre entscheidenden Impulse empfangen hatte. WILHELM WUNDT mit seinem 1879 in Leipzig gegründeten ersten »Institut für experimentelle Psychologie« vertritt diese neue wissenschaftliche Psychologie. Sie ist Elementenpsychologie; es ist WUNDTS erklärtes Ziel, nicht anders als das des Strukturalismus seines Schülers EDWARD BRADFORD TITCHENER (1867–1927), Grundeinheiten und Prinzipien des Aufbaus des Bewußtseins zu erstellen. Beider Methode war die Introspektion; beim Studium der Psyche der Tiere müsse man daher von unserer eigenen ausgehen. Gerade dies war für PAWLOW unannehmbar, und so durchzieht seit 1910 sein Werk die Kritik an den, wie er sie nennt, »Zoopsychologen«[5]. Dies ist aber keinesfalls als eine prinzipielle Ablehnung der Psychologie zu verstehen[6]. Vielmehr äußert PAWLOW stets den Wunsch, daß gerade die Psychologie eine Antwort auf die von ihm auf physiologischer Grundlage gewonnenen Ergebnisse geben möge[7]; noch

1933 wandte er sich an den französischen Psychologen PIERRE JANET mit dem beschwörenden Appell zur Zusammenarbeit[8]. PAWLOW hatte stets seine eigene Arbeit als Ergänzung der Psychologie vom physiologisch-naturwissenschaftlichen Standpunkt aus verstanden[9]; gerade deshalb ist eines seiner Anliegen, besonders die Psychologen mit seinen Forschungsergebnissen in Form von Vorträgen vertraut zu machen[10]. Doch haben sich seine in sie gesetzten Erwartungen selten erfüllt, auch nicht bei dem von ihm persönlich hochgeschätzten Schweizer Kinderpsychologen ÉDOUARD CLAPARÈDE[11].

Ganz besonders scharf sind PAWLOWS Auseinandersetzungen mit der Gestaltpsychologie, vor allem mit WOLFGANG KÖHLER. Sie fanden fast ausschließlich in den sogenannten PAWLOWSCHEN Mittwochkolloquien statt. Diese sind aus den seit dem Frühjahr 1921 regelmäßigen Besuchen in seinem Laboratorium im Hauptgebäude der Akademie der Wissenschaften in Leningrad hervorgegangen und wurden nach der Reorganisation des physiologischen Laboratoriums im neuen Physiologischen Institut ab 1925 institutionalisiert; von da an fanden sie einmal wöchentlich statt. Für die Zeit von Oktober 1929 bis Mai 1933 besitzen wir kurze Sitzungsprotokolle, ab Herbst 1933 ausführliche Stenogramme dieser physiologischen Kolloquien. Hier antwortete PAWLOW KÖHLERS Kritik an den bedingten Reflexen (1931)[12], hier berichtete er von Versuchen, die die Thesen von YERKES und besonders von KÖHLER widerlegten, daß die psychischen Prozesse der Schimpansen sich qualitativ von der assoziativen höheren Nerventätigkeit der übrigen Tiere unterschieden und ihr Psychisches nur quantitativ von dem des Menschen verschieden sei[13]. Anhand des Buches ROBERT WOODWORTHS »The Modern School of Psychology«, New York 1932, der selbst eine dynamische Psychologie auf dem Boden des Funktionalismus vertrat, setzte sich PAWLOW nicht nur erneut mit den KÖHLERSCHEN Affenversuchen auseinander[14], sondern auch generell mit der Berliner Schule der Gestaltpsychologie[15]. Die Vertreter dieser Richtung wollten nicht mehr nach dem Aufbau des Bewußtseins aus den letzten Radikalen fragen, sondern setzten die gestalthafte Organisation der unmittelbaren Erlebniswelt – und insofern sind auch sie Strukturalisten – als letzten, nicht weiter reduzierbaren Tatbestand voraus. Ein psychischer Zustand ist für sie ebenso eine ganzheitliche Struktur, eine »Gestalt« oder »Konfiguration«;

letztere kann nicht in Elemente aufgelöst, auch nicht einer Analyse unterworfen werden und ist infolgedessen unerkennbar. Diese Unterstellung eines immateriellen geistigen Elements war mit PAWLOWS Ansatz einer Physiologie des höheren Nervensystems unvereinbar[16]. Er hat deshalb auch KÖHLERS Schrift über »Psychologische Probleme«, Berlin 1933 (englisch unter dem Titel: Gestalt Psychology, New York 1929)[17] ebenso einer schonungslosen Kritik unterzogen wie die Arbeit des KÖHLER-Schülers DUNCKER über die Psychologie des produktiven Denkens[18]. Der Versuch PAWLOWS, eine eigene Typologie aufgrund der verschiedenen Arten des Vollzugs der höheren Nerventätigkeit zu schaffen, gehört zu dem umstrittensten Teil seines Werks[19]. Im Zusammenhang damit hat er jedoch in den Mittwochkolloquien vieles Beachtenswerte zur Kritik der KRETSCHMERSCHEN Typenlehre vorgebracht[20]; ihre Herkunft aus der psychiatrischen Klinik ist dabei sein Hauptargument[21].

Im Gegensatz zu allen bisher besprochenen psychologischen Schulen steht der Behaviorismus von Anfang an PAWLOW nicht ablehnend gegenüber; sein Begründer, JOHN BROADUS WATSON, hat die Bedeutung des bedingten Reflexes für die Psychologie in vollem Umfange erkannt. Zweifel an der Verläßlichkeit der Introspektion, die die Grundlage der Elementenpsychologie WUNDTS wie auch des Strukturalismus TITCHENERS gebildet hatte, ließen mit dem Behaviorismus eine neue Psychologie entstehen, deren Grundkategorien Reize, Reaktionen und die zwischen ihnen bestehenden Abhängigkeitsverhältnisse sind. Seelische und geistige Kräfte, Erlebnisse, Ideen und Intentionen werden dabei in Reiz- und Reaktionszusammenhänge, im einfachsten Fall in Reflexe, aufgelöst; komplexe Zusammenhänge werden dabei nach dem Modell des bedingten Reflexes aufgefaßt. Wegen dieser ihrer positiven Haltung zu PAWLOW wurden die Behavioristen von Vertretern der Gestaltpsychologie heftig angegriffen[22]; eine Ablehnung der Reflexe, wie bei KARL SPENCER LASHLEY[23], blieb bei ihnen die Ausnahme. Vielmehr haben die Vertreter der Verhaltensforschung entscheidend zur Verbreitung von PAWLOWS bedingtem Reflex in den nichtsozialistischen Ländern beigetragen. Doch lösen sie ihn häufig als Einzelmoment aus seinem Zusammenhang heraus, wobei die Gesetzmäßigkeiten der höheren Nerventätigkeit außer acht gelassen werden. Der qualitative Unterschied zwischen dem psychischen Leben der Tiere und der Psyche des Menschen war ihnen dadurch unverständlich; PAWLOW hat auf diese Mängel selbst hingewiesen[22].

PAWLOW und FREUD werden gewöhnlich als Antagonisten dargestellt[24]; das ist zumindest in dieser Schärfe unrichtig. In einem nur in der russischen Neuausgabe von 1955 enthaltenen Protokoll des Mittwochkolloquiums vom 5. Dezember 1934 hat PAWLOW selbst die Einführung des Unbewußten durch FREUD als eine bewundernswerte und positive Entdeckung und als sein Verdienst bezeichnet; seine Kritik an ihm, die er hier äußert, gilt nur der Überbetonung des Sexualtriebs und der Vernachlässigung anderer Reflexe, wie sie PAWLOW bezeichnet. Er erwähnt hier beiläufig den Nahrungsreflex, den Lebensreflex, den Angriffsreflex, den Freiheitsreflex, den Untersuchungsreflex, die für ihn alle gleichberechtigte Primärreflexe neben dem Sexualinstinkt sind[25]. Ohne auf FREUD Bezug zu nehmen, hat er den Zielreflex[26] und den Freiheitsreflex[27] in Vorträgen, den Sozialreflex[28], den Milchreflex[29], den panischen Reflex der Kinder, den passiven Abwehrreflex und Orientierungsreflex[30] sowie schließlich den Reflex der biologischen Vorsicht[31] in den Mittwochkolloquien behandelt, um diese Lücke bei FREUD zu schließen. PAWLOWS eigener Ansatz bleibt hier ebenso wie überall sonst physiologisch. Besonders interessant sind jedoch Stellen, wo er die Analysensituation physiologisch beschreibt; das gilt ganz besonders für seine Auseinandersetzung mit der Arbeit des FREUD-Schülers PAUL SCHILDER »The Somatic Basis of the Neurosis«. Hier beschreibt PAWLOW zweifellos eine Analysensituation; von besonderem Interesse ist hier die Einführung des Begriffs der Hemmung durch ihn[32]. In dem diesem Aufsatz vorhergehenden Mittwochkolloquien vom 14. Januar 1931[33], deutet er einen von FREUD beschriebenen Neurosefall physiologisch. Für die Hysterie schränkt er im Mittwochkolloquium vom 24. Februar 1932 ein, daß die Heilung nicht in allen Fällen psychoanalytisch möglich wäre und gibt seiner eigenen physiologischen Analyse den Vorzug[34]. Im Kolloquium vom 29. März 1933 deutet er eine schwache Paranoia aufgrund einer ultraparadoxen Phase der Hemmung physiologisch, führt jedoch auch den FREUDSCHEN Begriff der Verdrängung dafür an, wenn er ihn auch ablehnt. FREUD muß in PAWLOWS Laboratorium überhaupt ein Gegenstand steter Diskussionen gewesen sein; denn sonst wäre es kaum verständlich, daß sein Mitarbeiter JELACHOW im

Kolloquium vom 27. Februar 1935 just FREUD, »den sie nicht besonders lieben«[35], zur Bestätigung der Tatsache anführt, daß bei Hysterikern Künstlerzüge vorliegen. Alle diese hier angeführten Belege können aber nichts anderes sein als Anregungen zu der noch weiter offenen Frage, wo und in welchem Maße Berührungspunkte zu FREUD im Werk PAWLOWS zu finden sind und umgekehrt, wo beide, voneinander beeinflußt oder unabhängig voneinander, stets jedoch auf verschiedene Weise, nämlich mit den Methoden der Psychoanalyse bzw. der Physiologie der höheren Nerventätigkeit, Antworten auf die gleichen Fragen gesucht haben.

Doch über diese wichtige Frage hinaus harrt PAWLOWS Verhältnis zur Psychologie noch generell einer Klärung. Weder durch das Buch von LAJOS KARDOS »Grundfragen der Psychologie und die Forschungen Pawlows«, Berlin/Budapest 1962, noch durch N. O'CONNORS Sammelband »Recent Soviet Psychology«, Oxford 1961, kann heute eine so befriedigende Antwort gegeben werden, wie es jetzt für die Psychiatrie aufgrund von IVER HANDS Schrift »Pawlows Beitrag zur Psychiatrie«, Stuttgart 1972, möglich ist. Die unabdingbare Voraussetzung für ein solches Vorhaben ist jedoch die Veröffentlichung der Quellentexte selbst. Sie ist für die Physiologie der höheren Nerventätigkeit im Rahmen der Kindler-Studienausgaben bereits erfolgt; in ihr mußten jedoch alle speziell psychologischen Fragestellungen betreffenden Texte am Rande bleiben. Diese Lücke soll mit diesem Band geschlossen werden.

Gerhard Baader

I. Pawlows Lehre von der Physiologie der höheren Nerventätigkeit

Einleitung zur 1. Auflage von »Zwanzigjährige Erfahrungen mit dem objektiven Studium der höheren Nerventätigkeit (des Verhaltens) der Tiere«, Petrograd 1923[1]

Vor mehr als zwanzig Jahren begann ich völlig selbständig diese Untersuchungen. Unter dem Einfluß eines starken Eindrucks im Laboratorium ging ich von meinen früheren physiologischen Arbeiten dazu über. Vorher arbeitete ich mehrere Jahre lang über die Verdauungsdrüsen und untersuchte sorgfältig und eingehend die Bedingungen ihrer Tätigkeit. Dabei konnte ich naturgemäß auch nicht die damals als psychisch bezeichnete Erregung der Speicheldrüsen außer acht lassen, wenn beispielsweise bei hungrigen Tieren und beim Menschen beim Anblick von Speise, beim Gespräch über sie und sogar beim Denken an sie Speichel zu fließen beginnt. Dies um so mehr, weil ich selbst ebenfalls die psychische Erregung der Magendrüsen genau feststellte. Ich begann das Problem dieser Erregung der Speicheldrüsen mit meinen Mitarbeitern S. G. Wulfson und A. T. Snarski zu erforschen. Während Wulfson neues Material über die Einzelheiten der psychischen Erregung der Speicheldrüsen sammelte[2], was dem Problem großes Gewicht verlieh, unternahm Snarski[3] die Analyse des inneren Mechanismus dieser Erregung. Dabei vertrat er einen subjektiven Standpunkt, d.h. er berücksichtigte die imaginäre innere Welt der Hunde (unsere Versuche wurden an Hunden durchgeführt) mit ihren Gedanken, Gefühlen und Wünschen analog unserer Innenwelt. Da ereignete sich ein im Laboratorium nie dagewesener Fall. Wir gingen in unserer Deutung dieser Welt scharf auseinander und konnten uns durch keinerlei weitere Versuche auf irgendeine gemeinsame Schlußfolgerung einigen, ungeachtet der ständigen Laborpraxis, in der neue

Versuche, die mit beiderseitigem Einverständnis unternommen werden, gewöhnlich jegliche Meinungsverschiedenheiten und Streitigkeiten entscheiden.

Dr. SNARSKI blieb bei der subjektiven Deutung der Erscheinungen[4]. Ich aber, betroffen durch das Phantastische und die wissenschaftliche Nutzlosigkeit einer solchen Einstellung zur gestellten Aufgabe, begann einen anderen Ausweg aus der schwierigen Lage zu suchen. Nach beharrlichem Nachdenken über das Problem, nach einem schweren geistigen Kampf habe ich endlich beschlossen, auch gegenüber der sogenannten psychischen Erregung in der Rolle des reinen Physiologen zu bleiben, d.h. in der Rolle des objektiven äußeren Beobachters und Experimentators, der es ausschließlich mit äußeren Erscheinungen und ihren Beziehungen zu tun hat. An die Verwirklichung dieses Entschlusses ging ich mit einem neuen Mitarbeiter, Dr. I.F. TOLOTSCHINOW, was sich dann zu einer zwanzigjährigen Arbeit, unter der Mitwirkung einer Unzahl teurer Mitarbeiter, ausdehnte[5].

Als ich mit TOLOTSCHINOW[6] unsere Untersuchungen begann, wußte ich nur, daß bei einer Ausdehnung der physiologischen Forschung auf die ganze Tierwelt (in Form der vergleichenden Physiologie) über unsere bis dahin beliebten Laborobjekte hinaus (Hunde, Katzen, Kaninchen und Frösche) man wohl oder übel den subjektiven Gesichtspunkt aufgeben und versuchen mußte, objektive Forschungsverfahren sowie eine objektive Terminologie einzuführen (die Lehre von den Tropismen in der Tierwelt von J. LOEB[7] und der Entwurf einer objektiven Terminologie von BEER[8], BETHE[9] und UEXKUELL[10]). In der Tat wäre es schwierig und unnatürlich, über die Gedanken und Wünsche irgendeiner Amöbe oder eines Infusoriums nachzudenken und zu sprechen. Ich glaube aber, daß in unserem Falle, wo das Studium dem Hund, dem nächsten und treuesten Begleiter des Menschen seit Urzeiten galt, der frühe, schon in den Jugendjahren erfahrene Einfluß der talentvollen Broschüre von IWAN MICHAILOWITSCH SETSCHENOW[11], dem Vater der russischen Physiologie, die unter dem Titel »Die Reflexe des Gehirns« (1863) erschienen ist, wenn auch unbewußt, den Hauptanlaß zu meinem Entschluß bildete. Eine stark wirkende Neuheit und ein richtiger, realer Gedanke hat oft, besonders in den Jugendjahren, einen so tiefen, so dauerhaften und, man muß noch hinzufügen, so verborgenen Einfluß. In dieser Broschüre wurde in glänzender Form der für jene Zeit wirklich außerordentliche Versuch unternommen (natürlich theoretisch, in Form eines physiologischen Schemas), sich unsere subjektive Welt in rein physiologischen Begriffen vorzustellen.

Iwan Michailowitsch machte in dieser Zeit eine wichtige physiologische Entdeckung (über die zentrale Hemmung), die einen starken Eindruck unter den europäischen Physiologen hervorrief und den ersten Beitrag des russischen Geistes zu einem wichtigen Zweig der Naturwissenschaft bildete, der kurz vorher durch die Erfolge der Deutschen und Franzosen stark vorgerückt war. Die Anspannung und die Freude bei der Entdeckung, vielleicht zusammen mit irgendeinem anderen persönlichen Affekt, bedingten diesen, man kann wohl ohne Übertreibung sagen, genialen Schwung des Setschenowschen Denkens. Es ist interessant, daß Iwan Michailowitsch zu diesem Thema in seiner ursprünglichen entscheidenden Form später nicht mehr zurückgekehrt ist.

Erst einige Jahre nach Beginn unserer Arbeiten nach der neuen Methode habe ich erfahren, daß man in Amerika in derselben Richtung an Tieren experimentiert und daß dies nicht die Physiologen tun, sondern die Psychologen. Dann lernte ich die amerikanischen Arbeiten eingehender kennen und muß gestehen, daß die Ehre, als erster den neuen Weg beschritten zu haben, Thorndike eingeräumt werden muß[12], der unseren Versuchen um zwei bis drei Jahre zuvorgekommen ist und dessen Buch als klassisch sowohl in der kühnen Ansicht über die gesamte bevorstehende grandiose Aufgabe als auch in der Genauigkeit der erhaltenen Ergebnisse anerkannt werden muß. Seit Thorndike nehmen die amerikanischen Arbeiten über unser Problem immer mehr zu, und zwar amerikanisch in jeder Beziehung, hinsichtlich der beteiligten Mitarbeiter (Yerkes[13], Parker[14], Watson[15] und andere), der Forschungsmittel, der Laboratorien und der Publikationsorgane.

Es ist interessant, daß die Amerikaner, nach dem Buch von Thorndike zu urteilen, auf andere Art und Weise diesen Forschungsweg betreten haben als ich mit meinen Mitarbeitern. Aufgrund eines Zitats, das bei Thorndike angeführt ist, kann man erraten, daß der dem praktischen Leben zugewandte amerikanische Geschäftsgeist fand, daß die genaue Kenntnis des äußeren Verhaltens des Menschen wichtiger ist, als über seinen inneren Zustand mit allen seinen Kombinationen und Schwankungen Mutmaßungen anzustellen. Von dieser Folgerung hinsichtlich des Menschen sind die amerikanischen Psychologen zu ihren Laboratoriumsversuchen an Tieren übergegangen. Das ist auch bis jetzt noch am Charakter ihrer Untersuchungen zu erkennen: sowohl die Methoden als auch die Fragen, die gelöst werden, sind sozusagen dem menschlichen Beispiel entnommen. Meine Mitarbeiter und ich verhalten uns etwas anders. Wie unsere Arbeit von der Physiologie her begonnen hat, so wird sie auch strikt in dieser Richtung fortgesetzt. Sowohl die Methoden und die Verhältnisse unseres Experimentierens als auch die Planung der einzelnen Aufgaben, die Bearbeitung des Materials und schließlich seine Systematisierung, alles das bleibt im Bereich der Tatsachen, der Begriffe und der Terminologie der Physiologie des Nervensystems. Natürlich erweitert dieses Herangehen an das Problem von verschiedenen Seiten nur den Kreis der in Untersuchung befindlichen Erscheinungen. Zu meinem außerordentlichen Bedauern weiß ich gar nichts darüber, was hinsichtlich unseres Problems in Amerika in den letzten fünf bis sechs Jahren gemacht worden ist, da ich hier bis jetzt keine entsprechende Literatur bekommen konnte und mein vorjähriges Gesuch um die Erlaubnis, mit diesem speziellen Ziel nach Amerika zu reisen, nicht berücksichtigt wurde.

In Europa schlossen sich unseren Arbeiten einige Jahre nach ihrem Beginn bei uns W. M. BECHTEREW[16] mit seinen Schülern und KALISCHER[17] in Deutschland an[18]. Anstatt der von uns angewandten angeborenen Reflexe als Grundlage für die höhere Nerventätigkeit, d.h. statt des Nahrungsreflexes und des Abwehrreflexes gegen Säure, und zwar in Form ihrer sekretorischen Komponente, benutzte ersterer den Abwehrreflex gegen destruktive (schmerzerregende) Reize der Haut nur unter Berücksichtigung der motorischen Reaktion, während letzterer denselben Nahrungsreflex wie wir anwandte, aber nur die motorische Reaktion beobachtete. BECHTEREW bezeichnete die neuen Reflexe, die sich auf den angeborenen aufbauen, statt mit unserem Adjektivum »bedingt«, mit dem Wort »kombiniert«, und KALISCHER bezeichnete die ganze Methode als »Dressurmethode«. Nach dem zu urteilen, was ich im Laufe von fünf Wochen, die ich im Frühjahr in Helsingfors verbrachte, bei der Durchsicht der physiologischen Literatur feststellen konnte, beginnt heute das objektive Studium des Verhaltens der Tiere in vielen europäischen physiologischen Laboratorien, dem Wiener, dem Amsterdamer u.a., die Aufmerksamkeit auf sich zu ziehen.

Von mir selbst will ich noch folgendes sagen. Zu Beginn unserer Arbeit gab sich noch lange Zeit die Macht der Gewohnheit über uns zu erkennen, unseren Gegenstand psychologisch zu deuten. Sobald die objektive Forschung auf Widerstände stieß und vor der Kompliziertheit der studierten Erscheinungen halt machte, entstanden unwillkürlich Zweifel an der Richtigkeit der gewählten Handlungsweise. Aber allmählich traten sie im Maße der Weiterentwicklung der Arbeit immer seltener auf, und jetzt bin ich der tiefen, unwiderruflichen und unausrottbaren Überzeugung, daß vor allem hier, gerade auf diesem Wege, der endgültige Triumph des menschlichen Geistes über seine letzte und höchste Aufgabe liegt, den Mechanismus und die Gesetze der menschlichen Natur zu erkennen. Nur hieraus kann das wirkliche, vollkommene und dauerhafte menschliche Glück entstehen. Mag der Verstand einen Sieg nach dem anderen über die umgebende Natur feiern, mag er für das menschliche Leben und die menschliche Tätigkeit nicht nur die gesamte feste Erdoberfläche erringen, sondern auch die Tiefen der Meere und den die Erdkugel umgebenden Raum, mag er mit Leichtigkeit für seine verschiedenartigen Ziele kolossale Energien von einem Punkt der Erde auf einen anderen übertragen können, mag er Raum und Zeit für die Übermittlung seiner Gedanken, seiner Worte überwinden usw., usw. Dennoch aber fügt sich dieser selbe Mensch, mit demselben Geist, von irgendwelchen dunklen Kräften gelenkt, die in ihm wirken, unzählige materielle Schäden und unaussprechliche Leiden durch Kriege und Revolutionen mit ihren Schrecken zu, in denen tierische Verhältnisse wiederkehren. Nur die jüngste Wissenschaft, die exakte Wissenschaft vom Menschen selbst (denn richtig erforschen kann man ihn nur vermittels der mächtigen Naturwissenschaft), wird ihn aus dem heutigen Dunkel herausführen und ihn von der heutigen Schande auf dem Gebiet der Beziehungen zwischen den Menschen befreien.

Die Neuheit des Problems und, man darf vermuten, die soeben ausgesprochene Hoffnung, begeistern alle, die auf dem neuen Gebiet arbeiten. Die Arbeit geht mit großen Schritten voran. Innerhalb von nur fünfundzwanzig Jahren, von den Arbeiten THORNDIKES an gerechnet, ist sehr vieles getan worden.

Nicht wenig wurde auch in meinen Laboratorien getan. Unsere Forschungen wurden und werden bis jetzt ununterbrochen fortgesetzt. In den Jahren 1919 und 1920 wurde die Arbeit infolge der außerordentlichen äußeren Schwierigkeiten in den Laboratorien (Kälte, Dunkelheit, Hunger der Versuchstiere usw.) verringert und verzögert. Seit 1921 hat sich die Situation gebessert und nähert sich jetzt allmählich der Norm, den Mangel an Instrumenten und an Literatur ausgenommen. Unser Tatsachenmaterial häuft sich erfolgreich an. Nach und nach weitet sich der Rahmen der Forschung, und allmählich zeichnet sich vor uns das gesamte System der Erscheinungen des betreffenden Gebiets ab, der Physiologie der Großhirnhemisphären als des Organs der höheren Nerventätigkeit. Das ist in allgemeinen Zügen die jetzige Situation unserer Arbeit. Wir lernen immer mehr und mehr jene Grundlagen des Verhaltens kennen, mit denen das Tier geboren wird, die angeborenen Reflexe, die bis jetzt gewöhnlich als Instinkte bezeichnet wurden. Dann beobachten wir den weiteren Überbau auf diesem Fundament der Nerventätigkeit in Form der sogenannten Gewohnheiten und Assoziationen (die nach unserer Analyse ebenfalls Reflexe, bedingte Reflexe, darstellen), die sich immer mehr erweitern, komplizierter werden und sich verfeinern; und hierbei greifen wir immer wieder selbst bewußt ein bei der Bildung dieses Überbaus. Wir bekommen nach und nach vom inneren Mechanismus dieser letzteren Reflexe einen klaren Begriff, indem wir immer vollständiger die allgemeinen Eigenschaften der Nervenmasse, in der sie sich abspielen, und die strengen Regeln, nach denen sie entstehen, kennenlernen. An uns ziehen die verschiedenartigen individuellen Typen des Nervensystems vorüber, die im höchsten Grad charakteristisch und augenfällig sind und die einzelnen Seiten der Nerventätigkeit unterstreichen. Aus ihrer Verflechtung bildet sich die gesamte komplizierte Verhaltensweise des Tieres. Und mehr als das. Dieses an Tieren gesammelte Versuchs- und Beobachtungsmaterial ist bisweilen schon derart, daß es ernstlich zum Verständnis der in uns stattfindenden und für uns vorläufig noch unverständlichen Erscheinungen unserer Innenwelt benutzt werden kann.

So steht die Sache meiner Überzeugung nach. Und wenn ich

bisher keine systematische Darlegung der gesamten von mir und meinen Mitarbeitern in zwanzig Jahren geleisteten kollektiven Arbeit gebe, dann aus folgenden Gründen: Das Gebiet ist vollkommen neu, und die Arbeit auf ihm wird ununterbrochen fortgeführt. Wie soll man bei irgendeiner allumfassenden Vorstellung stehen bleiben, bei irgendeiner Systematisierung des Materials, wenn jeden Tag neue Versuche und Beobachtungen irgend etwas Wesentliches hinzufügen? ...

Die Analyse einiger komplizierter Reflexe des Hundes. Die relative Stärke der Zentren und ihre Spannung[1]

(Gemeinsam mit Dr. M.K. Petrowa[2])

Unter der großen Zahl von Hunden, die in unseren Laboratorien für Versuche mit den sogenannten bedingten Reflexen dienten, zeichneten sich zwei durch eine gewisse Besonderheit aus. Während der Eintritt eines Fremden in das isolierte Zimmer, in dem sich gewöhnlich für solche Versuche der Experimentator mit seinem Tier befand, bei diesem Tier außer einer leichten Orientierungsreaktion keine weitere Reaktion hervorrief, empfingen die beiden erwähnten Hunde jede fremde Person sichtbar feindselig. Nicht nur, daß man sie nicht ungestraft berühren konnte, auch schon die Begrüßung des Experimentators durch Handschlag rief eine starke Angriffsbewegung der Hunde gegen den Besucher hervor. Es wurde bald klar, daß diese Hunde eine spezielle Wächterreaktion zeigten. Infolge der Eigenart und der großen Deutlichkeit dieser Reaktion und auch wegen ihrer Unbequemlichkeit, die sie im Laboratorium verursachte, beschlossen wir, diese Erscheinung einer besonderen Untersuchung zu unterziehen.

Die Wächterreaktion unserer Hunde kommt in folgendem vollständig zum Ausdruck; in einer Angriffsbewegung mit starkem Gebell in Richtung auf jeden Fremden, der das Versuchszimmer betritt, und in einer Verstärkung dieses Angriffs und des Gebells, wenn sich der Besucher dem Experimentator nähert, und besonders, wenn er ihn berührt. Es gab keine Ausnahme von dieser Regel: nicht für die Wärter, die täglich die Hunde aus dem Hundezwinger brachten und in den Hundezwinger zurückführten, nicht für den früheren Experimentator, der bis vor einigen Monaten mit einem der Hunde etwa zwei Jahre lang arbeitete. Das war die eine Seite ihres Verhaltens. Andererseits äußerte es sich in einem positiven Verhältnis zum eigenen derzeitigen Experimentator, und zwar darin, daß der Hund sich von ihm alles gefallen ließ, daß er an seinem Körper und sogar in seinem Maul verschiedene Geräte anbringen, notfalls das Tier mit Erfolg anschreien und es sogar ungestraft schlagen konnte.

Vor allen Dingen mußte nun die Zusammensetzung der äußeren Bedingungen oder Reize geklärt werden, die die Wächterreaktion hervorriefen und zur Entwicklung brachten. Diese bot keine großen Schwierigkeiten. Die Hauptreize der Wächterreaktion stachen beinahe von selbst ins Auge.

Die erste Bedingung ist der abgegrenzte, und noch besser der isolierte Raum, in dem sich der Hund mit seinem gegenwärtigen Experimentator (seinem Herrn) befindet. Sobald der Hund diesen Raum verläßt, wird er ein ganz anderer, sowohl in bezug auf Fremde als auch in bezug auf seinen Herrn. Von der Angriffsreaktion bleibt keine Spur übrig. Im Gegenteil, das Tier springt oft zutraulich an Fremden hoch. Gleichzeitig zeigt es dem Besitzer gegenüber völlige Gleichgültigkeit und sogar Unaufmerksamkeit. Jetzt kann man sich nicht nur ungestraft dem Besitzer nähern, sondern auch so tun, als ob man ihn schlägt. Die zweite Bedingung ist die Einschränkung der Bewegungsfreiheit, das Festmachen jeglicher Art. Solange das Tier frei auf dem Boden ist, sei es auch im Versuchszimmer, kann es einen Fremden dulden. Sobald aber der Wärter oder Besitzer den Hund ins Gestell gebracht und ihm Fesseln angelegt hat, beginnt er sofort wütend alle anzugreifen außer seinen Herrn. Die dritte Bedingung schließlich sind die verschiedenen gebieterischen und furchtlosen positiven und negativen Handlungen und Bewegungen des Herrn dem Hund gegenüber in der erwähnten Umgebung. Einer der Hunde diente zwei Jahre lang einem Experimantator als Objekt, der sich allgemein durch eine gewisse Zurückhaltung und speziell durch eine Zurückhaltung in seinen Bewegungen auszeichnete. Obwohl nun bei diesem Hund die Wächterreaktion vorhanden war, erreichte sie auch am Ende dieser zwei Jahre nicht ihren höchsten Grad. Der Wärter konnte den Hund in das Versuchszimmer hereinführen und ihn sogar ins Gestell bringen. Fremde konnten im Zimmer bleiben, aber natürlich in einiger Entfernung vom Hund und unter Vermeidung stärkerer schroffer Bewegungen. Als aber dieser Hund für Versuche mit bedingten Reflexen an einen von uns (PETROWA) überging, vollzog sich in bezug auf die dritte Bedingung der Wächterreaktion, die jetzt analysiert wird, eine bedeutende Veränderung, teils eine zufällige in Abhängigkeit vom Unterschied der Temperamente des früheren und des neuen Besitzers, teils infolge des absichtlichen Vorsatzes, dieses Element zu verstärken. Das führte ganz offensichtlich zu einer beträchtlichen Steigerung der Wächterreaktion. Die Sache endete damit, daß der Hund dem Experimentator schon außerhalb des Versuchszimmers übergeben werden mußte. Das Erscheinen jedes Fremden auch nur in der Tür rief bei dem Tier eine fürchterliche Wut hervor.

Schließlich muß ich besonders unterstreichen, daß das Füttern des Hundes, das mitunter bei den Versuchen mit bedingten Reflexen angewandt wurde, bei der Entwicklung der Wächterreaktion nicht die geringste Rolle spielte, da diese Reaktion vollkommen gleich blieb, ob man bei diesem Hund als unbedingten Reiz das Füttern oder das Eingießen von Säure anwandte.

Somit nehmen drei Bedingungen an der Bildung und Entwicklung der Wächterreaktion teil. Wenn die Reaktion noch schwach ist, so ist das Vorhandensein aller drei Bedingungen erforderlich, damit die Reaktion in Erscheinung tritt. Wenn der Experimentator das Versuchszimmer verließ, gab es keine Angriffsreaktion mehr auf Fremde, obwohl der Hund im Gestell angeschnallt war. Wenn der Hund auf den Boden gestellt wurde, so gab es in Anwesenheit des Herrn wieder keine Reaktion usw. Wenn die Wächterreaktion durch die wiederholte Einwirkung aller drei Bedingungen stärker wird, genügen auch zwei Bedingungen. Aber auch bei der größten Anspannung der Wächterreaktion sind allein der Anblick und die Stimme des Experimentators immer ungenügend, um die Reaktion auszulösen. In einem anderen Zimmer außerhalb des Gestells wird der Experimentator von seinem Hund gar nicht beschützt.

Demnach ist die beschriebene Reaktion unserer Hunde ein *beständiges und genaues Ergebnis* einer wenn auch ziemlich komplizierten, so aber doch *ganz bestimmten Summe äußerer Reize.*

Gewöhnlich bezeichnet man diese Reaktion als Wächterinstinkt. Wir ziehen das Wort »Reflex« vor. Vom physiologischen

Gesichtspunkt aus kann man keinen wesentlichen Unterschied zwischen dem finden, was man als Instinkt und als Reflex bezeichnet. Die Kompliziertheit der Handlungen kann nicht als derartiger Unterschied gelten. Viele Reflexe sind ebenfalls höchst kompliziert, z.B. der Brechreflex oder viele lokomotorische Reflexe, wie das besonders aus den Arbeiten der letzten Zeit klar wird. Der Kettencharakter der Prozesse, d.h. die Zusammensetzung eines komplizierten Effektes aus einfachen, wobei das Ende des vorangehenden zum Erreger des nachfolgenden wird, ist gleichfalls vielen Reflexen wie auch Instinkten eigen, wofür wir Beispiele sowohl in der vasomotorischen als auch in der lokomotorischen Innervation haben. Daß der Instinkt sich in Abhängigkeit von einem bestimmten Zustand des Organismus, von den besonderen Bedingungen in ihm befindet, bildet ebenfalls nichts Charakteristisches im Vergleich zum Reflex. Sind doch die Reflexe ebenfalls bei ihrer Reproduktion nicht gänzlich unbedingt und befinden sich auch in Abhängigkeit von vielen Bedingungen, z.B. von anderen gleichzeitigen Reflexen. Wenn man in Betracht zieht, daß jeder Reflex auf einen äußeren Reiz nicht nur von einem anderen gleichzeitigen äußeren reflektorischen Akt begrenzt und reguliert wird, sondern auch von einer Menge innerer Reflexe und ebenso durch die Wirkung verschiedenster innerer Reize: chemischer, thermischer usw., die sowohl auf verschiedene Teile des Zentralnervensystems als auch unmittelbar auf die Arbeitselemente des Gewebes selbst einwirken, so umfaßt eine solche Vorstellung die gesamte reale Kompliziertheit der reflektorischen Antworterscheinungen, und für die Abtrennung einer speziellen Gruppe von instinktiven Erscheinungen bleibt kein besonderer Inhalt übrig.

Somit haben wir es bei den beschriebenen Hunden mit dem Wächterreflex zu tun. Was das für ein Reflex ist, ein angeborener (unbedingter) oder ein erworbener (bedingter), kann man nicht kategorisch sagen, da wir das Leben der Tiere nicht von Geburt an beobachtet haben. Die Stärke und die Ausgeprägtheit des Reflexes aber, der beharrlich ohne die geringsten Veränderungen unter Laboratoriumsbedingungen viele Jahre bestehen bleibt, machen die erste Annahme wahrscheinlich, um so mehr, als einer der Hunde zu einer typischen Wachhundrasse gehört. Die Geschichte des angeborenen Wächterreflexes würde keine besonderen Schwierigkeiten zum Verständnis aller Eigentümlichkeiten dieses Reflexes bieten. Damit der Hund seine Wächterrolle erfüllt, muß er sich an einem bestimmten Ort befinden. Zu diesem Zweck aber mußte er, da es sich um ein wildes, eben erst gezähmtes Tier handelte, angebunden sein. Natürlich war eine wesentliche Voraussetzung die Macht eines einzelnen starken Menschen, der das Tier einfing und überwältigte, der es festband, fütterte und schlug, wobei er sich auf diese unbedingten Reflexe stützte und eine positive Reaktion auf sich und eine negative auf alle übrigen Personen ausarbeitete. In den endgültigen Bestand der Reize aber, die den Wächterreflex bedingen, sind sowohl dieses wesentliche dritte Element als auch die ersten beiden Nebenelemente eingegangen, da sie in der Wirklichkeit immer das dritte begleiten.

Infolge der großen Spannung und des vollkommen stereotypen Charakters des Wächterreflexes bei unseren Hunden unternahmen wir zur Klärung einiger entstandener Fragen einen Vergleich dieses Reflexes mit dem Nahrungsreflex.

Während zu diesem Zweck der eine von uns (Petrowa) die Versuche mit den bedingten Reflexen fortsetzte, d. h. gleichzeitig damit den Wächterreflex übte und festigte, bildete der andere (Pawlow) auf seine Person den komplizierten Nahrungsreflex aus. Diese Ausarbeitung dauerte zwei volle Monate. Im gemeinsamen Zimmer wurde der Hund von dieser Person mit Wurststücken gefüttert, wobei ständig die Worte wiederholt wurden: »Ein Stück Wurst, Ussatsch« (der Rufname des einen Hundes, eines Schäferhundes). Das Futter wurde oft aus der Hand gereicht, um in die Kombination der Reize den Geruch der Person einzuführen. Pawlow stellte sich oft in eine Reihe mit anderen Leuten, damit der Hund genauer seine Form und sein Aussehen differenzierte, und ging auch oft in andere Zimmer des Laboratoriums und rief von dort aus mit verschiedener Lautstärke das Tier mit den üblichen Worten: »Ein Stück Wurst, Ussatsch«, um den akustischen Teil des Reizes stärker zu unterstreichen. Die Wurststückchen lagen gewöhnlich in einem Gläschen, das sich in der Tasche befand. Bei den Worten »Ein Stück Wurst, Ussatsch« wurde die Hand in die entsprechende Tasche gesteckt, das Gläschen wurde herausgenommen, einige Zeit dem Hund vorgehalten, und dann wurde aus ihm die Wurst dem Hund stückweise entweder aus der Hand gegeben oder auf den Boden geworfen, wo das Tier sie aufsammelte.

Mit dem anderen Hund, der den Namen Kalm trug (ein Hofhund), wurde dasselbe gemacht, nur mußte dieser Hund sich auf den Boden setzen, bevor er die Wurst erhielt, und auf die Worte »Setzen, Pfote!« die Pfote geben.

Dieser Nahrungsreflex, der dermaßen lange und beharrlich gefestigt wurde, gab PAWLOW letzten Endes scheinbar eine sehr große Macht über die Tiere. Als es schien, daß der komplizierte Nahrungsreflex seine höchste Stärke erreicht hatte, wandten wir unsere Reflexe gleichzeitig an. PAWLOW, der auf sich den Nahrungsreflex ausgearbeitet hatte, betrat das Zimmer, in dem sich das Tier mit PETROWA befand. Es ergab sich genau das gleiche, als wenn irgendeine andere Person hereingekommen wäre, d.h. ein wütender Angriff. Wir müssen gestehen, daß uns dieses Ergebnis zuerst nicht wenig in Erstaunen setzte, man kann sagen, sogar in Verwirrung brachte. Wie konnte es geschehen, daß der mächtige Nahrungsreflex, der sich auf das Grundinteresse des Organismus bezieht, durch einen Reflex überwunden wurde, den man auf jeden Fall als einen zweitrangigen ansehen muß, durch einen Reflex, der künstlich anerzogen war, der nicht direkt zu den Interessen des Tieres gehörte?

Der weitere Verlauf der Versuche hat unser Erstaunen zufriedenstellend beantwortet.

Schon ganz zu Beginn dieser Versuche zog der Unterschied zwischen beiden Hunden unsere Aufmerksamkeit auf sich. Während Kalm das erste Erscheinen PAWLOWS in der Tür mit einer scharfen Angriffsreaktion beantwortete, blickte Ussatsch angestrengt, bellte aber nicht, und erst bei einem geringen Näherkommen begann er anzugreifen und zu bellen. Man konnte mutmaßen, daß bei Ussatsch irgend etwas den Wächterreflex hemmte. Das nächstemal wurden dann von PAWLOW der Form, dem Aussehen und vielleicht dem Geruch die Worte: »Setzen, Pfote« für Kalm und »Ein Stück Wurst, Ussatsch« für Ussatsch hinzugefügt. Die Wirkung war offensichtlich. Kalm hörte auf zu bellen, und Ussatsch erlaubte ohne Gebell ein weiteres Herankommen. Bei einem noch weiteren Näherkommen aber reichte die bloße Wiederholung der Worte bei beiden Hunden nicht aus, und man mußte die Bewegung zur Tasche nach dem Gläschen ausführen, damit die Angriffsreaktion erneut auch an diesem Punkt aufhörte. Genauso gestattete das Herausnehmen und Vorzeigen des leeren Glases noch einen weiteren Schritt in Richtung auf das Tier. Aber ein näheres Herankommen an Petrowa und ihre Berührung riefen erneut eine Angriffsreaktion hervor. Das nächstemal wurde der Versuch in derselben Reihenfolge wiederholt. Da sich dieses Mal Wurst im Glas befand, konnte man an Petrowa herantreten, wenn man das Glas mit der Wurst vorzeigte, und schließlich konnte man, wenn man mit einer Hand dem Hund Wurst gab, mit der anderen ohne den geringsten Protest von seiten der Hunde drohende Gebärden gegen Petrowa ausführen und sie sogar von Zeit zu Zeit schlagen. Es ergab sich ein voller Triumph des Nahrungsreflexes über den Wächterreflex. Das Ergebnis wiederholte sich vollkommen exakt viele Male. In diesen Versuchen ist die Tatsache, wie die Reflexe einander lange Zeit ausgleichen, direkt überraschend. Zwei Reflexe stellen sozusagen buchstäblich zwei Waagschalen dar. Es genügt, die Anzahl der Reize für einen Reflex zu vergrößern, d.h. sozusagen in eine Waagschale etwas mehr Gewicht zu legen, und diese bekommt das Übergewicht, der zugehörige Reflex unterdrückt den anderen. Und umgekehrt. Fügen wir diesem andere Reize hinzu, so sehen wir, wie er über jenen die Oberhand gewinnt, d.h. jetzt hat die ihm entsprechende Waagschale das Übergewicht.

Beim Ausgleich der Reflexe besteht also im Fall des Nahrungsreflexes der komplizierte Reiz aus folgenden Elementen: Aus der Form, dem Aussehen und dem Geruch Pawlows, den Worten »ein Stück Wurst, Ussatsch« oder »Setzen, Pfote«, aus der Bewegung der Hand nach dem Glas, dem Aussehen des Glases, dem Aussehen und dem Geruch des Fleisches und dem Fleisch selbst. Im Fall des Wächterreflexes sind es: das allmähliche Näherkommen an den Hund, das Herankommen an Petrowa und deren Berührung. Während sich bei Kalm die Form und das Aussehen Pawlows offensichtlich als vollkommen unwirksam erwiesen, hemmte bei Ussatsch derselbe Reiz den Wächterreflex schon etwas bei geringer Intensität, d.h. bei großem Abstand zwischen der fremden Person und dem Hund.

Die Tatsache der Einwirkung der sich vergrößernden Reizsumme in Verbindung mit dem Vorherrschen des einen Reflexes über den anderen, wie auch überhaupt die Tatsache der höchst wichtigen Bedeutung von Zahl und Stärke der Komponenten ist eine der häufigen Erscheinungen, auf die man beim objektiven Studium der höheren Nerventätigkeit der Tiere stößt, und ohne

Zweifel wird diese Erscheinung mit der Zeit, wenn eine allgemeine Einheit zum Messen dieser Stärke vorhanden sein wird, wenn sie in allen Einzelheiten bearbeitet ist, das wichtigste Fundament der streng naturwissenschaftlichen Erforschung dieser Tätigkeit bilden.

Wie soll man sich die soeben angeführten Erscheinungen physiologisch vorstellen?

Auch jetzt können wir immer noch innerhalb der Grenzen der früheren Vorstellungen von den sogenannten Zentren im Zentralnervensystem bleiben. Dazu müssen wir nur dem früher ausschließlich anatomischen Gesichtspunkt auch noch den physiologischen Gesichtspunkt hinzufügen, indem wir zur Ausführung eines bestimmten reflektorischen Akts über eine besondere Bahnung von Verbindungen eine funktionelle Vereinigung verschiedener Teile des Zentralnervensystems annehmen. Wenn man bei dieser Vorstellung bleibt, würde sich das Ergebnis der angeführten Versuche in folgenden Thesen formulieren lassen. Bei unseren Hunden ist die relative Stärke des Wächter- und des Nahrungszentrums sehr verschieden, und zwar ist das Nahrungszentrum viel stärker als das Wachzentrum. Für das völlige Zutagetreten dieser Stärke aber und folglich für den richtigen Vergleich der Stärke der Reflexe ist es notwendig, diese Zentren vollständig anzuspannen. Anderenfalls können sich die verschiedenartigsten Beziehungen ergeben. Bei einer schwachen Anspannung des starken Zentrums und einer starken Anspannung des schwachen Zentrums wird sich das Übergewicht natürlich vielfach auf der Seite des schwachen Zentrums zeigen.

Wenn man derartige Tatsachen, wie sie in dieser Abhandlung beschrieben sind, beobachtet, muß man sich über den großen Selbstbetrug wundern, dem diejenigen verfallen sind, die ernstlich von sogenannten denkenden Pferden und Hunden sprechen.

Es erscheint direkt unfaßbar, wie auf den Seiten einer ernsten psychologischen Zeitschrift (Archives de Psychologie, Genève, Bd. 13, 1913) sehr viele Seiten (S. 312–375) dem Märchen von einem Hund eingeräumt werden, der sich in einem Zimmer befand, wo Kinder unterrichtet wurden, und so gut die Arithmetik begriffen hatte, daß er ständig den Kindern bei der Lösung schwieriger schriftlicher arithmetischer Aufgaben half und durch seine Kenntnisse in der Religion Geistliche in Erstaunen versetzte, die ihn besuchten usw. usw. Ist das nicht ein klares Zeugnis für die große Mangelhaftigkeit des gegenwärtigen psychologischen Wissens, das unfähig ist, einigermaßen befriedigende Kriterien zu liefern, um offensichtlichen Unsinn von Tatsachen zu unterscheiden?

Wir freuen uns, sei es auch mit dieser bescheidenen Arbeit, das Gefühl unserer tiefen Verehrung für KLIMENT ARKADIJEWITSCH TIMIRJASEW[3] auszudrücken, diesen hervorragenden Vertreter der russischen Wissenschaft und unermüdlichen Kämpfer für die wirklich wissenschaftliche Analyse auf dem Gebiet der Biologie. Denn viele Vertreter dieser Wissenschaft befinden sich noch oft auf falschen Wegen.

Die neuesten Fortschritte beim objektiven Studium der höheren Nerventätigkeit der Tiere[1]

Ich nehme mit besonderem Vergnügen an der Feier eines Werkes teil, das vor dreißig Jahren von dem hervorragenden Wissenschaftler und leidenschaftlichen Lehrer PJOTR FRANZEWITSCH LESGAFT mit Unterstützung eines fortschrittlichen Förderers begonnen wurde, eines Werkes, das jetzt zu einem glänzenden Erfolg geführt hat.

Ich gehe zum Thema meines Vortrags über.

So sonderbar es auch sein mag, ist die Physiologie erst in der allerletzten Zeit zur vollen Beherrschung des Tierorganismus gelangt. Es handelt sich darum, daß sich einer der kompliziertesten und wichtigsten Teile dieses Organismus, und zwar der höchst entwickelte Teil des Nervensystems, die Großhirnhemisphären, trotz des außerordentlichen Interesses, das er erweckte, außerhalb der unbestreitbaren Kompetenz der Physiologie befand. Warum war das so? Aus dem Grunde, weil die Rolle der Physiologie dieses Organs, d.h. des Gehirns, eine andere Disziplin behandelte, die möglicherweise nicht einmal zu den Naturwissenschaften gehört, und zwar die Psychologie. Natürlich hat die Psychologie, die das Subjektive des Menschen behandelt, ihre Existenzberechtigung, weil ja unsere subjektive Welt die erste Realität darstellt, der wir begegnen. Wenn man aber über das rechtmäßige Bestehen der Psychologie als menschliche Psychologie nicht streiten kann, so kann man doch sehr das rechtmäßige Bestehen einer Zoopsychologie, einer Psychologie der Tiere bestreiten. Über welche Mittel verfügen wir denn in Wirklichkeit, um die Innenwelt des Tieres zu erforschen? Aufgrund welcher Angaben können wir ernstlich darüber sprechen, was und wie das Tier empfindet? Deshalb, denke ich, kann man annehmen, daß das Wort und der Begriff »Zoopsychologie« ein Mißverständnis ist. Daß dem so ist, wird z.B. durch die folgende Tatsache demonstriert. Es gibt ein Buch eines amerikanischen Autors von dreihundert Seiten, in dem verschiedene Tiere beschrieben werden und die Analogie zwischen der vermutlichen Innenwelt des Tieres und der des Menschen festgestellt wird. Dabei wird in diesem Buch ständig der Satz wiederholt: »... wenn bei ihnen ein Bewußtsein vorhanden ist«. Was ist das für eine wissenschaftliche Disziplin?! Stellen Sie sich vor, daß sie (die Tiere) kein Bewußtsein haben, dann erweist sich doch alles als leeres Gerede.

Indessen ist klar, daß sich ein solches Urteil über die Zoopsychologie nicht auf jenes Material beziehen kann, das die Zoopsychologen sammeln. Dieses Material besteht in der Untersuchung der Einwirkungen, die die Außenwelt auf das Tier ausübt, und in der Reaktion der Tiere auf diese Einwirkungen. Es hat als Tatsachenmaterial seinen Wert und wird später ausgewertet werden. Was aber die Zoopsychologie als Wissenschaft betrifft, so hat sie, ich wiederhole dies noch einmal, kein Recht zu bestehen, da wir ja nichts Zuverlässiges über die Innenwelt der Tiere wissen können. Dieses ganze Gebiet muß in die Kompetenz der Physiologie der höheren Teile des Nervensystems eingehen. Mit der Ausarbeitung dieser Physiologie hat man aber, wie ich schon sagte, erst in der letzten Zeit begonnen. Erst vor zwanzig bis fünfundzwanzig Jahren nahm eine Reihe von Forschern in Europa und Amerika in bezug auf diesen Gegenstand die richtige Position ein.

Obwohl man die Physiologie des Gehirns scheinbar seit den siebziger Jahren des vorigen Jahrhunderts sehr energisch zu bearbeiten begann, blieb sie doch bisher eine zusammenhanglose Physiologie, ein Stückwerk. Die erhaltenen Tatsachen hatten fast keine Beziehung zur Gesamterscheinung der höheren Nerventätigkeit der Tiere, zu ihrem Verhalten. So wurden z.B. bei der Reizung bestimmter Abschnitte der Hirnrinde verschiedene Bewegungen verschiedener Muskelgruppen erhalten. Wie konnte das aber die höhere Nerventätigkeit des Tieres, d.h. sein Verhalten, erklären?

Erst vor zwanzig bis fünfundzwanzig Jahren tauchte schließlich die echte Physiologie der Großhirnhemisphären auf, die den Gegenstand einerseits streng naturwissenschaftlich behandelt und andererseits die Grundzüge des Verhaltens der Tiere erfaßt. Trotz der kurzen Zeit seit Bestehen dieser Physiologie wird schon jetzt das ganze Gebiet so umfaßt, daß es möglich erscheint, zu einem bedeutenden Teil den Mechanismus des Gesamtverhaltens des Tieres zu verstehen.

Den zentralen Begriff dieser Physiologie der Großhirnhemisphären stellt der sogenannte bedingte Reflex dar. Man kann auch andere Adjektiva benutzen, man kann diesen Reflex einen zeitweiligen, individuellen usw. nennen.

Der bedingte Reflex besteht in folgendem: Der Fonds, die Grundlage der höheren Nerventätigkeit des Tieres sind seine angeborenen Beziehungen zur Umwelt. Jeder schädliche Reiz ruft eine Abwehrreaktion hervor. Die Nahrung ruft eine positive Reaktion hervor: Das Tier nimmt die Nahrung, kaut usw. Überhaupt gehören zu dieser Gruppe der angeborenen Verbindungen des Tieres alle Reaktionen, die gewöhnlich entweder als Reflexe oder, wenn sie kompliziert sind, als Instinkte bezeichnet werden.

Diese Reflexe sind Funktionen der niederen Teile des Nervensystems. Den Großhirnhemisphären kommt eine besondere Funktion zu, die Funktion der bedingten Reflexe, der zeitweiligen Reflexe, d.h. die Verbindung von Reizen mit einer bestimmten physiologischen Tätigkeit, die früher mit dieser Tätigkeit nicht in Verbindung standen. Dabei bilden sich alle diese neuen Verbindungen in erster Linie mit Hilfe der angeborenen Verbindungen. Wenn auf das Tier irgendein Agens, das infolge einer angeborenen Verbindung ständig eine bestimmte Antwort bedingt, und gleichzeitig mit diesem Agens irgendein neues Agens einwirkt, so wird nach mehreren Wiederholungen dieses neue Agens dieselbe Wirkung hervorrufen wie das angeborene Agens. So stellt z.B. die Nahrung für den Hund ein angeborenes Agens dar. Der Hund ist bestrebt, sich der Nahrung zu nähern, sie zu suchen, zu kauen usw. Außerdem wird eine sekretorische Reaktion beobachtet, es sondern sich verschiedene Flüssigkeiten, Speichel usw. ab. Wenn nun mit diesem unbedingten Agens, der Nahrung, ein anderes Agens zusammenfällt, z.B. irgendein Bild, Laut, Geruch usw., so werden schon alle diese Agenzien allein zu Erregern der Nahrungsreaktion. Dasselbe trifft auch auf alle anderen unbedingten Verbindungen zu, den Abwehrreflex, den Geschlechtsreflex usw.

Mit Hilfe dieser Grunderscheinung der höheren Nerventätigkeit erhält man eine breite, man kann sagen, unbegrenzte Möglichkeit, die gesamte Tätigkeit der Großhirnhemisphären zu studieren, d.h. jene ganze Synthese und ganze Analyse sowohl der Umwelt als auch der Innenwelt, zu der das betreffende Tier fähig ist. Diese Synthese und Analyse aber enthält das ganze Verhalten des Tieres. Um sich mit der Umwelt im Gleichgewicht zu halten, muß es einerseits diese Welt sowohl analysieren als auch synthetisieren, da die Welt nicht nur in Form von einfachen Reizen wirkt, sondern auch durch sehr komplizierte Kombinationen; andererseits muß man ebenso die Tätigkeit des Organismus analysieren und synthetisieren.

Die Grundprozesse, auf denen diese Synthese und Analyse beruhen, sind einerseits der Erregungsprozeß und andererseits der Hemmungsprozeß, d.h. irgendein Gegenteil des Erregungsprozesses. Ich sage »irgendein«, weil wir vorläufig weder vom Erregungs- noch vom Hemmungsprozeß etwas Näheres wissen. Wir haben lediglich Vermutungen angestellt, die noch zu keinem bestimmten Ergebnis geführt haben. Die Bildung des bedingten Reflexes beruht auf dem Erregungsprozeß, aber das ist bei weitem nicht alles. Um eine richtige Beziehung des Organismus zur Außenwelt zu erhalten, ist nicht nur die Bildung zeitweiliger Verbindungen nötig, sondern auch das ständige und rasche Korrigieren dieser Verbindungen, wenn sie unter bestimmten Bedingungen durch die Wirklichkeit nicht gerechtfertigt werden, d.h. also ihre Aufhebung. Diese Aufhebung der zeitweiligen Verbindungen aber kommt durch die Hemmung zustande.

Auf diese Weise beteiligen sich am ununterbrochenen Ausgleichsprozeß des Organismus mit der Umwelt zwei Prozesse: sowohl der Erregungs- als auch der Hemmungsprozeß. Eine Menge von Reaktionen des Tieres werden uns verständlich, wenn wir die Grundeigenschaften dieser beiden Prozesse kennenlernen. Sowohl der Erregungs- als auch der Hemmungsprozeß, die unter der Einwirkung bestimmter Reize entstanden sind, vollziehen innerhalb der Großhirnhemisphären eine bestimmte Fortbewegung, deren Geschwindigkeit nicht nur nach Sekunden, sondern sogar nach Minuten mißt. Bis jetzt ist es noch nicht genügend geklärt, wie sich die Geschwindigkeiten der Bewegung beider Prozesse zueinander verhalten. Es ist möglich, daß der Hemmungsprozeß etwas langsamer verläuft.

Ferner ist bekannt, daß diese Bewegung in zwei Richtungen stattfindet. Sowohl der Erregungs- als auch der Hemmungsprozeß zerfließen zuerst, verbreiten sich über die Großhirnhemisphären, irradiieren. In der folgenden Phase konzentrieren sie sich, sammeln sie sich an einem bestimmten Punkt.

Der Erregungs- und Hemmungsprozeß bedingen durch diese Eigenschaften die gesamte Tätigkeit der Großhirnhemisphären. Die grundlegende Erscheinung, die Bildung zeitweiliger Verbindungen, ist durch die Fähigkeit des Erregungsprozesses begründet, sich zu konzentrieren. Den Mechanismus der Bildung des bedingten Reflexes, den Mechanismus der Assoziationen stellen wir uns in folgender Weise vor: Es findet eine starke Reizung statt, z.B. durch die Nahrung, und dann wird jede andere Reizung, die gleichzeitig auf einen anderen Teil der Hemisphären einwirkt, durch diese starke Reizung in der Richtung auf ihren Punkt konzentriert.

Genauso konzentriert sich auch die Hemmung, wodurch die Bildung bedingter Hemmungsreflexe erreicht wird.

Die Irradiation zeigt sich auch in einer bedeutenden Verstärkung der höheren Nerventätigkeit. Nehmen wir einen starken Erregungsprozeß. Er wird über die Großhirnhemisphären stark irradiieren, und dies wird sich in der gleichzeitigen Verstärkung vieler Tätigkeiten des Tieres zeigen. Dies ist eine Emotion. Ich kann mich an einen Hund erinnern, bei dem der Aggressionsreflex gegenüber fremden Menschen sehr ausgebildet war. Als seinen Besitzer erkannte er nur den Experimentator an und beschützte auch nur ihn. Auf jeden Fremden, der im Versuchszimmer erschien, reagierte er mit einem fürchterlichen Bellen usw. Als ich den Experimentator vertrat und die bedingten Nahrungsreflexe prüfte, beobachtete ich keine Verminderung, sondern eine außerordentliche Verstärkung. Das Futter, das ich ihm vorlegte, fraß er mit äußerster Gier. Folglich irradiierte in diesem Fall die primäre Erregung des Aggressionszentrums und lud auch das Nahrungszentrum auf.

Andererseits kann hier ein krasser Fall von Irradiation der Hemmung angeführt werden. Wie die detaillierte Untersuchung zeigte, ist die Hemmung, die neben der Erregung besteht und diese ständig korrigiert, im wesentlichen derselbe Prozeß wie der Schlaf. Auch der Schlaf stellt lediglich die äußerste Irradiation des Hemmungsprozesses dar. Um den Schlaf auszuschalten, muß man die Hemmung durch entgegenwirkende Reize begrenzen. Wenn aber der Hemmungsprozeß von seiten des Erregungsprozesses keinem Widerstand begegnet, verbreitet er sich über die Großhirnhemisphären und geht auf die tieferen Abschnitte des Gehirns über, wodurch er beim Tier einen völlig passiven Zustand, den Schlafzustand, bedingt.

Auf diese Weise führt die gegenseitige Begrenzung beider Nervenprozesse im wachen Zustand dazu, daß die Großhirnhemisphären ein großartiges Mosaik darstellen, in dem einerseits Erregungspunkte und andererseits Hemmungspunkte vorhanden sind, die chronisch eingeschläfert sind. Durch das Vorhandensein dieser miteinander vermischten, bald erregten, bald eingeschläferten Punkte wird aber das ganze Verhalten bestimmt. Auf die einen Reize antwortet das Tier mit einer Tätigkeit, auf die anderen mit einer Hemmung.

Zu dieser Verteilung trägt sehr ein weiterer Prozeß bei, und zwar ist das der Prozeß der gegenseitigen Induktion. Sie besteht darin, daß die Erregung, die an einer bestimmten Stelle entstanden ist, in ihrem Umkreis und an ihrem Entstehungsort einen Hemmungsprozeß hervorruft, der wiederum die Ausbreitung des Erregungsprozesses begrenzt. Andererseits aber induziert auch der Hemmungsprozeß den Erregungsprozeß, wodurch wiederum die Hemmung begrenzt wird. Auf diese Weise festigt sich die Aufteilung des ganzen Territoriums der Großhirnhemisphären in erregte und gehemmte Punkte.

Das ist nur ein ganz flüchtiger Überblick über unsere älteren Arbeiten. Wenn ich jetzt zu den neueren übergehe, muß ich erklären, daß das nicht alles meine persönliche Arbeit ist, sondern hauptsächlich die meiner Mitarbeiter. Mir halfen nicht nur fremde Hände, sondern auch unsere Gedanken ergänzten sich ständig.

Aus dem, was ich gesagt habe, wird klar, daß das gesamte Verhalten des Tieres sich aus dem Ausbalancieren der Erregungs- und Hemmungsprozesse ergibt, die mit verschiedenen Reizen in Verbindung stehen. Aber immerhin erweist sich dieses Ausbalancieren für das Tier oft als eine gar nicht so leichte Aufgabe, sondern es erfordert große Anstrengung und Mühe. Das kann man bei unseren Laboratoriumstieren deutlich beobachten.

Wenn ich einen Erregungsprozeß hervorgerufen habe und ihn durch den Hemmungsprozeß begrenzen will, ist das für das Tier schwierig: Es beginnt zu winseln, zu bellen, aus dem Gestell zu streben usw. Und das nur deshalb, weil ich ein schwieriges Gleichgewicht zwischen Erregung und Hemmung ausarbeite. Wenn wir uns unserem eigenen Leben, den Einzelheiten unseres Verhaltens zuwenden, so werden wir viele ähnliche Beispiele finden. Wenn ich z. B. mit irgend etwas beschäftigt bin, so werde ich von einem bestimmten Erregungsprozeß geleitet, und wenn man mir in dieser Zeit sagt: »Tu einmal das und das!«, so ist mir dies unangenehm. Das bedeutet doch, daß ich den starken Erregungsprozeß, der mich beschäftigt, hemmen und danach zu einem anderen übergehen muß. Das klassische Beispiel hierfür stellen die sogenannten eigensinnigen Kinder dar. Man befiehlt ihnen, irgend etwas zu tun, d.h. man verlangt vom Kind, den einen Erregungsprozeß zu hemmen und einen anderen zu beginnen. Dies führt aber oft zu einem großen Auftritt. Das Kind wirft sich auf den Boden, schlägt mit den Beinen usw.

Mehr als das, diese Anstrengung, dieser schwierige Kampf wirkt sich pathogen auf das Gehirn des Hundes aus, d.h. Sie sehen nach einer solchen Anstrengung ganz deutlich eine Störung der normalen Funktionen des Gehirns. Anscheinend sind dies Fälle, die uns die Genese jener Erkrankungen erklären, die wir oft im Leben unter der Einwirkung sehr starker Erregungs- und Hemmungsprozesse sehen. Zum Beispiel erleben Sie einerseits einen starken Erregungsprozeß, die Umstände aber verlangen gebieterisch, ihn zu hemmen. Das führt oft zur Störung der normalen Tätigkeit des Nervensystems.

Mit dem Studium dieser Erscheinung sind wir augenblicklich beschäftigt. Diese krankhaften Abweichungen der normalen Funktionen des Gehirns können nach zwei Seiten erfolgen. Bei einigen Tieren leidet der Erregungsprozeß, bei anderen umgekehrt der Hemmungsprozeß. Wenn Sie ein Tier vor sich haben, bei dem der Hemmungsprozeß gelitten hat, so kommt das sehr deutlich zum Ausdruck. Das Tier, das früher ruhig war, wird jetzt nervös, kann nicht ruhig stehen usw. Bei unseren Versuchen zeigte sich, daß dann beim Tier die Hemmungsprozesse verschwinden, es wird sozusagen zu einem Tier, das jeglicher Hemmungsfunktion beraubt ist. Wir sehen, daß in diesem Kampf der Erregungsprozeß das Übergewicht erlangt hat. Ich kann mich an Tiere erinnern, die man drei bis vier Monate ohne experimentelle Arbeit lassen mußte und bei denen sich erst danach die normalen Beziehungen wieder einstellten. Dann konnte man vorsichtig und allmählich den Hemmungsprozeß wiederherstellen.

So findet eine Abweichung von der normalen Tätigkeit in Richtung auf ein Vorherrschen des Erregungsprozesses statt. Ein anderes Mal aber kommt das Gegenteil vor: Die Störung ist mit einem Vorherrschen des Hemmungsprozesses verbunden. Dabei wird eine Einschränkung der positiven Tätigkeit des Tieres beobachtet, eine Neigung zum Schlaf, eine nicht entsprechende, unangebrachte Hemmung.

Wenn wir uns jetzt aufgrund dieser Beobachtungen der pathologischen Welt des Menschen zuwenden, so können wir Analogien finden. Wir haben hier auf der einen Seite Neurastheniker, die sich schlecht hemmen können, und auf der anderen Seite verschiedene Formen der Hysterie, bei der eine Hemmung in Form von Anästhesie, Paralyse, außerordentlicher Suggestibilität usw. vorherrscht. Ich glaube, daß diese pathologischen Zustände jenen Abweichungen von der Norm entsprechen, die wir an unseren Tieren beobachtet haben.

Wenn man hiervon spricht, kann man folgendes nicht unerwähnt lassen. Beim Studium dieser Abweichungen in Richtung auf das Vorherrschen der Hemmung, der Abschwächung des Erregungsprozesses, mußten wir uns davon überzeugen, daß eine der Entdeckungen unseres hervorragenden verstorbenen Physiologen N. J. WEDENSKI[2] tief begründet ist.

WEDENSKI hat sehr viel für die Nervenphysiologie getan. Es gelang ihm, auf diesem Gebiet wichtige Tatsachen zu finden, aber aus irgendeinem Grunde wurde er in der ausländischen Presse nicht genügend gewürdigt. Von ihm stammt unter anderem das Buch »Erregung, Hemmung und Narkose«, in dem er die Veränderungen der Nervenfaser unter der Einwirkung starker Reize schildert und dabei mehrere Phasen unterscheidet. Und nun zeigt sich, daß diese eigenartigen Phasen auch in den Nervenzellen vollständig reproduziert werden, wenn Sie die Auseinandersetzung zwischen Erregungs- und Hemmungsprozeß sehr zuspitzen. Ich bin überzeugt, daß nach dieser Übereinstimmung die Arbeiten WEDENSKIS endlich gebührend eingeschätzt werden.

Außer dem, was ich Ihnen dargelegt habe, konnten wir in letzter Zeit interessante Beobachtungen machen, welche die Veränderungen der höheren Gehirnabschnitte in Verbindung mit dem Lebensalter und unter der Einwirkung einer Störung des normalen Chemismus im Organismus betreffen. Bei uns wurden gleichzeitig von zwei Mitarbeitern Versuche angestellt, in einem Fall an einem sehr alten Hund, im anderen an einem Hund ohne Schilddrüse. Bekanntlich führt die vollständige Entfernung der Schilddrüse beim Menschen zur Abschwächung der Funktionen der Großhirnhemisphären: Es entwickelt sich allmählich der Kretinismus.

Was aber hat sich bei uns herausgestellt? Gewöhnlich benutzen wir zur Bildung der bedingten Reflexe den Nahrungsreflex. Nunmehr bildete sich aber auf diesen unbedingten Nahrungsreflex auf keine Weise eine deutliche zeitweilige Verbindung aus. Es vergingen Monate, aber diese Verbindung kam nicht zustande. Bei dem alten Hund trat gar kein bedingter Nahrungsreflex auf, bei dem Hund ohne Schilddrüse wurde er festgestellt, aber erst am Ende jeder experimentellen Sitzung, und am nächsten Tag mußte man von neuem beginnen. Auf diese Weise zeigte sich ein grober Fehler in der Tätigkeit der Großhirnhemisphären.

Was aber bedeutet das? Mit welchen Veränderungen des Gehirns steht das in Verbindung? Wir kamen zu dem Schluß, daß anscheinend in beiden Fällen die Erregbarkeit der Großhirnhemisphären sehr vermindert ist. Wir alten Menschen wissen doch alle, daß sich mit den Jahren das Gedächtnis für das Gegenwärtige stark vermindert und man die Aufmerksamkeit längere Zeit auf den Gegenstand richten muß, um etwas gut im Gedächtnis zu behalten, und daß sich erst dann die Erregung im Gehirn festigt. Aus diesem Grund nahmen wir an, daß man bei unserem Hund die normale Tätigkeit wiederherstellen kann, wenn man auf irgendeine Weise die allgemeine Erregbarkeit des Gehirns erhöht. Zu diesem Zweck haben wir den Nahrungsreiz durch einen stärkeren ersetzt. Dabei muß erwähnt werden, daß wir während des Versuchs das Futter in kleinen Portionen geben, die Hauptmahlzeit aber bekommt das Tier erst nach dem Versuch. Offenbar erwies sich unsere Fütterung während des Versuchs als ungenügender Reiz. Deswegen benutzten wir statt des Nahrungsreflexes den Abwehrreflex auf das Eingießen von Säure ins Maul des Hundes. Der motorischen Reaktion nach zu urteilen war dieser Reflex offenbar mit einer beträchtlichen Erregung des Gehirns verbunden. Unsere Vermutung hat sich bewahrheitet. Als wir auf diese Weise die Erregbarkeit des Gehirns erhöhten, konnte man leicht auch einen bedingten Säurereflex erzeugen. Daraus ergab sich demnach eine wichtige Tatsache: Bei der Verminderung der Erregbarkeit bestand eine ungenügende Tätigkeit der Hemisphären. Es genügte offenbar, diese Erregbarkeit zu erhöhen, und die Tätigkeit der Hemisphäre stellte sich wieder her.

Aber wir gingen weiter. Nachdem wir den bedingten Säurereflex erhalten hatten, beschlossen wir festzustellen, wie es sich mit dem Hemmungsprozeß verhält. Wir begannen eine Differenzierung auszuarbeiten, die bekanntlich auf einer Hemmung beruht.

Wir hatten einen bedingten Reflex auf hundert Metronomschläge ausgearbeitet und begannen eine Differenzierung auf fünfzig Metronomschläge in der Minute herzustellen. Bei dem anderen Hund bildete ein bestimmter Ton den bedingten Reiz und die Oktave zu diesem Ton den zu differenzierenden Reiz. Es hat sich nun herausgestellt, daß sich diese Aufgabe für beide obenerwähnten Hunde als völlig unlösbar erwies. Bei dem einen Hund (ohne Schilddrüse) war das zu differenzierende Agens bis zu sechshundertmal wiederholt worden, eine Unterscheidung kam aber nicht zustande. Zu dieser Zeit starb unser alter Hund, aber der Kretin lebte weiter. Demzufolge mußte man also zu der Überzeugung kommen, daß diese Tiere zur Differenzierung, das heißt zur Hemmung, nicht fähig sind, während dieselben Differenzierungen für normale Tiere eine leichte Aufgabe darstellen.

Dann zogen wir den Schluß, daß der Hemmungsprozeß vielleicht auf irgendeine Weise vom Erregungsprozeß abhängt und wir vielleicht die Erregbarkeit, den Tonus der Großhirnhemisphären, noch nicht auf die nötige Höhe gebracht hatten. Wir wandten deshalb statt des unbedingten Säurereizes einen stärkeren destruktiven Reiz an, und zwar den an der Haut angelegten elektrischen Strom, der eine starke Reaktion hervorruft. Diese besteht nicht nur während der Einwirkung des Stromes, sondern auch noch einige Zeit nach der Stromeinwirkung. Das Tier hebt oft das Bein, an das der Strom angesetzt wurde. Der gleiche Ton verwandelte sich nun rasch in einen bedingten destruktiven

Reiz. Sobald unser Ton erscholl, drehte sich der Hund um, winselte usw.

Jetzt ließ sich auch die Differenzierung außerordentlich leicht bilden. Wenn wir statt dieses Tons einen um eine Oktave höheren Ton anwandten und diesen Ton nicht durch den unbedingten Reiz begleiteten, unterschied der Hund diesen Ton ganz deutlich. Auf den einen Ton reagierte er mit einer starken Abwehrreaktion, und auf den anderen Ton, der eine Oktave höher lag, blieb jegliche Reaktion aus.

Folglich erhöhten wir durch die Anwendung des elektrischen Stroms die Erregbarkeit noch mehr, und das, was dem Tier früher unmöglich war, wurde jetzt von ihm ausgeführt. Offenbar steht der Erregungsprozeß in einer wesentlichen Beziehung zum Hemmungsprozeß: Wenn jener nachläßt, wird auch der Hemmungsprozeß schwächer, oder er verschwindet ganz.

Von diesem Standpunkt aus werden auch solche Tatsachen verständlich, wie die senile Geschwätzigkeit und die senile Geistesschwäche. Woher kommt die Geschwätzigkeit? Wenn der Mensch über die normale Tätigkeit des Gehirns verfügt, spricht er nur dann, wenn es angebracht und begründet ist. Wenn er aber viel und unnütz redet, so ist es klar, daß er sich nicht mehr zurückhält, nicht hemmt. Genauso muß man auch die Geistesschwäche verstehen, wenn der Zusammenhang der Gedanken nicht mehr der Wirklichkeit entspricht. Normalerweise wird das, was nicht der Wirklichkeit entspricht, nicht zugelassen, verworfen. Aber im Fall einer Störung des Hemmungsprozesses verbindet sich alles wahllos, ohne das geringste Hindernis. Nach diesen Versuchen wurde mir ein psychiatrischer Fall klar, den ich vor fünf Jahren in der Klinik für Geisteskranke gesehen habe. Dort war ein alter Mann, der zwanzig Jahre lang in der Klinik als lebender Leichnam lag. Vom 35. bis 40. bis zum 60. Lebensjahr führte er keinerlei Bewegungen aus und sprach kein einziges Wort. Mit Beginn des sechzigsten Jahres aber begann er allmählich die übliche motorische Tätigkeit zu zeigen; er begann zu sprechen, aufzustehen usw. Beim Gespräch mit ihm hat sich nun herausgestellt, daß er in der ganzen verflossenen Zeit alles erkannte, alles sah, hörte, verstand, sich aber weder bewegen noch sprechen konnte. Also bestand die ganze Zeit über in seinem Nervensystem, speziell im motorischen Teil der Großhirnhemisphären eine Hemmung. Im Alter aber, wenn die Hemmungsprozesse schwächer werden, begann diese Hemmung sich zu vermindern, sie verschwand.

Daraus können Sie entnehmen, wie wesentliche Tatsachen des normalen und pathologischen Verhaltens des Menschen vom Standpunkt dieser neuen, echten Physiologie des höheren Nervensystems aus verständlich werden. Ich will noch ein weiteres lehrreiches Beispiel anführen: Unsere geistige Tätigkeit ist hauptsächlich auf einer langen Kette von Erregungen, auf Assoziationen begründet. Wir beschäftigten uns in unseren Versuchen auch mit dieser Seite. Es war interessant zu sehen, ob man einen neuen bedingten Reflex nicht mit Hilfe des unbedingten Reflexes (bei uns gewöhnlich das Futter), sondern mit Hilfe eines gut ausgearbeiteten bedingten Reflexes bilden kann. Wenn wir einen bedingten Reflex ausgebildet haben, z.B. auf hundert Metronomschläge, so sind diese Schläge ein ständiger und bedeutender Erreger der Nahrungsreaktion. Könnte man nicht mit Hilfe dieses stetigen bedingten Reflexes einen weiteren bedingten Reflex ausarbeiten, einen Reflex zweiter Ordnung, ohne Anwendung von Futter? Es hat sich gezeigt, daß wir auch eine Nahrungsreaktion hervorrufen können, wenn wir zeitlich wiederholte Male unser Metronom z.B. mit dem Kraulen der Haut verbinden; dann führt nach einigen Wiederholungen dieses Kraulen zu einer Nahrungsreaktion. Es geschah jetzt folgendes. Lange Zeit konnten wir bei der Anwendung der Nahrungsreflexe keinen bedingten Reflex dritter Ordnung ausarbeiten. Beim Reflex zweiter Ordnung brach die Folge immer ab. Womit stand das in Verbindung? Es zeigte sich, daß es genügt, die allgemeine Erregbarkeit des Gehirns zu erhöhen, um einen bedingten Reflex dritter Ordnung zu bilden. Als wir statt des unbedingten Nahrungsreizes einen stärkeren, destruktiven unbedingten Reiz (elektrischen Strom) anwendeten, konnten wir auch einen bedingten Reflex dritter Ordnung leicht ausarbeiten.

Dies ist eine kurze Darstellung unserer neuesten Ergebnisse, die Sie, wie ich annehme, überzeugen wird, wie der Physiologe das höhere Verhalten des Menschen erfassen, analysieren und erklären kann. Ich denke, daß den menschlichen Geist auf diesem Weg der Forschung ein vollkommener Sieg erwartet. Ich hoffe, daß sogar ich in meinem Alter noch manches zu sehen bekomme, und die große Zahl der Jüngeren unter den Anwesenden werden Zeugen außerordentlicher Errungenschaften sein. Das eben ist die Folge der Anwendung der naturwissenschaftlichen Methode und ihrer Verfahren auch auf jenem komplizierten Gebiet, das bisher nur vom subjektiven Standpunkt aus bearbeitet wurde.

Über die Untersuchung bedingter Reflexe bei Kindern

(3. Dezember 1930)[1]

Iwan Petrowitsch berichtet über die im Buch von Prof. Iwanow-Smolenski[2] beschriebenen Versuche an Kindern. Dieses Buch wurde ihm zur Rezension zugeschickt. Iwan Petrowitsch war lange Zeit bestrebt, mit einem Urteil über den Wert solcher Versuche an Menschen zurückhaltend zu sein. Jetzt ist er aber vor die Notwendigkeit gestellt, sich mit dieser Frage auseinanderzusetzen. In dem Buch werden Versuche an Kindern von 8 bis 13 Jahren beschrieben. Die Methodik besteht darin, daß bedingte Signale gesetzt werden und durch einen unbedingten Nahrungsreiz, und zwar durch ein Stück Konfekt, bekräftigt werden, das in einer Rinne gereicht wird. Um das Konfektstück zu erhalten, muß ein Ballon gedrückt werden, der sich in der Hand des Kindes befindet. Auf diese Weise wird also der Greifreflex untersucht. Der Autor beobachtete drei Arten dieses Reflexes, wonach er die untersuchten Kinder in drei Gruppen einteilt: Die einen Kinder drückten den Ballon zu Beginn der Wirkung des bedingten Reizes, die anderen gegen Ende seiner isolierten Wirkung und die dritten erst beim Erscheinen des Konfekts. Hiermit wird die Beschreibung und Analyse der Versuche abgeschlossen. Iwan Petrowitsch stellt die Frage: Warum hat der Autor die Kinder, die bereits ihre subjektiven Erlebnisse mitteilen können, nicht ein einziges Mal nach der Ursache ihres Verhaltens gefragt? Iwan Petrowitsch ist der Meinung, daß man die subjektive Welt des Menschen, die eine zweifellose Realität darstellt, nicht ignorieren und nicht vernachlässigen darf. Derartige Versuche sind nützlich. Man muß aber bei der Durchführung danach fragen, was der Mensch hierbei erlebt. Diese subjektiven Erscheinungen müssen zu den bekannten, von den Physiologen studierten Tatsachen hinzukommen. Man darf den Menschen während des Experiments nicht wie einen Hund behandeln. Hiermit würde man den Kreis seiner Untersuchung erheblich einengen. Auf diese Weise kann man hoffen, in Zukunft alle Erscheinungen, die den Psychologen bekannt sind, mit unseren physiologischen Tatsachen in Übereinstimmung zu bringen.

Über die Möglichkeit einer Verschmelzung des Subjektiven mit dem Objektiven[1]

In unseren Augen ist die Physiologie der höheren Nerventätigkeit erst entstanden, als der Physiologe systematisch nach der objektiven Methode der bedingten Reflexe die normale Tätigkeit der Großhirnrinde und des nahegelegenen Subkortex zu studieren begann, dieses speziellen Apparates für die Beziehungen des Gesamtorganismus zur Umwelt. Dabei stellte er die Grundgesetze dieser Tätigkeit fest, d.h. er begann genauso zu verfahren, wie bei der Erforschung der Apparate der Verdauung, des Blutkreislaufs und anderer Systeme.

Seither ergab sich allmählich eine immer größere und größere Möglichkeit, die Erscheinungen unserer subjektiven Welt auf die physiologischen Nervenbeziehungen anzuwenden oder, anders ausgedrückt, diese mit jenen zu vereinigen. Daran konnte man noch nicht denken, als der Physiologe nur Erfahrungen durch künstliche Reizung verschiedener Rindenpunkte und durch die Entfernung verschiedener Abschnitte der Rinde bei Tieren erwarb. Im Gegenteil, damals bestand die seltsame Tatsache, daß zwei Gebiete des menschlichen Wissens, die sich mit der Tätigkeit ein und desselben Organs beim Tier und im menschlichen Organismus beschäftigten (wer kann das jetzt bestreiten?), mehr oder minder isoliert und mitunter sogar prinzipiell unabhängig voneinander arbeiteten. Im Ergebnis dieses seltsamen Zustands zeigte sich, daß die Physiologie des höheren Gehirnabschnitts lange Zeit fast ohne jegliche Entwicklung blieb, und die Psychologie nicht einmal eine allgemeine Sprache zur Bezeichnung der Erscheinungen des von ihr studierten Materials ausarbeiten konnte, trotz der vielfachen Versuche, einen von allen Psychologen angenommenen Wortschatz einzuführen. Jetzt ändert sich die Situation besonders für die Physiologen grundlegend. Vor uns eröffnet sich ein unübersehbarer Horizont von Beobachtungen und Versuchen, von Versuchen ohne Zahl. Die Psychologen aber erhalten endlich eine allgemeine feste Grundlage, ein natürliches System der von ihnen studierten

Grunderscheinungen, in das sie leichter das unendliche Chaos der menschlichen Erlebnisse unterbringen können. Es wird die Zeit kommen, wo sich die natürliche und unvermeidliche Annäherung und schließlich die Verschmelzung der Psychologie mit der Physiologie, des Subjektiven mit dem Objektiven verwirklicht. Endlich wird das Problem gelöst werden, das solange den menschlichen Geist beunruhigte. Jede nur mögliche weitere Förderung dieser Verschmelzung ist die große Aufgabe der nächsten Zukunft der Wissenschaft.

Es ist natürlich, daß Gelegenheiten für diese Annäherung am häufigsten bei Erkrankungen des menschlichen Gehirns gegeben sind, wobei sich Verzerrungen der subjektiven Welt des Menschen offensichtlich mit anatomischen und physiologischen Störungen des höheren Gehirnabschnitts verbinden.

Das vorliegende Buch benutzt diese Gelegenheit.

Professor A. G. Iwanow-Smolenski entwirft kühn ein allgemeines Schema für das physiologische Verständnis des psychiatrischen Materials. Man kann mit Recht erwarten, daß diese Schematisierung zuerst einige von denen, die der riesigen Kompliziertheit der besprochenen Erscheinungen gegenüberstehen, direkt gegen sich aufbringen wird. Aber das ist das Schicksal aller Schemata. Jedes neue Verständnis eines Gegenstands beginnt unvermeidlich mit einer solchen allgemeinen Konstruktion, die sich erst allmählich mit konkretem Inhalt füllt. Ihre rechtmäßige Aufgabe ist, die Aufmerksamkeit auf einen neuen Standpunkt zu lenken, seine Kontrolle durch Beobachtungen und Versuche an den von ihm umfaßten zahllosen verschiedenartigen Erscheinungen anzuregen.

Von diesem Gesichtspunkt aus halte ich das Buch von Professor Iwanow-Smolenski sowohl für zeitgemäß als auch für erwünscht.

Sehr interessant sind die zusammengetragenen umfangreichen Literaturangaben dieses Buches.

Der dynamische Stereotyp des höchsten Gehirnabschnitts[1]

In die Großhirnhemisphären treffen ununterbrochen sowohl aus der Außenwelt als auch aus der inneren Welt des Organismus unzählige Reize verschiedener Qualität und Intensität ein. Die einen von ihnen werden nur untersucht (Orientierungsreflex), andere haben schon verschiedenartige unbedingte und bedingte Wirkungen. Sie alle begegnen sich, stoßen zusammen, wirken aufeinander und müssen letzten Endes systematisiert und ins Gleichgewicht gebracht werden, sozusagen in einen dynamischen Stereotyp ausmünden.

Was für eine großartige Arbeit!

Indessen ist sie einer detaillierten, exakten Erforschung vorerst natürlich nur unter den einfachsten Umständen zugänglich. Wir studieren diese Tätigkeiten am System der bedingten Reflexe, in der Hauptsache des Nahrungsreflexes, wobei wir an Hunden experimentieren. Dieses System besteht aus einer Reihe positiver Reize unterschiedlicher Intensität auf verschiedene Rezeptoren, aber auch aus negativen Reizen.

Da alle diese Reizungen stärkere oder schwächere Spuren hinterlassen, können exakte beständige Effekte der Reize im System leicht und schnell nur bei ein und denselben Intervallen zwischen den Reizen erhalten werden, wobei man sie in einer genau bestimmten Reihenfolge anwendet, d.h. bei einer äußeren Stereotypie. Im Endergebnis wird ein dynamischer Stereotyp erhalten, d.h. ein gut organisiertes, ausgeglichenes System innerer Prozesse. Die Ausbildung, die Festlegung des dynamischen Stereotyps ist eine Nervenarbeit von äußerst unterschiedlicher Anspannung, natürlich abhängig von der Kompliziertheit des Systems der Reize einerseits und der Individualität und dem Zustand des Tieres andererseits.

Ich nehme einen der extremsten Fälle (Versuche von WYRSHIKOWSKI[2]). In ein von einem nervenstarken Tier schon gut ausgearbeitetes stereotypes System positiver Reize verschiedener Intensität und negativer bedingter Reize führen wir einen neuen Reiz ein, aber mit der Besonderheit, daß er bei seiner viermaligen Anwendung im Laufe des Versuchs nach verschiedenen Reizen, d.h. an verschiedenen Stellen des Versuchs, nur bei seiner vierten Anwendung durch den unbedingten Reiz begleitet wird. Ein Reflex beginnt bald zu erscheinen, sich auszuarbeiten, aber dieser Prozeß wird von einer außerordentlichen Erregung des Tieres begleitet: Das Tier strebt aus dem Gestell, es reißt alle unsere Geräte, die an ihm befestigt sind, herunter und bellt. Die früheren positiven Reize verlieren ihre Wirkung, es kommt zur Ablehnung der angebotenen Nahrung, ja es wird schwierig, das Tier in das Versuchszimmer zu führen und ins Gestell zu bringen. Dieser qualvolle Zustand zieht sich zwei, drei Monate hin, bis das Tier endlich die Aufgabe löst. Der Stereotyp bildet sich aus: Die drei ersten Anwendungen des neuen Reizes haben keine positive Wirkung, auf sie entwickelt sich eine Hemmung, es wirkt nur die letzte (vierte) Anwendung. Das Tier beruhigt sich vollkommen.

Die Herstellung dieses neuen dynamischen Stereotyps kostete eine große Nervenarbeit, die nur ein starker Nerventyp aushalten konnte.

Unser Versuch geht weiter. Als die erste Aufgabe gelöst war, wurde dem Tier eine andere gestellt. Jetzt begann man den Reiz auch bei den ersten drei Anwendungen durch Füttern zu begleiten, d.h. das Tier mußte sie aus hemmenden in positive Reize umarbeiten. Das Tier begann wieder erregt zu werden, aber diese Erregung war weniger intensiv und dauerte kürzere Zeit an, bis jede Anwendung des neuen Reizes stets ein und denselben positiven Effekt ergab. Also stellte die Umarbeitung des Stereotyps wieder eine gewisse Schwierigkeit dar. Da jetzt Nahrung angeboten wurde, handelte es sich also nicht um eine Hemmung der Nahrungserregung, wie es, wenn auch nur zum Teil, bei der ersten Aufgabe der Fall war, sondern um die Herstellung eines neuen dynamischen Stereotyps in den Großhirnhemisphären. Die Herstellung ging jetzt deshalb schneller und leichter vor sich, weil die zweite Aufgabe selbst anscheinend viel einfacher war. Natürlich wurden einfachere Systeme bedingter Reflexe von demselben Tier leichter ausgearbeitet, zumindest ohne starke Anzeichen einer Anstrengung von seiten des Tieres.

Es würde mir sonderbar scheinen, wenn man nur deswegen, weil von den Psychologen dem Hund eine lediglich assoziative Tätigkeit zugeschrieben wird, diese Nervenarbeit nicht als geistige Arbeit bezeichnen dürfte.

Aber so liegen die Dinge bei den starken ausgeglichenen Nervensystemen. Bei starken, nicht ausgeglichenen oder bei mehr oder minder schwachen, kranken, erschöpften, alternden erscheinen sie in einer ganz anderen Form. So gibt es z.B. Hunde, bei denen es schon von Anfang an trotz aller günstigen Bedingungen nicht möglich ist, einen dynamischen Stereotyp zu erhalten: Die Effekte der bedingten Reize verändern sich ständig chaotisch von einem Versuch zum anderen. Dann kann man dem Tier durch eine Vereinfachung des Systems der Reflexe helfen, indem man sie zum Beispiel nur auf zwei und lediglich auf positive Reize begrenzt. Keine leichte Aufgabe, die mitunter zur zeitweiligen völligen Unterbrechung der bedingt-reflektorischen Tätigkeit unter unseren Verhältnissen führt, stellt auch schon allein die Veränderung der Reihenfolge der alten Reize im Versuch dar. Aber auch das Aufrechterhalten eines bereits ausgearbeiteten Systems ist ebenfalls eine Arbeit, die von manchen Hunden nur bei Unterbrechung der Versuche für zwei bis drei Tage ertragen wird, d. h. bei einer regelrechten Erholung. Bei täglicher Arbeit aber schwankt der Effekt der bedingten Reflexe in völlig unregelmäßiger Weise.

Den festgelegten Stereotyp der Prozesse in der Rinde kann man auch beim Fehlen der eigentlichen Reize, die ihn gebildet haben, deutlich sehen (Krshyschkowski,[3] Kupalow,[4] E. A. Asratjan,[5] G. W. Skipin[6] u. a.). Hier ist dieser interessante Versuch. Wir haben bei einem Tier eine Reihe ausgearbeiteter bedingter Reflexe, positive verschiedener Intensität und negative, die mit verschiedenen Intervallen zwischen ihnen und immer in bestimmter Reihenfolge angewandt werden. Wenn wir nun in einem Versuch nur einen von den positiven Reizen (am besten einen schwachen) anwenden, so ergibt sich folgendes. Dieser Reiz zeigt im Laufe des ganzen Versuchs dieselben Schwankungen seines Effekts, die das ganze System verschiedener Reize aufgewiesen hat. Der alte Stereotyp hält sich einige Zeit und dann überläßt er den Platz einem neuen, d. h. bei Wiederholung des einen Reizes wird schließlich ein gleichförmiger Effekt erhalten. Aber damit ist die Rolle des alten Stereotyps, wenn er gut fixiert war, nicht beendet. Wenn jetzt dieser Reiz einige Zeit nicht angewandt und dann von neuem geprüft wird, so haben wir nicht einen neuen Stereotyp, sondern wieder den alten. Folglich ist eine gewisse Schichtung der Stereotyps und eine Konkurrenz zwischen ihnen vorhanden.

Dann wurde dabei noch eine viel interessantere Erscheinung beobachtet. Wir haben einen ausgearbeiteten Stereotyp aus verschiedenen Reizen. Wenn gleichzeitig damit bei unserem Hund der hypnotische Zustand während des Versuchs festgestellt wird (und dieser tritt bei einigen Hunden bei der Anwendung eines einzigen, vor allem eines schwachen Reizes leicht ein), so gibt der Reiz, den wir allein statt des früheren Systems anwenden, mit seinen Effekten dieses System wieder, aber in verzerrter

Form: Anstelle der früheren starken Reize ergibt sich ein geringer Effekt und anstelle der schwachen Reize ein großer, d.h. es zeigt sich die paradoxe Phase. Diese Phase haben wir bekanntlich schon lange für Reize verschiedener Intensität im hypnotischen Zustand festgestellt. Auf diese Weise verbindet sich im gegebenen Fall der dynamische Stereotyp mit dem hypnotischen Zustand.

Ich denke, es ist genügend Grund vorhanden anzunehmen, daß die beschriebenen physiologischen Prozesse in den Großhirnhemisphären dem entsprechen, was wir subjektiv in uns gewöhnlich als *Gefühle* bezeichnen, in der allgemeinen Form der positiven und negativen Gefühle und in der langen Reihe von Nuancen und Variationen, die entweder infolge verschiedener Kombinationen oder verschiedener Intensität auftreten. Hier ist das Gefühl der Schwierigkeit und der Leichtigkeit, der Munterkeit und der Müdigkeit, der Befriedigung und des Verdrusses, der Freude, der Feierlichkeit und der Verzweiflung usw. Mir scheint, daß oft die schweren Gefühle bei der Änderung der üblichen Lebensweise, beim Wegfallen der gewohnten Beschäftigungen, beim Verlust nahestehender Menschen, ganz abgesehen von den geistigen Krisen und der Zerstörung des Glaubens, ihre physiologische Grundlage in beträchtlichem Maße eben in der Veränderung, in der Störung des alten dynamischen Stereotyps und in der Schwierigkeit der Festlegung eines neuen haben.

Bei starker Intensität und langer Dauer solcher Vorfälle kann sogar krankhafte Melancholie eintreten. In dieser Beziehung erinnere ich mich klar an einen hierher gehörenden Fall aus meinen Studentenjahren. Wir waren drei Kameraden aus der Oberschule, gingen auf die Universität, wählten unter dem Einfluß unseres damaligen literarischen Inspirators[7] die Fakultät für Naturwissenschaften und machten uns auf diese Weise an das Studium der Chemie, Botanik usw. heran, d.h. wir begannen uns vorläufig hauptsächlich nur einzelne Tatsachen anzueignen. Während zwei von uns sich damit aussöhnten, verfiel der dritte, der in der Oberschule besonders gern Geschichte lernte und mit besonderer Liebe die schriftlichen Arbeiten über Themen wie Ursachen und Folgen verschiedener geschichtlicher Ereignisse ausführte, immer mehr und mehr in eine schwermütige Stimmung und endete in einer tiefen Melancholie mit öfters wiederholten Selbstmordversuchen. Die Melancholie ist nur dadurch geheilt worden, daß wir, seine Kameraden, begannen, ihn zuerst mit Mühe, ja fast gewaltsam, zu den Vorlesungen in der juristischen Fakultät zu führen. Nach einigen Besuchen änderte und besserte sich seine Stimmung zusehends, und schließlich wurde er wieder ganz normal. Dann ging er zur juristischen Fakultät über, absolvierte diese mit Erfolg und blieb sein ganzes Leben normal. Die Gespräche vor der Krankheit und zu Beginn der Krankheit gaben uns die Möglichkeit zu verstehen, daß unser Kamerad, der es gewohnt war, in seinen Schularbeiten bestimmte Erscheinungen frei zu verbinden, dies auch jetzt, da dem keine nennenswerten Hindernisse im Wege lagen, beim Studium der Naturwissenschaften zu tun versuchte. Aber die unerbittlichen Tatsachen widersetzten sich ständig dieser seiner Tendenz und ließen das nicht zu, was sich sonst leicht mit Wortmaterial machen ließ. Diese sich wiederholenden Mißerfolge erzeugten eben die schwere Stimmung, die mit einer krankhaften Form der Melancholie endete.

Auch wir hatten es an unseren Hunden bei schwierigen Aufgaben, d.h. bei der Forderung eines neuen und schwierigen dynamischen Stereotyps, nicht nur mit qualvollen Zuständen, wie sie am Anfang dieser Mitteilung beschrieben wurden, zu tun, sondern wir riefen bei ihnen auch chronische Nervenerkrankungen, Neurosen, hervor, von denen man nachher die Hunde heilen mußte.

Gefühle der Bemächtigung (Les sentiments d'emprise) und die ultraparadoxe Phase[1]

(Offener Brief an Prof. Pierre Janet)[2]

Würden Sie es nicht interessant finden, diesen Brief in Ihrer Zeitschrift zu veröffentlichen und mir damit gleichzeitig zu gestatten, jene Erwägungen zu äußern, die ich beim aufmerksamen Studium Ihrer vorjährigen Abhandlung mit dem Titel »Die Gefühle im Verfolgungswahn« anstellte?

Ich bin Physiologe, und ich habe mich in letzter Zeit zusammen mit meinen Mitarbeitern ausschließlich mit dem Studium der physiologischen und pathologischen Tätigkeit des höchsten Abschnitts des Zentralnervensystems beim höheren Tier (beim Hund) beschäftigt, einer Funktion, die unserer höheren Nerventätigkeit, die gewöhnlich psychische genannt wird, entspricht. Sie sind Neurologe, Psychiater, Psychologe. Es müßte doch zweckmäßig scheinen, daß wir aufeinander hören sollten und uns in unserer Arbeit vereinigen; studieren wir doch beide die Tätigkeit ein und desselben Organs (in bezug darauf kann es wohl heute kaum noch irgendwelchen Zweifel geben).

Der dritte Teil Ihrer Abhandlung stellt den Versuch dar, die Gefühle der Bemächtigung zu deuten. Die Grunderscheinung besteht darin, daß die Kranken ihre Schwäche, ihre Defekte nach außen verlagern, sie auf andere Menschen abschieben. Sie möchten selbständig sein, und es scheint ihnen unerträglich, daß die anderen sie zu Sklaven machen, zu Vollstreckern ihrer Befehle; sie wollen geachtet sein, und es scheint ihnen, daß man sie beleidigt; sie wollen Geheimnisse haben, und die anderen decken sie ständig auf; sie haben, wie alle Menschen, eigene Gedanken, und die anderen rauben sie ihnen; sie haben irgendwelche unangenehmen Gewohnheiten oder Krankheitsanfälle, und es scheint ihnen, daß diese Gewohnheiten und Anfälle auf andere zurückzuführen sind.

Sie deuten diese Situation auf folgende Weise. Diese Kranken empfinden vieles in den gewöhnlichsten Lebenslagen als schwer, unerträglich, krankhaft. Zum Beispiel die Anwesenheit von zwei bekannten Damen während des Mittagessens, gegen die die Kranke bis dahin nichts hatte. Diese ständigen Schwierigkeiten und natürlich auch die häufigen Mißerfolge erfüllen sie mit Unruhe und Angst, mit dem Wunsch, von all dem wegzulaufen. Ähnlich den Kindern und den Wilden, schreiben sie das alles bösen Taten der anderen zu. Dies ist eine absichtliche Objektivierung. Dabei machen Sie im weiteren auf folgendes aufmerksam. In den angeführten Fällen handelt es sich, wie Sie sich ausdrücken, um doppelte soziale Akte: Herr oder Sklave sein, schenken oder rauben, zur Einsamkeit streben oder Gesellschaft suchen usw. Diese Gegensätze vermischen sich bei den Kranken während ihres depressiven Zustandes, und das unangenehme Gegenteil bezieht sich auf die Außenwelt, auf die anderen Menschen. Eine Kranke hat zum Beispiel den starken Wunsch, allein in ihrem verschlossenen Zimmer zu sein, wo sie auch wirklich allein ist. Sie wird dabei aber von dem Gedanken gepeinigt, daß irgendein böser Mensch es fertigbringt, in dieses Zimmer einzudringen und sie zu beobachten.

Mit all dem soeben Dargelegten, das eine im höchsten Grade interessante psychologische Analyse darstellt, muß man sich einverstanden erklären. In der Deutung des allerletzten Punkts aber möchte ich mir erlauben, anderer Meinung zu sein als Sie. Sie wiederholen häufig, daß diese Gegensätze nicht so leicht unterschieden werden, wie man gewöhnlich denkt. In Ihren Ausführungen ist folgender Satz zu finden: »*Sprechen* und *angesprochen werden* bilden ein Ganzes und sind nicht so leicht voneinander zu unterscheiden, wie man gewöhnlich denkt«, und weiter »Die Akte *beleidigen* und *beleidigt werden* sind in der allgemeinen Prozedur der Beleidigung vereinigt. Die Krankheit zeigt uns, daß sie vermengt werden können oder eins für das andere genommen werden kann.« Sie erklären diese Vermengung mit einer ziemlich komplizierten Kombination der Gefühle.

Ich benutze die von Ihnen festgestellten und systematisierten Tatsachen und entschließe mich, einen anderen Weg zu beschreiten und eine physiologische Erklärung anzuwenden.

Unser Allgemeinbegriff (Kategorie) des Gegensatzes ist einer von den grundlegenden und notwendigen Allgemeinbegriffen, der zusammen mit anderen Allgemeinbegriffen unser gesundes Denken erleichtert, reguliert und sogar erst möglich macht. Unser Verhältnis zur Umwelt, einschließlich des sozialen Milieus, und zu uns selbst muß sich unvermeidlich im höchsten Grade verzerren, wenn sich die Gegensätze ständig vermischen: Ich und nicht Ich, Mein und Dein, im gleichen Augenblick bin ich allein und in Gesellschaft, ich beleidige oder man beleidigt mich usw. usw. Folglich muß eine tiefe Ursache für das Verschwinden oder die Abschwächung dieses Allgemeinbegriffs vorhanden sein, und diese Ursache kann man und soll man meiner Meinung nach auch in den Grundgesetzen der Nerventätigkeit suchen. Ich glaube, daß heute in der Physiologie Hinweise in dieser Richtung vorhanden sind.

An unseren Versuchstieren haben wir bei der Erforschung der höheren Nerventätigkeit mit Hilfe der bedingten Reflexe als exakte Tatsachen folgendes gesehen und untersucht: Bei verschiedenen Zuständen der Depression und der Hemmung (am häufigsten bei verschiedenen hypnotischen Zuständen) treten eine ausgleichende, eine paradoxe und eine ultraparadoxe Phase hervor. Das bedeutet, daß die Nervenzellen in der Rinde, statt wie normalerweise (innerhalb gewisser Grenzen) Effekte entsprechend der Stärke der reizenden Agenzien zu geben, bei verschiedenen Hemmungszuständen entweder lauter gleiche oder der Stärke des Reizes entgegengesetzte Effekte geben. Das letztere bedeutet, daß die hemmenden Reize einen positiven Effekt geben und die positiven einen negativen. Ich habe die Kühnheit anzunehmen, daß eben diese ultraparadoxe Phase den Grund für die Abschwächung des Begriffs des Gegensatzes bei unseren Kranken bildet.

Alle Bedingungen, die zur Entstehung des ultraparadoxen Zustands der Rindenzellen erforderlich sind, sind bei unseren Kranken vorhanden und durch Sie deutlich festgestellt worden. Diese Kranken verfallen bei der Begegnung mit einer Unzahl von Lebenssituationen als schwache Menschen naturgemäß leicht in einen Zustand der Niedergeschlagenheit, Unruhe und Angst; aber trotzdem wünschen sie etwas oder wünschen es auch nicht und haben, soweit das für sie möglich ist, emotionell verstärkte und konzentrierte Vorstellungen über dieses Gewünschte oder Unerwünschte (ich bin der Herr und kein Sklave; ich möchte allein sein und nicht in Gesellschaft; ich möchte Geheimnisse haben usw.). Das genügt aber, damit unter diesen Bedingungen in gesetzmäßiger Weise die Vorstellung vom Gegensatz entsteht (ich bin ein Sklave; bei mir ist immer jemand dabei; alle meine Geheimnisse werden aufgedeckt usw.).

Physiologisch ist das folgendermaßen zu verstehen: Zum Beispiel bildet bei uns eine bestimmte Metronomfrequenz einen bedingten positiven Nahrungsreiz, da ihre Anwendung vom Füttern begleitet wurde; sie ruft eine Nahrungsreaktion hervor. Eine andere Frequenz ist ein negativer Reiz, da bei ihr kein Futter gereicht wurde; sie erzeugt eine negative Reaktion, das Tier wendet sich bei ihrer Anwendung ab. Diese Metronomfrequenzen stellen ein wechselseitig entgegengesetztes, aber assoziiertes und gleichzeitig gegenseitig induzierendes Paar dar, d.h. die eine Frequenz erregt und verstärkt die Wirkung der anderen. Das ist eine exakte physiologische Tatsache. Jetzt gehen wir weiter. Wenn die positive Frequenz auf eine irgendwie geschwächte (oder auch auf eine im hypnotischen Zustand befindliche) Zelle einwirkt, so versetzt sie nach dem Grenzgesetz, das auch eine exakte Tatsache darstellt, diese in einen Hemmungszustand, und dieser Hemmungszustand bedingt nach dem Gesetz der gegenseitigen Induktion einen Erregungszustand anstelle eines Hemmungszustands in der anderen Hälfte des assoziierten Paares, und deswegen ruft der mit ihm verbundene Reiz jetzt nicht eine Hemmung, sondern eine Erregung hervor.

Das ist der Mechanismus des Negativismus.

Sie legen einem Hund im Hemmungszustand (im hypnotischen Zustand) Futter vor, d. h. Sie erregen ihn zu einer positiven Tätigkeit, zum Fressen. Der Hund aber wendet sich ab, er nimmt die Nahrung nicht. Wenn Sie das Futter wegnehmen, d. h. wenn Sie ihn negativ erregen, zur Hemmung der Tätigkeit, zur Einstellung des Fressens, so strebt der Hund dem Futter nach.

Es ist offensichtlich, daß dieses Gesetz der gegenseitigen Induktion entgegengesetzter Wirkungen auch auf entgegengesetzte Vorstellungen angewandt werden kann, die natürlich mit bestimmten Zellen in Verbindung stehen (Wortzellen) und die ebenfalls ein assoziiertes Paar bilden. Beim Vorhandensein eines deprimierten, gehemmten Zustands (jegliche Schwierigkeit in der höheren Nerventätigkeit kommt in unseren Versuchen durch eine Hemmung zum Ausdruck) erzeugt eine einigermaßen starke Erregung der einen Vorstellung ihre Hemmung und induziert damit die entgegengesetzte Vorstellung.

Es ist nicht schwer zu sehen, daß sich die gegebene Erklärung natürlich auch auf das ganz eigenartige Symptom der Ambivalenz bei Schizophrenen erstreckt, die bei den höchsten Graden des ausgebreiteten und vertieften ultraparadoxen Zustands eintritt.

Viele, sogar wissenschaftlich denkende Menschen, werden durch diese Versuche einer physiologischen Erklärung psychischer Erscheinungen fast erregt, und deswegen werden diese Erklärungen zornig als »mechanistisch« bezeichnet, mit der Absicht, die Annäherung der subjektiven Erlebnisse an die Mechanik klar als eine offensichtliche Widersinnigkeit, als Unsinn zu kennzeichnen. Für mich ist das aber ein offensichtliches Mißverständnis.

Man kann heute natürlich daran denken, unsere psychischen Erscheinungen *im wahrsten Sinnes des Wortes mechanisch* darzustellen, genauso wie man das bei weitem nicht bei allen physiologischen Erscheinungen tun kann, eher schon bei den chemischen und vollständig bei den physikalischen Vorgängen. Eine echte mechanische Deutung bleibt aber das Ideal der naturwissenschaftlichen Forschung, dem sich das Studium der gesamten

Wirklichkeit, uns selbst inbegriffen, nur langsam nähert und noch lange nähern wird. Die gesamte moderne Naturwissenschaft ist im ganzen nur eine lange Kette *stufenweiser Annäherungen* an eine mechanische Erklärung, die in ihrer gesamten Ausdehnung durch das oberste Prinzip der Kausalität, des Determinismus vereinigt sind, d.h. es gibt keine Wirkung ohne Ursache.

Es ist nur eine gewisse, wenn auch eine sehr, sehr entfernte Annäherung an die mechanische Deutung, wenn sich die Möglichkeit ergibt, die sogenannten psychischen Erscheinungen auf physiologische zurückzuführen. Und das findet, wie mir scheint, heute schon in einer nicht geringen Anzahl von Fällen statt.

Sie stellen in Ihrem psychologischen Abschnitt, in dem Sie sich mit der Deutung der Gefühle der Bemächtigung beschäftigen, die Bedingungen fest, unter denen diese auftreten, führen sie auf elementare Erscheinungen zurück, aus denen sie zusammengesetzt sind, und klären auf diese Weise ihren gemeinsamen Aufbau, d.h. auch ihre Mechanik, nur Ihre eigene. Ich versuche und bin bemüht, auf meiner physiologischen Etappe unsere gemeinsame Aufgabe noch etwas weiter nach der Seite der echten allgemeinen Mechanik vorzutreiben, wobei ich die von Ihnen hervorgehobene Tatsache der Vermengung entgegengesetzter Vorstellungen als eine besondere Wechselwirkung elementarer physiologischer Erscheinungen, der Nervenerregung und der Nervenhemmung, auffasse. Diese Erscheinungen aber und zu gegebener Zeit ihr Mechanismus werden, indem man der Lösung dieser Frage immer näherkommt, von der Chemie und schließlich von der Physik aufgedeckt werden.

Kritik des Buches von Claparède »Die Entstehung der Hypothese«[1]

(27. März 1935)

I.P. PAWLOW: Jetzt, meine Damen und Herren, wenden wir uns den Psychologen zu. Sie sind doch wirklich Spezialisten des Wortes. Mit den Tatsachen aber rechnen sie durchaus nicht. Sie sind denkende Menschen von einem ganz besonderen Schlag.

Ich erhielt ein neues Buch von einem mir sehr teuren Psychologen. Ich habe mich schon einige Male mit ihm getroffen. Er ist immer Generalsekretär aller internationalen Psychologenkongresse. Es ist der Genfer Psychologe ED. CLAPARÈDE[2]. Er hat mir das Buch »La genèse de l'hypothèse« (Die Entstehung der Hypothese) geschickt. Ich habe einige Stellen gelesen, die zu unserer Arbeit Beziehung haben. Er hat eine seltsame Gewohnheit zu sprechen und das Wort »Verstand« zu gebrauchen und macht sich nicht klar, was es in Wirklichkeit ist. Wie kann ich vom Verstand sprechen, wenn ich nicht weiß, was Verstand ist?

Sehen Sie, er beginnt folgendermaßen: »Wenn wir den Autoren folgen, besteht das Wesen des Verstandes in ...«, und dann folgt eine Aufzählung, worin das Wesen des Verstandes bei den verschiedenen Autoren besteht.

Bei dem einen Psychologen ist es die Fähigkeit, Ziele zu erreichen, bei einem anderen ist es das Kombinationsvermögen, bei einem dritten das Abstraktionsvermögen, bei einem vierten die Fähigkeit, richtige Urteile zu fällen, insbesondere vernünftige Definitionen usw. zu geben; »es ist die Bildung einer Gesamtidee; es ist die Befähigung zu analysieren und zu synthetisieren; die Befähigung, Werkzeuge zu erfinden und herzustellen, die Erfahrung auszunutzen, zu lernen, vom Standpunkt der Wahrheit aus gute Antworten zu geben, das Zukünftige richtig vorherzusagen, die Beziehungen zwischen den Gegenständen darzustellen« usw., usw. bis ins Endlose.

»Wenn wir diese Definition abschließen wollen, dann kämen wir nie zum Ende, oder besser gesagt, wir könnten niemals beginnen, das Objekt des Verstandes empirisch zu bestimmen.« Das ist interessant, aber der Autor selbst hat noch eine neue Definition gegeben: »Das Begreifen einer neuen Situation ist, so glaube ich, die richtige Definition des Verstandes, denn wenn die Situation oder Aufgabe bei ihrer Lösung nicht neu wäre, dann könnte keine Rede von Verstand sein, dann würde es sich um einen anderen Prozeß handeln: Gedächtnis, Gewohnheit, Routine, Wiederholung usw.« Mit einem Wort, es wäre Automatismus.

»Unsere Definition harmoniert sehr mit dem allgemeinen Sprachgebrauch, der den Verstand dem Instinkt und der Gewohnheit gegenüberstellt.«

Und dann beginnt er mit seiner Definition, die er aus irgendwelchen Gründen für besser hält als die anderen. Wie finden

Sie das! Es ist ein erstaunliches Stück. Sie werfen mit Worten um sich, können sich aber auf keine Weise darüber einigen, was sie bedeuten. Mich wundert das, denn ich weiß, daß schon vor vielen Jahren die Amerikaner die typisch amerikanische Kühnheit hatten, ein psychologisches Wörterbuch zusammenstellen zu wollen. Unter solchen Bedingungen ist es eine völlig hoffnungslose Aufgabe. Lange Zeit ging die Sache bei ihnen nicht voran, sie wanderte von einem Redakteur zum anderen. Schließlich tauchte ein energischer Mann auf, WARREN; ich glaube, er ist bereits tot. Er gab dieses Wörterbuch schließlich heraus, aber es zu kaufen und dafür Geld auszugeben, lohnt nicht. Es bringt keinen Nutzen; ein so großer Mißerfolg ist das Ganze.

Ich werde Ihnen jetzt vorlesen, was dieser Autor über unsere bedingten Reflexe schreibt. Beachten Sie, was für eine jämmerliche Schaukelei mit Worten es ist; man zuckt direkt die Achseln!

Vor allem hat er für unsere bedingten Reflexe ein neues Wort erfunden. Ich weiß nicht, ob er es als erster verwendet. Möglicherweise verwenden auch andere dieses Wort: »Einschaltung« (»implication«). Das ist ein lateinisches Wort. Er bezeichnet auch unsere bedingten Reflexe nicht als Assoziationen, sondern als »Einschaltung« (»implication«).

Hören Sie weiter, ich werde Sie ein wenig strapazieren, meine Damen und Herren, es sind drei Seiten.

»Die Einschaltung ist ein Prozeß, der für unsere Bedürfnisse der Anpassung unerläßlich ist. Ohne ihn könnten wir nicht die Erfahrung ausnutzen. Unser Leben würde auf eine Sisyphusarbeit hinauslaufen: Keine Errungenschaft könnte uns unter dem Gesichtspunkt der Auswahl bei unseren späteren Unternehmungen nützen. Das würde in der Tat geschehen, wenn wir nicht die Tendenz hätten, jeder Kombination, jeder Verbindung, die sich uns darstellt, Notwendigkeit zuzuschreiben, wenn wir nicht geneigt wären, die Qualitäten, die ein Objekt bilden, mit dem wir zum ersten Male zusammentreffen, als notwendige Attribute des Objekts anzusehen. Wie würden wir uns beim zweiten Male zu ihm verhalten?« – Beachten Sie – »Da ist zum Beispiel eine Frucht im Walde, die wir probieren, kosten. Ihr Geschmack ist sauer, unangenehm. Unser Geist beschränkt sich nicht darauf, diese Säure mit der Form und der Farbe so zu assoziieren, daß wir uns an diese Säure, die wir empfunden haben, erinnern, wenn wir diese Frucht erblicken.« Beachten Sie, warum beschränkt er sich denn nicht darauf? Ich meine doch, daß es so ist, daß wir uns erinnern, daß mit diesem Aussehen die Säure zusammenhängt. Er aber sagt: »Sie beschränkt sich nicht darauf.«

»Nein, er schaltet die Säure in diese Form und in diese Farbe ein und entscheidet, daß diese Frucht notwendige Säurequälitäten enthält und daß wir jedesmal, wenn wir diese Frucht in den Mund nehmen, diese Säure verspüren.«

Was ist das, wie soll man das in Einklang bringen? Wir erinnern uns, daß eben diese Säure mit dieser Form und Farbe zusammenhängt, aber er sagt, daß es nicht so ist, daß unser Geist sich nicht darauf beschränkt.

Und weiter: »Wenn diese Einschaltung nicht in der ersten Situation, die wir durchmachen, geschlossen würde, was für einen Grund gäbe es dann für die Reaktionen in der Zukunft?« Was soll das? Ein Spiel mit Worten? Anstatt zu sagen, daß sie zusammenhängen.

Dann beginnt ein reiner Unfug mit Worten:

»Die Einschaltung existiert auf der Grundlage der Reproduktion des Ähnlichen, was durch die Tatsache ausgedrückt wird, daß das Individuum versucht, die Reaktionen zu wiederholen, die ihm früher nützlich waren. Es wiederholt sie in identischer oder analoger Situation. Die Einschaltung ist zugleich das Prinzip der Generalisation und Induktion, die aufgrund des Gesetzes der Reproduktion des Ähnlichen vor sich gehen.«

Wenn das jemand anders liest, wird er denken: »Mein Gott, was für eine tiefe Weisheit, wie kann ich das verstehen!« In Wirklichkeit aber ist das kompletter Unsinn, einfacher blauer Dunst. Entschuldigen Sie; aber das werden Sie noch sehen. Ein gewöhnlicher Mensch wird denken: »Das heißt, daß ich ungebildet bin, d.h., daß ich einfach nichts weiß und es deshalb nicht verstehen kann.« Ich aber stehe auf dem Standpunkt, daß das Spielerei ist.

»Alle diese Phänomene sind nichts anderes als Seiten ein und derselben Lebensnotwendigkeit.« Was gibt es da zu streiten?

»Auf neue Situationen reagieren und sich auf alte Erfahrungen stützen« – Erfahrung bedeutet aber Assoziation –, »das zeigt uns den Charakter, daß die Einschaltung ihre Wurzeln in die motorischen Schichten des Seins versenkt.« Was soll das? *(Ge-*

lächter). Er hat nichts erklärt, nichts bewiesen und verströmt eine solche Phrase.

Dann wird es noch besser: »Man könnte sagen, daß das Leben die Einschaltungen einschließt.« Ach, du lieber Gott, was für ein unerträgliches Spiel mit Worten! Was soll das?

E. A. ASRATJAN[3]: Läßt sich das nicht auf SCHELER[4] zurückführen?

I. P. PAWLOW: Nein. Er ist ebenfalls ein Gegner der Assoziation, zugleich aber hat er sich das ausgedacht.

Dann wird es klar: »JAMES[5] hat unlängst nachdrücklich das Gesetz des Zusammenwachsens vertreten, nach dem jede Gruppe von Eindrücken, die auf den Verstand trifft, der noch keine Gelegenheit hatte, sie einzeln und schwach zu erfahren, sich diesem als einfaches Objekt darstellt. Mit anderen Worten: Der Verstand stellt zwischen den verschiedenen Qualitäten, die verschiedenen Beziehungen entsprechen, ein notwendiges Verhältnis her. Wenn alle feuchten Objekte kalt und alle kalten Objekte feucht wären und wenn alle Flüssigkeiten durchsichtig und alle festen Körper undurchsichtig wären, dann würden wir aus der Kälte und der Feuchtigkeit, aus der Durchsichtigkeit und der Undurchsichtigkeit keine einzelnen Seiten der Dinge machen ...« Das versteht sich von selbst, denn wir schließen das eine in das andere ein. »... weil sie gemeinsam existieren. Das Gesetz des Zusammenwachsens erzeugt die Einschaltungen, bedingt die Einschaltungen, d. h. die Vereinigungen auf der Ebene der Wirkungen, und dann die Annäherung auf der Ebene der Vorstellung.« Das sind alles Spielereien mit Worten.

Nur dann, wenn wir in der Erfahrung die Qualitäten einzeln vorfinden, unterscheiden wir sie und betrachten wir sie als voneinander unabhängig«, das ist selbstverständlich, »ohne daß die Wiederholung des Elementenpaares zwischen den Elementen die Verbindung der Einschaltung schüfe. Die Erfahrung aber greift nur ein, um diese einzelnen Einschaltungen aufzulösen, wenn sie sich als ungerechtfertigt erweisen. Die Notwendigkeit der Verbindung hat sich ergeben, und zwar schon von Anfang an. Wenn Sie von Anfang an die Qualitäten zusammen sehen, dann verbinden sie sich. Stünde die Notwendigkeit nicht am Anfang, dann wäre nicht einzusehen, wo sie in der Folgezeit herkommen sollte, da die Gewohnheit doch keine Notwendigkeit ist. Das Experiment greift nicht ein, um aufzubauen, sondern um alle

Stufen der Wahrscheinlichkeit zu beseitigen oder ... der strengen Notwendigkeit unterzuordnen.« Das versteht sich. Lange Zeit wird eine gewisse Erscheinung als Ursache angesehen, dann wird plötzlich ein neuer Versuch angestellt, und die Verbindung erweist sich nicht als Ursache, sondern als unwesentlicher Bedingungskomplex. In der gesamten Wissenschaft passiert das bis heute ständig. Die Relativitätstheorie hat solche Beziehungen aufgelöst, die früher als notwendig angesehen wurden. Alles ändert sich in Abhängigkeit davon, wie sich die Verbindung verändert hat.

Nun zu dem, was uns betrifft:

»Die Einschaltung ist nicht ein Phänomen, das sich allmählich höher entwickelt; das zeigen die bedingten Reflexe ganz klar.« Wie finden Sie das, daß »die Einschaltung nicht ein Phänomen ist, das sich allmählich höher entwickelt; das zeigen die bedingten Reflexe ganz klar«! Vor unseren Augen bilden sich alle bedingten Reflexe allmählich, entwickeln sich und verstärken sich.

»Man betrachtet sie gewöhnlich als zusätzliches Argument für die Doktrin der Assoziation.« Er möchte gern auf die Assoziation hinaus. Ohne lange Vorrede faßt er unsere bedingten Reflexe und die Assoziationen unter »implication« zusammen und nennt sie nicht mehr »Assoziationen«, sondern »implication«.

»Sie lassen dagegen die typische Erscheinung der Einschaltung erkennen. Sie liefern uns eine glänzende Illustration.

B wird in A eingeschaltet. (A ist der bedingte Reiz, B die unbedingte Reaktion.) Wenn A gegeben ist, verhält sich das Subjekt dazu ebenso, wie es sich zu B verhalten würde.« Das ist unsere Abhängigkeit.

»Das ist genau das, was den bedingten Reflex ausmacht. Die Reizung des Hundes mit der rosa Farbe A und das gleichzeitige Vorlegen des Futters B rufen eine sekretorische Speichelreaktion und eine Magenreaktion hervor, die dieses Futter B hervorruft. Der Hund reagiert auf A, als wenn es B enthielte, d.h. dieses wird in A eingeschaltet.« Mit anderen Worten, er beschreibt eine »Assoziation«. Das ist interessant und uns allen klar, das kann er nicht vernebeln. »Wenn es eine einfache Assoziation und keine Einschaltung wäre, dann müßte die rosa Farbe im Gedächtnis des Hundes eine Erinnerung an das Futter hervorrufen, aber ohne eine Reaktion hervorzurufen, die zeigt, daß die rosa Farbe für das Futter gehalten wird und wie das Futter wirkt.« Indessen ist es aber gerade so, und tatsächlich folgt das eine auf das andere. Wenn der Hund die Lampe sieht, die den bedingten Nahrungsreiz darstellt, und diese sich in geringer Entfernung befindet, dann beginnt er, sie zu belecken.

»Der Organismus und der ganze Reflexmechanismus stellen sich uns als Maschine für die Einschaltung dar.

Im bedingten Reflex liegt also nicht eine mechanische Assoziation vor, die sich infolge der Nachbarschaft bildet.« Wieso denn das? Das ist, wie Sie sehen, eine Irreführung mit Worten. Er hat von den bedingten Reflexen gelesen. Weiß er denn nicht, daß sich die bedingte Verbindung gerade immer im Laufe der Zeit entwickelt, daß sich dieser Prozeß festigt und nicht auf Anhieb existiert.

Erinnern Sie sich, bei KÖHLER[6] gab es einen ähnlichen Gedanken. Wie kann man denn den Sinn so entstellen?

»Es scheint im Gegenteil so zu sein, daß die Bildung dieser Bedingtheit eine kompliziertere ›implication‹ enthält, die unter dem Zeichen des Bedürfnisses auftritt.« Er bezieht sich darauf, daß sie im vorliegenden Falle mit dem Futterbedürfnis zusammenhängt.

»Wenn die rosa Farbe nach dem Futter B dargeboten würde, verbände sie sich niemals mit dem sekretorischen Speichelreflex.« Von den Psychologen werden aber auch retrograde Assoziationen anerkannt.

»Damit sich diese Verbindung bildet, muß dieser Reiz vor dem Futter oder gleichzeitig mit ihm wirken. Das wäre nicht der Fall, wenn die rosa Farbe den Hund nicht interessierte, wenn er danach nicht das Futter erwartete. Infolge des Gesetzes des Zusammenwachsens macht der Hund A zu einem Attribut des Futters.«

Genauso ist es. In unseren Versuchen ist das ständig der Fall, und wir verstehen, daß diese rosa Farbe, wenn sie allein, ohne Bekräftigung wirkt, keine Reaktion hervorruft, die der Reaktion auf Futter adäquat ist.

»Interessant ist auch«, das ist schon wieder im höchsten Grade unverständlich und seltsam, wie man so mit Tatsachen operieren kann, »interessant ist es auch festzustellen, daß der bedingte Reflex allmählich erlischt, wenn man die rosa Farbe häufig darbietet, um sie mit dem Futter zu verbinden.« Erklären Sie mir mal, was das bedeutet. Ich verstehe das nicht. Er wiederholt und betont, daß die ganze Sache auf Assoziationen hinausläuft, hier aber sagt er, es sei beschlossenermaßen eine Degradierung der Assoziation. Als wenn sich der bedingte Reflex durch Wiederholung nicht verstärkte und nicht sein Maximum erreichte. Bei uns tritt doch zunächst ein unvollständiger bedingter Reflex und später erst ein optimaler auf. Das ist bei uns eine Grundtatsache. Wo hat er das nur her?

»Diese Tatsache deckt sich ausgezeichnet mit dem, was wir von der Einschaltung gesagt haben. Die Einschaltung ist eine notwendige Beziehung, die sich von Anfang an zwischen zwei gemeinsam dargebotenen Erscheinungen herstellt, und diese Beziehung ändert sich, wenn die Erfahrung die dargebotenen Elemente differenziert, die vereinigt sind, indem sie aufdeckt, daß diese Vereinigung keine funktionelle Kraft mehr hat.«

Was soll das bedeuten? Ich verstehe kein Wort.

Zugleich sagt er aber, daß diese Verbindung, wenn sie nicht weiterhin bestätigt wird, sofort schwächer wird oder verschwindet usw. Wie soll man das verstehen?

Ich habe drei Seiten vorgelesen. Ich sehe nicht den geringsten Grund, einen Unterschied zwischen »implication« und »Assoziationen« zu machen, zumal er doch von unseren Dingen spricht.

»Da indessen die Einschaltung durch den Begriff der Anpassung bestimmt wird und für das Bedürfnis der Anpassung verwendet wird, hat sie gewisse Wirkungen. Etwas einschalten heißt, es erwarten, und das heißt, nach dem zu streben, was man erwartet.« Was soll das? Nichts als Gerede. Meine Damen und Herren, Sie sind zahlreich. Wer von Ihnen kann aus diesen drei Seiten die wahre Begründung für den Unterschied zwischen »Assoziationen« und »Einschaltung« zeigen. Ich sehe sie nicht. Ich habe das nicht nur einmal durchgelesen und kann sie trotzdem nicht finden.

E. A. Asratjan: Das Grundlegende ist, daß er die bedingten Reflexe nicht begriffen hat.

I. P. Pawlow: Das ist zu einfach, damit bin ich nicht einverstanden.

I. O. Narbutowitsch: Er benutzt gewisse Befunde, die bei uns im Laboratorium nicht bestätigt wurden; es gibt aber auch entgegengesetzte Ergebnisse. Da ist zum Beispiel die Stelle, wo Sie vorlasen, daß sich kein bedingter Reflex bildet.

I. P. Pawlow: Ich weiß, die Psychologen verfügen gerade über einen solchen Befund.

I. O. Narbutowitsch: Er aber schreibt, der bedingte Reflex bilde sich nicht. Als ich mit elektrischem Strom mit »Überdekken« arbeitete, d. h. einen Ton mit Strom verband, bildete sich kein bedingter Reflex.

I. P. Pawlow: Dann hätten Sie es anders machen müssen.

I. O. Narbutowitsch: Als ich Ton und Strom miteinander verband, bildete sich kein bedingter Reflex, aber als der Strom weggelassen wurde, bildete er sich. Das steht dem entgegen, was er sagt.

I. P. Pawlow: Das und anderes.

»Was die Einschaltung von der Assoziation unterscheidet, ist, daß letztere, d. h. die Assoziation, vom Begriff der mechanischen Wiederholung regiert wird, sie ist eine Funktion der Wiederholung. Wörter, die ohne jeden praktischen Zweck miteinander verbunden sind, rufen einander nur dann hervor, wenn sie genügend fixiert und durch Wiederholung verbunden sind.« Das und die bedingten Reflexe sind ein und dasselbe. Wo ist denn da ein Unterschied? Wenn Sie nicht miteinander verbinden, dann wird eben auch nichts. »Dagegen wird die Einschaltung vom Begriff der Anpassung regiert.« Er nimmt also einen solchen Fall, bei dem Anpassung vorliegt. Es gibt aber auch den umgekehrten Fall, daß keine Anpassung vorliegt, die Assoziation sich aber bildet: Zum Beispiel verbinden sich zwei sinnlose Wörter. Hier geht es um das Wesen des Prozesses. Wo ist denn da ein Unterschied?

»Die Einschaltung wird von den Bedürfnissen der Anpassung regiert, sie ist aktiv wirksam.« Aber erlauben Sie: »aktiv wirksam« – das ist jämmerliches Geschwätz. Wenn ein Schüler sich Wörter einprägen und sie miteinander verbinden soll, sie sich aber nicht merkt, dann bekommt er einen Strich, – und das ist ebenfalls aktiv wirksam, ist ihm ebenfalls unangenehm usw. Das ist ein Spiel mit Worten. Denken Sie doch nur daran, wie man sprechen lernt. Zunächst sagt das Kind »pa-pa, pa-pa«; wenn es dann beginnt, aus den einzelnen Silben Wörter zusammenzusetzen, muß es sie infolge des zeitlichen Zusammenfalls miteinander verbinden. Das ergibt dann seine vernünftige Sprache, mit deren Hilfe es andere versteht und die anderen das Kind verstehen. Es ist Unsinn, daß im einen Falle ein Bedürfnis vorliegen soll, in diesem Falle aber angeblich nicht.

Nein, das ist zweifellos ein besonderer Schlag von Menschen, das ist ein besonderes Gebiet, wohin der gewöhnliche Geist keinen Zutritt hat und wo er sich beständig – der Teufel weiß wohin – vergräbt. Das ist klar. »Sie ist aktiv wirksam. ›Implication‹, das heißt warten.« Was heißt hier »warten«? Wenn ich das eine mit dem anderen vereinige, wo warte ich da? Ich brauche nicht zu warten, sondern kann anordnen. Was für ein Unsinn! Sich daran zu klammern, daß der Hund nach dem bedingten Reiz das Futter erwartet, das zu verallgemeinern und zur Eigenschaft zu machen; es bestünde die Tendenz zu warten. Nein, nein, das kann ich nicht begreifen und behaupte rundheraus, daß der gesunde Menschenverstand das überhaupt nicht begreifen kann. Das läßt sich nur auf irgendeine negative Eigenschaft des psychologischen Denkens zurückführen, – das ist der einzige Schluß, zu dem ich komme.

E. A. Asratjan: Sie nehmen an, daß er die bedingten Reflexe gut kennt? Er sagt, der bedingte Reflex würde sofort hervorgerufen. Er bringt die Assoziation und das Erlöschen durcheinander. Das zeugt davon, daß er keine Ahnung von den bedingten Reflexen hat.

I. P. Pawlow: Nein, hier handelt es sich nicht um Nichtwissen. Hier handelt es sich um ein Spiel mit Worten. Diese Herren überprüfen niemals den realen Sinn ihrer Worte, sie können die Worte nicht konkret fassen. Darin liegt alles. Es ist in der Tat eine besondere Neigung, mit Worten zu spielen, ohne sie mit der Wirklichkeit in Übereinstimmung zu bringen. Auch mit Claparède dauert unsere Auseinandersetzung schon 20 Jahre. Erinnern Sie sich, seine ersten Gedanken sind von Seljony übersetzt worden, als ich von Anfang an ganz scharf erklärte, daß die Tierpsychologie keine Daseinsberechtigung habe. Wenn der Mensch auch eine subjektive Erscheinungswelt hat, dann braucht es sie in der Tierpsychologie noch nicht zu geben, denn die Tiere erzählen uns nichts; wie können wir denn über ihre Innenwelt urteilen? Dabei sagte er: »Dann mögen Sie beweisen, daß Sie imstande sind, das Verhalten der Tiere zu erforschen und neue Beziehungen und Gesetze zu abstrahieren, aber nicht so wie heute, da die Psychologie Ihnen Wort für Wort vorsagt.«

Jetzt ist es so ausgelaufen: Wir haben einen gewaltigen Haufen von Tatsachen zusammengetragen, systematisieren sie und rechnen absolut nicht mit der Psychologie. All das geht vor seinen Augen vor sich. Er macht sich beständig mit diesen Dingen vertraut. Nein, von einem Nichtwissen kann hier nicht die Rede sein, wenn diese Auseinandersetzung schon über 20 Jahre dauert. Dann ist es aber mehr als Leichtsinn, von etwas zu sprechen, worum man sich nicht kümmert.

E. A. Asratjan: Dann muß ich seine Ansichten restlos ablehnen.

I. P. Pawlow: Das heißt, das psychologische Denken ist etwas Besonderes. Es steht nicht auf dem Standpunkt, daß Worte Zeichen sind und daß man jede Minute mit seinen Worten die Wirklichkeit erfassen muß, wenn man Worte verwendet. Aber er tut das nicht, er will das nicht tun, anders kann man es nicht verstehen.

Auf Wiedersehen!

Der bedingte Reflex[1]

Der *bedingte Reflex* ist heute ein eigener physiologischer Terminus, der eine bestimmte nervale Erscheinung bezeichnet. Ihrem eingehenden Studium ist es zu verdanken, daß ein neuer Abschnitt der Physiologie der Tiere, nämlich die Physiologie der höheren Nerventätigkeit, entstanden ist, die das erste Kapitel einer Physiologie des höchsten Abschnitts des Zentralnervensystems bildet. Schon lange häuften sich die empirischen und wissenschaftlichen Beobachtungen, daß eine mechanische Beschädigung oder eine Erkrankung des Gehirns und speziell der Großhirnhemisphären in jenem außerordentlich komplizierten, höchsten Verhalten der Tiere und des Menschen, das man gewöhnlich als psychische Tätigkeit bezeichnet, eine Störung hervorruft. Ein medizinisch Geschulter wird heutzutage kaum mehr in Zweifel ziehen, daß unsere Neurosen und Psychosen mit einer Abschwächung oder mit dem Verschwinden der normalen physiologischen Eigenschaften des Gehirns, bzw. mit einer mehr oder minder großen Zerstörung desselben verbunden sind. Daraus ergibt sich die eindringliche, fundamentale Frage: Welcher Zusammenhang besteht zwischen dem Gehirn und der höchsten Tätigkeit der Tiere und unserer eigenen? Womit und wie soll man das Studium dieser Tätigkeit beginnen? Es hat doch den

Anschein, als ob die psychische Tätigkeit das Ergebnis der physiologischen Tätigkeit einer bestimmten Gehirnmasse sei, und sie müßte daher ebenso von der Physiologie aus erforscht werden, wie heute die Tätigkeit aller übrigen Teile des Organismus mit Erfolg untersucht wird. Das hat man jedoch lange verabsäumt. Schon seit langem (nicht erst seit einem Jahrtausend) war die psychische Tätigkeit das Forschungsobjekt einer besonderen Wissenschaft, der Psychologie. Die Physiologie aber erhielt erst von den 70er Jahren des vorigen Jahrhunderts an – vor erstaunlich kurzer Zeit also – mit ihrer üblichen Methode der künstlichen Reizung die ersten exakten Tatsachen über eine gewisse (und zwar die motorische) physiologische Funktion der Großhirnhemisphären. Mit einer weiteren, ebenfalls üblichen Methode, mit der Methode der teilweisen Zerstörung, erhielt man ergänzende Angaben darüber, wie andere Hemisphärenteile mit den wesentlichsten Rezeptoren des Organismus, dem Auge, dem Ohr u.a. in Verbindung stehen. Dies erregte sowohl bei den Physiologen als auch bei den Psychologen bereits die Hoffnung auf eine enge Verbindung von Physiologie und Psychologie. Auf der einen Seite wurde es bei den Psychologen zur Gewohnheit, die Handbücher der Psychologie mit einer einleitenden Darstellung der Lehre vom Zentralnervensystem und speziell von den Großhirnhemisphären (den Sinnesorganen) zu beginnen. Auf der anderen Seite beurteilten die Physiologen die Ergebnisse der Experimente, die sie unter Ausschaltung verschiedener Teile der Großhirnhemisphären an Tieren anstellten, psychologisch, in Analogie zu dem, was in unserer inneren Welt vorgehen würde (z.B. das Munksche[2] er »sieht«, aber er »versteht« nicht). Aber es kam bald zu einer Enttäuschung in beiden Lagern. Die Physiologie der Großhirnhemisphären geriet nach diesen ersten Versuchen merklich ins Stocken und wurde nicht wesentlich weiterentwickelt. Und unter den Psychologen fanden sich hierauf abermals, wie schon früher, nicht wenige entschlossene Leute, die auf einer völligen Unabhängigkeit der psychologischen Forschung von der physiologischen bestanden. Daneben gab es auch andere Versuche, die triumphierende Naturwissenschaft durch die Methode der zahlenmäßigen Messung psychischer Erscheinungen mit der Psychologie zu verbinden. Dank der glücklichen Entdeckung des Weber-Fechnerschen Gesetzes[3], das den Namen seiner Entdecker trägt und einen bestimmten zahlenmäßigen Zusammenhang zwischen der Intensität eines äußeren Reizes und der Stärke der Empfindung festlegt, hatte man eine Zeitlang bereits geglaubt, innerhalb der Physiologie einen besonderen Abschnitt der Psychophysik bilden zu können. Aber über dieses einzige Gesetz kam der neue Abschnitt nicht hinaus. Besser gelang ein Versuch WUNDTS[4] (der erst Physiologe und später Psychologe und Philosoph war), das Experiment mit der zahlenmäßigen Messung in Form der sogenannten experimentellen Psychologie auch auf psychische Phänomene anzuwenden. Auf diese Weise wurde und wird auch jetzt noch bedeutsames Material gesammelt. Einige nennen die mathematische Bearbeitung des Zahlenmaterials der experimentellen Psychologie nach dem Beispiel FECHNERS[3] Psychophysik. Aber heute ist es kein Wunder, wenn man auch unter den Psychologen und besonders unter den Psychiatern viele findet, die von der effektiven Hilfe der experimentellen Psychologie bitter enttäuscht sind.

Was sollte man also tun? Man hatte das Empfinden, daß noch ein weiter Weg zur Lösung der fundamentalen Frage denkbar und zu beschreiten wäre: Könnte man nicht eine so elementare psychische Erscheinung finden, die man mit vollem Recht gleichzeitig auch für eine rein physiologische Erscheinung halten dürfte, um von ihr ausgehend durch eine streng objektive Untersuchung der Bedingungen ihrer Entstehung, ihrer verschiedenartigen Komplikationen und ihres Verschwindens (wie auch sonst in der Physiologie) von Anfang an ein objektives physiologisches Bild der gesamten höheren Nerventätigkeit der Tiere zu erhalten, d.h. ein Bild der normalen Arbeit des höchsten Abschnitts des Gehirns anstatt der verschiedenen Versuche seiner künstlichen Reizung und Zerstörung, die früher durchgeführt wurden? Glücklicherweise hatten viele eine solche Erscheinung schon lange vor Augen. Viele richteten ihre Aufmerksamkeit auf sie, und einige hatten auch schon mit Untersuchungen begonnen (insbesondere ist da THORNDIKE[5] zu erwähnen). Aber aus irgendeinem Grunde blieben sie gleich am Anfang stehen und bauten ihre Kenntnisse nicht zu der grundlegenden, wesentlichen Methode eines systematischen physiologischen Studiums der höheren Tätigkeit des Tierorganismus aus, dieser Erscheinung, die heute mit dem Terminus *»bedingter Reflex«* bezeichnet wird und deren energisches Studium die ausgesprochene Hoffnung völlig gerechtfertigt hat. Wir wollen zwei einfache Versuche anstellen, die jedem gelingen werden. Wir gießen in das Maul eines Hundes eine mäßig starke Lösung irgendeiner Säure. Sie ruft die übliche Abwehrreaktion des Tieres hervor: Durch energische Bewegungen des Mauls wird die Lösung ausgespien, und gleichzeitig fließt reichlich Speichel ins Maul (und dann auch nach außen), der die eingeführte Säure verdünnt und sie von der Schleimhaut des Mauls abwäscht. Nun der andere Versuch: Wir lassen einige Male irgendein äußeres Agens, z. B. einen bestimmten Ton, auf einen Hund einwirken, gerade bevor wir in sein Maul dieselbe Lösung einführen. Und was geschieht nun? Es genügt, nur diesen Ton allein zu wiederholen, und bei dem Hund wird wieder dieselbe Reaktion hervorgerufen: die gleichen Maulbewegungen und derselbe Speichelfluß.

Diese beiden Tatsachen sind gleichermaßen genau und beständig. Beide müssen mit ein und demselben Terminus als *»Reflex«* bezeichnet werden. Beide verschwinden, wenn man entweder die motorischen Nerven der Mundmuskulatur und die sekretorischen Nerven, die zu den Speicheldrüsen führen, also die efferenten Bahnen, oder die afferenten Bahnen, die von der Schleimhaut des Mundes und vom Ohr ausgehen, durchtrennt. Endlich verschwinden sie auch, wenn man die zentralen Stationen zerstört, in denen der nervale Strom (d. h. der Bewegungsvorgang der nervalen Erregung) von den afferenten Bahnen auf die efferenten übergeleitet wird. Für den ersten Reflex ist dies das verlängerte Mark, für den zweiten sind es die Großhirnhemisphären.

Kein noch so strenges Urteil kann angesichts dieser Tatsachen Einwände gegen diese physiologische Schlußfolgerung erheben; und doch besteht zwischen diesen Reflexen sichtlich ein Unterschied. Erstens sind, worauf eben hingewiesen wurde, ihre zentralen Stationen verschieden. Zweitens wurde der erste Reflex, wie aus unserer Versuchsanordnung klar hervorgeht, ohne jede Vorbereitung und ohne weitere Bedingung wieder erzeugt, der zweite aber nach einem speziellen Verfahren erhalten. Was bedeutet das? Beim ersten Reflex erfolgte der Übergang des nervalen Stroms von der einen auf die andere Bahn direkt und ohne ein besonderes Verfahren. Im zweiten Fall war zu diesem Übergang vorher etwas nötig. Am natürlichsten kann man sich die Sache so vorstellen: Beim ersten Reflex existierte eine direkte Leitung für den nervalen Strom, für den zweiten mußte erst eine Bahn gebildet werden. Einen solchen Begriff gab es in der Nervenphysiologie schon lange. Er wurde durch das Wort »Bahnung«[6] ausgedrückt. So befinden sich also im Zentralnervensystem zwei verschiedene zentrale Apparate: einer zur direkten Leitung des nervalen Stroms und ein Apparat zu dessen Schließung und Unterbrechung. Es wäre sonderbar, wollte man solch einer Schlußfolgerung gegenüber noch irgendwelche Zweifel hegen. Ist doch das Nervensystem auf unserem Planeten das komplizierteste und feinste Instrument für die Beziehungen und den Zusammenhang der zahlreichen Teile des Organismus untereinander und des Organismus als eines höchst komplizierten Systems mit der unendlichen Anzahl äußerer Einflüsse. Wenn heute Ein- und Ausschalten des elektrischen Stroms für uns eine alltägliche technische Einrichtung ist, kann man dann wirklich gegen eine Vorstellung opponieren, die die Realisierung desselben Prinzips in diesem staunenswerten Instrument betrifft? Entsprechend dem Dargelegten *wird die ständige Verbindung eines äußeren Agens mit der es beantwortenden Tätigkeit des Organismus mit Recht als unbedingter Reflex, die zeitweilige Verbindung aber als bedingter Reflex bezeichnet.* Der Tierorganismus existiert als System inmitten der ihn umgebenden Natur nur dadurch, daß er sich ständig durch dieses System mit dem äußeren Milieu ins Gleichgewicht bringt, und zwar durch bestimmte Reaktionen des lebenden Systems auf die von außen einfallenden Reize, was bei den höheren Tieren vorzugsweise durch das Nervensystem in Gestalt der Reflexe geschieht. Die erste Sicherung des Sich-ins-Gleichgewicht-Bringens und folglich auch der Ganzheit des Einzelorganismus sowie seiner Art wird von den unbedingten Reflexen gebildet, und zwar sowohl von den einfachsten (z.B. vom Husten, wenn ein Fremdkörper in den Kehlkopf gerät) als auch von den komplizierteren, die man gewöhnlich als Instinkte bezeichnet (Nahrungs- und Abwehrinstinkt, Geschlechtsinstinkt u.a.). Diese Reflexe werden sowohl durch innere, im Organismus selbst entstehende, als auch durch äußere Agenzien ausgelöst, wodurch die Vollkommenheit des Sich-ins-Gleichgewicht-Bringens bedingt wird. Aber das durch diese Reflexe erreichte Gleichgewicht würde nur bei einer absoluten Beständigkeit des äußeren Milieus vollkommen sein. Da sich jedoch das äußere Milieu in seiner außerordentlichen Mannigfaltigkeit gleichzeitig in ständiger Veränderung befindet, sind die unbedingten Verbindungen, also die Verbindungen, die beständig sind, nicht ausreichend, und es ist notwendig, sie durch bedingte Reflexe, also durch zeitweilige Verbindungen, zu ergänzen. Es genügt z.B. für ein Tier nicht, wenn es nur das vor ihm liegende Futter fressen würde, denn dann würde es häufig hungern und schließlich Hungers sterben. Es muß die Nahrung aufgrund verschiedener zufälliger, vorübergehender Merkmale auffinden. Das sind bedingte Reize (Signalreize), die die Bewegungen des Tieres zur Nahrung hin hervorrufen, die beendet werden, sobald diese ins Maul gelangt ist; d.h. sie rufen insgesamt einen bedingten Nahrungsreflex hervor. Das gleiche bezieht sich auch auf alles, was für das Wohlbefinden des Organismus und der Art sowohl im positiven als auch im negativen Sinne nötig ist, also auf alle Dinge der Umwelt, die man nehmen darf oder vor denen man sich hüten muß. Es bedarf keiner großen Phantasie, um sofort zu sehen, welche geradezu unzählbare Menge bedingter Reflexe ständig in dem überaus komplizierten System des Menschen zustande kommt. Ist er doch in eine ungemein vielfältige, nicht nur allgemeine natürliche Umwelt, sondern auch in eine speziell soziale Umwelt gestellt, die in ihrem weitesten Ausmaß die ganze Menschheit umfaßt. Nehmen wir denselben Nahrungsreflex. Welche vielseitig bedingten, zeitweiligen, natürlichen und speziell sozialen Verbindungen sind nötig, wenn man sich mit ausreichender, gesunder Nahrung versorgen will! In der Wurzel ist dies alles aber ein bedingter Reflex! Bedarf es hierfür noch detaillierter Erklärungen? Wir machen einen Sprung und beschäftigen uns sogleich mit einer speziell sozialen Erscheinung, dem sogenannten für das Leben notwendigen Takt. Das ist die Fähigkeit, sich eine angenehme Stellung in der Gesellschaft zu verschaffen. Was ist das denn anders als die nicht sehr häufige Eigenschaft, es mit allem und jedem und unter allen Umständen so zu halten, daß die Beziehungen der anderen uns gegenüber stets günstig bleiben. Das bedeutet aber, daß man sein Verhalten anderen Menschen gegenüber ihrem Charakter, ihrer Stimmung und den Umständen entsprechend ändert, d.h., daß man aufgrund des positiven oder negativen Ergebnisses früherer Begegnungen mit anderen auf diese reagiert. Natürlich gibt es einen Takt, der entsprechend der Wahrung des Gefühls der eigenen Würde und der Würde der anderen zu bewerten oder ihm zuwider ist. Aber in seinem physiologischen Kern besteht der eine wie der andere aus zeitweiligen Verbindungen, aus bedingten Reflexen. Die zeitweilige nervale Verbindung ist folglich in der Tierwelt und bei uns selbst die universellste physiologische Erscheinung. Daneben ist sie aber auch ein psychisches Phänomen, nämlich das, was die Psychologen Assoziation nennen, sei das nun die Bildung von Verbindungen aus den verschiedensten Handlungen, Eindrücken oder aus Buchstaben, Wörtern und Gedanken. Welcher Grund besteht denn dafür, das voneinander zu trennen und zu unterscheiden, was der Physiologe zeitweilige Verbindung, der Psychologe aber Assoziation zu nennen pflegt? Hier haben wir ein völliges Verschmelzen, ein absolutes Aufgehen des einen in dem anderen, eine Identifizierung. Wie mir scheint, wird dies auch von den Psychologen anerkannt (oder wenigstens von einigen), denn sie haben erklärt, daß die Versuche mit den bedingten Reflexen der Assoziationspsychologie eine solide Stütze gäben, d.h. jener Psychologie, die die Assoziation für das Fundament der psychischen Tätigkeit hält. Das gilt um so mehr, als man mit Hilfe eines ausgearbeiteten bedingten Reizes einen neuen bedingten Reiz bilden kann. In letzter Zeit wurde beim Tier (am Hund) überzeugend bewiesen, daß sich auch zwei indifferente Reize, von denen man einen wiederholt auf den anderen folgen läßt, miteinander verbinden und einer den anderen hervorruft. Für die Physiologie wurde der bedingte Reflex zur zentralen Erscheinung, die man zu einem immer vollkommeneren und präziseren Studium der normalen wie der pathologischen Tätigkeit der Großhirnhemisphären verwenden konnte. In der vorliegenden Darstellung können die Ergebnisse dieser Untersuchungen, die bis heute schon eine gewaltige Menge von Tatsachen geliefert haben, natürlich nur in den Hauptzügen wiedergegeben werden.

Die Hauptbedingung für die Bildung eines bedingten Reflexes ist im allgemeinen das ein- oder mehrmalige zeitliche Zusammenfallen eines indifferenten mit einem unbedingten Reiz. Am schnellsten und mit den geringsten Hindernissen geht diese Bildung vor sich, wenn der indifferente Reiz dem bedingten unmittelbar vorangeht, wie dies oben am Beispiel des akustischen Säurereflexes gezeigt wurde.

Der bedingte Reflex entsteht sowohl in seiner elementaren Form als auch in seinen äußerst komplizierten Komplexen auf der Grundlage aller unbedingten Reflexe und aus den verschiedensten Agenzien des inneren und des äußeren Milieus, allerdings mit einer Einschränkung: aus allem, für dessen Wahrnehmung es rezeptorische Elemente in den Großhirnhemisphären gibt. Wir haben eine äußerst umfassende Synthese vor uns, die von diesem Teil des Gehirns verwirklicht wird.

Aber das ist noch nicht alles! Die bedingte, zeitweilige Verbindung spezialisiert sich zugleich bis zu höchster Kompliziertheit und bis zu feinster Detaillierung der bedingten Reize sowie gewisser Tätigkeiten des Organismus, besonders der skelett- und der sprech-motorischen Tätigkeit. Wir haben als Produkt derselben Großhirnhemisphären eine sehr feine Analyse vor uns. Daher die ungeheuer umfassende und hohe Anpassungsfähigkeit, das Sich-angleichen-Können des Organismus an die Umgebung. Die Synthese ist offensichtlich eine Erscheinung der nervalen Schließung. Was stellt nun die Analyse als nervales Phänomen dar? Hier gibt es einige physiologische Einzelerscheinungen. Die erste Grundlage für die Analyse bieten die peripheren Endigungen aller afferenten Nervenbahnen des Organismus, von denen jede speziell eingerichtet ist, um eine bestimmte Art von Energie (sowohl von außen her als auch aus dem Innern des Organismus) in einen nervalen Erregungsprozeß umzuformen, der dann sowohl in spezielle, an Zahl geringere Zellen der tieferen Abschnitte des Zentralnervensystems als auch in die überaus zahlreichen Spezialzellen der Großhirnhemisphären geleitet wird. Hier jedoch breitet sich der eintreffende nervale Erregungsprozeß gewöhnlich aus, d. h. er irradiiert auf eine mehr oder minder große Entfernung über verschiedene Zellen. Daher rufen z. B. bei der Ausarbeitung eines bedingten Reflexes auf einen beliebigen bestimmten Ton hin nicht nur andere Töne, sondern auch viele andere Laute dieselbe bedingte Reaktion hervor. Dies bezeichnet man in der Physiologie der höheren Nerventätigkeit als Generalisation der bedingten Reflexe. Man begegnet hier also gleichzeitig den Erscheinungen der Schließung und Irradiation. Dann aber wird die Irradiation allmählich mehr und mehr begrenzt. Der Erregungsprozeß konzentriert sich in einem außerordentlich kleinen Punkt der Großhirnhemisphären, wahrscheinlich in einer Gruppe entsprechender Spezialzellen. Die Begrenzung geht besonders schnell mit Hilfe eines anderen nervalen Grundprozesses vor sich, den man Hemmung nennt. Das geht so zu: Wir erhalten zunächst auf einen bestimmten Ton hin einen bedingten generalisierten Reflex. Wir setzen nun mit ihm den Versuch fort, indem wir ihn ständig durch einen unbedingten Reflex begleiten und ihn dadurch bekräftigen. Daneben aber wenden wir auch andere, sozusagen falsch wirkende Töne an, jedoch ohne Bekräftigung. Hierbei gehen diese Töne allmählich ihrer Wirkung verlustig. Schließlich betrifft dies auch den nächstgelegenen Ton. Ein Ton von 500 Schwingungen in der Sekunde zeigt z.B. eine Wirkung, ein Ton von 498 Schwingungen aber nicht. Er ist differenziert. Die Töne, die ihre Wirkung jetzt verloren haben, sind gehemmt. Das kann folgendermaßen bewiesen werden.

Wenn man unmittelbar nach Anwendung eines gehemmten Tons den ständig bekräftigten bedingten Ton prüft, dann hat er entweder gar keinen Einfluß oder einen bedeutend geringeren als sonst. Die Hemmung, die die Wirkung der Nebentöne aufgehoben hat, macht sich folglich auch bei ihm bemerkbar. Dies ist bei einem kurzfristigen Abstand der Einwirkung der Fall. Wenn eine längere Zeitspanne vergangen ist, beobachtet man dies nicht mehr. Hieraus muß man schließen, daß der Hemmungsprozeß ebenso wie der Erregungsprozeß irradiiert. Aber je häufiger man die nicht bekräftigten Töne wiederholt, desto geringer wird die Irradiation der Hemmung. Der Hemmungsprozeß konzentriert sich in Zeit und Raum immer mehr. Die Analyse beginnt also mit der speziellen Arbeit der peripheren Apparate der afferenten Bahnen und wird in den Großhirnhemisphären mit Hilfe des Hemmungsprozesses vollendet. Der beschriebene Fall einer Hemmung wird als Differenzierungshemmung bezeichnet. Wir wollen nun noch andere Fälle von Hemmungserscheinungen anführen. Um eine bestimmte, mehr oder minder beständige Stärke des bedingten Effektes zu erhalten, läßt man gewöhnlich den bedingten Reiz eine bestimmte Zeit lang wirken, fügt dann einen unbedingten Reiz hinzu und bekräftigt ihn so. Dann sind die ersten Sekunden oder Minuten der Reizung je nach der Dauer der isolierten Anwendung des bedingten Reizes wirkungslos, weil sie als vorzeitige Reize, als Signale des unbedingten Reizes, gehemmt werden. Das ist eine Analyse der verschiedenen Momente eines Dauerreizes. Diese Hemmung wird als Hemmung eines verspäteten Reflexes bezeichnet. Aber ein bedingter Reiz wird als Signalreiz auch an sich schon durch die Hemmung korrigiert und wird allmählich gleich Null, wenn er nicht nach einem bestimmten Zeitabschnitt von einer Bekräftigung begleitet wird. Das ist die auslöschende Hemmung. Diese Hemmung hält sich einige Zeit und verschwindet dann von selbst. Die Wiederherstellung der Wirkung des erloschenen bedingten Reizes wird durch eine Bekräftigung beschleunigt. So haben wir positive bedingte Reize, die in der Großhirnrinde einen Erregungsprozeß, und negative bedingte Reize, die einen Hemmungsprozeß hervorrufen. In den angeführten Fällen haben wir eine spezielle Hemmung der Großhirnhemisphären, und zwar eine kortikale Hemmung. Sie entsteht unter bestimmten Bedingungen an Stellen, an denen sie vorher nicht war, wird größer oder verschwindet unter anderen Bedingungen. Sie unterscheidet sich dadurch von der mehr oder weniger beständigen, stabilen Hemmung der niederen Abschnitte des Zentralnervensystems und wird deshalb im Unterschied zu dieser (der äußeren) auch als innere Hemmung bezeichnet. Richtiger wäre es, sie als ausgearbeitete bedingte Hemmung zu bezeichnen. Bei der Arbeit der Großhirnhemisphären wirkt die Hemmung ebenso unausgesetzt, kompliziert und subtil mit wie der Erregungsprozeß.

Wie sich von außen in die Großhirnhemisphären eindringende Reize dort in einigen Fällen mit bestimmten Punkten verbinden, die sich im Zustand der Erregung befinden, so können in anderen Fällen ebensolche Reize, gleichfalls aufgrund der Gleichzeitigkeit, mit dem Hemmungszustand der Rinde eine zeitweilige Verbindung eingehen, wenn diese sich in einem solchen befindet. Dies geht daraus hervor, daß solche Reize eine hemmende Wirkung haben und von sich aus in der Rinde einen Hemmungsprozeß hervorrufen, daß sie negative bedingte Reize sind. In diesem Fall wie auch in den weiter oben angeführten Fällen erhalten wir unter bestimmten Bedingungen eine Umwandlung des Erregungsprozesses in einen Hemmungsprozeß. Das können wir uns bis zu einem gewissen Grad verständlich machen, wenn wir uns erinnern, daß in den peripheren Apparaten der afferenten Bahnen eine ständige Umwandlung der verschiedenen Energieformen in einen Erregungsprozeß vor sich geht. Warum sollte unter bestimmten Bedingungen nicht eine Umwandlung der Energie eines Erregungsprozesses in die Energie eines Hemmungsprozesses und umgekehrt erfolgen?

Wie wir eben gesehen haben, breiten sich die Erregungs- und

Hemmungsprozesse, die in den Großhirnhemisphären entstehen, zunächst in ihnen aus, d. h. sie irradiieren, und können sich dann, indem sie sich am Ausgangspunkt sammeln, konzentrieren. Das ist eines der Grundgesetze des gesamten Zentralnervensystems. Aber hier, in den Großhirnhemisphären, tritt es mit einer nur ihnen eigenen Beweglichkeit und Kompliziertheit hervor. Zu den Bedingungen, die Eintritt und Ablauf von Irradiation bzw. Konzentration der Prozesse bestimmen, muß man an erster Stelle die Stärke dieser beiden Prozesse zählen. Das bisher gesammelte Material erlaubt die Schlußfolgerung, daß bei einem schwachen Erregungsprozeß eine Irradiation vor sich geht, bei einem mittleren eine Konzentration und bei einem sehr starken wieder eine Irradiation. Genau das gleiche haben wir auch beim Hemmungsprozeß. Bei sehr starken Prozessen begegnet man einer Irradiation seltener, und deshalb ist sie, besonders bei der Hemmung, weniger untersucht worden. Die Irradiation eines Erregungsprozesses von geringer Intensität macht als zeitweilige Erscheinung einen latenten Erregungszustand sichtbar, der von einem anderen vorhandenen Reiz (der zu schwach ist, um von sich aus in Erscheinung zu treten) oder von einem unlängst abgelaufenen oder schließlich von einem sich häufig wiederholenden Reiz herrührt, der in einem bestimmten Punkt einen erhöhten Tonus zurückgelassen hat. Andererseits beseitigt diese Irradiation den Hemmungszustand anderer Punkte der Rinde. Diese Erscheinung wird als Enthemmung bezeichnet, wenn die Irradiationswelle eines unbekannten schwachen Reizes die Wirkung eines bestimmten vorhandenen negativen bedingten Reizes ins Gegenteil, ins Positive, verwandelt. Hat ein Erregungsprozeß mittlere Intensität, so konzentriert er sich, d. h. er ballt sich in einem bestimmten begrenzten Punkt zusammen, was sich in einer bestimmten Arbeit äußert. Bei sehr starker Erregung bedingt die Irradiation einen sehr hohen Rindentonus, bei dem auch alle anderen wechselnden Reize auf dem Hintergrund dieser Erregung einen maximalen Effekt geben. Die Irradiation eines Hemmungsprozesses von geringer Intensität wird als Hypnose bezeichnet. Diese tritt bei bedingten Nahrungsreflexen in beiden Komponenten, der sekretorischen und der motorischen, charakteristisch in Erscheinung. Wenn unter den oben erwähnten Bedingungen eine Hemmung entsteht (eine Differenzierungshemmung u. a.), so treten als gewöhnlichste Tatsache ganz besondere

Zustände in den Großhirnhemisphären auf. Im Anfang gleichen sich alle Reize in ihrer Wirkung aus, und zwar entgegen der Regel, daß im normalen Zustand die Größenänderung des Speicheleffekts der bedingten Nahrungsreflexe der physikalischen Reizintensität mehr oder minder parallel geht (ausgleichende Phase). Des weiteren erfolgt auf schwache Reize hin reichlicherer Speichelfluß als auf starke (paradoxe Phase). Und schließlich erhält man eine Entartung der Effekte: Ein positiver bedingter Reiz bleibt ohne jede Wirkung, während ein negativer Speichelfluß hervorruft (ultraparadoxe Phase). Dasselbe tritt auch bei motorischen Reaktionen auf. Wenn z.B. einem Hund Futter angeboten wird (d.h. bei der Einwirkung natürlicher bedingter Reize), so wendet er sich von ihm ab, wenn man das Futter jedoch wegnimmt und wegbringt, so sucht er es zu erlangen. Außerdem kann man in der Hypnose bei bedingten Nahrungsreflexen zuweilen unmittelbar eine allmähliche Ausbreitung der Hemmung über das motorische Rindenfeld sehen. Zuerst werden die Zunge und die Kaumuskulatur gelähmt, dann schließt sich eine Hemmung der Halsmuskulatur und schließlich auch eine Hemmung der gesamten Rumpfmuskulatur an. Bei der Ausbreitung der Hemmung in tiefere Schichten des Gehirns kann man zuweilen einen kataleptischen Zustand beobachten, und schließlich tritt tiefer Schlaf ein. Der hypnotische Zustand geht als Zustand der Hemmung sehr leicht mit zahlreichen äußeren Agenzien, sofern sie gleichzeitig mit ihm auftreten, eine zeitweilige bedingte Verbindung ein.

Wird der Hemmungsprozeß verstärkt, so konzentriert er sich. Das dient zur Abgrenzung eines in Erregung befindlichen Punkts der Rinde von anderen Punkten, die sich im Hemmungszustand befinden. Und weil es in der Rinde eine Unmenge der verschiedenartigsten Punkte mit Erregungs- und Hemmungsprozessen gibt, die sowohl die Außenwelt (Gesicht, Gehör u.a.) als auch das Innere (Motorik u.a.) betreffen, so stellt die Rinde ein grandioses Mosaik mit intermittierenden Punkten verschiedener Qualität und verschiedengradiger Intensität des Erregungs- bzw. Hemmungszustands dar. Auf diese Weise ist der tätige Wachzustand eines Tieres und des Menschen eine bewegliche und zugleich lokalisierte, bald gröbere, bald sehr feine Aufteilung des Erregungs- oder Hemmungszustands der Rinde, der mit den Schlafzustand kontrastiert, in dem sich die Hemmung auf der Höhe ihrer Intensität und Extensität gleichmäßig über die gesamte Substanz der Großhirnhemisphären und auf eine gewisse Strecke auch in die tieferen Schichten hinab ergießt. Jedoch können in der Rinde zuweilen auch jetzt noch einzelne Erregungspunkte bestehen bleiben, gewissermaßen als diensthabende Wächter. Folglich befinden sich im Wachzustand beide Prozesse in einem ständigen, dynamischen Gleichgewicht, gleichsam in einem Kampf. Wenn auf einmal eine große Zahl äußerer oder innerer Reize wegfällt, dann gewinnt die Hemmung in der Rinde ein beträchtliches Übergewicht über die Erregung. Hunde, bei denen die wichtigsten äußeren Rezeptoren peripher zerstört worden sind (Gesicht, Gehör, Geruch), schlafen am Tag 23 Stunden.

Neben dem Gesetz der Irradiation und Konzentration der nervalen Prozesse ist noch ein anderes Gesetz ständig von Einfluß: das Gesetz der wechselseitigen Induktion, das besagt, daß der Effekt eines positiven bedingten Reizes größer wird, wenn man diesen sofort oder bald nach einem konzentrierten Hemmungsreiz anwendet, ebenso wie der Effekt eines Hemmungsreizes nach einem konzentrierten positiven Reiz genauer und tiefer wird. Die wechselseitige Induktion tritt sowohl in der Umgebung eines Punkts mit einem Erregungs- oder Hemmungsprozeß gleichzeitig mit dessen Wirkung als auch in dem Punkt selbst nach Aufhören der Prozesse in Erscheinung. Es ist klar, daß das Gesetz der Irradiation und Konzentration mit dem der wechselseitigen Induktion eng verbunden ist, daß diese Gesetze sich gegenseitig begrenzen, ausgleichen und einander verstärken und so eine genaue Korrelation der Tätigkeit des Organismus mit den Umweltbedingungen herbeiführen. Beide Gesetze treten in allen Abschnitten des Zentralnervensystems in Erscheinung: in den Großhirnhemisphären an neugebildeten Erregungs- und Hemmungspunkten, in den niederen Abschnitten des Zentralnervensystems an den mehr oder minder beständigen. Die negative Induktion, d.h. das Auftreten oder die Verstärkung einer Hemmung in der Nähe eines Erregungszentrums, wurde früher in der Lehre von den bedingten Reflexen als äußere Hemmung bezeichnet, wenn nämlich ein bestimmter bedingter Reflex unter der Einwirkung eines fremden, zufälligen Reizes, der für sich allein meist einen Orientierungsreflex hervorruft, schwächer wurde bzw. verschwand. Das war auch der Anlaß, die Fälle von

Hemmung, die oben beschrieben wurden (die auslöschende Hemmung usw.), unter der Bezeichnung der inneren Hemmung zu vereinigen, da sie ohne Einwirkung eines fremden Reizes entstehen. Außer diesen zwei verschiedenen Fällen von Hemmung gibt es in den Großhirnhemisphären noch eine dritte. Wenn die bedingten Reize physikalisch sehr stark sind, dann wird das Prinzip des direkten Zusammenhangs der Wirkungsgröße dieser Reize mit ihrer physikalischen Intensität gestört. Ihre Wirkung wird nicht größer, sondern kleiner als die von mäßig starken Reizen: die sogenannte Überbelastungshemmung. Die Überbelastungshemmung tritt sowohl bei einem sehr starken bedingten Reiz als auch im Fall einer Summation von im einzelnen nicht so starken Reizen auf. Es erscheint am natürlichsten, die Überbelastungshemmung dem Fall der reflektorischen Hemmung zuzuschreiben. Will man die verschiedenen Fälle von Hemmung genauer systematisieren, so gibt es entweder eine beständige, eine unbedingte Hemmung (die Hemmung der negativen Induktion und die Überbelastungshemmung) oder eine zeitweilige, eine bedingte Hemmung (die auslöschende Hemmung, die Differenzierungshemmung und die Verspätungshemmung). Aber es gibt gute Gründe, alle diese Arten von Hemmung in ihrer physikalisch-chemischen Grundlage für ein und denselben Prozeß zu halten, der nur unter verschiedenen Bedingungen entsteht.

Unter gleichartigen, sich wiederholenden Umständen werden der gesamte Aufbau und die Verteilung der während einer bestimmten Periode unter dem Einfluß äußerer und innerer Reize entstandenen Erregungs- und Hemmungszustände in der Großhirnrinde immer mehr fixiert und verlaufen immer leichter und automatischer. So erhält man in der Rinde einen dynamischen Stereotyp (eine Systematisierung), dessen Aufrechterhaltung eine immer geringere nervale Arbeit verlangt. Der Stereotyp selbst ist träge, läßt sich schwer verändern und ist durch eine neue Situation bzw. durch neue Reize nur schwer zu überwinden. Jeder erstmalige Aufbau eines Stereotyps ist je nach der Kompliziertheit des Systems der Erregungen eine bedeutende und häufig außerordentlich schwere Arbeit.

Das Studium der bedingten Reflexe bei einer großen Anzahl von Hunden warf allmählich die Frage nach den verschiedenen Nervensystemen der einzelnen Tiere auf. Schließlich schälten sich die Grundlagen für eine systematische Einteilung der Nervensysteme nach ihren Grundzügen heraus. Als solche sind drei zu nennen: die Stärke der nervalen Grundprozesse (des Erregungs- und Hemmungsprozesses), ihr Gleichgewicht untereinander und die Beweglichkeit dieser Prozesse. Die tatsächlichen Kombinationen dieser drei Grundzüge zeigten sich in vier mehr oder weniger scharf ausgeprägten Typen des Nervensystems. Der Stärke entsprechend wurden die Tiere in starke und schwache eingeteilt. Die starken je nach der Ausgeglichenheit der Prozesse in ausgeglichene und unausgeglichene und die ausgeglichenen starken in bewegliche und träge. Dies deckt sich annähernd mit der klassischen Systematisierung der Temperamente. So gleichen die starken, aber unausgeglichenen Tiere, bei denen sehr starke Erregungsprozesse die ebenfalls starken Hemmungsprozesse überwiegen, dem erregbaren, hemmungslosen Typ, dem Choleriker nach HIPPOKRATES. Dann sind die völlig ausgeglichenen starken, dabei aber trägen Tiere, der ruhige, schwerfällige Typ, die Phlegmatiker des HIPPOKRATES. Weiter haben wir in den völlig ausgeglichenen, dabei aber labilen Tieren den sehr lebhaften, beweglichen Typ, die Sanguiniker nach HIPPOKRATES vor uns. Und schließlich entspricht der schwache Typ der Tiere mehr den hippokratischen Melancholikern; ihr überwiegender und allgemeiner Zug ist eine leichte Hemmbarkeit, und zwar sowohl in bezug auf die Stärke der inneren Hemmung, die dauernd schwach ist und leicht irradiiert, als besonders auch der äußeren Hemmung unter dem Einfluß aller möglicher fremder sogar unbedeutender äußerer Reize. Im übrigen ist dieser Typ weniger einheitlich als alle anderen. Da gibt es bald Tiere, bei denen beide Grundprozesse gleich schwach sind, bald solche mit überwiegend außerordentlich schwachen Hemmungsprozessen, bald allzu geschäftige, die ununterbrochen um sich blikken, bald umgekehrt ständig in einer Stellung verharrende, gleichsam erstarrte Tiere. Die Ursache dieser Mannigfaltigkeit liegt natürlich darin, daß sich die Tiere des schwachen Typs wie auch die Tiere der starken Typen außer in der Stärke der nervalen Prozesse auch noch durch andere Züge voneinander unterscheiden. Aber die überwiegende und auffallende Schwäche bald der Hemmung allein, bald beider Prozesse hebt die lebenswichtige Bedeutung der variierenden anderen Züge auf. Die ständige starke Hemmbarkeit macht alle diese Tiere in gleicher Weise zu großen Invaliden.

Der Typ ist also die angeborene, konstitutionelle Form der Nerventätigkeit eines Tieres, der Genotyp. Weil aber das Tier von Geburt an den verschiedensten Einflüssen der Umwelt unterworfen ist, auf die es unvermeidlich mit bestimmten Tätigkeiten, die schließlich häufig für das ganze Leben fixiert werden, antworten muß, so ist die schließlich vorhandene Nerventätigkeit des Tieres eine Legierung aus den Grundzügen des Typs und den durch die Umwelt bedingten Veränderungen: Es entsteht der Phänotyp, der Charakter. Alles Dargelegte stellt offensichtlich unanfechtbares physiologisches Material dar, d.h. die objektiv wiedergegebene, normale physiologische Arbeit des höchsten Abschnitts des Zentralnervensystems. Mit dem Studium der normalen Arbeit muß man auch anfangen, und in der Tat wird das physiologische Studium eines jeden Teils des Tierorganismus gewöhnlich damit begonnen. Das jedoch hindert einige Physiologen bis heute nicht, die mitgeteilten Tatsachen nicht auf die Physiologie zu beziehen. Ein nicht seltener Fall von Schematismus in der Wissenschaft!

Es ist nicht schwer, die beschriebene physiologische Arbeit des höchsten Hirnabschnitts des Tieres in vielen Punkten mit den Erscheinungen unserer subjektiven Welt in eine natürliche unmittelbare Verbindung zu bringen.

Die bedingte Verbindung ist, wie schon oben gezeigt, offensichtlich das, was wir eine Assoziation der Gleichzeitigkeit nach nennen. Die Generalisation der bedingten Verbindung entspricht dem, was Assoziation der Ähnlichkeit nach genannt wird. Synthese und Analyse der bedingten Reflexe (der Assoziationen) sind im wesentlichen dieselben Grundprozesse unserer geistigen Arbeit. Wenn wir konzentriert denken oder für irgend etwas begeistert sind, sehen und hören wir nicht, was um uns herum vorgeht. Das ist eine deutliche negative Induktion. Wer wollte denn in den sehr komplizierten unbedingten Reflexen (in den Instinkten) das physiologisch Somatische vom Psychischen trennen, d.h. von den Eindrücken der mächtigen Emotionen des Hungers, des Sexualtriebs, des Zorns usw. Unsere Gefühle von Lust und Unlust, von Leichtigkeit, Schwierigkeit, Freude, Pein, Triumph, Verzweiflung usw. sind bald mit dem Übergang der stärksten Instinkte und ihrer Erreger in die entsprechenden effektorischen Akte, bald mit ihrer Hemmung verbunden, mit allen Variationen eines entweder leichten, oder erschwerten Ablaufs der in den Großhirnhemisphären entstehenden nervalen Prozesse, wie dies an Hunden zu sehen ist, die ganz unterschiedlich schwere nervale Aufgaben lösen bzw. nicht zu lösen vermögen. Unsere Kontrasterlebnisse sind natürlich Erscheinungen einer wechselseitigen Induktion. Wenn eine Erregung irradiiert ist, sprechen und handeln wir so, wie wir das in ruhigem Zustand nicht tun würden. Offenbar ist die Hemmung in einigen Punkten von einer Erregungswelle in einen positiven Prozeß verwandelt worden. Das starke Nachlassen des Gedächtnisses für das Gegenwärtige, eine normale Alterserscheinung, bedeutet die altersmäßig bedingte Minderung der Beweglichkeit des speziellen Erregungsprozesses, d.h. seine Trägheit usw. usw.

In der sich entwickelnden Tierwelt haben die Mechanismen der Nerventätigkeit auf der Stufe des Menschen an Umfang außerordentlich zugenommen. Für ein Tier wird die Wirklichkeit in den Großhirnhemisphären fast ausnahmslos nur durch Reize und deren Spuren, die unmittelbar auf die speziellen Zellen der optischen und der akustischen Rezeptoren und anderer Rezeptoren des Organismus einwirken, signalisiert. Das ist das, was auch wir als Eindrücke, Empfindungen und Vorstellungen von unserer Umwelt in uns haben, von der allgemeinen, natürlichen wie von unserer sozialen Umwelt, ausgenommen nur das gesprochene und geschriebene Wort. Es ist dies das erste Signalsystem der Wirklichkeit, das wir mit den Tieren gemeinsam haben. Aber das Wort bildet ein zweites, speziell uns eigenes Signalsystem der Wirklichkeit; es ist das Signal der ersten Signale. Zahlreiche Wortreize entfernten uns einerseits von der Wirklichkeit, und deshalb müssen wir uns dessen ständig erinnern, um unser Verhältnis zur Wirklichkeit nicht zu entstellen. Andererseits hat uns gerade das Wort zu Menschen gemacht, worüber hier natürlich nicht ausführlicher gesprochen werden kann. Es unterliegt jedoch keinem Zweifel, daß die Grundgesetze, die für die Arbeit des ersten Signalsystems aufgestellt worden sind, auch für das zweite Signalsystem gelten müssen, denn es handelt sich bei dieser Arbeit immer um das gleiche Nervengewebe.

Ein schlagender Beweis dafür, daß das Studium der bedingten Reflexe die Erforschung des höchsten Hirnabschnitts in die richtigen Bahnen gelenkt hat und daß hierbei schließlich die Funktionen dieses Abschnitts mit den Erscheinungen unserer subjektiven Welt vereinigt, identifiziert worden sind, können weitere Versuche mit bedingten Reflexen an Tieren sein, bei denen man pathologische Zustände des Nervensystems des Menschen, Neurosen und einige besondere psychotische Symptome, erzeugt hat. Dabei konnte in vielen Fällen auch eine zweckmäßige, absichtliche Rückkehr zum Normalzustand, eine Ausheilung, erreicht werden, also eine echt wissenschaftliche Inbesitznahme des Objekts. Die Norm der Nerventätigkeit ist das Gleichgewicht aller beschriebenen Prozesse, die an dieser Tätigkeit teilhaben. Eine Störung dieses Gleichgewichts ruft einen pathologischen Zustand, d.h. Krankheit, hervor, wobei es häufig in der sogenannten Norm selbst, genauer gesprochen also, in der relativen Norm, schon eine gewisse Abweichung vom Gleichgewicht gibt. Hieraus folgt, daß die Wahrscheinlichkeit einer Nervenerkrankung deutlich mit dem Typ des Nervensystems verbunden ist. Diejenigen unserer Hunde, die zu den extremen Typen gehören, dem erregbaren oder dem schwachen Typ, werden unter schwierigen experimentellen Bedingungen besonders leicht und schnell von einer Nervenerkrankung betroffen. Man kann natürlich mit außerordentlich starken Maßnahmen auch bei den starken, ausgeglichenen Typen das Gleichgewicht stören. Schwierige Bedingungen, die das nervale Gleichgewicht chronisch stören, sind: Überbeanspruchung des Erregungs- bzw. des Hemmungsprozesses und der direkte Zusammenprall der beiden entgegengesetzten Prozesse oder, anders gesprochen, die Überbeanspruchung der Beweglichkeit dieser Prozesse. Nehmen wir einen Hund mit einem System von bedingten (positiven und negativen) Reflexen auf Reize verschiedener physikalischer Intensität, die in derselben Reihenfolge und in den gleichen Zeitabständen stereotyp angewendet werden. Wenn wir nun bald ganz außerordentlich starke bedingte Reize anwenden, bald die Dauer der Hemmreize sehr verlängern; wenn wir eine sehr feine Differenzierung durchführen oder im System der Reflexe die Zahl der Hemmreize steigern; wenn wir endlich entgegengesetzte Prozesse unmittelbar aufeinander folgen lassen oder sogar gleichzeitig mit entgegengesetzten bedingten Reizen einwirken oder den dynamischen Stereotyp plötzlich verändern, d.h. das fixierte System bedingter Reize in eine entgegengesetzte Folge von Reizen umwandeln, so sehen wir, daß in all diesen Fällen die erwähnten extremen Typen besonders schnell in einen chronischen pathologischen Zustand geraten, der dann von diesen Typen unterschiedlich widergespiegelt wird. Bei dem erregbaren Typ drückt sich die Neurose darin aus, daß sein Hemmungsprozeß, der auch in der Norm schon immer hinter der Stärke des Erregungsprozesses zurückgeblieben war, jetzt sehr schwach wird und fast erlischt. Die ausgearbeiteten, wenn auch nicht absoluten Differenzierungen werden völlig enthemmt, das Erlöschen dehnt sich außerordentlich lange aus, der verspätete Reflex verwandelt sich in einen kurz zurückgestellten usw. Das Tier wird im allgemeinen bei den Experimenten im Gestell höchst unruhig und nervös: bald tobt es, bald verfällt es, was weit seltener ist, in einen Schlafzustand, was man vorher an ihm nicht kannte. Die Neurose des schwachen Typs trägt fast ausnahmslos depressiven Charakter. Die bedingt-reflektorische Tätigkeit wird im höchsten Grad ungeordnet und verschwindet meist völlig. Das Tier befindet sich im Gestell fast durchgehend im hypnotischen Zustand, dessen verschiedene Phasen es aufweist (keinerlei bedingte Reflexe; das Tier nimmt selbst das ihm angebotene Futter nicht).

Die experimentellen Neurosen sind größtenteils langwierig und ziehen sich über Monate und Jahre hin. Bei den chronischen Neurosen wurden mit Erfolg Heilverfahren erprobt. Schon lange wurde beim Studium der bedingten Reflexe Brom verwendet, wenn es sich um Tiere handelte, die mit den Aufgaben der Hemmung nicht fertig werden konnten. Es ergab sich, daß Brom diesen Tieren eine wesentliche Hilfe war. Ausgedehnte verschiedenartige Reihenversuche mit bedingten Reflexen an Tieren bewiesen zweifellos, daß Brom keine speziell herabsetzende Wirkung auf den Erregungsprozeß hat, wie gewöhnlich angenommen wurde, sondern daß es den Hemmungsprozeß verstärkt und ihn tonisiert. Die Wiederherstellung der gestörten Nerventätigkeit wurde durch Brom sehr wirksam reguliert, aber unter der bestimmten und sehr wesentlichen Bedingung einer dem Typ und dem Zustand des Nervensystems entsprechenden genauen Dosierung. Man muß bei einem Hund, falls er zum starken Typ gehört, große Dosen bis zu (3 bis 5 Gramm je Tag anwenden, während diese Dosen beim schwachen Typ unbedingt bis auf Zentigramm und selbst Milligramm herabgesetzt werden müssen. Eine derartige Anwendung von Brom pflegte im Verlauf von etwa zwei Wochen zuweilen schon für die radikale Heilung einer chronischen experimentellen Neurose zu genügen. In letzter Zeit wurden Versuche angestellt, die namentlich in besonders schweren Fällen die noch günstigere therapeutische Wirkung einer Kombination von Brom und Koffein zeigten, jedoch wieder bei einer sehr feinen und in diesem Fall relativen Dosierung. Zu einer Heilung der kranken Tiere kam es bisweilen gleichfalls, wenn auch nicht so schnell und so vollkommen, wenn man die Tiere für längere oder kürzere Zeit, aber regelmäßig von der eigentlichen Laborarbeit ausruhen ließ oder sie wenigstens von den schwierigen Aufgaben im System der bedingten Reflexe befreite.

Die beschriebenen Neurosen der Hunde lassen sich am natürlichsten mit den Neurasthenien des Menschen vergleichen, und zwar um so mehr, da manche Neuropathologen auf zwei Formen der Neurasthenie bestehen: der erregten und der depressiven Form. Dann gehören hierher noch einige traumatische Neurosen sowie andere pathologische Reaktionszustände. Man kann annehmen, daß die Anerkennung zweier Signalsysteme der Wirklichkeit beim Menschen speziell zum Verständnis des Mechanismus zweier menschlicher Neurosen, der Hysterie und der Psychasthenie, führt. Wenn man die Menschen aufgrund des Übergewichts des einen Systems über das andere in vorwiegend denkende und in vorwiegend künstlerische Naturen einteilen kann, so wird man verstehen, daß in pathologischen Fällen, also bei einer allgemeinen Unausgeglichenheit des Nervensystems, jene als Psychastheniker, diese aber als Hysteriker erscheinen.

Das physiologische Studium der höheren Nerventätigkeit gibt eine Erklärung des Mechanismus der Neurosen und ist darüber hinaus der Schlüssel zum Verständnis einiger Seiten und Erscheinungen im Krankheitsbild der Psychosen. Wir beschäftigen uns vor allem mit einigen Formen des Wahns, namentlich mit einer Variation des Verfolgungswahns, die PIERRE JANET[7] »Gefühle der Bemächtigung« nennt, sowie mit der »Inversion« KRETSCHMERS[8]. Den Kranken verfolgt gerade das, was er besonders zu vermeiden wünscht: Er will geheime Gedanken haben, aber es erscheint ihm unabwendbar, daß sie ständig von anderen aufgedeckt und erkannt werden; er will allein sein, aber ihn quält unausweichlich der Gedanke, daß im Zimmer doch noch jemand sei, obwohl er sich in Wirklichkeit allein darin befindet usw., Bemächtigungsgefühle nach JANET. KRETSCHMER beschreibt, wie zwei Mädchen in der Pubertät für bestimmte Männer Zuneigung gefaßt hatten, diese Zuneigung jedoch aus irgendwelchen Motiven in sich unterdrückten. Aus diesem Grunde begann sich bei ihnen ein Zwang zu entwickeln. Ihnen war ihre sexuelle Reinheit und Unantastbarkeit sehr teuer; zu ihrem großen Kummer aber schien es ihnen, daß in ihrem Gesicht eine sexuelle Erregung sichtbar wäre, auf die alle Leute ihre Aufmerksamkeit richteten. Dann kam es der einen auf einmal unablässig so vor, ja, sie fühlte es sogar, daß sich ein Verführer (die Schlange, von der Eva im Paradies versucht wurde) in ihr befände und bewegte und den Mund zu erreichen suchte. Der anderen aber schien es, daß sie schwanger sei. Diese Erscheinung bezeichnet KRETSCHMER auch als Inversion. Bezüglich ihres Mechanismus ist sie offensichtlich mit dem Bemächtigungsgefühl identisch. Dieses pathologische subjektive Erlebnis kann man ohne weiteres als die physiologische Erscheinung der ultraparadoxen Phase verstehen. Die Vorstellung von der sexuellen Unantastbarkeit verwandelte sich als stärkster positiver Reiz auf dem Hintergrund einer Hemmung, eines unterdrückten Zustands, in dem sich beide Mädchen befanden, in eine so starke entgegengesetzte, negative Vorstellung, daß sie bis zum Grade einer Empfindung gelangte: bei der einen in der Vorstellung vom Vorhandensein eines Verführers in ihrem Körper und bei der anderen in der Vorstellung von der Schwangerschaft als dem Ergebnis eines Geschlechtsverkehrs. Dasselbe geschieht bei dem Kranken mit dem Bemächtigungsgefühl. Die starke positive Vorstellung: »Ich bin allein« verwandelt sich unter denselben Bedingungen in eine ebenso entgegengesetzte: »Um mich herum ist immer irgendwer!«

In den Versuchen mit bedingten Reflexen läßt sich bei verschiedenen schweren pathologischen Zuständen des Nervensystems häufig beobachten, daß eine zeitweilige Hemmung zu einer zeitweiligen Besserung dieser Zustände führt. Bei einem Hund wurden zweimal heftige katatone Zustände beobachtet, die eine beträchtliche Besserung einer hartnäckigen chronischen Nervenerkrankung nach sich zogen; er kehrte in den nachfolgenden Tagen beinahe zum Normalzustand zurück. Im allgemeinen muß man sagen, daß bei den experimentellen Erkrankungen des Nervensystems fast ständig vereinzelte Erscheinungen von Hypnose auftreten, was zu der Annahme berechtigt, daß es sich hier um ein normales Verhalten, nämlich um den physiologischen Kampf gegen das die Krankheit verursachende Agens handelt. Deshalb kann man die katatone Form oder Phase der Schizophrenie, die gänzlich aus hypnotischen Symptomen besteht, als eine physiologische Schutzhemmung auffassen, die die Arbeit des erkrankten Gehirns, dem infolge der Wirkung irgendeines vorläufig noch unbekannten schädlichen Agens die Gefahr einer ernsten Störung oder einer endgültigen Zerstörung drohte, begrenzt oder völlig ausschließt. Bei fast allen Krankheiten weiß die Medizin sehr wohl, daß die erste therapeutische Maßnahme Ruhe für das erkrankte Organ sein muß. Daß eine solche Auffassung des Mechanismus der katatonen Schizophrenie den Tatsachen entspricht, wird dadurch überzeugend bewiesen, daß lediglich diese Form der Schizophrenie einen ziemlich bedeutenden Prozentsatz an Rückkehr zum Normalzustand aufweist, ungeachtet der zuweilen langjährigen (20 Jahre) Dauer des katatonen Zustands. Von diesem Gesichtspunkt aus erscheinen die verschiedenen Versuche, auf Katatoniker durch erregende Maßnahmen und Mittel einzuwirken, direkt schädlich. Es ist vielmehr eine sehr bedeutende Erhöhung des Prozentsatzes der Wiederherstellung der Gesundheit zu erwarten, wenn solche Kranke zu der physiologischen Ruhe durch Hemmung noch völlige äußere Ruhe genießen und sie nicht den ununterbrochenen starken Reizen des Milieus, z. B. inmitten anderer mehr oder weniger unruhiger Kranker, ausgesetzt sind.

Beim Studium der bedingten Reflexe wurden außer einer allgemeinen Erkrankung der Rinde wiederholt außerordentlich interessante Fälle einer ebenfalls experimentell und funktionell hervorgerufenen Erkrankung einzelner, sehr detaillierter Punkte der Rinde beobachtet. Nehmen wir an, wir hätten einen Hund mit einem System mannigfaltiger Reflexe, unter denen sich bedingte Reflexe auf verschiedenartige Laute (Ton, Geräusch, Tikken des Metronoms, Klingeln usw.) befinden, krank aber soll nur einer der Punkte gemacht werden, an denen diese bedingten Reize angreifen, während die übrigen gesund bleiben sollen. Der pathologische Zustand des isolierten Rindenpunkts wird durch das gleiche Vorgehen erreicht, das oben als krankheitserregend beschrieben worden ist. Die Erkrankung erscheint in verschiedenen Formen und Graden. Die leichteste Veränderung drückt sich in einem chronisch hypnotischen Zustand dieses Punkts aus. Anstelle der normalen Relation von Reizwirkung und physikalischer Stärke des Reizes erscheinen an diesem Punkt die ausgleichende und die paradoxe Phase. Das könnte man aufgrund des oben Gesagten als eine physiologische Vorbeugungsmaßnahme bei einem heiklen Zustand dieses Punkts deuten. Bei einer Weiterentwicklung des krankhaften Zustands hat der Reiz überhaupt keine positive Wirkung mehr, sondern ruft immer nur eine Hemmung hervor. So ist es in einigen Fällen. In anderen ist es genau umgekehrt. Der positive Reflex wird ungewöhnlich stabil: Er erlischt langsamer als die normalen, unterliegt weniger einer nachfolgenden Hemmung durch andere, und zwar bedingte Hemmungsreflexe, fällt häufig wegen seiner Stärke unter all den übrigen bedingten Reflexen auf, was früher, d.h. vor der Erkrankung, nicht der Fall war. Das bedeutet: Der Erregungsprozeß wurde in diesem Punkt chronisch krankhaft-träge. Die Reizung des pathologischen Punkts bleibt einmal indifferent gegenüber den Punkten der übrigen Reize, ein anderes Mal kann man diesen Punkt mittels des zu ihm gehörigen Reizes nicht angehen, ohne daß auf die eine oder andere Art das ganze System der Reflexe in Verwirrung gerät. Es liegen Gründe vor anzunehmen, daß bei der Erkrankung eines isolierten Punkts, in dem bald die Hemmungs-, bald die Erregungsprozesse überwiegen, der Mechanismus des krankhaften Zustands eben in einer Störung des Gleichgewichts zwischen den entgegengesetzten Prozessen besteht. Es wird vorwiegend bald der eine, bald der andere Prozeß beträchtlich abgeschwächt. Bei einer pathologischen Trägheit des Erregungsprozesses ist es eine Tatsache, daß Brom (das den Hemmungsprozeß verstärkt) häufig diese Trägheit mit Erfolg beseitigt.

Den folgenden Schluß wird man kaum für phantastisch halten. Wenn, wie ganz offensichtlich ist, Stereotypie, Iteration und Perseveration ihre natürliche Grundlage in einer pathologischen Trägheit der Erregungsprozesse verschiedener motorischer Zellen haben, dann muß auch der Mechanismus der sogenannten Zwangsneurosen und der Paranoia derselbe sein. Es handelt sich nur um andere Zellen oder Zellgruppen, die mit unseren Empfindungen und Vorstellungen verbunden sind. Dabei wird eine Reihe von Empfindungen und Vorstellungen, die mit kranken Zellen verbunden sind, anomal stabil und dem hemmenden Einfluß der anderen zahlreichen Empfindungen und Vorstellungen, die dank dem gesunden Zustand ihrer Zellen der Wirklichkeit mehr entsprechen, nicht zugänglich sein. Die folgende Tatsache, die beim Studium pathologischer bedingter Reflexe häufig beobachtet wurde, hat eine klare Beziehung zu den Neurosen und Psychosen des Menschen. Es handelt sich um die Zirkularität der Nerventätigkeit. Die gestörte Nerventätigkeit war mehr oder weniger regelmäßigen Schwankungen unterworfen. Bald erfolgte eine Periode außerordentlich abgeschwächter Tätigkeit (die bedingten Reflexe waren chaotisch; häufig verschwanden sie völlig oder waren von minimaler Stärke), und dann, nach einigen Wochen oder Monaten, setzte wie spontan ohne sichtbare Ursachen eine mehr oder minder starke Remission oder auch eine völlige Wiederherstellung des Normalzustands ein, der dann wieder von einer Periode pathologischer Tätigkeit abgelöst wurde. In der Zirkularität wechseln also Perioden einer abgeschwächten Tätigkeit mit solchen einer anomal verstärkten Tätigkeit ab. Man muß in diesen Schwankungen eine Analogie zu der Zyklothymie und den manisch-depressiven Psychosen sehen. Am natürlichsten läßt sich diese pathologische Periodizität auf eine Störung der normalen Beziehungen zwischen den Erregungs- und Hemmungsprozessen zurückführen, was auch ihre Wechselwirkungen betrifft. Weil die entgegengesetzten Prozesse nicht in der erforderlichen Zeit und im erforderlichen Maß einander begrenzen, sondern voneinander unabhängig und im Übermaß wirksam sind, steigert sich das Ergebnis ihrer Arbeit bis zum Äußersten, und erst dann wird der eine Prozeß vom anderen abgelöst. So erhält man eine andere, und zwar eine außerordentlich übertriebene Periodizität über Wochen und Monate hin, anstelle einer kurzen und deshalb ganz leichten, 24stündigen Periodizität. Endlich darf man eine Erscheinung nicht unerwähnt lassen, die sich bis heute in äußerst starker Form freilich nur bei einem einzigen Hund gezeigt hat, nämlich die außerordentliche Explosivität des Erregungsprozesses. Einige vereinzelte oder auch alle bedingten Reize hatten einen besonders heftigen und übermäßigen (sowohl motorischen als auch sekretorischen) Effekt, der aber schnell, noch im Verlauf der Reizeinwirkung, aufhörte. So nahm der Hund z.B. bei einer Bekräftigung des Nahrungsreflexes das Futter schon nicht mehr an. Offensichtlich handelte es sich um eine starke pathologische Labilität des Erregungsprozesses, was der Reizschwäche der menschlichen Klinik entspricht. Fälle einer abgeschwächten Form dieser Erscheinung sind unter gewissen Bedingungen bei Hunden nicht selten.

Alle beschriebenen pathologischen nervalen Symptome treten unter entsprechenden Bedingungen sowohl bei normalen, d.h. operativ nicht veränderten Hunden auf als auch (besonders einige von ihnen, z.B. die Zirkularität) bei kastrierten Tieren, also auf organisch-pathologischer Grundlage. Zahlreiche Versuche haben gezeigt, daß der hauptsächlichste Wesenszug der Nerventätigkeit von Kastraten die sehr stark vorherrschende Abschwächung des Hemmungsprozesses ist, die sich bei einem starken Typ jedoch im Laufe der Zeit wesentlich bessert.

Zum Abschluß muß noch einmal unterstrichen werden, in welchem Maße sich beim Vergleich der ultraparadoxen Phase mit den Bemächtigungsgefühlen und der Inversion sowie beim Vergleich der pathologischen Trägheit des Erregungsprozesses mit der Zwangsneurose und der Paranoia die physiologischen Erscheinungen mit den Erlebnissen der subjektiven Welt wechselseitig decken und miteinander verschmelzen.

Diskussion des Artikels I.P. Pawlows »Der bedingte Reflex« für die »Medizinische Enzyklopädie«. Die Klassifikation der Hemmung: Bedingte und unbedingte Hemmung. Die drei Arten der bedingten Hemmung: Auslöschende, Verspätungs- und Differenzierungshemmung. Die beiden Arten der unbedingten Hemmung: negative Induktion und Überbelastungshemmung. Diskussion[1]

(26. September 1934)

I.P. Pawlow: Ich habe einen Artikel für die »Medizinische Enzyklopädie«. »Der bedingte Reflex«, geschrieben und lange überlegt, ob ich ihn hier vorlesen soll oder nicht. Dann habe ich mich aber doch entschlossen, ihn vorzulesen. Ich möchte, daß unsere Mitarbeiter, die die Sache kennen, aufmerksam zuhören und ihre Bemerkungen machen.

Diese Aufgabe war nicht leicht. Es ist klar, daß diese »Enzyklopädie« wahrscheinlich für viele Jahrzehnte als Quelle des medizinischen Wissens und Denkens dienen wird. Sie muß allen Lesern dienlich sein, sowohl den denkenden und sehr gebildeten als auch umgekehrt den wenig denkenden und wenig gebildeten. Ich wollte, daß dieser Artikel einerseits durch elementare Darstellungsweise und andererseits durch Solidität der Tatsachen und Schlüsse gekennzeichnet ist. Sie sollen beurteilen, inwieweit mir das gelungen ist.

Das System der Darstellung habe ich verändert; ich habe es nicht so sehr systematisch als vielmehr assoziativ aufgebaut, indem ich ganz natürlich von einer Tatsache zur anderen übergegangen bin, wobei ich aber die Haupttatsachen, die Grundtatsachen und dann die Grundprozesse, Grundgesetze herausgestellt habe. Nur unter anderem habe ich Details dargestellt. Es ist ganz klar, daß es hier viele Wiederholungen gibt. Ich fürchte, daß ich viele ein wenig ermüden werde, daß es für viele langweilig sein wird, zuzuhören. Versuchen wir es aber. Hier gibt es einige neue Tendenzen.

»Der bedingte Reflex. Es ist jetzt ...« *(er liest vor).*

Das ist für einen sehr wenig gebildeten Menschen, aber auch er soll es begreifen, wenn es sich irgend machen läßt.

»Aufgrund des Dargestellten ...« *(liest).*

Ich glaube, daß ein Laie durch eine solche Darstellung in die Sache eingeführt wird und wissen wird, worum es geht.

»Die tierische Natur ...« *(liest).*

Ich sage ja, es ist ein assoziatives Verfahren: Bei der Darstellung habe ich die Hemmung erwähnt und fahre dann davon fort.

Die bedingte Hemmung habe ich nicht erwähnt, weil sie dem Wesen der Sache nach ebenfalls eine Differenzierungshemmung ist.

Bezüglich der starken Typen haben wir die Unterschiede in der Ausgeglichenheit und Beweglichkeit in Betracht gezogen. Deshalb haben sich drei Typen ergeben. Die schwachen Typen haben wir nicht detailliert unterschieden, d.h. hinsichtlich der Ausgeglichenheit und Beweglichkeit, denn sie sind alle gleichermaßen invalide, für sie hat das keinerlei Lebensbedeutung.

Das ist alles. Sie sehen, ich habe auf diesen dreißig Seiten, die ich in einer Stunde vorgelesen habe, die ganze Arbeit von 35 Jahren untergebracht, wobei ich nicht nur die älteren Ergebnisse erwähnt habe, sondern auch die allerneuesten, die Ergebnisse von gestern.

Nun also, was halten Sie davon?

A. G. Iwanow-Smolenski[2]: Die erste Frage betrifft die Assoziationen. Psychologisch hängt der Begriff »Assoziation« sehr eng mit dem Begriff »Vorstellung« oder »Idee« zusammen. Wir sprechen von einer Vorstellungsassoziation, einer Ideenassoziation, während der Begriff der bedingten Verbindung weitaus umfassender ist; er beinhaltet das, was Tausende von Psychologen als Assoziationen bezeichnet haben und noch vielmehr, was die Psychologen für gewöhnlich nicht Assoziationen genannt haben. Die Psychologen sprechen selbst dem Wesen nach nicht von Assoziationen, von Emotionen oder Willensprozessen, sondern nur von Ideenassoziationen und Vorstellungsassoziationen. Ich wollte sagen, daß der Begriff der bedingten Verbindung weitaus umfassender ist als der Begriff der Assoziation.

I. P. Pawlow: Für mich wäre es ein Widerspruch, wenn es umgekehrt wäre. Ich sage doch, es gibt eine zeitweilige Verbindung der Gedanken, der Wörter, der Gefühle usw. Das spricht nicht gegen meine Position, sondern verstärkt sie vielmehr. Wir sehen, daß das ein und dasselbe ist, nur nehmen jene einen Teil, ich aber nehme das Ganze.

A. G. Iwanow-Smolenski[2]: In der modernen Psychologie gibt es Berührungspunkte zwischen den Strömungen der alten Assoziationspsychologie und der neuen Gestaltpsychologie. Wenn Sie sagen, daß bedingte Reflexe Assoziationen sind, kann man annehmen, daß Sie sich dieser alten Strömung anschließen. Indessen umfaßt die Lehre von den bedingten Verbindungen, die Lehre von der höheren Nerventätigkeit sowohl die alte Assoziationslehre, alle alten Formen der Assoziationspsychologie als auch die neue Gestaltpsychologie.

I. P. Pawlow: Hier wird vom dynamischen Stereotyp, vom System gesprochen, und eben das ist eine »Gestalt«. Der Artikel ist kurz, 35 Arbeitsjahre auf dreißig Seiten. Er ist darauf abgestimmt, daß auch ein Laie zumindest das Wesen der Sache erfaßt, und wer viel weiß, wird in diesen einzelnen, kurzen, episodenhaften Tatsachen auch das finden, was die Assoziations- und Gestaltpsychologie betrifft.

A. G. Iwanow-Smolenski[2]: Sie sprechen von der Synthese. Synthese ist Schließung. Das ist auch eine komplizierte Synthese. Sie haben einen bedingten Reflex, der auf mehrere Komponenten ausgearbeitet worden ist, die entweder gemeinsam wirken oder hintereinander folgen, wobei zwar jede einzelne Komponente keine Reaktion hervorruft, wohl aber bewirken sie sie alle zusammen. Das ist das, was wir »Synthese« nennen. Ist in unserem Sinne nicht die Erscheinung der Generalisation, die Erscheinung der Verallgemeinerung dem Wesen nach dem Begriff der Synthese identisch? Nicht wahr?

I. P. Pawlow: Gewiß. Ich wollte gerade heute im Zusammenhang mit den Arbeiten an Affen davon sprechen. Ich habe jetzt meine Freude an ihnen. Bei ihnen äußert sich ganz deutlich einerseits die elementare bildhafte Synthese, die Synthese jedes einzelnen Elements der Assoziation, und andererseits eine kompliziertere Synthese, wenn der Affe Kiste auf Kiste stapeln muß und sie nach ihrer Form und Größe einschätzen muß; das ist eine Synthese von Assoziationen. Die Bildung eines elementaren Systems ist eine einfache Synthese. Die Bildung einer Kette ist eine komplizierte Synthese.

A. G. Iwanow-Smolenski[2]: Die folgende Bemerkung betrifft die Überbelastungshemmung. Sie geben eine solche Definition der äußeren Hemmung, daß eine äußere Hemmung immer dann vorliegt, wenn zwei im Nervensystem wirkende Punkte in Wechselwirkung stehen. Äußere Hemmung heißt sie aber doch nur deshalb, weil sie nicht innerhalb eines Punktes auftritt, sondern von außen kommt. Unter diesem Aspekt muß man nun fragen, wohin die Überbelastungshemmung gehört. Meiner Meinung nach gehört sie zur inneren Hemmung, denn wenn Sie beispielsweise einen überstarken Reiz nehmen, tritt sie doch auch auf.

I. P. Pawlow: Hier ist folgender Unterschied: Die innere Hemmung ist nicht von Geburt an da, sie bildet sich vor unseren Augen, wird eintrainiert und verschwindet; die Überbelastungshemmung dagegen existiert immer, sie ist unbedingt. Es ist eine Wirkung der Refraktärperiode. Das Wesen der Sache besteht lediglich darin, daß, um eine Arbeit zu sichern, Erholung erforderlich ist, und sei es auch nur eine minimale.

Wir haben also drei Arten von Hemmung gefunden: die innere Hemmung, die äußere Hemmung – das ist die negative Induktion – und die Überbelastungshemmung – das ist die Refraktärphase.

A. G. Iwanow-Smolenski[2]: Dann muß die alte Definition geändert werden.

I. P. Pawlow: Das war eine beschreibende Definition. Diese entfällt.

N. A. Podkopajew: Hier ordnen Sie also gewissermaßen die Überbelastungshemmung als dritte Art in eine eigene Gruppe ein. Äußere, innere und Überbelastungshemmung.

I. P. Pawlow: Das ist klar. Das ist der letzte Schluß. Vortrefflich. Wir wollen die Hemmung klassifizieren. Es gibt die innere Hemmung – das ist eine speziell kortikale Hemmung, die sich bildet und verschwindet; es ist eine kortikale, eine bedingte Hemmung. Die äußere Hemmung ist immer vorhanden – es ist eine unbedingte Hemmung; sie entsteht nur unter zwei Bedingungen: bei negativer Induktion und bei übermäßig starker Reizung. Das ist ganz einfach und klar. Das eine ist eine bedingte Hemmung, d.h. sie entsteht unter bestimmten Bedingungen usw. und verschwindet zusammen mit diesen Bedingungen; das andere aber ist eine unbedingte, beständige Hemmung, die jedoch in zwei verschiedenen Fällen entsteht: bei negativer Induktion und bei Überbeanspruchung der Zelle.

A. G. Iwanow-Smolenski[2]: Das heißt also, sie kann sowohl eine innere als auch eine äußere sein?

I. P. Pawlow: Eben nicht. Warum klammern Sie sich so an das Wort; an die Tatsachen muß man denken, aber nicht an das Wort.

A. G. Iwanow-Smolenski[2]: Wenn die Weiterentwicklung der Lehre von den bedingten Reflexen eine gewisse Korrektur erforderlich macht, kann ich natürlich nicht opponieren; die Bücher liegen in Ihren Händen. Aber unter dem Aspekt der alten Definition muß man immerhin sagen, daß diese Hemmung, wenn sie im selben Punkte entsteht, wo der Reiz wirkt, und nicht aus einem anderen Punkte kommt, eine innere Hemmung ist.

I. P. Pawlow: Woran klammern Sie sich eigentlich? Das ist ein Spiel mit Worten. Die Tatsache ist doch klar: Die innere kortikale Hemmung ist eine bedingte Hemmung, weil sie ständig unter den einen Bedingungen erscheint, stärker oder schwächer wird, unter anderen Bedingungen verschwindet. Es ist eine bedingte Hemmung. Das andere ist eine unbedingte Hemmung. Ihr einer Fall ist die negative Induktion und ihr anderer Fall die Stärke eines überstarken Reizes und die »Überbelastungshemmung«.

A. G. Iwanow-Smolenski[2]: Es ist also eine dritte, besondere Form der Hemmung, wenn Sie der Ansicht sind, es sei eine äußere Hemmung.

I. P. PAWLOW: Eine äußere natürlich *(er lacht)*. Daraus geht eindeutig hervor, daß Sie ungerechtfertigterweise den Worten wesentlich mehr Bedeutung beimessen als den Tatsachen. Lassen Sie die Worte Worte sein.

A. G. IWANOW-SMOLENSKI[2]: Ihren Worten messe ich große Bedeutung bei.

I. P. PAWLOW: Darum geht es nicht; sehen Sie sich die Tatsachen an, wie die Tatsachen systematisiert werden. Hinsichtlich der Bedingtheit gehört zur einen Gruppe der Hemmungsarten die kortikale Hemmung: die auslöschende, die Verspätungs- und die Differenzierungshemmung, und zur anderen Gruppe gehören zwei verschiedene Hemmungen, je nach den Bedingungen ihrer Entstehung: die eine bei negativer Induktion und die andere bei einem übermäßig starken Reiz.

N. A. PODKOPAJEW: Vielleicht habe ich mich verhört, aber mir schien, daß Sie in dem Artikel, den Sie vorgelesen haben, direkt von drei Fällen von Hemmung sprechen. Dann wird bei dem Leser der Eindruck entstehen, daß es drei Gruppen gibt. Nach dem, was Sie jetzt sagen, ergeben sich aber zwei: die bedingte und die unbedingte Hemmung. Die zweite teilt sich in zwei Arten auf.

I. P. PAWLOW: Nein, das ist der richtige Gedanke – drei Fälle. Ich finde, daß diese Fälle unterschiedlich sind. Hier geht es darum, unter welchen Bedingungen sie entstehen. Die innere Hemmung entsteht unter beständigen Bedingungen, die äußere und die Überbelastungshemmung entstehen unbedingt, aber unter verschiedenen Bedingungen.

Sie könnten fordern, das, was ich sage, niederzuschreiben, daß die Hemmung nämlich vor allem hinsichtlich der Unbedingtheit und der Bedingtheit aufgeteilt wird: Die eine Gruppe ist die bedingte und die andere die unbedingte. Zweitens kann man in jeder dieser Gruppen einzelne Arten unterscheiden. Deshalb gehören zur Gruppe der inneren Hemmung folgende Arten: die auslöschende, die Verspätungs- und die Differenzierungshemmung, und zur zweiten Gruppe, der unbedingten Hemmung, gehören zwei Arten, die negative Induktion und die Überbelastungshemmung. Das ist doch ganz analog dem, wie wir es bei den Typen gemacht haben. Alle Typen werden doch in schwache und starke eingeteilt. Die starken haben wir aufgrund zusätzlicher Kriterien dreifach unterteilt. Dasselbe kann man auch mit den schwachen machen. Zur Vereinfachung haben wir das aber nicht getan. Das ist ein analoger Fall.

N. A. Podkopajew: Ich urteile unter dem Aspekt des unvoreingenommenen Lesers und mir scheint, daß viele bei einer solchen Darstellung annehmen werden, daß drei Arten von Hemmung existieren. Wenn Sie von der auslöschenden und Differenzierungshemmung sprechen, sagen Sie nicht, daß das eine andere Hemmung ist. Hier aber sagen Sie es. Das soll eine rein didaktische Korrektur sein.

I. P. Pawlow: Bitte, wenn man einige Zeilen hinzusetzt, kann man sagen, daß die Hemmung vor allem in die bedingte und unbedingte unterteilt wird. Und dann diese beiden Arten – Sie meinen also, das wäre besser? Vielleicht, mag sein.

Dann muß ich folgendes schreiben.

Die Hemmung wird nach dem Kennzeichen der Unbedingtheit und Bedingtheit in die unbedingte und bedingte Hemmung unterteilt. Bei der bedingten Hemmung wird nach verschiedenen, sekundären Kennzeichen und rein nach den Bedingungen, unter denen sie entsteht, zwischen der auslöschenden, der Differenzierungs- und der Verspätungshemmung unterschieden. In der Gruppe der unbedingten Hemmung muß man die negative Induktion und die Überbelastungshemmung unterscheiden. Das kann ich hinzusetzen. Bitte, das ist besser. Damit bin ich einverstanden.

A. G. Iwanow-Smolenski[2]: Kann ich noch etwas bezüglich des Typs sagen? Sie sagen, daß ein Typ, bei dem Erregung und Hemmung träge sind, dennoch ein ausgeglichener Typ ist.

I. P. Pawlow: Nicht pathologisch träge, aber normal träge. Man muß diese normale von der pathologischen Trägheit unterscheiden.

A. G. Iwanow-Smolenski: Mich interessiert diese »Schwäche« und »Stärke«. Ist der erregbare Typ immer stark? Ist der hemmbare Typ immer schwach?

I. P. Pawlow: Im ganzen schwach.

A. G. Iwanow-Smolenski: Diese beiden anderen Typen sind träge Typen.

I. P. Pawlow: Wir unterscheiden die Typen vor allem nach ihrer Stärke; danach haben wir die Gruppe des starken Typs und die Gruppe des schwachen Typs. Die Gruppe der starken Typen wird noch aufgrund der unterschiedlichen Ausgeglichenheit und der unterschiedlichen Beweglichkeit der Prozesse näher bestimmt. Deshalb unterscheiden wir in der Gruppe der starken drei Unterarten. Da ist z. B. ein erregbarer Typ, ein starker, aber mit der Stärke verbindet sich bei ihm keine völlige Ausgeglichenheit; so stark auch der Hemmungsprozeß ist, so ist er doch schwächer als der Erregungsprozeß. Dann gibt es den ausgeglichenen, starken, aber langsamen, trägen Typ, das ist der Phlegmatiker. Schließlich gibt es den starken, ausgeglichenen, aber lebhaften, labilen, das ist der Sanguiniker. Wir unterteilen also die Gruppe der starken aufgrund typischer Züge der Ausgeglichenheit und Beweglichkeit in drei Unterarten. Dasselbe müßte auch beim schwachen Typ der Fall sein. Die Hauptcharakteristik ist die Schwäche, aber zusätzlich wirkt bei ihnen ebenfalls eine unterschiedliche Ausgeglichenheit und unterschiedliche Beweglichkeit. Es gibt schwache Typen, bei denen beide Prozesse außerordentlich schwach sind, zum Beispiel »Mirta«. Sie setzen einen starken Reiz – es gibt eine Neurose; sie verlängern den Hemmungsprozeß – es gibt wieder eine Neurose. Hier ist also sowohl der eine als auch der andere Prozeß schwach. Es gibt andere schwache Hunde, bei denen beide Prozesse schwach sind, aber dennoch ist einer von ihnen stärker. Es gibt auch Ausgeglichenheit bei den schwachen Typen: Der Erregungs- und der Hemmungsprozeß sind gleichermaßen schwach. Aber beim schwachen Typ findet man auch solche wie »Satyr« und »Tresor«, deren Hemmungsprozeß zu nichts taugt, während der Erregungsprozeß ziemlich zufriedenstellend ist. Folglich teilen sich auch die schwachen Typen in ausgeglichene und unausgeglichene.

Sie teilen sich auch in bewegliche, hastige oder umgekehrt außerordentlich starre, die ständig bewegungslos sind.

A. G. Iwanow-Smolenski[2]: Darf ich etwas fragen? Ist beim trägen Typ sowohl der Erregungsprozeß als auch der Hemmungsprozeß träge?

I. P. Pawlow: Darüber kann zur Zeit noch nichts gesagt werden, weil wir keine diesbezüglichen Daten haben.

A. G. Iwanow-Smolenski[2]: Wenn sowohl der Erregungsprozeß als auch der Hemmungsprozeß träge sind, kann man dann in diesem Falle das Nervensystem ausgeglichen nennen?

I. P. Pawlow: Bei unserem Material hatten wir noch keinen Fall, um das festzustellen.

A. G. Iwanow-Smolenski[2]: Das letzte. Ich möchte bezüglich der passiven Abwehrreaktion des schwachen Typs etwas fragen. Wie Sie sich erinnern, herrschte eine Weile im Laboratorium die Überzeugung, daß die passive Abwehrreaktion immer mit dem Hemmungsprozeß verknüpft sei und zum schwachen Typ gehöre. Dann sprachen wir davon, daß möglicherweise die passive Abwehrreaktion auch nicht mit dem schwachen, hemmbaren Typ zusammenhänge.

I. P. Pawlow: Das einzufügen, kann ganz interessant sein. Ich könnte den Artikel um eine halbe Seite verlängern und noch erwähnen, daß es außer angeborenen Zügen auch Züge gibt, die durch Erziehung, durch die Lebensbedingungen usw. erworben sind. Ich will unbedingt alles auf diesen dreißig Seiten abhandeln. Aber das läßt sich einfügen, um so mehr, als wir in dieser Hinsicht nicht nur zufällige Beobachtungen vorliegen haben, sondern auch absichtlich ermittelte Tatsachen. Von der passiven Abwehrreaktion haben wir unlängst gesprochen. Sie ist eine wesentliche Seite der Sache, die bei diesem groben Überblick erwähnt werden muß. Ich werde das beachten.

F. P. Majorow[3]: Sie sprachen von der Einteilung der Hemmung in die unbedingte und in die bedingte Hemmung. Früher aber haben Sie doch die Schlafhemmung als irradiierte innere Hemmung bezeichnet, das heißt also als bedingte Hemmung, doch wäre es wohl nicht ganz richtig, sich darauf zu beschränken. Sie kann nämlich auch mit einer unbedingten Hemmung zusammenhängen.

I. P. Pawlow: Wenn Sie es mit einem Schlaf zu tun haben, der nach unserem Willen, nach unserem Belieben entsteht, so ist es natürlich ein bedingter Schlaf, ist es eine bedingte Hemmung. Wenn Sie aber stark erschöpft sind und ein unbezwingbares Schlafbedürfnis haben ... Darüber muß man freilich nachdenken.

W. W. Sawitsch: Sie haben die Bedeutung der Speichelreflexe, den Vorteil der Speichelreflexe nicht erwähnt.

I. P. Pawlow: Das ist ein Detail.

E. A. Asratjan[4]: Ich habe eine Reihe kleiner Bemerkungen. Wäre es nicht dort, wo Sie von der teilweisen Zerstörung der Hemisphären sprechen, angezeigt, die Arbeiten von Goltz zu erwähnen?

I. P. Pawlow: Hier wird überhaupt kein Autor erwähnt.

E. A. ASRATJAN[4]: Und wie steht es mit der völligen Entfernung?

I. P. PAWLOW: Darüber habe ich doch gesprochen.

E. A. ASRATJAN[4]: Wäre es nicht gut, einige Worte über Ihre Lehre von der dynamischen Lokalisation der Funktionen in der Hirnrinde zu sagen?

I. P. PAWLOW: Das ist geschehen.

E. A. ASRATJAN[4]: Über die Signalsysteme?

I. P. PAWLOW: Das ist bisher nicht nötig.

E. A. ASRATJAN[4]: In dem Aufsatz sprechen Sie einmal vom Erregungsprozeß, ein andermal vom Reizprozeß. Es wäre nicht schlecht, wenn Sie eine Anmerkung machen würden, denn es gibt Menschen, die sich daran klammern, daß die Darstellung nicht einheitlich ist.

I. P. PAWLOW: Aber doch in Form zweier Worte: das eine ist ein Adjektiv, das andere ein Substantiv.

E. A. ASRATJAN[4]: Sie sprechen einmal von der Irradiation der Reizung, ein andermal von der Irradiation der Erregung. Viele Physiologen machen einen Unterschied zwischen diesen Termini.

I. P. PAWLOW: Ich habe mein ganzes Leben lang nicht begreifen können, warum man diesen Unterschied macht.

E. A. ASRATJAN[4]: Die letzte strittige Frage. Sie sagen, daß das Tier selbständig mit Hilfe der unbedingten Reflexe existieren könnte, wenn die Außenwelt konstant wäre.

I. P. PAWLOW: Ja. Unsere großhirnlosen Hunde leben ausgezeichnet, wenn Sie sie regelmäßig füttern; sie können leben, wenn Sie starke Schwankungen von ihnen fernhalten.

E. A. ASRATJAN[4]: Dann muß man einen Vorbehalt machen. Sie sprechen vom selbständigen Leben, wenn sich die Außenwelt infolge Unterstützung des Menschen nicht verändert.

F. P. MAJOROW[3]: Ich glaube, daß ich einen Satz entweder verhört habe, oder er ist nicht vollständig. Dort, wo Sie vom Begriff der bedingten Reflexe zur Generalisation übergehen, findet sich die These, daß die höchste Synthese der Hirnrinde die Synthese der bedingten Reflexe der Motorik und des Sprechens umfaßt.

I. P. PAWLOW: Wo ich zur Analyse übergehe, sage ich, daß die Differenzierung bis zur höchsten Kompliziertheit geht, wenn zum Beispiel in einem gewaltigen Komplex von Tönen eine der Komponenten unterschieden werden muß. Als Beispiel führe ich Töne von 498 und 500 Hertz an. Ferner wird gesagt, daß diese Subtilität der Analyse sich im Spiel des Pianisten zeigt, der, weiß der Teufel wie, seine Handlungen sowohl in der Zeit als auch im Raum zersplittert, oder zum Beispiel in unserer Sprache, wenn ein und dieselben Buchstaben das eine bezeichnen, in anderer Reihenfolge aber etwas anderes. So verstehe ich es.

F. P. Majorow[3]: Ich dachte, Sie sprächen von der Synthese im ganzen. Weshalb sagen Sie aber nichts von der propriorezeptiven Tätigkeit? Die Muskeltätigkeit erschöpft nicht die ganze propriorezeptive Tätigkeit, die in diese Synthese eingeht.

I. P. Pawlow: Nein, mir scheint, es ist nicht so.

F. P. Majorow[3]: Ich will sagen, daß man hier die propriorezeptive Tätigkeit einsetzen muß. Sie haben da einen Satz, der Ihren Gedanken zusammenfaßt. Sie schließen die Muskeltätigkeit ein, die in diese höchste Synthese eingeht.

I. P. Pawlow: Ich bringe ein Beispiel einer subtilen Analyse, und zwar speziell bei der Bewegung. Natürlich gibt es bei uns eine subtile Analyse bei den Muskelbewegungen; ich wähle die subtile Analyse des Pianisten, aber sie ist auch am Beispiel der Sprechfunktionen des Menschen wunderschön ausgeprägt.

A. N. Pachomow: Aber wie ist dieses Beispiel mit der Erklärung der Inversion? Sie betrachten sie als ultraparadoxe Phase, führen aber die Lehre von den Signalsystemen nicht an. Indessen ist die Analyse nur bei Darstellung der Signalsysteme möglich.

I. P. Pawlow: Dort wird gesagt, daß sowohl die motorische als auch die mit unseren Vorstellungen zusammenhängende Zelle gleichermaßen intensiv erregt werden.

A. N. Pachomow: Nehmen wir als Beispiel, daß bei einem Mädchen im zweiten Signalsystem die moralische Idee von der Unmöglichkeit und Unzulässigkeit des Geschlechtsverkehrs und der Schwangerschaft vorhanden sei. Es ist noch nicht bewiesen, daß in ihrem Kopf diese Idee verschwunden ist, wenn sie darüber zu klagen beginnt, daß in ihr ein »Drache« sitze.

I. P. Pawlow: Ich verstehe nicht, weshalb Sie das eine »Idee« nennen, das andere aber nicht.

A. N. Pachomow: Das ist ein Symptom. Zu Ihnen kommt eine Patientin und klagt, daß sie die Zwangsempfindung habe, in ihr sitze und bewege sich irgend jemand.

I. P. Pawlow: Die Sache war so, daß dieses Mädchen von der religiösen, moralischen Seite her sehr um ihre Unberührtheit besorgt war, und plötzlich zeigte sich, daß sich irgend etwas in ihr befindet, ein geschlechtlicher Versucher, Verführer. Und wie ist es dazu gekommen? Es geschah so, daß ihr irgendeine Freundin gesagt hat, diese Schlange habe Eva geschlechtlich verführt.

A. N. Pachomow: Alle diese Kranken erleiden und erleben einen Konflikt, ungeachtet der Tatsache, daß sie eine feste Vorstellung davon haben, was sie im Leben tun sollen (eine Moralvorstellung als bedingtes System, das im Kopf wirksam bleibt); aber im Gegensatz dazu entsteht unbewußt eine andere Idee, eine andere Vorstellung. Wenn wir aber von der ultraparadoxen Phase sprechen, sagen wir damit, daß der Hemmungsreflex positiv wird und umgekehrt.

I. P. Pawlow: Eben darum geht es ja auch gerade, daß die Kranken infolge Kontrastwirkung etwas Derartiges in sich verspüren. Die eine sagt, daß sich eine Schlange bewege, in den Mund steige usw., die andere aber dagegen ist der Meinung, sie sei schwanger.

A. N. Pachomow: Wir haben zwei gesonderte Systeme. Wenn ein und dasselbe System, statt hemmend zu sein, positiv würde, so wäre das eine ultraparadoxe Phase. Wenn von den gegensätzlichen Begriffen »Erde – Himmel« aus »Erde« »Himmel« würde, dann würde ich natürlich sagen, das sei eine ultraparadoxe Phase; aber hier ist das nicht der Fall. Denn hier spielt sich alles im zweiten System der bedingten Verbindungen ab.

I. P. Pawlow: Sie trug sich mit dem Gedanken der Reinheit, aber dennoch verwandelte er sich in den der Unreinheit.

A. N. Pachomow: Das geht in einem System vor sich.

I. P. Pawlow: Nun, überdenken Sie es noch einmal. Ich werde auch überlegen, und vielleicht sehe ich dann, daß Sie recht haben; bisher sehe ich das noch nicht.

Auf Wiedersehen!

II. Die Auseinandersetzung Pawlows mit der Gestaltpsychologie

Über die Kritik Köhlers an der Lehre von den bedingten Reflexen[1]

(28. Oktober 1931)

IWAN PETROWITSCH verliest Auszüge aus einer Kritik des deutschen Psychologen Prof. KÖHLER an der Lehre von den bedingten Reflexen. KÖHLER[2] behauptet, daß diese Lehre psychologisch durchaus verständliche Erscheinungen nur unnötig kompliziere. Er wirft IWAN PETROWITSCH vor, daß er die psychische Komponente der Nerventätigkeit ignoriere, da die seelischen Erscheinungen seiner Meinung nach keine zufälligen Komplikationen des Verhaltens darstellen, sondern dieses grundsätzlich beeinflussen. Weiterhin erklärt er das gesamte Material, das in den Laboratorien von IWAN PETROWITSCH erhalten wurde, psychologisch. IWAN PETROWITSCH bezeichnet die Weltanschauung KÖHLERS als dualistisch und erklärt, daß auch er auf dem Standpunkt stehe, daß sowohl psychische als auch physiologische Erscheinungen existieren. Die Meinung, daß das Psychische einen gewaltigen Einfluß auf das physiologische Leben des Organismus ausübe, erkennt IWAN PETROWITSCH als richtig an, da in der Hirnrinde die gesamte Tätigkeit des Organismus vertreten ist. Zum Beispiel kann die Hirnrinde bei eingebildeter Schwangerschaft auch ein Gewebe wie das Fettgewebe beeinflussen und die Fettablagerung im Abdomen steigern usw.

Versuche an Menschenaffen. Das Verhalten der Affen wird völlig von den Gesetzen der Assoziation und Analyse bestimmt, im Gegensatz zu den Vorstellungen von Yerkes und Köhler[1]

(16. Mai 1934)

I. P. Pawlow: Wir haben hier vor uns den Schimpansen »Raffael«. Diesem »Raffael« sagt man: »Arbeite!«, und er setzt sich an einer bestimmten Stelle an eine viereckige ziemlich große Kiste. Oben auf der Kiste ist ein beweglicher Deckel mit verschiedenen Öffnungen: einmal einer runden, einmal einer viereckigen oder einer dreieckigen. Im unteren Teil der Kiste ist eine Tür, durch die Futter hineingelegt wird, das »Raffael« gern haben möchte. Neben der Kiste liegen 15–20 Stöcke von verschiedener Querschnittsform: runde, viereckige, dreieckige. Vor seinen Augen legt man in den unteren Teil der Kiste Futter und verschließt sie dann. Diese Kiste ist so gebaut, daß man in die Öffnung des Deckels den entsprechenden Stock stecken und kräftig nach unten stoßen muß; dann öffnet sich die Kiste unten, und »Raffael« kann das Futter erreichen. Das nennt man Arbeit. Diese Arbeit zieht sich ziemlich lange hin, zwei bis drei Monate und sogar noch länger.

Das heißt, vor den Augen des Affen hat man Futter in die Kiste gelegt, um sein Interesse wachzurufen, und dazu einen Haufen Stöcke: einige runde, viereckige und dreieckige. Heute hat »Raffael« es in seiner Arbeit schon zu großer Vollkommenheit gebracht.

Wird zum Beispiel der Deckel mit der viereckigen Öffnung aufgesetzt, dann nimmt »Raffael« einen viereckigen Stab und öffnet die Kiste.

Die Aufgabe wird erschwert, wenn zwischen den vielen Stökken nur ein quadratischer liegt. Dann irrt er sich und nimmt anstelle des quadratischen einen dreieckigen Stock. Das wiederholt sich dreimal. Dann geht er zum quadratischen Stock über und erreicht das Futter. Man wiederholt den Versuch. »Raffael« irrt sich zweimal, dann nimmt er den richtigen Stock. Nach einigen Versuchen und Fehlern nimmt er in den folgenden Versuchen ausschließlich den quadratischen Stock, wie man ihn auch zwischen die anderen legt. Sie sehen, »Raffael« irrt sich, aber er irrt sich immer auf dieselbe Art und Weise. Vor ihm liegen runde und dreieckige Stöcke. Die runden nimmt er nicht ein einziges Mal.

Dann wird ein Deckel mit einer runden Öffnung aufgesetzt. Nun sucht er großartig herum und findet sofort, was er braucht. Selbst wenn dieser runde Stock auch noch so weit versteckt wird.

Jetzt wird der Deckel wiederum vertauscht. Anstelle des Dekkels mit runder Öffnung wird ein Deckel mit dreieckiger Öffnung aufgesetzt. Beim ersten Male verwechselt er sie mit der quadratischen Öffnung, d. h. er differenziert die eckigen Figuren noch schlecht. Er nimmt einen rechteckigen Stab, probiert ihn und wirft ihn als ungeeignet fort. Mehr Fehler macht er nicht; wohin man diesen dreieckigen Stock auch legt, er findet ihn doch heraus. Ich muß noch folgendes hinzufügen. Hier phantasiere ich ein klein wenig, aber ich phantasiere mit vollem Recht. Dieser »Raffael« ist doch ein recht wohlbeleibter Herr, er setzt diese ganze Geschichte so lange fort, als er in entsprechender Weise belohnt wird, aber im allgemeinen ist er nicht geneigt, sich mit solchen Lappalien abzugeben. Neben dem Männchen »Raffael« haben wir das Weibchen »Rosa«, das im Gegensatz dazu die geistige Anstrengung der leiblichen Befriedigung vorzieht. Wenn man ihr Futter hinschiebt, ist es gang und gäbe, daß sie es zurückstößt. Man kann also sagen, daß sie, wenn sie sich für diese Sache interessiert, sie anscheinend nur aufgrund ihrer Neugierde löst.

Ich habe das alles aus folgendem Grunde angeführt: Diese ganze Tätigkeit ist doch um nichts geringer als die Tätigkeit, die Herr YERKES[2] und Herr KÖHLER[3] voller Befriedigung beschreiben, wobei sie sich entschlossen haben, das als spezielle Intelligenz der Affen zu bezeichnen, die sich ganz klar von der Tätigkeit des Hundes unterscheidet, die sie Assoziationsprozeß nennen. Welchen Grund haben sie aber dafür? Welcher Unterschied ist hier zwischen dem Hund und den Affen? Ja, ich möchte sogar sagen, welcher Unterschied besteht gegenüber dem Kind? Was wäre hier der Unterschied gegenüber dem Hund?

Der grundlegende Unterschied ist der, daß beim Affen die unteren Gliedmaßen Funktionen erfüllen können, die denen der oberen analog sind. Folglich werden sie leichter damit fertig, den richtigen Stock auszusuchen, ihn zu nehmen, ihn in die Öffnung zu stecken usw. Der Erfolg, den »Raffael« hat, beruht vor allem auf den außerordentlich umfangreichen mechanischen

Möglichkeiten seines Körpers im Vergleich zum Hund, der keine Hand hat, keine so beweglichen Gliedmaßen mit fünf einzelnen Fingern, die die Möglichkeit geben, auszuwählen, zu ergreifen, hineinzustecken usw. Das heißt, beim Affen ist der Bewegungsapparat weitaus vollkommener als beim Hund.

Und was weiter? Weiter imponiert dem Auge, daß die Affen uns sehr ähnlich sind – sowohl ihre Hände als auch ihre allgemeinen Gebärden. Wenn man aber einmal den ganzen Weg untersucht, den »Raffael« zurückgelegt hat, um eine solche komplizierte Ausbalancierung mit der Umwelt entsprechend seinen Sinnesorganen zu erreichen, dann finden wir dort, wo wir Schritt für Schritt nachspüren, absolut nichts, was wir nicht auch an Hunden studiert hätten. Es ist ein Assoziationsprozeß und ferner ein Prozeß der Analyse mit Hilfe der Analysatoren unter Beteiligung des Hemmungsprozesses, um das zu differenzieren, was nicht den Bedingungen entspricht. Mehr haben wir im ganzen Versuchsverlauf nicht gesehen. Folglich kann man nicht sagen, daß die Affen irgendwelche »Intelligenz« hätten, die die Affen den Menschen annähere und die der Hund nicht besäße, daß der Hund vielmehr nur einen Assoziationsprozeß erkennen ließe. Ich habe überdies gegen einige Psychologen Unwillen. Ich habe sie abgelehnt, dann habe ich mich ein wenig mit ihnen ausgesöhnt, aber jetzt bringen die Tatsachen mich wiederum gegen sie auf. Sie haben augenscheinlich den Wunsch, daß ihr Gegenstand unerklärlich bleibt. Das ist doch im höchsten Grade befremdlich! Sie zieht das Geheimnisvolle an. Von dem, was die Physiologie erklären kann, wenden sie sich ab. Aber alle diese Tatsachen spielen sich doch vor unseren Augen ab. »Raffael« hat das analysiert, was an der Kiste getan werden mußte, und zwar sehr lange und allmählich. Er hat die optischen Abbilder der Stöcke vor allem dann unterschieden, wenn sie horizontal auf dem Boden lagen. Er unterschied einen eckigen, dreikantigen Stab von einem flachen, viereckigen Stab und einem runden Stab. Wenn er einen Stab nehmen mußte begann er, wie ich sage, mit einer chaotischen Reaktion. Ich habe, glaube ich, schon gesagt, daß man vom Standpunkt einer objektiven Terminologie aus den von den Amerikanern geprägten Terminus »Methode von Versuch und Fehler« durch den Terminus »chaotische Reaktion« ersetzen muß. Der erste Terminus enthält einen Anflug von Subjektivität. Objektiv ist es eine chaotische Reaktion. Ein Beispiel:

Wenn ein Infusorium in seinem Milieu hierhin und dahin schwimmt, dann strebt es einem bestimmten Ziel zu, dem Futter, günstigeren Umweltbedingungen, einer besseren Temperatur, einer besseren Flüssigkeitszusammensetzung, dem Sauerstoff oder wer weiß wohin. Plötzlich gerät dieses Infusorium in irgendeinen schädlichen Stoff, einen kalten oder heißen Flüssigkeitsstrom. Es schießt vorwärts und rückwärts, dann fängt es an, sich nach allen Seiten zu wenden, solange es nicht ein entsprechendes Milieu findet. Sie bezeichnen das als »Methode von Versuch und Fehler«. Ich aber sage, daß man das besser »chaotische Reaktion« nennt, und zwar um so mehr, als auch alle Kinder mit chaotischen Reaktionen beginnen.

Bei »Raffael« hat sich die Verbindung mit dem Stock als einem Arbeitswerkzeug wahrscheinlich schon vor langer Zeit gebildet. »Raffael« nimmt den Stock. Das ist verständlich, um so mehr, als man diesen Stock vor seinen Augen in die Öffnung gesteckt hat; folglich wirkt der Nachahmungstrieb. Er nimmt den Stock, er paßt nicht in die Öffnung, die Tätigkeit wird nicht bekräftigt, das heißt, er wirft ihn fort, nimmt einen anderen Stock und wirft ihn ebenfalls fort, aber die Stöcke beginnt er bereits zu unterscheiden. Ungeeignete Stöcke nimmt er bereits nach einigen Malen nicht mehr, d. h. auf sie ist ein Erlöschen ausgearbeitet worden. Beim dritten Male hatte er Erfolg, er erreichte das Futter, d. h. eine Bekräftigung fand statt. Wenn sich das einige Male wiederholt, dann hat sich eine Verbindung zwischen dem optischen Abbild dieses Stockes und dem Erfolg gebildet. Zu diesem Zeitpunkt ist der Deckel ausgetauscht worden. Er fängt wieder mit demselben Stock an, mit dem er einige Male Erfolg gehabt hat. Der Stock wird nicht bekräftigt, er differenziert ihn und sucht dann auf dem gleichen Wege einen anderen Stock usw. Das heißt, es beginnt damit, daß er eine Assoziation bildet, das Aussehen dieser Stöcke analysiert. Die folgenden Male nimmt er die Stöcke auf gut Glück, weil er sie nicht mit der Öffnung im Deckel verbindet, und wenn der Stock nicht paßt, wirft er ihn fort; ein Erlöschen geht vor sich. Er probiert einen anderen Stock und wenn dieser Stock nicht paßt, wirft er ihn ebenfalls fort und schließlich findet er den neuen. Folglich unterscheidet er leicht Stock von Stock. Damit wird die Aufgabe nicht gelöst. »Raffael« analysiert einstweilen nur die optischen Abbilder der Stöcke, verbindet sie aber nicht mit der Öffnung. Dann beginnt die zweite Phase, in der die Bildung einer Verbindung zwischen dem optischen Aussehen der Stöcke und der Form der Öffnung beginnt. Es ist deutlich zu sehen, daß »Raffael« lange Zeit die Form des Stockes nicht mit der Form der Öffnung verbindet, weil er die Form des Stockes im Querschnitt nicht sieht, die Öffnung aber sieht er auf dem Deckel. Es ist entweder ein Kreis oder ein Quadrat oder ein Dreieck.

Weiter muß eine Assoziation der Öffnung mit den optischen Abbildern der Stöcke gebildet werden. Wenn die Assoziation bei ihm richtig zustande gekommen ist, wenn sie bekräftigt worden ist, dann beginnt er die optischen Reizungen von der Öffnung mit dem optischen Anblick der Stöcke zu verbinden; die Analyse beginnt. Es gibt ein Stadium, in dem er runde Öffnungen von eckigen unterscheidet, die eckigen untereinander aber verwechselt, d.h. diese Analyse wird noch weitergehen. Er wird sie noch genau unterscheiden, und dann ist die Aufgabe völlig abgeschlossen.

In dieser Aufgabe ist absolut nichts enthalten außer einer ständigen Assoziation der Öffnung mit dem Stock. Da haben Sie das ganze Menschenähnliche seiner Tätigkeit, das ganze Verhalten setzte sich aus Analyse und Assoziation zusammen.

M. A. Ussijewitsch: Ich habe einen Hund, der gleich beim ersten Male, als er in das Gestell gestellt wurde und die sich drehende Futtervorrichtung sah, mit der Pfote die Futtervorrichtung drehte.

I. P. Pawlow: Ich sage ja auch, daß das Bestreben, psychologische Unterschiede zwischen Affe und Hund im Hinblick auf den Assoziationsprozeß zu machen, im Grunde der heimliche Wunsch der Psychologen ist, vor einer klaren Lösung der Frage zurückzuweichen, sie zu etwas Geheimnisvollem, Besonderem zu machen. Bei diesem schädlichen, ich möchte sogar sagen widerlichen Bestreben, vor der Wahrheit zurückzuweichen, benutzen Psychologen vom Typ eines Yerkes[2] oder Köhler[3] solche leeren Vorstellungen wie z.B., der Affe habe sich zurückgezogen, um auf menschliche Art und Weise »in Muße nachzudenken« und die Sache »zu lösen«. Das ist natürlich Gewäsch, ein kindischer Ausweg, ein unwürdiger Ausweg. Wir wissen ganz genau, daß es gang und gäbe ist, daß ein Hund darangeht, eine Aufgabe zu lösen, sie aber nicht lösen kann. Dann braucht man ihm nur Ruhe zu gönnen, angenommen zwei Tage, dann löst er sie. Was hat er in dieser Zeit gemacht, hat er nachgedacht? Nein, es trat lediglich im Zusammenhang mit der Ermüdung eine Hemmung auf, und die Hemmung hat alles verwischt, erschwert und zunichte gemacht. Das ist eine ganz alltägliche Sache.

Mir hat schon vor längerer Zeit irgend jemand, ich glaube SPERANSKI[4], erzählt, daß Musiker, die eine Melodie einstudieren, sich oft abmühen und abmühen, ohne zum Erfolg zu kommen; je länger um so schlimmer. Sie geraten in Verzweiflung und werfen die Arbeit hin. Dann aber, wenn sie wieder an die Arbeit gehen, werden plötzlich alle Hindernisse mit Leichtigkeit überwunden. Die Sache besteht einfach darin, daß sie während des Lernens ermüden und die Ermüdung das kurz bevorstehende Ergebnis verdeckt hat. Wenn sie sich aber ausgeruht haben, dann erscheint das fertige Resultat.

Es muß gesagt werden, daß die Erklärung dieser Tatsachen nicht die geringste Schwierigkeit macht. Ich muß hinzufügen, daß »Raffael« weit häufiger die Stöcke verwechselte, wenn diese Versuche in großer Anzahl nacheinander angestellt wurden. Er geriet in Verzweiflung und griff auf gut Glück zu, wie ein verwirrter Mensch. Das ist ein klarer Einfluß der Ermüdung.

Dann fiel mir folgendes auf: Es ist gang und gäbe, daß »Raffael«, wenn die Aufgabe für ihn verwirrend wird, in der Tat die Augen abwendet, irgendwohin blickt, sich dann wieder an die Arbeit macht und sie nun schafft. Auch das ist ganz einfach. Wenn er sich bewegt, dann huschen die realen Abbilder dieser Stöcke an ihm vorbei, wenn er sich aber von diesen realen Eindrücken zurückzieht, dann hat er vor sich nur ein beständiges Abbild der Spuren der einzelnen Stöcke; dann läuft die Assoziation ungehindert ab. So muß es auch sein. Sehen Sie, so stellt sich uns die Sache heute dar.

Ich sage jetzt aufgrund des Studiums dieser Affen, daß ihr ziemlich kompliziertes Verhalten nur Assoziation und Analyse ist, die ich auf die höhere Nerventätigkeit zurückführe, und daß wir hier nichts anderes sehen. So ist auch unser Denken beschaffen. Auch in ihm ist nichts außer Assoziation.

Auf Wiedersehen!

Das Wesen des Verstandes der Menschenaffen und die fehlerhafte Deutung Köhlers

(12. September 1934)[1]

I.P. PAWLOW: Jetzt habe ich zwei andere Themen vor: Ich möchte einerseits über die Affen und andererseits über Herrn SHERRINGTON sprechen. Die Affen hängen wieder mit KÖHLER zusammen. Vielleicht könnte man besser sagen, daß es sich auf der einen Seite um KÖHLER und auf der anderen um SHERRINGTON handelt. Es ist wohl nützlicher, sich zunächst mit KÖHLER zu befassen.

Im Sommer habe ich mich etwas mit Affen befaßt. Zunächst habe ich Versuche in bezug auf die analytische Fähigkeit der Affen angestellt. Das ist altes und nicht so interessantes Material. Aber in den letzten Monaten haben wir uns mit einer Wiederholung der KÖHLERschen Versuche beschäftigt, mit dem Aufstapeln von Kisten, um eine aufgehängte Frucht usw. zu ergreifen. Vorher habe ich gründlich wie ich es gewohnt bin, nicht nur einmal, sondern mehrmals die Arbeit KÖHLERS »Intelligenzprüfungen an Anthropoiden«[2] durchgelesen. So hatte ich die Möglichkeit zu lesen, während ich Tatsachen, Experimente vor Augen hatte. Ich muß sagen, daß ich direkt erstaunt bin, bis zu welchem Grade die menschlichen Köpfe verschieden sind.

Dieser KÖHLER hat meiner Meinung nach nichts von dem gesehen, was ihm die Affen wirklich gezeigt haben. Ich kann das ohne Übertreibung sagen, er hat nämlich wirklich nichts gesehen.

KÖHLER wollte, wie die Bezeichnung des Themas sagt, beweisen, daß die Affen verständig sind und hinsichtlich des Verstandes den Menschen nahestehen, die Hunde aber nicht. Es wird sogar ein Versuch angeführt, wonach der Hund keinen Verstand besitzen soll, der Affe aber Verstand besitze, weshalb man diesen mit Recht als menschenähnliches Tier bezeichne.

Was hat er aber für Beweise dafür? Der grundlegende, einzige und wahrhaft befremdliche Beweis besteht in folgendem: Wenn man einem Affen die Aufgabe gibt, eine Frucht zu ergreifen, die hoch aufgehängt ist, und wenn er ein Werkzeug dazu braucht, z.B. einen Stock oder eine Kiste, um das Ziel zu erreichen, dann sind alle erfolglosen Versuche, das Ziel zu erreichen, nach KÖH-

LERS Meinung keine Beweise für seinen Verstand. Das ist alles die Methode von Versuch und Fehler. Nach vielen Mißerfolgen wird der Affe müde, geht beiseite und setzt sich hin, ohne irgend etwas anderes zu tun. Nach diesem Sitzen, nach der Ruhe, macht er sich wieder an die Arbeit und erreicht das Ziel. Als Beweis für seinen Verstand sieht KÖHLER das Herumsitzen an. Buchstäblich das, meine Damen und Herren. Nach KÖHLERS Meinung vollbringt der Affe, wenn er sitzt, eine geistige Arbeit. Das beweist seinen Verstand. Wie gefällt Ihnen das? Beweis für den Verstand ist die schweigende Untätigkeit des Affen. Die Tatsache aber, daß der Affe mit dem Stock umgeht, Kisten aufstapelt, das tut er alles ohne Verstand. Wenn der Affe handelt, die Kisten so und so verschiebt, dann sind das alles Assoziationen, die keinen Verstand bedeuten, das ist die Methode von Versuch und Fehler. Von diesen Tatsachen hat er sich völlig abgewandt – das sind Assoziationen. Wenn der Affe aber herumsitzt und nichts tut, just in dieser Zeit läuft bei ihm die Verstandestätigkeit ab. Natürlich muß man das so verstehen, daß KÖHLER ein passionierter Animist ist. Er kann sich einfach nicht damit abfinden, daß man diese Seele in die Hände nehmen, sie im Laboratorium greifen kann, daß man an Hunden die Gesetze ihrer Tätigkeit aufklären kann. Das will er nicht zulassen.

In Wirklichkeit liegt die Sache anders. In all diesen Prozessen, die er mißachtet, ist das enthalten, was das ganze Interesse beansprucht. Als ich vor einem Affen saß, habe ich das begriffen und verstanden. Ich sage, daß auch das Verstand ist, die ganze Tätigkeit, wenn der Affe dieses und jenes ausprobiert. In dieser Tätigkeit liegt das Denken, das Sie mit eigenen Augen sehen. Hier handelt es sich um eine Reihe von Assoziationen, die oft schon in vergangener Zeit gebildet worden sind, häufig sich aber auch vor Ihren Augen bilden, vor Ihren Augen zu einem positiven Ganzen kombinieren oder verschmelzen oder umgekehrt allmählich gehemmt werden, zum Mißerfolg führen. Man kann direkt die Assoziationen sehen, die sich beim Affen früher während seines Lebens im Walde, in seiner Heimat, gebildet haben.

Es ist verständlich, daß der Affe ein idealer Gleichgewichtskünstler ist, der in den unwahrscheinlichsten Lagen doch seinen Schwerpunkt vertikal über der Unterstützungsfläche hält. Beim Aufeinanderstapeln von Kisten überzeugt sich der Affe zunächst empirisch von ihrer Standfestigkeit. Er stapelt ein Stück aufs andere, wie Stein auf Stein, Klotz auf Klotz, und probiert, ob das Ganze standfest ist. Er sieht nicht nach, ob die Böden sich decken, er stellt sich hin und beginnt zu rütteln. Wenn er einen Rückschlag erleidet, beginnt er, die Teile einen nach dem anderen zu verschieben, damit sie besser aufeinanderpassen, und rüttelt wieder, um die Standfestigkeit zu erproben. Sie sehen die Assoziationen, die sich bei ihm früher gebildet haben und die er als fertige Assoziationen benutzt. Es sind taktile, muskuläre, optische u. a. Assoziationen. Je nach der Höhe seiner Konstruktion setzt er die Arbeit fort. Dabei kommt es vor, daß er unten noch eine zusätzliche Kiste nimmt, sich auf diese Pyramide stellt und sich die Kiste auf den Kopf stellt. Sehen Sie, das ist ein Fehler bei der Ausarbeitung der richtigen Assoziationen, der erforderlichen Verbindungen.

Eine fehlerhafte alte Assoziation ist ihm sehr lange im Wege. Er kann sie nicht aufgrund der Wirklichkeit zerstören. Man gibt ihm Kisten von verschiedener Größe, die zur Wahrung der Standfestigkeit in bestimmter Reihenfolge aufgestellt werden müssen, zuunterst die größte usw. Bis jetzt kann er das noch nicht. Wenn er – angenommen – fehlerhafterweise die sechste Kiste anstelle der zweiten aufgestellt hat, dann fehlt ihm die Assoziation, daß das ungünstig ist, daß man alles einreißen muß; er wird unbedingt weiterbauen. In einem solchen Fall hilft ihm der Zufall. Was die neu ausgearbeiteten Assoziationen betrifft, so ist nur eine richtige Verteilung der Kisten von Erfolg. Dies ist eine optische Assoziation. Diese Assoziation wird vor unseren Augen ausgearbeitet. Der Anblick der richtigen Pyramide führt zum Erfolg. Diese optische Assoziation begünstigt den Erfolg. Eine ausgearbeitete Assoziation, zu der der Affe gelangt, ist die, daß er die Kisten nicht auf gut Glück irgendwo hinstellt, sondern unter die Frucht. Sie wohnen offensichtlich der Bildung unseres Denkens bei; Sie sehen seine ganzen Klippen, alle seine Verfahren. Auch darin liegt Verstand, Herr KÖHLER aber drückt sich davor: Das ist die Methode von Versuch und Fehler.

Hier eine Reihe von Einzelheiten. Wenn der Affe durch das Bild des Futters zu sehr erregt ist, dann macht er besonders viel Unordnung, er nimmt die Kisten auf gut Glück, die sechste anstelle der zweiten usw. Starken negativen Einfluß hat eine äußere Hemmung. Das ist alles bekannt. Man muß bestimmte

Tatsachen in ihrer bestimmten Bedeutung sehen. Dann liegt alles klar auf der Hand. Darin besteht die ganze Tätigkeit des Affen. Sein Denken sehen Sie mit Ihren eigenen Augen in seinem Verhalten. Darin liegt der Beweis für seinen Verstand. Das beweist, daß der Verstand nur aus Assoziationen besteht, aus richtigen und falschen Assoziationen, aus richtigen Kombinationen der Assoziationen und falschen Kombinationen. KÖHLER aber steht auf dem Standpunkt, daß das keine Assoziationen sind. Dabei besteht doch der ganze Verstand aus Assoziationen. Wodurch unterscheidet sich das von der Entwicklung unseres Kindes, von unseren Erfindungen? Für den Affen besteht die Aufgabe darin, daß er die Frucht nicht mit dem Stock erreichen kann; und sehen Sie, vor Ihren Augen vollbringt er es vermittels Versuch und Fehler, d.h. vermittels der Assoziationen. Was für ein Gerede! Wodurch unterscheidet sich das von unseren wissenschaftlichen Erfolgen? Es ist dasselbe. Natürlich handelt es sich hier um einen elementaren Verstand, der sich von dem unsrigen aber nur durch die Einfachheit der Assoziationen unterscheidet. Der Affe hat Assoziationen, die sich durch die Wechselwirkung mit mechanischen Gegenständen in der Natur gebildet haben.

Wenn wir noch einmal überlegen, wenn wir fragen, worin der Fortschritt des Affen im Vergleich zu anderen Tieren besteht und warum er dem Menschen nähersteht, dann aus dem Grund, weil er Hände hat, sogar vier Hände, d.h. mehr als wir selbst. Dadurch hat er die Möglichkeit, in sehr komplizierte Beziehungen mit den ihn umgebenden Gegenständen zu treten. Das ist der Grund, weshalb sich bei ihm eine Unzahl von Assoziationen bildet, die es bei den übrigen Tieren nicht gibt. Dementsprechend, d.h., weil diese motorischen Assoziationen ihr materielles Substrat im Nervensystem, im Gehirn haben müssen, haben sich auch die Großhirnhemisphären beim Affen stärker entwickelt als bei den anderen Tieren, d.h. sie haben sich im Zusammenhang mit der Mannigfaltigkeit der motorischen Funktionen entwickelt. Wir haben außer der Mannigfaltigkeit der Bewegung der Hände auch noch die komplizierten Sprechbewegungen. Es ist bekannt, daß die Affen hinsichtlich der Nachahmung von Wörtern schwächer sind als viele andere Tiere. Ein Papagei kann einen größeren Wortschatz haben als ein Affe. Sehen Sie, so stellt sich die Sache dar.

KÖHLER ist natürlich ein Opfer des Animismus. Und SHER-

RINGTON[3] ist ein anderes Opfer des Animismus, aber darüber das nächstemal.

Sehen Sie, so hat KÖHLER die Frage aufgefaßt. Er kann aber auch ein sehr verständiger Mensch sein. Das sind zwei völlig verschiedene Angelegenheiten. Sie mögen nach Herzenslust kluge Leute sein, zugleich aber sind sie Animisten.

Ich hatte Gelegenheit, mich mit KÖHLER zu unterhalten. Er ist ein sehr kluger Mensch, der sehr viel weiß und naturwissenschaftlich hochgebildet ist. Vermag er seinen Animismus nicht durch seinen Verstand zu überwinden? Er hat in diesem Buch immer wieder eine Fortsetzung erwähnt. Ist ein zweiter Band erschienen oder nicht?

Zwischenruf: Nein!

I. P. PAWLOW: Dann muß ich folgendes annehmen: Mag er diese Arbeit unter animistischem Einfluß geschrieben haben. Später aber hat er den Animismus überwunden, und jetzt denkt er über den Gegenstand wahrscheinlich anders. Das ist der Grund, weshalb der zweite Band nicht erscheint.

Lesen Sie, und Sie werden sehen. Die Augen vor dieser Tätigkeit des Affen zu verschließen, die vor Ihren Augen abläuft und deren Sinn völlig augenfällig ist, sich auf das schweigende Herumsitzen des Affen zu stützen, das ist ein Unsinn, der nicht seinesgleichen hat. Er hegt die Vermutung, daß der Affe beim Herumsitzen nachdenkt. Das Herumsitzen aber haben wir, so oft wir wollten, gesehen, und es kennzeichnet unser übliches Erlöschen – nicht mehr.

Auf Wiedersehen!

Über das Buch von Woodworth »Die moderne Schule der Psychologie« und über das Studium des primitiven Denkens bei Affen[1]

(24. Oktober 1934)

I. P. PAWLOW: Man hat mir ein Buch des amerikanischen Psychologen WOODWORTH[2] geschenkt »Die moderne Schule der Psychologie«. Es gibt Autoren, die Bücher schreiben, es gibt Professoren, die Vorlesungen halten und andere unterrichten, die aber dennoch auf Schritt und Tritt nicht verstehen, was sie schreiben und worüber sie sprechen. Dieses Buch gehört zu den

Ausnahmen. Es macht den Eindruck, daß dieser Autor im ganzen Buch genau begreift, wovon er spricht und wovon er schreibt.

Ich meine, man muß dieses Buch ins Russische übersetzen. Wir haben schon mit A. A.[3] gesprochen. Er übernimmt diese Aufgabe. Auf mich hat das Buch in dieser Hinsicht einen ganz außergewöhnlichen Eindruck gemacht, in solchem Grade ist darin alles greifbar und verständlich. Es ist eine Rarität. Ich habe zunächst gerade den Abschnitt der Psychologie durchgelesen, für den ich mich im allgemeinen wenig interessiere, nämlich die Psychologie, die auf der Introspektion, d. h. auf Selbstbeobachtung, beruht und von der ich immer eine ziemlich geringe Meinung hatte. Gerade anhand seiner ausgezeichneten Darlegung habe ich mich neuerlich davon überzeugt, wie ohnmächtig diese Psychologie ist. Wenn es sich um Eindrücke handelt, um die elementarsten subjektiven Erscheinungen, dann kann man, wie ich schon längst aus der Sinnesphysiologie wußte, mit Hilfe der Empfindungen eine gute Analyse erreichen, zum Beispiel eine Analyse der optischen Reize, und eine Analyse der akustischen Reize, wie sie schon Helmholtz[4] angestellt hat. Seine ganze absonderliche Analyse, sowohl die der optischen als auch die der akustischen Empfindungen, führte Helmholtz[4] so durch, daß er sich einerseits auf Meßinstrumente stützte, andererseits aber gerade auf die subjektiven Erscheinungen, die Eindrücke usw.

Hier ist alles in Ordnung, aber als der Autor an die kompliziertere Analyse subjektiver Erscheinungen ging, war nichts mehr zu hoffen. Nach Meinung des Autors soll die Psychologie die subjektiven Erscheinungen beschreiben. Was ist das für eine in Wahrheit, und wer braucht sie? Die Künstler des Wortes tun genau dasselbe. Sie befassen sich mit der subjektiven Welt, mit den Gedanken, Gefühlen und Stimmungen. Das ist zu wenig. Man muß die Erscheinungen nicht beschreiben, sondern ihre Entwicklungsgesetze aufdecken. Aus bloßen Beschreibungen entsteht keine Wissenschaft.

Dann ist vom Denken die Rede. Früher hat man sich vorgestellt, daß man in diesem Falle die Spuren der Dinge, die Abbilder der Dinge untersucht, und zwar je nach den Rezeptoren die optischen, osmischen usw. Er wirft ebenfalls diese Frage auf und kommt letzten Endes zu dem Schluß, daß das Denken unanschaulich sei. Da frage ich nun, welches Denken denn? Wenn wir keinerlei Zeichen in unserem Kopf haben, worin besteht denn dann das Denken? Natürlich müssen unbedingt Spuren, Abbilder, Verallgemeinerungen der Worte vorhanden sein.

Meiner Meinung nach müssen diese Abbilder erstens sehr schwach sein, zweitens flüchtig, und drittens müssen sie der Wirkung der negativen Induktion unterliegen. Wenn ich die Augen schließe, sehe ich die Gegenstände nicht, aber ihre Spuren sind vorhanden. Zum Beispiel im Schlaf sehe ich sie außerordentlich deutlich. Es ist klar, daß es sich um irgendwelche speziellen Bedingungen handelt. Es gibt also verschiedene Grade von Spuren, wobei diese Spuren entweder in schwachem Grade ausgeprägt sein können und Sie sie dann deutlich von den wirklichen Eindrücken unterscheiden, oder sie erscheinen Ihnen den realen Eindrücken völlig gleich. Es ist verständlich, daß im Wachzustand die den realen und starken Reizen entsprechenden Zentren bei mir so stark erregt sind, daß ihre Spuren gehemmt werden. Während des Schlafs werden die Spuren früherer Reize nicht durch die Wirkung neuer äußerer Reize verwischt. Deshalb ist unser Denken nicht unanschaulich, d.h. ohne alle Spuren der Wirklichkeit.

Außerdem muß die Möglichkeit einer Induktionsbeziehung zwischen dem Wortsystem, dem zweiten Signalsystem, und dem ersten Signalsystem bestehen. Ferner besteht das zweite Signalsystem, dessen wir uns für gewöhnlich bedienen, selbst aus drei Arten von Spuren: akustischen auf das gehörte Wort, optischen auf das geschriebene Wort und schließlich kinästhetischen, d.h. auf die Erregungsspuren des afferenten kinästhetischen Punktes.

Der Autor des Buches hat seine Aufmerksamkeit darauf gerichtet, daß Sie sich, wenn Sie denken und sich selbst beobachten, verdoppeln, weil Sie, während Sie irgendeine Arbeit durchführen, zugleich diese Arbeit beobachten. Hier ist ebenfalls eine negative Induktion möglich.

Das bedeutet durchaus nicht, daß tatsächlich ein unanschauliches Denken existiert, das wäre Unsinn. Hier ist die Aktivität in Wirksamkeit. Die Psychologen haben ein solches Beispiel außer acht gelassen wie das primitive Denken der Affen, das vor ihren Augen abläuft. Bei Hunden haben wir ein elementares »Denken«, beim Affen aber schon eine Verbindung von Assoziationen.

Als ich vor »Raffael« saß, beobachtete ich ein seltenes, ungewöhnliches Bild. Es ist ganz offensichtlich, daß die Sache mit der Bildung von Assoziationen beginnt, d.h. mit der Bildung bedingter Reflexe aufgrund der Methode von »Versuch und Fehler«. Sobald die Verbindung berechtigt ist, wird sie in der gleichen Weise fixiert, wie wir in unseren Versuchen ständig die Entwicklung eines bedingten Reflexes beobachten.

Ein assoziiertes Paar ist eine elementare Assoziation. Ihrer können sehr viele sein. Dann können sich diese Assoziationen untereinander noch einmal verbinden, wobei sie eine Verbindung zweiten Grades bilden. Wenn die assoziierten Paare falsch verbunden worden sind, werden sie von der Wirklichkeit nicht bekräftigt; sind sie aber richtig verbunden, dann werden sie bekräftigt und fixiert.

Das sehen Sie bei den Affen. Man kann den Affen eine Aufgabe stellen, zu der unbedingt ein Denken erforderlich ist, d.h. die Bildung von zunächst elementaren Assoziationen und dann von entsprechenden komplizierten Assoziationen. Auf diese Weise wird vor Ihnen das ganze Bild seines »Denkens« aufgerollt. Das ist die Antwort auf die Frage, die von den Psychologen schon vor zweitausend Jahren gestellt worden ist. Vor Ihnen entsteht der ganze Mechanismus des primitiven Denkens. In diesem ganzen »Denken« findet sich tatsächlich nichts außer unseren bedingten Reflexen und außer Ketten dieser Assoziationen. Zugleich sehen Sie, wie berechtigt unsere Reflexe sind, bis zu welchem Grade sie ebenso wie alle von uns entdeckten Gesetzmäßigkeiten der Rindentätigkeit hier Anwendung finden.

Am vorletzten Freitag sollte »Raffael« folgende Aufgabe lösen: Er sollte Kisten unter einer hoch aufgehängten Frucht auftürmen und die Frucht herunterholen. Das ist eine komplizierte und zweifellos geistige Arbeit: Er mußte die Kisten gerade unter der Frucht aufbauen; er mußte sie nehmen und richtig aufeinanderstellen, in richtiger Reihenfolge, zuunterst die große Kiste, dann die nächstkleinere usw. Die Kisten müssen fest stehen. Es ist also eine richtige wissenschaftlich-technische Aufgabe, ein richtiges Denken.

Am Vortag hatte »Raffael«, wie man mir sagte, das völlig einwandfrei und richtig bewältigt: Er holte die Kisten der Reihe nach, zunächst die große, dann die kleinere, und er probierte ihre Standfestigkeit. Sie sehen eine ganze Reihe verschiedener Assoziationen.

Warum soll man denn all das nicht »Denken« nennen, natürlich elementares Denken? Sie sehen es ganz deutlich: Die Bildung von Assoziationen, die Ergänzung durch neue Assoziationen, dann eine Kette von Assoziationen; »Raffael« weiß, womit er anfangen muß, sagen wir, mit der ersten Kiste, und dann kommt die nächste Assoziation, die Kiste muß unter die Frucht gestellt werden usw.

Es ist interessant, daß er am Tag vor meiner Ankunft alles richtig bewältigt hatte. Als ich aber am Freitag da war, brachte er alles durcheinander und baute die Kisten nicht an der üblichen, sondern an einer anderen Stelle auf. Was war da los? Sehr einfach. »Raffael« mag mich nicht. Meine Anwesenheit regt ihn auf. Die gebildeten Verbindungen wurden durch negative Induktion gehemmt.

Auf Wiedersehen!

Fall von Konzentration einer schwachen Hemmung bei M.K. Petrowas »Mirta« [1]

(21. November 1934)

I.P. Pawlow: Nun einige andere Fragen.

Hier ein Fall von M.K.s[2] »Mirta«. Wie Sie sich erinnern, hat er viele Neurosen mit nachfolgender Heilung unter der Wirkung von Brom durchgemacht. In einem Falle erschien bei ihm eine ausgeprägte Trägheit des Erregungsprozesses auf das positive Metronom. Die Trägheit des Erregungsprozesses entstand bei ihm bei der Umarbeitung der Metronome, d.h. bei dem Zusammenstoß, der dabei für gewöhnlich vor sich geht. Brom half auch in diesem Falle. So war es vor der Sommerpause. Als M.K. aber nach der Sommerpause wieder an die Arbeit mit »Mirta« ging, erwies er sich wieder als angegriffen, als ziemlich heruntergekommen, und zu guter Letzt hörten beide Metronome auf, bedingte Reflexe zu liefern. Der krankhafte Zustand der Metronompunkte äußerte sich in der zweiten Hälfte des Versuchs. Der Versuch war in zwei Hälften geteilt worden. Die zweite Hälfte der Versuche wurde unklar. Die bedingten Reflexe auf die ersten Reize während des Versuchstages waren normal, aber die auf die umzuarbeitenden Metronome folgenden schwankten stark in ihrer Größe und verschwanden zeitweise.

Dann hat M. K. folgendes Verfahren ersonnen. Für gewöhnlich waren alle bedingten Reize um eine halbe Minute abgerückt. Sie vergrößerte die Zeit des Abrückens des ersten Hemmungsmetronoms auf eine Minute. Daraufhin verwandelte sich das nachfolgende, neue positive Metronom in eine positive Größe.

Als aber beim nächsten Male das Hemmungsmetronom wieder um eine halbe Minute abgerückt wurde, verringerte sich der nachfolgende, positive Reiz wiederum stark.

Als sie in den folgenden Versuchen den Reiz wieder auf eine Minute ausdehnte, stieg der bedingte Reflex auf das positive Metronom wieder an. Diese Erscheinung kennen Sie genau. Sie ist verständlich. Wenn das Hemmungsmetronom statt einer halben eine ganze Minute dauert, konzentriert sich der Hemmungsprozeß und liefert eine positive Induktion auf seinen Nachbarn.

Diese Erscheinung weist lediglich darauf hin, daß der positive Prozeß schwach ist und allein nicht auftreten kann. Man muß ihn durch eine positive Induktion von seiten des hemmenden Nachbarn unterstützen. Hier bleibt aber noch eine Erscheinung zu erklären. Weshalb werden nach diesen beiden Metronomen, wenn sie nicht wirken, auch die anderen auf sie folgenden bedingten Reflexe gehemmt. Wie ist das zu verstehen? Das ist eine komplizierte Frage.

Wahrscheinlich muß angenommen werden, daß der Hemmreiz, wenn Sie ihn eine halbe Minute wirken lassen, eine schwache Hemmung hervorruft, die sich nicht konzentriert, sondern auf alle nachfolgenden positiven Reflexe irradiiert. Ist es so? Anscheinend wohl doch.

Sie, meine Damen und Herren, sollen sich an der Sache beteiligen. Wir wollen gemeinsam überlegen. Mir scheint, es ist so. Das ist ziemlich interessant, man muß es analysieren und interpretieren. Dadurch wird die gewaltige Bedeutung der Induktionsbeziehungen unterstrichen.

Man muß sich unbedingt darin üben, die einzelnen Tatsachen zu verstehen. Mögen die Gestaltpsychologen über die Ganzheit des Organismus nachdenken! In Wirklichkeit ist es gerade umgekehrt. Nur wenn man die einzelnen Erscheinungen untersucht, kann man die ganze Kompliziertheit der Erscheinungen verstehen und sich darin orientieren. Weshalb ich die Gestaltpsychologen erwähnt habe? Ich lese gerade bei einem Psychologen. Was für ein Galimathias! Nun gut, der Organismus ist ganzheitlich. Als wenn wir nicht wüßten, daß alles miteinander verkettet und integriert ist. Aber niemand leugnet doch, daß das System des Blutkreislaufs das eine ist, das der Verdauung ein anderes, die Muskeltätigkeit ein drittes. Sie haben sich an die Struktur geklammert und ganz vergessen, daß alles aus einzelnen Teilen aufgebaut ist! Wie kann man einen solchen Unsinn vertreten: Rührt nicht an die Analyse?! Dabei ist das, ich bitte Sie, der letzte Schrei, es ist Mode! Man hat die Ganzheit erfaßt, den Komplex, und dabei vergessen, daß sie aus Teilen besteht, daß unsere Interpretation des Ganzen auf der Kenntnis der Teile beruht.

Kritik der Gestaltpsychologie anhand des Buches von Woodworth »Die moderne Schule der Psychologie« [1]

(28. November 1934/5. Dezember 1934)

I. P. Pawlow: Heute wird unser Gespräch der Psychologie, oder, besser gesagt, der Ehe von Psychologie und Physiologie gewidmet sein. Von Anfang an habe ich immer auf dem Standpunkt gestanden – und das ist aus meinen früheren Kolloquien ersichtlich –, daß die Physiologie der höheren Nerventätigkeit das Grundsystem der entsprechenden Erscheinungen liefert. Wenn sie genügend erweitert und vertieft wird, wenn sie sehr viel Material umfassen wird, dann wird man den Versuch unternehmen können, die einzelnen subjektiven Erscheinungen mit diesem System physiologischer Mechanismen zur Deckung zu bringen. Das scheint mir die legitime Ehe von Physiologie und Psychologie oder ihre Verschmelzung in eins zu sein.

Nun aber, 34 Jahre nach Beginn dieser Arbeit, da Sie alle, meine Mitarbeiter, nicht nur mit den Händen, sondern stets auch mit dem Kopf daran beteiligt waren und, wie sich von selbst versteht, von Ihnen viele Mutmaßungen und Gedanken ausgegangen sind, während ich nur der Hauptdirigent und Leiter war, nun kommt die Zeit, den vorgefaßten Plan zu verwirklichen. Den ersten derartigen Versuch habe ich in meiner letzten Veröffentlichung über die bedingten Reflexe gemacht, die ich für die »Medizinische Enzyklopädie« geschrieben habe. Dort habe ich viele Fälle zu zeigen versucht, bei denen die Psychologie durch die Physiologie untermauert wird, d. h. mit ihr verschmilzt. Dem werden wir einen Teil des heutigen Kolloquiums widmen.

Ich habe hier ein Buch des amerikanischen Psychologen Woodworth[2], der mir schon seit langem bekannt ist und den ich als denkenden Menschen schätze, der nicht die Gewohnheit hat, über Dinge zu schreiben, die er nicht versteht. Das Buch nennt sich: »Die moderne Schule der Psychologie«.

Das Buch befaßt sich mit der Darstellung von vier Varianten der derzeitigen Psychologie. Zunächst kommt die sogenannte »Existentialpsychologie«. Das ist eine Richtung der Psychologie, die auf der Introspektion fußt, auf extremer Beachtung der eigenen subjektiven Welt und Erlebnisse. Das sei die unstrittige Realität, mit der man sich befassen müsse und von der man sämtliche Resultate erwarten dürfe.

Es sei gesagt, daß die Vertreter dieser Richtung nichts Wesentliches bringen. Sie fußen hauptsächlich auf der seltsamen Hoffnung, große Resultate (von denen sie freilich bisher noch nichts aufzuweisen haben) aus der speziellen Untersuchung der subjektiven Welt zu gewinnen, wobei sie die Ziele ihrer Forschung nicht einmal mit irgendwelchen praktischen Aufgaben verknüpfen. Wahrlich, eine tolle Aufgabenstellung! Das ist die existentielle Schule.

Dann kommt der Behaviorismus, eine speziell amerikanische Psychologie, dann die Gestaltpsychologie und die Psychologie des Rationalismus mit einigen verwandten Schulen und schließlich die teleologische Psychologie der Engländer. Sie wird auch noch »hormische« Psychologie genannt, weil sie hauptsächlich auf die Triebe und Instinkte gerichtet ist und Instinkt auf griechisch Ὁρμή heißt. Daher die Bezeichnung teleologische oder hormische Psychologie. Dann kommt – er ist typischer Eklektiker – sein eigener Mittelweg.

Heute werde ich mich speziell mit den Gestaltpsychologen befassen und sagen, was sie wert sind, zumal ich mich jetzt mit ihnen in einem Punkt berühre, wie sie selbst sagen und wie der Autor des Buches behauptet.

Vor allem, wer sind diese Gestaltpsychologen? Es sind die Verteidiger der Ganzheitsvorstellung; sie sagen, man müsse eine Ganzheit, eine Synthese, ein System, aber keine einzelnen Erscheinungen im Kopf haben. Gestalt, das ist eine Zeichnung, ein Muster oder ein Bild. Dieses Wort wird in anderen Sprachen unterschiedlich übersetzt. Die Engländer übersetzen dieses Wort mit »Form« oder »Konfiguration«, um damit zu zeigen, daß sie das Ganze beschäftigt und daß dieses irgendwie besondere Bedeutung hat.

Im folgenden werde ich versuchen, die Angelegenheit anhand dieses Artikels darzulegen. Das Material ist hier gut angeordnet.

Der Teil über die von Gestaltpsychologen bearbeitete Psychologie nennt sich: »Der Radikalismus der Gestaltpsychologie«. Die Engländer gebrauchen als Bezeichnung dafür das Wort »Formalisten«, das heißt Verehrer der Form dessen, was sich aus der Vereinigung einzelner Teile ergibt. Bei uns hat dieses Wort »Formalisten« eine bestimmte Bedeutung, die nicht hierher paßt. Ich habe überlegt, wie man sie auf russisch nennen könnte, aber mir ist nichts eingefallen. Denken Sie einmal darüber nach. Die Engländer nennen sie auch noch »Konfigurationalisten«, ein Wort, das ziemlich schwer auszusprechen ist. Ich werde das deutsche Wort nehmen und sie »Gestaltpsychologie« nennen.

Zunächst etwas über den Radikalismus dieser Psychologie. Ich muß Ihnen sagen, daß diese Psychologie erst ganze 22 Jahre alt ist. Sie tauchte zum ersten Male im Jahr 1912 auf und lehnte sich speziell gegen WUNDT[3] und gegen die Assoziationspsychologen auf, gegen ein System der Psychologie, das seit dem 16. bis 17. Jahrhundert existiert und bis heute in gewissem Grade unter den Psychologen dominiert.

Die Assoziationspsychologie ist durch zwei Züge gekennzeichnet: Sie strebt nach Analyse der Erscheinungen und befaßt sich hauptsächlich mit dem intellektuellen Leben, wobei sie dem Problem des Willens und der klassischen Gefühle weniger Augenmerk schenkt. Der Autor nennt diese Richtung der Psychologie »geistige Chemie«, eine, wie ich sagen möchte, gelungene Bezeichnung.

Die Gestaltpsychologie betont die Bedeutung des organisierten Ganzen, d.h. sie befaßt sich mit dem Ganzen, Ungeteilten. Die Gestaltpsychologie lehnte sich gegen die Analyse als Fundamentalproblem der Psychologie, als Hauptaufgabe der Psychologie auf. Das ist mir eine schöne Einstellung, wo doch die gesamte positive moderne Wissenschaft hauptsächlich auf dem Wege der Analyse geschaffen worden ist!

Ferner hat diese Psychologie entschieden, daß der Begriff »Assoziation« ein Mißverständnis sei.

Das ist in der Tat Radikalismus! Deshalb auch die Kapitelüberschrift. »Die Gestaltpsychologie war ebenso gegen den einfachen Reflex wie auch gegen die einfache Empfindung.« Was brauchen Sie mehr, muß es noch krasser und bestimmter gesagt werden? Gegen WUNDT[3] und gegen die Assoziationspsychologie ging die Gestaltpsychologie vor, weil er und die Assoziationspsychologen auf der Analyse bestanden. Die Gestaltpsychologen erfanden dafür den Spitznamen »Baustein-Psychologie« oder »Mörser-Psychologie«, die alles mit ihrem Stößel zerstückelt.

Es sei gesagt, daß der Autor hier auch kurz den amerikanischen Psychologen JAMES[4] erwähnt. Er hatte dieselbe philosophische Tendenz. Auch er sagte, das Element sei etwas Künstliches, denn wenn wir irgend etwas erlebten, sei das immer etwas Kompliziertes und nichts Einfaches. Das ist in gewissem Grade ein Übergang von der rationalistischen Psychologie zur Gestaltpsychologie.

Ein wichtiger Anstoß für die Entwicklung dieser Psychologie war ein Begriff, der in den 90er Jahren am geistigen Horizont auftauchte und von einem gewissen EHRENFELS[5] ausging, der den Begriff der Gestaltqualität prägte.

Diese Gestaltqualität bedeutet, daß man aus ein und denselben Elementen unterschiedliche Ganzheiten herstellen könne. Dafür wird ein Beispiel angeführt. Unter Verwendung ein und derselben Noten komponiert der eine die eine Melodie, der andere eine andere. Natürlich werden die Melodien unterschiedlich sein, aber daraus folgert nicht, daß die Elemente nichts wert sind; aus ihnen sind die Melodien zusammengesetzt, und wenn sie nicht wären, gäbe es auch keine Melodie. Was ist denn das für eine Neuigkeit, weshalb tauchte dieser Begriff der Gestaltqualität 1890 auf? Findet sich denn nicht in der organischen Chemie auf Schritt und Tritt dasselbe? Kohlenstoff, Sauerstoff, Wasserstoff sind Elemente; aus ihnen synthetisiert man Kohlenhydrate, Säuren, Alkohole usw. Das ist eine alte, uralte Sache. Auf die neuen Psychologen hat das aber ganz außerordentlichen Eindruck gemacht. WOODWORTH findet, daß dies der Anstoß war. Weshalb hat er diese Tatsachen nicht gesehen? Wer kannte denn nicht zahlreiche analoge Beispiele aus der organischen Chemie?

Es gibt doch seltsame Psychologen! Ich kenne sie jetzt zur

Genüge. Als ich in meinem Buch bereits einerseits vom Mosaik der Großhirnhemisphären sprach und andererseits von einem dynamischen System, war Herr PIERON[6], ein Pariser Psychologe, erstaunt und geriet in Verlegenheit. Da habe ich geschrieben: Übermittelt ihm, er möge nur irgendeine Seite organische Chemie aufschlagen, dort wird er die Formel irgendeiner Verbindung finden; dann wird er einerseits ein Mosaik aus Wasserstoff, Sauerstoff und Kohlenstoff sehen und andererseits das von ihnen gebildete dynamische System. Jede Verbindung ist ein dynamisches System.

Was für ein Unverstand! Sie spielen ausschließlich mit Worten und kümmern sich nicht um die Wirklichkeit. Das ist ganz offensichtlich.

Die Gestaltpsychologie stand also seit 1912 auf dem Standpunkt, daß alle Unterscheidung von Elementen und ihrer Zusammengesetztheit ein Mißverständnis in der Psychologie sei. Die Psychologie sei stets die Erkenntnis des Ganzen.

Das ist ein seltsamer Satz, den ich nicht begreifen kann.

Im folgenden Kapitel wird die These dargelegt, daß die Gestaltpsychologie die organische Ganzheit der Psyche betone.

Ich muß Ihnen gestehen, daß dieser WOODWORTH erstaunlich sorgsam und ich möchte sogar sagen, peinlich genau ist, einen fremden Gedanken ganz exakt wiederzugeben. Alles, was er anführt, ist gleichsam dasselbe, was die Gestaltpsychologen selbst sagen würden. Er ist nicht etwa gegen sie, sondern eher für sie. Er schließt sogar mit einem Satz, der mir kaum verständlich ist: »Man muß die Gestaltpsychologie als gewaltige und wertvolle Ergänzung zur Mannigfaltigkeit der Psychologie anerkennen.« Wie Sie sehen, steht er vollauf auf ihrer Seite.

Sie haben das Augenmerk auf die Physiognomie des Menschen im ganzen gerichtet und bestehen darauf, daß man nicht an den Einzelzug rühren dürfe. Sie beweisen das glänzend dadurch, daß, wenn man einen Zug freiläßt, das ganze übrige Gesicht aber verdeckt, daraus nichts zu entnehmen sei. Das versteht sich von selbst! Aber immerhin muß man doch auch diese Züge unterscheiden. Letzten Endes müssen Sie bei der Analyse einer Persönlichkeit sagen, daß man sie hinsichtlich eines bestimmten Zuges als ruhig, besonnen, zänkisch, sehr sanft usw. charakterisieren kann. Ohne die Teile wird man also nichts ermitteln können. Dasselbe gilt auch für den Charakter des Menschen. Wenn Sie sich die einzelnen Züge völlig isoliert vorstellen, werden Sie natürlich den Charakter des Menschen nicht bestimmen können, denn dazu muß man das ganze System der Züge nehmen und in diesem System analysieren, welche Züge in den Vordergrund treten, welche kaum zutage treten, welche eben merklich sind usw.

Ferner wird gesagt, daß der Mensch und der tierische Organismus eine Gestalt darstellen. Aber wer bezweifelt denn die Ganzheit? Dennoch hindert das niemanden, dieses ganzheitliche System in die Systeme des Blutkreislaufs und der Verdauung zu zergliedern. Das Verdauungssystem teilt man in Magen, Darm, Magendrüsen usw. auf. Das heißt doch, offene Türen einrennen. Was ist denn das für eine Neuigkeit, was ist das für eine Entdekkung, wenn wir alle auf diesem Standpunkt stehen und es sich um eine Binsenweisheit handelt?

Ferner wird gesagt, daß unser Verhalten nicht nur aus einer Summe von Reflexen besteht. Was ist das wieder für eine Wahrheit!? Das versteht sich von selbst. Sie haben sich vielleicht eingebildet, daß das so eine Art Sack ist, in den Kartoffeln, Äpfel, Gurken usw. hineingeschüttet worden sind. Aber niemand hat das jemals angenommen. Wenn Sie einen Organismus haben, dann ist klar, daß alle Elemente miteinander in Wechselwirkung stehen, wie in einem chemischen Stoff der Wasserstoff, der Sauerstoff und der Kohlenstoff wechselseitig aufeinander wirken, je nachdem, wie sie im Molekül angeordnet sind. Das sind alles längst bekannte Dinge. Niemand behauptet, das sei eine Summe. Wenn das ein System ist, stehen die Elemente natürlich miteinander in Wechselwirkung, und wir beginnen das Studium mit ihrer Wechselwirkung.

Sie betonen die Wichtigkeit des Ganzen, aber das versteht sich von selbst.

Die Gestaltpsychologen wollen das Studium der Elemente negieren und ausschalten, ohne zu berücksichtigen, daß man mit ihnen anfangen muß.

Der Autor macht den Leser mit einzelnen Vertretern dieser Richtung bekannt. Herr WERTHEIMER[7] wurde 1880 geboren, KOFFKA[8] und KÖHLER[9] 1888. Eben diese haben die Gestaltpsychologie im Jahre 1912 in Frankfurt begründet. WOODWORTH weist darauf hin, daß sie auch als Experimentatoren gearbeitet haben.

Vor allem haben sie auf dem Gebiet der Perzeption gearbeitet. Was ist Perzeption? Es heißt übersetzt Wahrnehmung. Ich habe schon von den alten Philosophen und Psychologen, als an die Gestaltpsychologen noch nicht zu denken war, vor fünfzig bis sechzig Jahren im Seminar erfahren, was Wahrnehmung ist und wodurch sie sich von der Empfindung als elementarerem Prozeß unterscheidet. In der Seminarpsychologie wurde betont, daß die Empfindung das einfachste subjektive Erlebnis sei, das durch irgendein äußeres Agens (Reiz) den Sinnesorganen vermittelt wird, während die Wahrnehmung das ist, was sich in meinem Gehirn ergibt, wenn diese Erregung mit anderen Erregungen und mit den Spuren früherer Erregungen verbunden ist. Auf dieser Grundlage stelle ich mir einen äußeren Gegenstand vor. Das ist die Wahrnehmung. Das, was sich durch die abschließende innere Verarbeitung ergibt, eben das stellt die Wahrnehmung dar.

Ich erinnere mich genau an einen charakteristischen Fall aus meiner Vergangenheit, als wir das erste Grammophon bekamen. Der Physiker KRAJEWITSCH demonstrierte es auf einer Tagung von Biologen und Ärzten und stellte folgenden interessanten Versuch an. Er brachte uns ein deutsches Lied zu Gehör. Niemand unterschied die Worte und verstand etwas. Als KRAJEWITSCH aber den Inhalt des Gehörten vortrug, wurde das Lied von allen ganz klar und deutlich wahrgenommen. Es besteht kein Zweifel, daß wir, wenn es sich um eine Wahrnehmung handelt, immer von uns aus unserer Vergangenheit etwas hinzufügen. Die Gestaltpsychologen schreiben sich diese Entdeckung zu! Aber das ist seit langem jedermann bekannt.

Nehmen wir ein Beispiel. Wir beschäftigen uns mit der Empfindung oder Wahrnehmung der Größe eines Gegenstandes, nun, sagen wir, eines Menschen. In der Entfernung von 10 Fuß[10] erscheint mir der Mensch in einer bestimmten Größe. Wenn er sich von mir auf 20 Fuß[10] entfernt hat, muß sich sein Abbild auf der Netzhaut natürlich entsprechend verkleinern, aber dennoch erscheint er mir in derselben Größe.

Hören Sie nun, wie die Gestaltpsychologen das erklären.

Die übliche Erklärung dieser Erscheinung bestand darin, daß wir gelernt haben, die Größe des Netzhautbildes in Abhängigkeit von der Entfernung zu interpretieren. Die scheinbare Größenkonstanz desselben Gegenstandes in verschiedener Entfernung vom Auge ist keine Angelegenheit der Empfindung, sondern das Ergebnis unserer Interpretation. Die neuen Psychologen aber behaupten, daß der sensorische Gehirnprozeß ein Teil der ganzen Situation sei und folglich dem Einfluß der Entfernung des Gegenstandes ausgesetzt sei. In dieser ganzen Situation liefert die primäre Gehirnreaktion die Größenkonstanz. Das sind ungenaue und konfuse Worte.

Aber das ist doch alles physiologisch schon seit langem völlig geklärt. Sie hätten HELMHOLTZ[11] erwähnen müssen, seine physiologischen Arbeiten über die Tonempfindung. Ein anderes großes klassisches Buch von ihm bezieht sich auf Auge und Ohr. Dort ist all das vollauf befriedigend vom physiologischen Standpunkt aus geklärt.

Außer der optischen Reizung, außer dem Eindruck des Gegenstandes in Form des Netzhautbildes haben wir noch eine andere physiologische Erscheinung, und zwar die Akkommodation.

Wenn Sie auf irgendein schwarz-weißes Bild blicken und dann den Blick auf Grau richten, werden Sie ein Abbild desselben Gegenstandes in den Gegenfarben erblicken: Was dort weiß war, ist hier schwarz und umgekehrt; das ist das sogenannte »negative Nachbild«. Wenn Sie dieses negative Nachbild auf die Wand werfen, ändert es seine Größe und erscheint entweder größer oder kleiner je nachdem, wie Sie akkommodieren.

Was bedeutet das? Das bedeutet, daß Sie bei der Einschätzung der Größe des Gegenstandes außer dem Netzhautbild des Gegenstandes zugleich auch die Anspannung, Akkommodation Ihrer Muskeln auswerten und aufgrund der Erfahrung den entsprechenden Schluß ziehen. Diese Kombination zweier Erregungen ist für Sie also das Signal einer bestimmten Größe. All das ist von HELMHOLTZ sorgfältig analysiert und »unbewußter Schluß« genannt worden. Die Erscheinung selbst ist ein bedingter Reflex, ist ein Signal dafür, daß eine bestimmte Vereinigung der Größe des Netzhautbildes mit einer bestimmten muskulären Anspannung, mit der Akkommodation der Muskeln, ein Signal einer bestimmten Größe ist, die dann endgültig durch ihr Tasten bestätigt wird. Dasselbe gilt für die Plastizität. Sie haben ein ebenes Netzhautbild, sehen aber den Gegenstand aus irgendwelchen Gründen plastisch. In diesem Falle handelt es sich darum, daß Sie einen räumlichen Gegenstand mit beiden Augen unterschiedlich sehen; im einen Auge haben Sie das eine Abbild des Gegenstandes, im anderen ein anderes.

Andererseits ist Ihre Akkommodationsfähigkeit ohne jeden Einfluß, wenn Sie einen flachen Gegenstand vor sich haben. Die Vereinigung des Netzhautbildes, das flach ist, mit einer physiologischen Erscheinung, dem Unterschied des Netzhautbildes im rechten und linken Auge, ist also ein Signal dafür, daß Sie keine Fläche vor sich haben, sondern ein Relief. Diese Herren sollten erst einmal HELMHOLTZ gründlich lesen, sie aber machen eine neue »Entdeckung«, sie spielen mit Worten.

Nun über ihre Versuche und Errungenschaften auf dem Gebiet der Perzeption. Analysiert man die Perzeption, dann erweist sie sich als bedingter Reflex und nicht mehr; da aber HELMHOLTZ keinerlei Vorstellung von den bedingten Reflexen hatte, nannte er sie »unbewußte Schlüsse«.

Sie vertreten die Meinung, daß die primäre Gehirnreaktion nicht einfach von der Netzhauterregung abhängt, sondern auch von anderen Faktoren der Gesamtsituation, d.h. der ganzheitlichen Situation. »Wie aber die das Gehirn erreichende Erregung in ein dynamisches, in Wechselwirkung stehendes System verwandelt wird, ist allen bekannt, und sein Effekt hängt von der Gesamttätigkeit ab, die im Gehirn vor sich geht.« Aber das ist doch allen längst bekannt. Was ist daran neu?

Das also sind ihre Arbeiten auf dem Gebiet der Analyse der Perzeption, d.h. jener Erscheinung, die schon längst in die Lehrbücher eingegangen ist. Sie wiederholen Altes und verstehen es schlecht, da sie das Wesen der Sache nicht analysiert haben.

Das folgende Kapitel heißt: »Figur und Grund in der Gestaltpsychologie«. Ich übersetze: »Die Unterschiede von Figur und Grund werden von den Gestaltpsychologen als im Sehprozeß absolut fundamental angesehen. Die Figuren sind typisch kompakt, haben Form und Zusammenhang, während der Grund räumlich unbegrenzt erscheint.«

Was ist das für eine Entdeckung? Interessant ist aber, daß das doch gerade eine Analyse ist, wenn sie einen Teil vom Ganzen absondern, eben die Analyse, die sie so gar nicht lieben, die sie so leidenschaftlich ablehnen.

Es wird als Beispiel angeführt, wie das Kind in dem optischen Chaos, in dem niemand und nichts für es von Bedeutung ist, anfängt, die einzelnen Gegenstände zu unterscheiden. Zuallererst unterscheidet es das Gesicht der Mutter, die sich über das Kind beugt. Es beginnt die erste optische Analyse. Dann beschäftigen sie sich tatsächlich mit dieser Analyse.

Ich bin wiederum erstaunt, weshalb sie eine der wichtigsten Grundlagen dieser Analyse außer acht gelassen haben. Sie sagen: Auf dieser Zeichnung ist eine Reihe von Punkten verstreut; sie sehen vier Gruppen von Punkten, folglich unterscheiden sie sie irgendwie, sie analysieren also das optische Material. Aufgrund wessen? Weshalb vereinigen sie diese Punkte zu Gruppen? Es werden vier Ursachen aufgezählt.

Die erste günstige Bedingung ist, daß die einen Punkte einander näher liegen als andere. Das ist weiß Gott eine Entdeckung!

Die zweite günstige Bedingung ist die Ähnlichkeit der Punkte. Wenn Sie Punkte von verschiedener Färbung nehmen, werden Sie verständlicherweise in erster Linie diese oder jene Farbe vereinigen. Hier, auf einer anderen Zeichnung, sind schwarze Punkte und kleine Dreiecke. Verständlicherweise werden Sie diese schwarzen Punkte von diesen Dreiecken absondern und sich entweder eine Figur aus den runden Punkten oder eine solche aus den Dreiecken vorstellen. Interessanterweise vergessen sie dabei das Beispiel, mit dem sie angefangen haben: weshalb das Gesicht der Mutter in der Folgezeit ausgesondert wird. Sehr einfach, weil auf das Kind ein und derselbe Reizkomplex einwirkt, der von diesem Gesicht ausgeht. Es ist klar, daß eine Summe von Reizungen verbunden wird. Natürlich haben sie das nicht bemerkt. Ich unterscheide Ihr Gesicht deshalb, weil der Reizkomplex, der von Ihrem Gesicht ausgeht, in gewissem Maße konstant bleibt, wie Sie sich auch verändern mögen. Das ist eben die Analyse, die sie leugnen. Das haben sie völlig vergessen, darauf sind sie nicht gekommen. Nun ja, der Herr sei mit ihnen.

Eine weitere, ihrer Meinung nach günstige Bedingung besteht darin, daß die Formen geschlossene Figuren bilden. Wenn ich also einen Gegenstand analysiere, benutze ich eine geschlossene Figur; es ist aber verständlich, daß ich anfangs, wenn ich die erste Analyse vornehme, der Wirklichkeit gegenüber nachsichtig und, um mir den Gegenstand leichter vorstellen zu können, nicht sonderlich wählerisch bin und kein Augenmerk darauf lenke, daß hier auch Unterbrechungen sind. Wenn aber meine Analyse tiefer geht, dann unterscheide ich diese Figur mit Unterbrechungen von einer anderen Figur ohne Unterbrechungen. Das ist der Grad der Exaktheit der Analyse. Wie jede Klassifikation von Kennzeichen beachtet sie die Details nicht. Die Details werden später einbezogen und sie wird feiner. Das ist der übliche Weg der Analyse.

Der vierte Grund für die Aussonderung der Details aus dem allgemeinen Grund besteht nach ihrer Meinung darin, daß der Gehirnprozeß sich über die Unterbrechungen des Ganzen auszubreiten sucht. Wenn sie die Physiologie der Sinnesorgane besser gelesen und begriffen hätten, hätten sie das nicht angenommen.

Wir wissen doch seit langem (das gehört zum Klippschulwissen), daß es auf unserer Netzhaut einen blinden Fleck gibt, die Eintrittsstelle des Sehnervs. Aber wir bemerken ihn nicht. Das ist ein Fall eines unbewußten Schlusses oder bedingten Signals, von dem ich gesprochen habe und der in der Physiologie der Sinnesorgane festgestellt worden ist. Sie aber behaupten, daß der Gehirnprozeß das Bestreben hat, sich über einen Spalt, eine Unterbrechung, eine Auslassung usw. auszubreiten und daß dies eine wesentliche Bedingung »unausgeglichener Spannungen« sei. Die Ausfüllung dieses Zwischenraumes führt zum Gleichgewicht. Woher rührt dieser Schluß, daß sich der Gehirnprozeß auf Unterbrechungen der Ganzheit auszubreiten suche, daß dabei ein Zustand unausgeglichener Spannungen vorliege, die Ausfüllung des Zwischenraumes aber zum Gleichgewicht führe? Was für ein Unsinn!

Woodworth hat sich von diesem Wortgeklingel blenden lassen und führt es als etwas Ernstzunehmendes an. Sehen Sie, der Prozeß der Perzeption, der Wahrnehmungsprozeß, strebt im Gehirn zum Gleichgewichtszustand, zur Balance.

Ferner wird gesagt: »Die Ausfüllung dieser Zwischenräume in den Figuren läuft der Tendenz parallel, Ungenauigkeiten zu übersehen, der Ungenauigkeit kein Augenmerk zu schenken und im allgemeinen danach zu streben, gute und deutliche Figuren zu sehen.« Das ist schon ein ganz tolles Ding.

In der Gestalttheorie bezeichnet eine unvollkommene Figur eine Gleichgewichtsstörung der Gehirnspannung, während eine gute Figur Gleichgewicht bedeutet; folglich tendiert die Gehirnreaktion ständig zur Vollständigkeit, zur Regularität, zur Vollkommenheit der Figuren.

Dann kommt eine neue Offenbarung. Einer der uninteressantesten und höchst oberflächlichen Gestaltpsychologen, KURT LEWIN[12], hat sich auf die Augenbewegungen besonnen. Die motorische Tätigkeit wird als ein Teil des Wahrnehmungsprozesses angesehen. Das ist vollauf richtig. »Die optischen Sensorien und Motorien – die Wahrnehmung und der motorische Teil – können nicht als zwei unabhängige Teile des Apparates angesehen werden.« Dann macht er eine wichtige Eröffnung: »Die Kompliziertheit an einem Punkte des Organismus hängt von allen Einflüssen auf das ab, was sich an einer anderen Stelle befindet.« Wer weiß denn nicht, daß alles außerordentlich subtil zusammenhängt und die geringfügigigste Reaktion auf sehr große Entfernung wirken kann? Wer weiß denn das nicht? Was ist das für eine Neuigkeit! Sehen Sie, das also sind die Heldentaten der Herren Gestaltpsychologen auf dem Gebiet der Analyse der Perzeption, der Wahrnehmung.

Sie sehen also, hier ist nicht nur nichts Neues zu finden, sondern es ist eine fatale Unkenntnis dessen, was vor fünfzig Jahren und mehr Wahrheit war. Just so ist es. Ich möchte die Physiologen oder Psychologen zur Diskussion auffordern; mögen sie beweisen, daß ich unrecht habe. Bitte sehr!

Und nun wollen wir dazu übergehen, wie die Gestaltpsychologen das Verhalten studieren. Welche Entdeckungen haben sie hier gemacht, was haben sie hier Förderliches geleistet?

»Die Gestaltpsychologie liebt die Begriffe ›Reiz‹ und ›Reaktion‹ nicht.« Buchstäblich so steht es da.

Was ist das? »Sie opponieren vor allem gegen die Idee, daß das Verhalten analysiert oder in Einzelheiten zergliedert werden kann.«

Sie lehnen also Reiz und Reaktion ab, d.h. sie negieren, daß irgend etwas meine Luftröhre gereizt hat, wenn ich etwas in die Luftröhre bekommen habe und hüstele. Damit kann man nicht weit kommen. Wie finden Sie das? »Sie widersprechen dem Begriff des Zusammenhangs zwischen Reiz und Antwort.« Genauso steht es da. Lesen Sie nach, wenn Sie wollen. Sie leugnen auch die Verbindung zwischen dem Teilchen, das mir in die Luftröhre geraten ist, und der Bewegung, die sich im Husten äußert.

So steht es da, ich spreche nicht von mir aus.

Sie opponieren gegen die Theorie, daß der Intellekt nur ein

Kettenreflex sei, daß das Verhalten aus Reflexen besteht, die miteinander durch den Prozeß der Bedingtheit zusammenhängen. Sie opponieren gegen die Leichtigkeit, mit der von den Psychologen der Begriff »Reiz« verwandt wird. Ein Psychologe nennt einen komplexen, irgendwie zusammengesetzten Gegenstand einen Reiz. Niemand bestreitet das. Ich betrachte irgendeinen Gegenstand, und er kann gleichzeitig sowohl auf mein Auge als auch auf meinen Geruchssinn wirken, wenn er Duft verbreitet.

Und so geht es weiter, immer im selben Genre, so daß es uninteressant wird.

Nun werden wir sozusagen zu den Säulen des HERKULES übergehen. Das ist die Analyse des Verhaltens. In die Gruppe der Gestaltpsychologen schleichen sich offensichtlich besonders oberflächliche Leute ein, wie zum Beispiel Prof. KURT LEWIN. WOODWORTH berichtet als gewissenhafter Forscher über jeden »genialen« Gestaltpsychologen gewisse Einzelheiten. So zum Beispiel, daß KURT LEWIN 1890 geboren wurde. Er ist Professor an der Berliner Universität, man beachte! Er ist ein Mann, der sich einer speziellen psychologischen Tätigkeit gewidmet hat. Seine Opposition gegen die Assoziationspsychologen und gegen die Idee der Verbindung zwischen den Reizen geht nicht so weit, daß er sagt, daß sie nicht existieren, und das ist gut. Seiner Meinung nach sind sie »eine unzureichende Wirkungsursache«. Er illustriert das mit »wunderbaren« Versuchen, mit Beobachtungen an sich selbst.

Nehmen wir an, ich habe einen Brief in meine Tasche gesteckt und mir die Notwendigkeit eingeredet, ihn in den Kasten zu werfen, wenn ich auf der Straße daran vorbeikomme. Ich habe also eine Verbindung zwischen dem Anblick dieses Briefkastens als Reiz und der Antwort, der Reaktion, dem Einwerfen des Briefes in den Kasten, hergestellt. Ich sehe diesen Briefkasten und werfe den Brief hinein. Ein Assoziationspsychologe wird diese Reaktion als ein gutes Beispiel für seine Doktrin zitieren. LEWIN aber beginnt zu meditieren: »Nach der Assoziationspsychologie ist das eine Festigung der Verbindung, folglich muß sie sich verstärken.« Nur gut, daß er die Bekräftigung kennt. Folglich muß ich, wenn ich an einem zweiten Kasten vorbeigehe, das Bestreben haben, in ihn ebenfalls meinen Brief einzuwerfen *(Gelächter)*.

Sagen Sie mir um alles in der Welt, was soll das? Ich lese Ihnen keine Possen vor, sondern wissenschaftliche Psychologie. Und so geht es im selben Genre weiter. Tatsächlich, man kann nur lachen. Es lohnt sich auch nicht, noch weiter zu lesen. Nein, ich werde doch weiter lesen!

Dieser LEWIN behauptet, daß die Triebkraft, die ihn veranlaßte, so zu handeln, durchaus nicht die Verbindung sei. Er behauptet, daß dieser Briefkasten kein Stimulus war, das war vielmehr die »Spannung«, als er den Brief in die Tasche steckte. Diese »Spannung« erlosch, als der Brief in den Kasten geworfen war. Die Verbindung hat deshalb keinerlei weiteren Einfluß auf sein Verhalten. Er hat aber auch restlos alles durcheinandergebracht. Er hat keinerlei Fähigkeit zur Analyse.

Es ist ganz klar, daß die Assoziation, von der die Psychologie spricht, eine Assoziation in der Form ist, daß er, als er den Briefkasten erblickte, eben dahinein den Brief warf und nicht einfach auf die Straße. Gerade darin besteht die Assoziation, daß er ihn in den Kasten warf und nicht einfach irgendwoanders hin. Wenn er einen Briefträger mit einer Tasche gesehen hätte, hätte er ihm den Brief gegeben. Das ist eine Assoziation, wie sie die Psychologie versteht, aber nicht die Tatsache, daß er irgendeinem Bekannten einen Brief geschrieben und beschlossen hat, ihn abzusenden. Hier wirkt eine gewaltige Kette anderer Reize.

Wenn er nur ein bißchen überlegt hätte, hätte er folgendes sagen müssen: »Aus bestimmten Gründen mußte ich diesem Menschen einen Brief schreiben. Ich habe ihn geschrieben. Ich trug diesen Brief in der Tasche mit mir. Ich war in Gedanken versunken. Ich habe diesen Brief vergessen und ging an einem Briefkasten vorbei; aber als er mir in die Augen fiel, richteten sich meine Gedanken darauf, und ich warf den Brief in den Kasten.« Das ist eine richtige Assoziation. Er aber hat alles durcheinander geworfen. Da soll sich der Teufel auskennen! Sehen Sie, so analysieren diese Herren die höhere psychische Tätigkeit. Sie werden weit kommen!

Gut, nun kommen wir zum Interessantesten.

Dieser Herr KURT LEWIN – man muß ihn sich wegen seiner fulminanten Dummheit merken – sagt: »Das Interessanteste aus der gesamten Arbeit der Gestaltschule sind die KÖHLERschen Affenversuche.« Jetzt befassen auch wir uns zum Glück damit. Wir kennen das jetzt genau.

Er hat sich die Aufgabe gestellt, zu klären, ob die klügsten, intelligentesten Tiere tatsächlich über Intelligenz verfügen. Unter realer Intelligenz verstand er etwas Höheres als das Lernen mit Hilfe der Methode von Versuch und Fehler. Interessant, immerhin ergibt sich doch die außerordentlich wichtige Frage, was denn Intelligenz ist, wenn es nicht die Methode von Versuch und Fehler ist. Darauf bekommen wir keine Antwort.

Er versteht darunter die »insight«, d.h. die tiefe Einsicht, das völlige Verstehen, die Kenntnis von irgend etwas. Ich nehme das englische Wort »insight«, das die Sinnerfüllung des Handelns bezeichnet.

Dann beginnt der Streit mit THORNDIKE[13], der als erster diese Methode von Versuch und Fehler ausarbeitete, als er Tiere in Käfige mit verschiedenen Verschlüssen sperrte, und diese Verschlüsse von den Tieren öffnen ließ. Immerhin lösten sie diese Aufgabe, indem sie viele chaotische Bewegungen ausführten und dabei zu guter Letzt auf den richtigen Weg verfielen, den Käfig öffneten und ihn verließen.

Deshalb vertrete ich auch den Standpunkt, daß in der Geschichte der bedingten Reflexe THORNDIKE chronologisch der erste war, der den ersten Schritt auf dem Wege des objektiven Studiums des Verhaltens der Tiere tat. Nebenbei bemerkt, als ich mich an meine Arbeit machte, wußte ich darüber nicht genau Bescheid.

Andererseits muß man sagen, daß THORNDIKE von seiner ersten Arbeit keinerlei Gebrauch gemacht hat. Als die behavioristische Richtung entstand, erschienen Enthusiasten auf diesem Gebiet bei ihm und erbaten von ihm die Genehmigung und das Recht, seine Arbeit abzudrucken. Die Arbeit war 1899 abgeschlossen worden. Nach über zwanzig Jahren bat man ihn, die Arbeit drucken zu dürfen. Interessant ist, daß sich THORNDIKE im Vorwort zur zweiten Auflage gewissermaßen entschuldigt, die Arbeit sei doch in sehr radikalem Geist geschrieben, was man seiner Jugend zugute halten möge. Er ist selbst über die Schlußfolgerungen erschrocken, die er gezogen hatte.

Er faßt diese »insight« als Kenntnis, als vollständiges Verständnis dessen auf, was getan wird.

THORNDIKE hat sich an seinen Versuchstieren, Katzen, Hunden und Affen, davon überzeugt, daß diese Tiere eben mit Hilfe der Methode von Versuch und Fehler gelernt haben, d.h. sie führten eine Abortivbewegung aus, wobei die Bewegungen, die von Erfolg begleitet waren, sich festigten, während die, die zu nichts führten, in der Folgezeit unterblieben. Diese Tatsache nannte er »Gesetz des Effektes«.

Diese Methode von Versuch und Fehler nennt WOODWORTH den »blinden Lernprozeß«. KÖHLER bezweifelte die Methode von THORNDIKE und meinte, THORNDIKE sei zu einer falschen Einstellung, zu einer falschen Interpretation der Resultate gelangt. Worum handelt es sich nun?

THORNDIKE setzte seine Tiere in eine Kiste und stellte außerhalb der Kiste Futter hin. Ich glaube, hier wirkte nicht nur das Futter, sondern bei vielen Tieren auch einfach der Freiheitsdrang. Aber es ist ganz gleich, was das Motiv war, sich zu befreien. Wichtig ist, daß die Tiere zu guter Letzt die Tür öffneten und sich befreiten.

KÖHLER hielt eine solche Versuchsanordnung für unbefriedigend. Er bemühte sich, die Versuchsanordnung so zu gestalten, daß die Tiere konkretere Möglichkeiten für die Erreichung des Zieles sahen, das ihnen gesteckt worden war. KÖHLER stimmte aber dem zu, daß immer gewisse Hindernisse vorhanden sein müssen.

Er bewies, daß das Tier von Anfang an die Möglichkeit haben muß, die ganze Situation zu überblicken; denn wenn es die Fähigkeit der »insight« haben würde, d.h. verstünde, dann könnte es das Problem ohne die blinde Methode von Versuch und Fehler lösen. Die Elemente der Situation müßten sichtbar sein, und die Frage bestünde nur darin, ob das Tier in der Lage sei, diese Elemente der Situation zu kombinieren, um das Vorhandensein von »insight«, d.h. von Verständnis, zu zeigen.

Es wird folgendes einfaches, von KÖHLER beschriebenes Beispiel angeführt. Ein Hund befindet sich in einem Raum, vor ihm steht ein weites Gitter. Durch dieses Gitter ist das Futter zu sehen. Auf der einen Seite steht der Hund, und auf der anderen Seite des Gitters befindet sich das Futter. Nun fand KÖHLER, daß der Hund sofort zum Ende des Gitters läuft, es umgeht und das Futter ergreift. Da haben Sie die einfache Form der »insight«.

Verstehen Sie, wie die Sache vor sich geht? Der Hund steht vor dem Gitter, jenseits des Gitters ist Futter, der Hund blickt einen Moment umher, sieht das Ende des Gitters und umgeht es. Das ist nach KÖHLER »insight«, Verständnis.

Ich wollte mich an die Erklärung machen, aber zunächst will ich alle Fälle vorlesen.

Ein Versuch an Affen. Der Affe befindet sich in einem Käfig, der mit Draht verschlossen ist. Außerhalb dieses Käfigs befinden sich Bananen. Sie fesseln die Aufmerksamkeit dieses Affen. Von den Bananen gehen einige Schnüre aus, die durch das Gitter in den Käfig führen, wobei eine Schnur mit einer Banane verbunden ist, die anderen aber nicht. Natürlich zieht der Affe zunächst sowohl die Schnur heran, an der die Banane festgebunden ist, als auch die Schnüre, die frei liegen. Erst nach einiger Zeit zieht der Affe dann gerade an der Schnur, an der sich die Banane befindet.

In einem anderen Versuch wird ein Stock, der sich in den Händen des Affen befindet, schnell als Mittel verwandt, um eine Banane heranzuholen, die in gewisser Entfernung liegt und nicht einfach mit der Hand erreicht werden kann. Wenn der Stock hinter den Affen gelegt wird, nimmt er ihn nie. Offensichtlich erklärt sich das aus dem Fehlen eines optischen Abbildes von Stock und Banane. Stock und Banane sieht der Affe nicht gleichzeitig. Hier sagt er ganz richtig, daß die Verbindung von Banane und Stock offensichtlich nur schwach ist. Nach mehrfachem Gebrauch des Stockes, zunächst erfolglos, dann mit Erfolg, wird diese Schwierigkeit schließlich überwunden; dann ergreift der Affe den Stock unabhängig von seiner Lage. Solange Stock und Banane nicht assoziiert waren, hatte der hinten liegende Stock für den Affen keinerlei nützliche Bedeutung; er verstand es nicht, sich seiner zu bedienen, aber dann hat sich diese Verbindung gebildet.

Analog ist es in einem Versuch mit einem Schimpansen. Eine Frucht war so hoch aufgehängt worden, daß sie nicht im Sprung erreicht werden konnte. Auf dem Boden war eine Kiste aufgestellt worden. Der Schimpanse sprang auf die Kiste und erreichte die Frucht. Stand die Kiste aber abseits, dann zerrte der Affe nicht immer diese Kiste an den erforderlichen Platz.

Ferner wird gesagt, die Affen hätten wenig »insight«, wenig Verständnis gezeigt, wenn es sich um die Standfestigkeit eines Kistenstapels handelte. Sie stellten die Kisten sorglos aufeinander, ohne die Größe ihrer aufeinanderstehenden Flächen zu berücksichtigen. Weshalb? Weil die Affen erstaunliche Gleichgewichtskünstler sind. Sie können sich verblüffend gut auf den unstabilen Konstruktionen halten, wobei sie offensichtlich mit einer Verlagerung ihrer Körperteile arbeiten.

Die bemerkenswerteste Nummer des »klügsten« dieser Affen, »Sultan«, war die Verlängerung eines Stockes mit Hilfe zweier Stöcke, wenn keiner der Stöcke allein durch das Gitter bis zur Banane reichte, weil beide zu kurz waren. Daraufhin machte sich »Sultan« daran, diese Stöcke zu vereinigen und stellte so aus den beiden kurzen Stöcken einen langen her.

Die Lösung der Aufgabe gelang nach einiger Zeit nach vielen fruchtlosen Versuchen und Fehlern, aber dennoch gelang sie schnell, als schließlich die erste Lösung dieser Aufgabe gelungen war. Diese Lösung hatte sich so fest eingeprägt, daß diese Aufgabe am nächsten Tage ohne Schwierigkeit wiederholt wurde. Dem Beobachter genügte das, um seine Zweifel an der Echtheit der »insight«, an der Echtheit des Verständnisses aufzugeben. Er betont, daß alles das schnell vor sich gegangen sei und von Äußerungen des Triumphes begleitet wurde.

Nun, über diesen Gegenstand wollen wir sprechen. Wir haben jetzt die Tatsachen selbst gesehen. Sie sind jetzt an unseren Affen bestätigt worden. Wir haben den Versuch selbst ein wenig abgeändert. Wir haben die Frucht sehr hoch aufgehängt, 2 Sashen[14] hoch. Um dem Affen die Lösung der Aufgabe zu ermöglichen, stellten wir ihm 6 Kisten von verschiedener Größe zur Verfügung. Das Verhältnis der Extremwerte war 1 : 20 bis 30. Wir sahen, daß die Lösung dieser Aufgabe unserem Affen »Raffael« drei bis vier Monate Arbeit kostete. Ich werde jetzt auf den Kern der Sache eingehen.

Die Angelegenheit ist ganz klar.

Wir haben in diesem Versuch die Genese der »insight« gesehen; das, was sich im Ergebnis der Methode von Versuch und Fehler ergibt, eben das ist die »insight«, eben das ist das Verständnis, das ist der Moment, da das Physiologische mit dem Psychischen völlig verschmilzt. Das, was sich im Ergebnis der Methode von Versuch und Fehler ergibt, ist ein Gedanke, eine Assoziation, ist Verständnis, ist Wissen. Das ist alles. Und unser ganzes menschliches Denken ist ebenso entstanden.

Hier haben Sie das allereinfachste Beispiel der »insight«, des Verständnisses.

Der Hund steht vor dem Zaun, er hat ein Hindernis vor sich, das er überwinden muß. Die Bewegung auf einem Umweg ist das, worauf er erst durch die Methode von Versuch und Fehler verfallen ist. Wenn er von früher keine Erfahrung hätte, würde auch keine Umgehungsbewegung auftreten. »Insight« ist höheres Wissen, ein höherer Assoziationsakt, der durch Versuch und Fehler vor sich gegangen ist. Das ist der Augenblick der Verschmelzung der Physiologie mit der Psychologie. Es ist das, was sich als Abschluß der Methode von Versuch und Fehler ergibt, das ist Kenntniserwerb, das ist der Mechanismus der Wissensgewinnung und zugleich der Bildung eines Gedankens. Die ganze »insight« besteht darin, daß das Tier seine früheren, fertigen Assoziationen benutzt. Es unterliegt keinem Zweifel, daß der Hund diese »insight« natürlich auf dem Wege von Versuch und Fehler gewonnen hat. Ein Tier, das keine Erfahrung im Umgehen eines Hindernisses hätte, würde direkt gegen das Gitter laufen, würde seine elementaren Verfahren anwenden, würde das Gitter zerstören, hineinbeißen usw., es aber nicht umgehen. Das ist Kenntnis, die das Tier in der Vergangenheit erworben hat.

Hier haben Sie den Beweis bei dem gleichen Herrn Köhler: Er sperrt einen Hund in einen Käfig ein, und zwar so, daß vor der Vorderwand des Käfigs Futter liegt; in der Hinterwand ist eine Tür, durch die der Hund hinaus und zum Futter gelangen kann. Wenn Köhler das Futter in größerer Entfernung hinlegt, wendet sich der Hund sofort nach hinten und läuft durch die Tür. Legt er es aber sehr nahe am Gitter nieder, so daß es den Hund sehr stark reizt, rennt er die ganze Zeit gegen das Gitter, läuft aber nicht den Umweg. Das bedeutet, daß dieses »Wissen« durch den starken Reiz gehemmt worden ist und der Hund sich dieses »Wissens« nicht bedient hat. Die ganze »insight« besteht also einfach in elementarem Wissen, das früher durch die Methode von Versuch und Fehler erworben worden ist.

Sie sehen an diesen Affen mit höchster Deutlichkeit, daß dieses ganze Wissen, das richtige Verhalten des Organismus zur Außenwelt stets durch die Methode von Versuch und Fehler gewonnen und durch Bekräftigung fixiert wird. Das ist ganz offensichtlich.

Das ganze Gerede der Psychologen darüber, daß, Gott bewahre, die blinde Methode, die Methode von Versuch und Fehler nichts erkläre, dieses Gerede ist reinster Unsinn usw. Letzten Endes stützt sich doch die ganze Wissenschaft darauf. Es ist die weitere Erfahrung des Denkens, wenn Sie verschiedene

Kenntnisse haben und diese im Kopf verknüpfen und zu weiteren neuen Verbindungen gelangen können. Das ist der Beginn des Weges, der den Menschen in der Folgezeit zu großen wissenschaftlichen Entdeckungen führt.

Ich behaupte also: »Insight« bedeutet in all diesen Fällen, daß es sich um Assoziationen handelt, um Kenntnisse, die schon früher im Leben mit der Methode von Versuch und Fehler gewonnen worden sind. Beobachten Sie Affen, dann sehen Sie genau, daß sich, wenn diese eine Aufgabe lösen, ihre früheren Assoziationen, ihre früheren Kenntnisse vor Ihren Augen ganz eindeutig durch die Methode von Versuch und Fehler in neue Kenntnisse verwandeln. Sie probieren herum, nehmen das eine, es geht nicht, sie probieren etwas anderes, und es ist von Erfolg gekrönt. Dann bleiben sie dabei, und das ergibt neues Wissen, eine neue Vereinigung, eine neue Verbindung der Dinge.

Köhler bemerkte zu Recht, daß die Affen erstaunliche Gleichgewichtskünstler sind. Das störte die Beobachtungen, da die Grundlage der Methode von Versuch und Fehler darin besteht, daß das richtige Verhalten bekräftigt wird, das falsche aber nicht; dank ihrer außerordentlichen Kunst im Balancieren führte aber sogar eine falsche Anordnung der Kisten nicht zum Mißerfolg. Das verzögerte die richtige Konstruktion dieses Turmes, die richtige Entwicklung der Baufähigkeit, die von den Affen in drei bis vier Monaten ausgearbeitet wurde.

Alles Gute!

I. P. Pawlow: Wir wollen heute das Gespräch vom vergangenen Mittwoch fortsetzen. Es handelt sich um ein wertvolles und geeignetes Thema, da wir jetzt ernsthaft das Psychologische mit dem Physiologischen vereinigen.

Vor allem werde ich Ihnen das gründlicher vermitteln, worüber ich das vorige Mal flüchtig gesprochen habe.

Es ist das Kapitel mit der Beschreibung der Gestaltpsychologie durch Woodworth. Es wird auch so genannt: »Interpretation des Lernens entsprechend der Gestaltpsychologie.« Das Lernen, die Interpretation des Lernens ist das Hauptthema. Ich werde Ihnen vorlesen, was hier steht.

»Das Streben der psychologischen Theorie ist seit Ebbinghaus[15] in Richtung auf eine mechanische Interpretation des Lernens gelaufen.«

Ferner wird gesagt: »Andererseits haben die Arbeit PAWLOWS und seiner Schule und der Enthusiasmus, mit dem die Psychologen den Gedanken der bedingten Reflexe aufgegriffen haben, die alte Assoziationslehre des Lernens verstärkt, weil sie die Verbindung zwischen der Einwirkung des Stimulus und der Antwort erklärt.«

»Die Gestaltpsychologie ist jetzt der Hauptopponent der Assoziationspsychologie. Sie glaubt nicht an diese elementaren Verbindungen, weder an die angeborenen, noch an die erworbenen. Es ist nicht so, daß sie den Hirnmechanismus oder den Dynamismus nicht liebt, aber sie glaubt, daß das Gehirn in umfangreicheren Formen mit dem Zusammenraffen des Zwischenraums (ich werde das gleich erklären) arbeitet und schneller arbeitet als die operative Leistungsfähigkeit der Bahnen ist, die diese Zentren im Gehirn verbinden.«

Das ist die wörtliche Übersetzung.

Was heißt nun der Satz: »Es arbeitet in umfangreicheren Formen mit dem Zusammenraffen des Zwischenraums, der Ausfüllung des Zwischenraums.«

Erinnern Sie sich, wie ich das vorige Mal schon dargelegt habe: Sie haben die Aufmerksamkeit darauf gerichtet, daß wir in der Großhirnrinde die Erscheinungen als Ganzes erfassen. Wenn ein Hinweis auf die Existenz irgendwelcher Unterbrechungen vorhanden ist, dann füllen wir sie von selbst aus. Darauf haben sie ein ganz besonderes Prinzip aufgebaut und haben es »Ausfüllung des Zwischenraums« genannt.

Nun bitte, ihr Engländer, sagt uns, was »growth« bedeutet. Heißt es »Wachstum« oder »Herkunft«? Nach dem Wörterbuch kann es sowohl »Wachstum« als auch »Herkunft« bedeuten. Dazwischen besteht aber ein gewaltiger Unterschied. Es gibt ein Buch von KOFFKA[16], einem Gestaltpsychologen, das schon alt ist, es ist 1925 geschrieben, das nennt sich: »Growth of Mind«. Wie ist das zu übersetzen? Wenn es Wachstum bedeutet, dann war der Gegenstand bereits vorhanden und hat sich dann nur vergrößert, bedeutet es aber Ursprung, dann handelt es sich um die Entstehung. Das ist sehr wesentlich. Ich werde das Buch nicht lesen, weil ich KOFFKA[16] nicht sonderlich schätze. Wenn jemandem das Buch in die Hände fällt oder jemand es lesen will oder gelesen hat, dann sagen Sie mir, welchen Sinn dieses Wort »growth« hat. Entweder ist es »Wachstum«, das heißt Vergrößerung dessen, was schon vorliegt, oder es ist »Ursprung« des Verstandes, d. h. es sind die »Ausgangselemente«, denen man die Entstehung des Verstandes zuschreiben muß. Das ist wichtig; es sei aber nur am Rande bemerkt.

Die Physiologie verbindet sich immer enger mit der Psychologie. Unser Institut verwandelt sich aus einem physiologischen in ein mehr als physiologisches; es wird jetzt nicht mehr Physiologisches Institut genannt werden, sondern Institut für Physiologie und Pathologie der höheren Nerventätigkeit.

Bei der Behandlung der Frage des Lernens stützt sich Koffka ausschließlich auf die Versuche Köhlers mit Affen. Er kommt zu dem Schluß, daß alles Lernen aus dem Verstehen (hier steht das Wort »insight«) besteht und daß Thorndike, der die Methoden des Lernens nach Versuch und Fehler unterstützte, einfach einen »mistake«, einen Fehler, beging, ja man kann sogar sagen, daß er einem Mißverständnis zum Opfer fiel. Wie gefällt Ihnen das?

Ferner schreibt er: Thorndike hat auf das allmähliche Lernen, das allmähliche Erkennen in seinen Lernkurven hingewiesen und hat sie als Beweis gegen das plötzliche Verstehen angesehen.

Thorndike hielt ebenso wie wir seine Katzen eingesperrt; sie lernten die Tür aufzumachen usw. Natürlich haben sie allmählich gelernt, das schneller zu machen. Er hat das als Lernkurve bezeichnet. Er findet, daß die Grundkurve eine ansteigende Kurve ist, d. h. die Fähigkeit zu öffnen hat sich immer mehr vergrößert und beschleunigt; sie ist außerordentlich exakt und schnell geworden.

Auf dieser Grundlage sagte Thorndike auch, daß hier keinerlei sofortige verstandesmäßige Auffassung der Sache vorliegt. Es handelt sich um ein allmähliches Lernen.

Koffka hat diese Versuche von Thorndike überprüft und durchgesehen und fand, daß in einigen Fällen auch eine plötzliche Lösung vorkommt. Daran hat er angeknüpft. Thorndike selbst sagt, daß natürlich vieles die Aufgabe erschwert. Das Lernen und das Endziel des Lernens wird bald schneller, bald langsamer erreicht.

Nun legt Koffka die ganze Methode Thorndikes in seinem Sinne aus und kommt zu dem Schluß, daß es kein Lernen gibt ohne Verstehen. Das Verstehen existiert nicht einfach, so sagt er, neben der Methode von Versuch und Fehler als zusätzliches

Lernverfahren. Die Methode von Versuch und Fehler wird einfach eliminiert.

Das heißt, daß diese Methode von Versuch und Fehler, wie sie Koffka darstellt, der Thorndike wiedergibt, vor allem bedeutet, daß ein Tier nichts Neues lernt. Die Beseitigung zweckloser Bewegungen und die Fixierung erfolgreicher soll (nach Koffka) ohne allen Effekt von seiten der Tiere vor sich gehen. Sie sehen, wie wüst das alles aussieht! Ein Tier hat nicht das geringste Erkenntnisvermögen, warum sein Verhalten sich modifiziert und verändert hat. Der ganze Prozeß, in dem ein erfolgreicher Akt sich fixiert und ein erfolgloser allmählich verschwindet, ist rein mechanisch. Sehen Sie, so stellt Herr Koffka die Sache dar, wenn er die Methode von Thorndike, die Methode von Versuch und Fehler darlegt. Der Autor benutzt irgendwelche ungenauen Ausdrücke von Thorndike und fängt ihn damit. Thorndike aber sagt etwas ganz anderes, und zwar:

»Wenn eine Katze in einen Kasten gesteckt wird, dann fühlt sie augenscheinlich beträchtliche Unlust, und im Zusammenhang damit tritt das Bestreben auf, sich von diesen Beschränkungen ihrer Bewegungen zu befreien. Sie versucht, sich durch alle Öffnungen hindurchzuzwängen. Sie kratzt und beißt in die Stäbe der Kammer, der Zelle oder den Draht. Sie zwängt die Pfoten durch alle Öffnungen und kratzt an allem, was sie nur erreichen kann. Sie setzt diese Anstrengungen insbesondere dann fort, wenn irgend etwas nicht ganz fest ist und sich als nachgiebiger erweist.«

Das ist durchaus nicht dasselbe, was Koffka darstellt. Er streitet nicht mit dem tatsächlichen Thorndike, sondern mit einer Strohpuppe von Thorndike, die er selbst hergestellt hat. So ist das Verhältnis zur Frage des Lernens von seiten der Herren Gestaltpsychologen in der Person dieses Koffka.

Dann wendet sich Woodworth einem Satz zu, den er wahrhaft siegreich gegen die Assoziationspsychologie ins Feld führt. Ich habe davon schon vor langer Zeit durch meinen Pariser Korrespondenten erfahren, meinen Vermittler zu den dortigen Physiologen. Dort wird viel darüber gesprochen, daß die Gestaltpsychologen sehr ernste und starke Einwände gegen die Assoziationspsychologie vorbringen. Die Einwände bestehen darin, daß die bedingten Reflexe sich auf einzelne Reize bilden und nicht auf ein Verhältnis von Gegenständen.

S. W.[17] und ich haben den Versuch gemacht und gesehen, daß sich ein bedingter Reflex auf das Verhältnis von Gegenständen ebenso wie auf einen einzelnen Reiz bildet.

Ihr Versuch besteht in folgendem. Sie nehmen zwei graue Kästen, einen dunkleren und einen helleren und legen Futter z.B. in den Kasten, dessen Farbton etwas heller ist. Das Tier verwechselt zunächst diese beiden Kästen; dann aber zieht es auf der Grundlage der üblichen Prozedur der bedingten Reflexe vor, zu dem Kasten zu laufen, der die hellere Farbe hat.

Jetzt nimmt man zwei andere graue Kästen. Das Tier läuft zum helleren, obgleich der Reiz nicht der gleiche ist, der beim ersten Kastenpaar vorhanden war. Daraus geht hervor, daß das Tier auf ein Verhältnis reagiert. Das halten sie für eine wirksame Entgegnung.

Aber dieser Versuch widerlegt im Grunde ihren eigenen Schluß.

S. W. und ich haben diese Ergebnisse an Hunden überprüft. Wir haben einen Reflex auf zwei Töne gebildet, die Quintenabstand hatten, und haben dann begonnen, ein anderes Tonpaar zu differenzieren: einerseits eine Quinte, andererseits eine Terz. Es zeigte sich, daß das Tonpaar im Quintenabstand schneller differenziert wurde. Es kann also ein Verhältnis an sich ein bedingter Reiz sein. Daran ist nichts Besonderes. Sie aber haben entschieden, daß aufgrund dieser Versuche die ganze alte Lerntheorie über Bord geworfen werden muß, daß folglich die THORNDIKEsche Interpretation der Versuche abgelehnt werden muß.

Der folgende Abschnitt handelt von der Theorie des Lernens selbst.

Ich muß ein wenig gegen den Autor losziehen.

Hier die Überschrift eines Absatzes: »Die Lerntheorie ist heute unsicherer denn je.« Ich danke Ihnen ergebenst! Das heißt, er hat selbst seinen Bankrott erklärt.

Er sagt, daß es drei Theorien gibt: unsere Theorie der bedingten Reflexe, die THORNDIKEsche Theorie und die Gestalttheorie. Jede von ihnen kann einen Teil der Tatsachen erklären, jede hat eine schmale Basis in ihren Versuchen, aber diese Begründung genügt nicht, um die Fragen zu klären, die von den anderen aufgeworfen worden sind.

Ich will jetzt seine letzte Schlußfolgerung anführen: »Die Gestaltpsychologie ist eine starke und wertvolle Ergänzung zur Mannigfaltigkeit der modernen Psychologie.

Wahrscheinlich liegt eine tiefe Wahrheiz in der Behauptung, daß neben den Empfindungen und motorischen Reaktionen und den Verbindungen zwischen ihnen, neben ihnen und sie alle einschließend, der Prozeß einer ›dynamischen Organisation‹ existiert.«

Wie gefällt Ihnen das! Außer den Empfindungen, außer der Reaktion und außer der Verbindung gibt es noch eine dynamische Organisation? Das ist eine Verbindung, wenn es aber keine Verbindung ist, dann heißt das, daß man an eine Seele denkt, d.h. an etwas Unfaßbares, das man nicht mit Händen greifen kann. Die Verbindung ist eben die dynamische Organisation. Ich sage, daß bei ihnen allen dieses Ungreifbare, die Seele herumspukt.

Ich gebe das wieder, was bei ihnen steht.

Jetzt werden wir von unserer Auffassung sprechen.

Man muß annehmen, daß die Bildung zeitweiliger Verbindungen, d.h. diese Assoziationen, wie sie immer genannt werden, eben ein Verstehen ist. Es ist ein Erkennen, es ist das Erwerben neuer Kenntnisse.

Wenn sich eine Verbindung gebildet hat, d.h. das, was als Assoziation bezeichnet wird, dann ist das auch zweifellos ein Erkennen der Sache, ein Erkennen bestimmter Verhältnisse der Außenwelt. Und wenn Sie sich das nächstemal der Kenntnisse bedienen, dann wird das als Verstehen bezeichnet. Das heißt, die Ausnutzung der Kenntnisse, der erworbenen Verbindungen, ist das Verstehen.

Das bedeutet, daß die Herren Gestaltpsychologen nicht mit dem Anfang beginnen, sondern mit dem Ende. Es gibt angeborene Verbindungen, die fertig vorliegen. Wenn aber von den Verbindungen gesprochen wird, die nicht angeboren sind, dann zeigt es sich, daß Sie diese Verbindung herstellen, bilden können, wenn auf eine Sache eine andere Sache folgt. Das ist ganz klar. Das ganze Lernen besteht in der Bildung zeitweiliger Verbindungen, und das sind Gedanken, das ist das Denken, das ist das Erkennen. Folglich ist das Grundlegende, die Assoziation. Sie ist das Denken, was schon ein Teil der Psychologen seit langem gewußt hat und worauf sie fest bestanden haben. Die Gestaltpsychologie mit ihrer Ablehnung der Assoziationen ist ein absolutes Minus, in dem es nichts Positives gibt.

Ich will Sie auf einen Satz hinweisen, an den sich die Gestaltpsychologen klammern. Im letzten Absatz finden wir folgenden Satz:

»Während sich die alten Psychologen, die Anhänger der subjektiven Methode, der Methode der Selbstbeobachtung, ernsthaft für die sensorische Analyse interessiert haben und die Behavioristen für die motorischen Handlungen, hat die gestaltpsychologische Gruppe die Wichtigkeit dessen hervorgehoben, was man gewöhnlich als Perzeption, als Wahrnehmung bezeichnet. Dies war gewissermaßen außer acht gelassen worden, die Behavioristen hatten keine Aufmerksamkeit darauf gerichtet, und die Assoziationspsychologen hatten es gering bewertet.« Dieser ganze Satz ist ein einziges Nichtverstehen der Sache. Worauf bezieht sich das Wort Perzeption? Auf die Verbindung einer kinästhetischen Erregung in der Zelle mit allen anderen Erregungen usw. Das Ganze ist eine Perzeption. Alles das läuft im Gehirn ab. Es ist auch unsinnig, zu denken, wie WOODWORTH es sich vorstellt, daß die Muskulatur selbst, die sich zusammenzieht, am Prozeß der Perzeption irgendwelchen Anteil hat. Es ist klar, daß alles im Gehirn vor sich geht.

Ich nehme einen ganz klaren Standpunkt ein und fordere jeden heraus, der den Satz bestreiten will, daß das Denken auf Assoziation beruht. Das sind die Kenntnisse, das ist das Denken, und wenn Sie sich dessen bedienen, dann wird es ein Verstehen. Andernfalls läuft es auf eine heillose Verwirrung hinaus.

Worin besteht denn das Problem? Wie kann man die Versuche von THORNDIKE mit den unsrigen vereinen? Wir wenden die bedingten Reflexe so an, daß wir irgendeinen bedingten Reiz setzen und ihn dann mit einem unbedingten Reflex verbinden. Unser Reiz ist also ein Signal dieses unbedingten Reflexes. Im Gehirn werden die Wege zwischen den Zellen der äußeren Erregung und den Zellen des unbedingten Reflexes geschlossen. Wir fassen das so auf.

Bei THORNDIKE sind die Versuche anders.

Dort geht folgendes vor sich. Eine Katze wird in eine Zelle gesperrt, in eine Zelle mit einem Türchen, das in bestimmter Weise verschlossen ist. Die Katze drängt jetzt entweder zur Freiheit, wie alle Tiere, die eingeschlossen, in ihren Bewegungen eingeschränkt sind, oder aber man reizt sie mit Futter, das man außerhalb der Zelle hinlegt. Sie strebt hinaus. Was tut sie? Sie führt eine Menge chaotischer Bewegungen aus. Bei diesen zufälligen Bewegungen drückt sie dann auf den Riegel und wirkt so mechanisch auf ihn ein. Letzten Endes öffnet sie die Tür und springt hinaus.

Es ist klar, daß sich hier eine Verbindung zwischen einer bestimmten Berührung und dem mechanischen Druck auf einen Gegenstand, nehmen wir an, auf die Klinke oder den Riegel, und der sich öffnenden Tür bildet. Das ist eine Assoziation. Nur darin besteht die Assoziation, und das ist eine Erkenntnis, deren sie sich das nächstemal bedienen wird. Das ist das Verstehen von Verbindungen äußerer Gegenstände.

In diesem Fall interessiert sich die Katze für ein Stück Fleisch. Unsere Äffin »Rosa« interessierte sich wenig für Futter. Sie würde diese Handlung ausführen, um die Freiheit zu erlangen, um herauszukommen. Hier ist der Zusammenhang ein anderer. Wenn ein Hund oder eine Katze gelernt hat, einen Riegel zu öffnen, um ein Stück Fleisch zu erreichen, dann werden sie dasselbe auch tun, wenn sie satt sind und sich einfach befreien wollen.

In unseren Versuchen verbindet sich die Zelle des äußeren Reizes mit der Zelle des unbedingten Reflexes; hier aber hat sich eine bestimmte kinästhetische Einwirkung auf diesen Verschluß mit dem Öffnen der Tür verbunden, d.h. also mit der Freiheit, mit dem freien Raum.

Wie kann man diese Tatsachen verstehen? Erforderlich ist, daß im gegebenen Augenblick das Gehirn in einem tätigen Zustand war, in einem gewissen Erregungszustand. Das Streben nach Freiheit oder zum Fleisch ist Sache eines unbedingten Reflexes. Das ist eine instinktive Erscheinung. Nehmen Sie irgendein beliebiges Tier, selbst das niederste, dem Sie auch nicht das geringste Fünkchen Verstand zusprechen können. Es wird aber doch nicht vom Futter weglaufen, sondern zum Futter hinstreben. Ganz genauso läuft es nicht auf einen schädlichen Einfluß zu, angenommen auf ein Feuer. Das ist eine unbedingte, angeborene Verbindung. Wenn ein Hund zum Fleisch oder zur Freiheit strebt, dann ist das ein unbedingter Reflex. Es ist eine angeborene, eine instinktive Verbindung. Bei einem solchen tätigen Zustand des Gehirns muß die Assoziation vor sich gehen, die der Verstand, das Denken ist. Das ist eine geistige Tätigkeit. Mag sie auch in der ersten Zeit nur minimal sein, später nimmt sie aufgrund der Bildung von Verbindungen zu. Von diesem Augenblick an entsteht das Denken und Verstehen; allem liegen aber Assoziationen zugrunde. Sehen Sie, so muß man unsere Versuche mit den THORNDIKESCHEN vergleichen. Der Sinn der Sache besteht nämlich in folgendem: In unseren Versuchen mit künstlichen bedingten Nahrungsreflexen haben die Verbindungen, die sich bilden und die als Nahrungssignale fungieren, die sich in Abhängigkeit von der Versuchsanordnung verändern, höchst zeitweiligen Charakter, Signalcharakter. Bei den THORNDIKEschen Versuchen jedoch sind diese Verbindungen beständiger. Das ist bereits der Beginn wissenschaftlicher Kenntnisse, da es sich um beständigere Verbindungen handelt. Sie mögen zunächst ziemlich zufällig sein, aber die ganze Wissenschaft besteht doch auch darin, daß sie zunächst oberflächlich ist und dann immer tiefer wird, sich vom Zufälligen frei macht.

Dem Bildungsmechanismus nach ist es dieselbe Verbindung, dieselbe Assoziation, aber sie hat bereits eine andere Bedeutung.

Wenn Sie zwei zufällige Worte, die keinerlei Bedeutung haben, nacheinander wiederholen, dann ruft letzten Endes das eine Wort das andere hervor. Der Bildungsmechanismus dieser Verbindung ist derselbe: Bahnung der Wege zwischen bestimmten Zellen. Die Gestaltpsychologen aber verneinen das. Das heißt, daß sie keinen Deut bis zur gegenwärtigen tiefgehenden Analyse vorgedrungen sind. Für sie handelt es sich um eine komplizierte Ganzheit, an die man nicht rühren, die man nicht analysieren darf.

Als wir an Hunden diesen Versuch wiederholen wollten, d.h. zwei Reize ohne jegliche Anziehung durch einen Impuls, durch das Interesse verbinden wollten, gelang uns das lange Zeit nicht. Allmählich kamen wir auf den Gedanken, daß hier die ganze Geschichte darauf beruht, daß kein Impuls für einen tätigen Zustand des Gehirns vorlag. Die beiden Reize werden wiederholt, aber hinterher wird der Hund nicht gefüttert, gestreichelt oder geschlagen. Das Gehirn befindet sich in einem indifferenten Zustand, und es bildet sich keine Verbindung.

Daraufhin nahmen N. A.[18] und I. O.[19] solche Reize, die lange Zeit den Orientierungsreflex des Hundes, d.h. einen aktiven Zustand des Gehirns, aufrechterhalten. Sie nahmen einen Ton, freilich keinen Einzelton, sondern eine Tonreihe, die als Neuigkeit wirkte und einen konstanten Orientierungsreflex, einen aktiven

Zustand, aufrechterhielt. Andererseits nahmen sie die Drehscheibe, die im allgemeinen ein stärkerer Reiz ist. Die Reize wurden an verschiedenen Stellen angebracht, der eine rechts, der andere links, der eine vorn, der andere hinten. Das Licht wurde vor dem Hund gesetzt, das Geräusch hinter ihm; der bewegte Gegenstand vor dem Hund, der Ton aber hinter ihm. Nach zahlreichen Wiederholungen bildete sich bei dem Hund eine Verbindung. Daraufhin war zu sehen, wie sich der Hund jedesmal, wenn die Lampe angewandt wurde, rückwärts, dem Ton zuwandte. Der eine Reiz verband sich mit dem anderen.

Es ist klar, daß es sich immer nur um eine zeitweilige Verbindung, eine Verbindung der Erregungen im Gehirn handelt. Das ist ganz klar.

Jetzt will ich zu unseren Versuchen mit Affen übergehen. Hier wird es noch klarer, daß das ganze »Verstehen«, daß das ganze »Denken« (das ist natürlich ein und dasselbe) durch und durch aus Assoziationen besteht, zunächst elementaren und dann aus Verbindungen elementarer Assoziationen, d.h. aus komplizierten Assoziationen.

Man hängt »Raffael« in seiner Behausung hoch oben eine Frucht auf. Die Verbindung mit der Frucht ist ein unbedingter Reflex, ein Instinkt. Er strebt zum Futter, aber der große Abstand erweist sich als Hindernis. Auf dem Boden stehen eine Reihe von Kisten. »Raffael« probiert zunächst dies und das aus, aber nichts führt zum Erfolg. Dann richtet er die Aufmerksamkeit auf die Kisten. Er steigt zunächst auf eine Kiste und versucht die Frucht zu erreichen, aber der Abstand ist noch sehr groß. Die Kiste wird als ungeeignet beiseite geschoben. Dann beginnt »Raffael« eine Kiste auf die andere zu stellen. Man muß annehmen, daß aller Wahrscheinlichkeit nach in diesem Fall der Ursprung in der früheren Lebenserfahrung liegt. Aller Wahrscheinlichkeit nach ist das eine alte, dem Leben entnommene Bedeutung. Deshalb möchte ich auch in dieser Angelegenheit dem amerikanischen Psychologen Yerkes[20] schreiben. Er befindet sich jetzt in einer sehr glücklichen Lage. Bisher ist es noch keinem Experimentator mit Affen gelungen, diese vom Tage der Geburt an, von der ersten Minute der Geburt an zu beobachten. Die höheren Menschenaffen vermehren sich nicht in einer künstlich geschaffenen Situation. Die Station, auf der Yerkes arbeitet, ist eine subtropische Station, befindet sie sich doch im südlichsten Staate Amerikas, in Florida (am Golf von Mexiko). YERKES hat die Welt voller Freude davon in Kenntnis gesetzt, daß sich die Affen vermehren, und zwar so erfolgreich, daß er diese Fabrikation unterbrechen muß, da es an Mitteln für ihren Unterhalt fehlt. Das ist eine gewaltige wissenschaftliche Errungenschaft. Ich möchte ihn auch bitten, daß er uns ein trächtiges Schimpansenweibchen sendet. Dann werden wir die Möglichkeit haben, buchstäblich von der ersten Assoziation des Lebens an alles zu verfolgen.

Was die erwähnte Assoziation betrifft, so kann man es sich entweder so vorstellen, daß er diese Erfahrung schon früher gemacht hat, d.h. daß sie erlernt worden ist, oder so, daß er in starker motorischer Erregung die Kiste nimmt, sie ergreift, fortwirft und sie auf die andere Kiste gefallen ist. Dann ist er auf sie hinaufgestiegen und hat sich dem Ziel genähert. Das heißt, hier liegt die Methode von Versuch und Fehler vor. Aber man darf nicht annehmen, daß sich eine neue Verbindung von selbst aus Dingen bildet, die der Affe früher niemals gesehen hat. Jetzt werden wir einen anderen Affen von Anfang an sorgfältig beobachten.

So wurde also die erste Assoziation gebildet. Um den Abstand zwischen sich und dem Köder zu verringern, mußte eine Kiste auf die andere gestellt werden. Aber man kann sie fest aufeinanderstellen, standsicher, man kann sie aber auch auf die Kante der unteren Kiste stellen. Die wahrhaft nützliche Assoziation bildet sich nur durch Versuch und Fehler. Wenn der Affe die obere Kiste nur auf die Kante der unteren stellt, ihre Flächen nicht miteinander zur Deckung bringt, dann kommt dabei nichts heraus. Da haben Sie die zweite Assoziation. Es muß sich im Kopf eine Verbindung zwischen der Lage der beiden Kisten bilden. Eine gewaltige Aufgabe für »Raffael« bestand darin, daß er ganze sechs Kisten aufeinander stapeln mußte, um sein Ziel zu erreichen. Jetzt kann er das. Alle diese Teilassoziationen sind mit Hilfe der Methode von Versuch und Fehler ausgearbeitet worden. Wenn diese Verbindungen mit dem Erreichen des Zieles zusammenfielen, dann sind sie übriggeblieben und bekräftigt worden. Letzten Endes ist es völlig klar, daß sich einzelne Verbindungen bilden. Das muß selbst ein Blinder sehen.

Bei KÖHLER waren alle diese Affen zusammen. Bei dem einen bildet sich eine Assoziation schnell, bei anderen langsam, bei der dritten Gruppe kann sie sich überhaupt nicht bilden. Das hängt von den physiologischen Eigenschaften des Gehirns ab.

Außer diesen beständigen, wenn auch aus einzelnen Assoziationen bestehenden Verbindungen fehlt noch die wichtige Assoziation, daß die Kiste senkrecht unter die Frucht gestellt wird. Als ein Affe das Ziel erreicht hatte und andere dem zugesehen hatten, da baute einer der stumpfsinnigen Affen infolge des Nachahmungsreflexes diese Kisten auf, aber nicht unter der Frucht, sondern seitlich, und dumm, wie er war, kroch er hinauf, aber der Apfel war fern. Es ist klar, daß es sich hier um die Bildung einzelner Assoziationen handelt.

Außer der Bildung einzelner Assoziationen bedarf es noch einer Kette von Assoziationen, bei der eine Assoziation mit der anderen zusammenhängt. Sie sehen, das ganze Denken besteht aus der Bildung elementarer Assoziationen und aus der weiteren Bildung von Ketten elementarer Verbindungen.

Die Bedeutung der Nachahmung muß noch betont werden. Einer der von Köhler beschriebenen Affen führte selbst die Arbeit nicht nach der Methode von Versuch und Fehler aus. Er sah lediglich das Beispiel der Arbeit eines anderen Affen. Neue Verbindungen bildeten sich also gewissermaßen auf Kosten der Arbeit eines anderen.

Bei uns ereignete sich ein solcher heiterer Fall mit der Äffin »Rosa«. »Rosa« ist klüger als »Raffael«. Sie stellt einen relativ hohen Typ von »Intelligenz« dar, während »Raffael« einfach ein dickbäuchiger Herr ist. Das einzige, was ihn anzieht, ist Futter. Bei »Rosa« dagegen kommt das Futter erst in zweiter Linie. Bei ihr dominiert häufig ein starker Wunsch zu spielen oder sogar zu »basteln«, irgendein kleines Schächtelchen zu öffnen usw. Wenn sie beschäftigt ist, und Sie legen ihr Futter vor, dann schiebt sie es fort: Das Ziel ihrer Beschäftigung ist ein anderes. Leider bereitet uns das gewisse Schwierigkeiten. Das einfachste ist doch immer das Füttern.

Für einen Versuch haben wir ihren Spielinstinkt ausgenutzt. Wir wollten einen Versuch mit Kisten durchführen. Im warmen Raum wurde so etwas wie ein Schacht aufgebaut: Ein begrenzter Raum wurde mit hohen geraden Wänden eingezäunt. »Rosa« wurde durch eine Tür hineingesetzt. Sie liebt es, auf jede Art und Weise zu spielen, aber hier ist nichts außer diesen hohen Wänden und den Kisten auf dem Boden. Bei dem Affen taucht der gesetzmäßige Impuls auf, sich zu befreien. Sie vollbrachte eine außerordentlich interessante und heitere Sache, ähnlich dem Affen, von dem ich erzählt habe und den KÖHLER beschrieben hat. Dieser Affe reproduzierte nur einen Teil der Assoziationen und geriet in eine dumme Situation: Gewiß, er baute, aber er baute an der Seite. »Rosa« sah, daß in diesem Schacht eine Tür ist, durch die sie hineingekommen war. Zunächst wollte sie einfach diese Tür öffnen. Da die Tür aber fest verschlossen war, erreichte sie ihr Ziel nicht. Dann stellte sie folgendes an: In der Tür entdeckte die Äffin ein kleines Loch. Die Äffin steckte unter Ausnutzung einer alten Assoziation einen Finger in das Loch und begann zu ziehen und zu zerren, um die Tür zu öffnen. Aber das gelang ihr nicht, die Tür war fest verschlossen.

Da nahm sie eine der Kisten, ging mit ihr zu dieser Tür, stellte sich auf die Kiste und begann wieder die Tür hin und her zu zerren, wobei sie einen Finger in das Loch steckte.

Was bedeutet das? Das bedeutet, daß sie immer in einer großen Voliere saß und sah, wie »Raffael« seine Aufgabe löste. Sie hat sich dieses Element angeeignet und »gedacht«, daß es ihr helfen würde, die Tür irgendwie besser aufzubekommen. Sie hatte ein Ziel, die Tür zu öffnen, und sie hatte gesehen, daß »Raffael« sein Ziel, einen Apfel, durch das Herbeitragen von Kisten erreichte, wenn er sie zu einem Haufen aufstapelte. Diese zeitweilige Verbindung hatte sich bei ihr gefestigt und wurde erfolglos benutzt. Buchstäblich so war es. Ein anderer Sinn ist darin nicht zu sehen. Sie hat das einmal getan. Dann hat sie es noch einmal wiederholt. Sehen Sie, so stelle ich mir die Sache vor.

Das heißt, daß das Denken bis zu einem gewissen Punkt nichts anderes darstellt als Assoziationen, zunächst elementare, die mit den äußeren Gegenständen in Verbindung stehen, und dann Ketten von Assoziationen. Das heißt, daß jede kleine, erste Assoziation ein Moment zunehmenden Denkens ist. Wie ich schon das vorige Mal sagte, nehmen diese Assoziationen zu und vergrößern sich. Dann sagt man, daß das Denken immer tiefer, immer umfassender wird usw.

Das ist aber nur die eine Hälfte des Denkens. Es ist das, was die Herren Philosophen, jener LOCKE[21] in seinem Werk über den menschlichen Verstand als Synthese bezeichnet hat. Diese Synthese ist da. Es ist in der Tat die Vereinigung der Eindrücke von zwei äußeren Gegenständen und die Ausnutzung dieser Vereinigung.

Dann aber tritt ein anderer Prozeß außer dieser Assoziation auf, der Prozeß der Analyse. Die Analyse beruht zunächst, wie Sie wissen, auf der analysatorischen Fähigkeit unserer Rezeptoren und dann auf einer Zerlegung von Verbindungen, die sich ebenfalls in der Großhirnrinde vollzieht. Dieser Prozeß ist uns anhand der Versuche mit unseren bedingten Reflexen gut bekannt. Wenn wir auf irgendeinen Ton eine zeitweilige Verbindung mit dem Futter gebildet haben und dann einen anderen Ton ausprobieren, ohne ihn durch Futter zu bekräftigen, dann findet zunächst bei dem Hund eine zeitweilige Irradiation statt; auch die benachbarten Punkte werden erregt. Das bezeichnen wir als Generalisation. Wenn die Verbindung mit diesen anderen Tönen nicht durch die Wirklichkeit gerechtfertigt ist, dann schließt sich ein Hemmungsprozeß an. So wird die reale Verbindung immer genauer.

Genauso verläuft auch der Prozeß des wissenschaftlichen Denkens.

Die ganze Fähigkeit des wissenschaftlichen Denkens besteht darin, daß zunächst beständigere und genauere Verbindungen gebildet und dann die zufälligen Verbindungen eliminiert werden. Auf diese Weise, von diesem Standpunkt aus versteht man alles. Das Denken beginnt auf jeden Fall mit Assoziationen, mit einer Synthese, und dann wird die synthetische Arbeit mit der Analyse verbunden. Die Analyse hat ihre Grundlage einerseits in der analysatorischen Fähigkeit unserer Rezeptoren, der peripheren Nervenendigungen, und andererseits in dem Hemmungsprozeß, der sich in der Großhirnrinde entwickelt und das, was nicht der Wirklichkeit entspricht, von dem absondert, was der Wirklichkeit entspricht. Sehen Sie, so sehe ich die Dinge aufgrund der Unterlagen unserer Untersuchungen.

Wer möchte etwas hinzufügen, ergänzen oder verändern?

Von meinem Standpunkt aus ist die Gestaltpsychologie einer der unfruchtbarsten Versuche der Psychologen. Ihre Rolle, so möchte ich sagen, ist direkt negativ. In der Tat, was trägt sie zur Erkenntnis des Gegenstandes bei? Nichts. Im Gegenteil, sie zerstört selbst das Grundlegende, das Richtige, den Assoziationismus, die Synthese, die Verbindungen. Das ist mein Verhältnis zu dieser Gestaltpsychologie.

Meine Damen und Herren, möchte nicht irgend jemand etwas zu ihrer Verteidigung sagen?

Denken Sie in jedem Fall an dieses Thema, das ist unsere Lebensaufgabe. Wir studieren die höhere Nerventätigkeit. Das ist unsere Aufgabe, und Sie alle, unsere »Bedinger«, nehmen daran teil. Ich empfehle deshalb, daß Sie sich auf alles konzentrieren, alles überdenken, was man dafür und dagegen sagen kann, weil nur auf diese Weise die Wahrheit gefunden wird. Ich bin der Meinung, daß das, was ich dargestellt habe, sich mit den Tatsachen deckt. Ich kann es mir nicht anders vorstellen.

Ich habe die Frage aufgeworfen, wodurch sich die Versuche THORNDIKES von unseren unterscheiden. Unlängst ist einer unserer Kollegen aus Charkow gekommen. Er hat sich mit den Arbeiten PROTOPOPOWS hinsichtlich der Dressur von Hunden bekannt gemacht. Gerade da ist es vorgekommen, daß sich eine Verbindung, die bei einem Hund gebildet worden ist, für einen anderen als vorteilhaft erweist. Ich meine, ein Impuls ist eine angeborene Verbindung, es ist die Verwirklichung eines Instinkts. Eine angeborene Verbindung eines Reizes mit einer motorischen Reaktion, mit der Annäherung an einen positiven Reiz und der Entfernung von einem negativen, ist ein Instinkt; einer erworbenen Verbindung aber, und dem, was als »Denken« bezeichnet wird, liegt eine Assoziation zugrunde.

Wenn Sie im Augenblick keine Einwände haben, dann prägen Sie es sich ein und denken Sie es durch. Das ist die Hauptsache. Hier wird die Psychologie mit der Physiologie zur Deckung gebracht, das Subjektive rein physiologisch, rein objektiv interpretiert. Damit gewinnt man sehr viel. Wir beginnen zu verstehen, wie das Denken des Menschen vor sich geht, über das so viel geredet wird und über das so viel leeres Geschwätz gemacht wird.

Ich verdanke diesem Buch sehr viel, hat es mich doch veranlaßt, diese Fragen tiefer zu durchdenken und letzten Endes zu diesem Ergebnis zu kommen.

Über die Thesen Köhlers und über eigene Beobachtungen. Versuche mit »Raffael«. Polemik gegen Köhler anläßlich seines Buches »Psychologische Probleme«[1]

(9. Januar 1935)

I. P. Pawlow: Jetzt werden wir uns Köhler und unsere Affen vornehmen. Gerade das, was Herr Köhler außer acht gelassen hat, beschäftigt uns ganz speziell. Für ihn war die Bekanntschaft der Affen mit der Umwelt uninteressant. Er hat das geringschätzig beiseite geschoben, wir aber haben uns darauf konzentriert. Wenn ein Affe herumsitzt und nichts tut, dann ruht er sich möglicherweise aus, aber er denkt nicht, wie es Köhler erscheint. Vor unseren Augen geht das Bekanntwerden »Raffaels« mit der Umwelt für seine Zwecke vor sich. Unter dem Einfluß einer Nahrungserregung macht er sich mit den Bedingungen der Umwelt bekannt.

Jetzt hat »Raffael« eine ziemlich komplizierte Aufgabe gelernt, das Aufeinanderstapeln von Kisten verschiedener Größe, um Futter zu erreichen. Die Kisten sind von verschiedener Größe, es gibt 16 verschiedene Größen. Man muß sie standfest und treppenförmig aufstapeln. Die Höhe der Konstruktion ist beträchtlich, $3^1/_2$ m. Er hat sie vor unseren Augen zusammengestellt. Er ist darauf gekommen, daß sie mit ihren Flächen möglichst stark zur Deckung kommen müssen und daß man nicht eine Kiste auf die Kante oder eine Ecke stellen darf. Er hat sie durch Versuche zusammengestellt. Der ganze Versuch hat ungefähr zwei Monate gedauert. Jetzt baut er in einer Form, wie sie nicht besser sein kann. Es war notwendig, an der Stelle zu bauen, wo die Frucht hängt. Jetzt baut er genau unter der Birne und stellt die Kisten in richtiger Reihenfolge hin: die erste, die zweite usw. Wenn die Kisten zusammengestürzt sind, dann holt »Raffael« sie wieder zusammen und stellt sie in richtiger Reihenfolge auf. Was kann es hier für Gerede geben? Das sind die Keimformen unseres konkreten Denkens, Köhler aber hat von alledem nichts wissen wollen.

Jetzt hatte uns der Eifer gepackt und wir wollten diese »Naturwissenschaft« »Raffaels« auf jede Art und Weise erweitern, wobei wir ihm nur dadurch halfen, daß wir den Zufall verringerten, d.h. gewisse günstige Bedingungen schufen.

Betrachten wir seine letzte Nummer mit Feuer, wobei das

Feuer das Futter einzäunte. »Raffael« wurde schnell damit vertraut. Er verbrannte sich und beleckte sich nach den ersten erfolglosen Versuchen. Seine eigene Methode ist verständlich, die Einwirkung durch feste Gegenstände, verschiedene Holzstückchen, Nägel. Wenn das Futter innerhalb eines Kreises mit Lichtern lag, dann warf er sie um oder löschte sie aus. In letzter Zeit hat er gelernt, das Feuer mit Wasser zu begießen. Das ist folgendermaßen vor sich gegangen.

Wir haben eine Kiste, in der ein Gefäß mit Wasser steht. An der Vorderwand der Kiste ist oben ein Wasserhahn, der von diesem Wassergefäß ausgeht. Auf dem Boden der Kiste liegt eine Frucht. Sie ist durch eine Öffnung in der Vorderwand der Kiste sichtbar. Unten vor der Öffnung, durch die die Frucht sichtbar ist, steht auf einem kleinen Gestell ein längliches Gefäß, in das Spiritus gefüllt wird; dann zündet man den Docht an. Der Affe kann also durch die Flamme die Frucht nicht erreichen. »Raffael« muß sich mit dieser Flamme auseinandersetzen. Er hat dies und jenes und zehnerlei probiert. Zufällig bemerkt er den Wasserhahn, ergreift ihn und dreht an ihm. Da beginnt das Wasser zu fließen. Die Öffnung ist so eingestellt worden, daß das Wasser auf das Gefäß mit Spiritus fließt. Es genügte, das ein-, zweimal zu wiederholen, und »Raffael« fing sofort an, den Wasserhahn aufzudrehen. So haben wir ihm geholfen. Er hat den Wasserhahn durchaus nicht aufgedreht, damit das Wasser ausfloß. Aber er verband die Wirkung des Wassers mit dem Erlöschen der Flamme. Als kein Wasser im Hahn war, nahm er eine Flasche mit Wasser und goß es auf die Flamme. Was wollen Sie mehr?

So haben wir »Raffael« mit einer Menge von Eigenschaften und Beziehungen zwischen den Erscheinungen bekannt gemacht. Er wird sich ihrer bedienen. Aber KÖHLER hat von alledem nichts wissen wollen. Gerade darin besteht aber das Wesen der Sache. Das ist die Genese unseres Denkens, mit dem wir arbeiten. Wodurch unterscheidet sich die Erfahrung »Raffaels« von unseren Erfahrungen. Auch wir probieren dieses, jenes, ein drittes und stoßen schließlich auf die erforderliche Verbindung. Wo liegt hier der Unterschied? Ich sehe keinen.

Als ich vom Intellekt der Anthropoiden las und zugleich diese Versuche sah, konnte ich nicht verstehen, wie ein Psychologe, der sich mit dem Denken beschäftigt, diese Dinge übersehen und sich mit einem solchen Unsinn befassen konnte, daß ein

Affe denkt wie wir, wenn er nichts tut. Was ist das für ein Denken, was ist das für ein Verhältnis zum Gegenstand? Aber so ist es und so bleibt es. Warum kümmern sich denn die Psychologen nicht um unsere physiologische Interpretation dieser Erscheinungen.

Ein neues Buch von KÖHLER erschien 1933. Es trägt den Titel: »Psychologische Probleme«[2]. Ich habe es nicht ganz durchgelesen. Der erste Teil ist mit »Behaviorismus« überschrieben, der zweite Teil mit »Psychologie und Naturwissenschaft«. Den Behaviorismus putzt er nach Strich und Faden hervor. Unter anderem erinnert er daran, daß die Behavioristen mit großer Begeisterung unsere bedingten Reflexe aufgenommen haben. Als er an die bedingten Reflexe erinnert, macht er die Anmerkung: »Die Untersuchungen PAWLOWS und seiner Schule setze ich als bekannt voraus«. Das Ganze ist eine einzige Zeile. Folglich kennt er unsere Versuche, aber ungeachtet dessen schreibt er kein einziges Wort über sie, sondern versetzt ihnen im Gegenteil soviel wie möglich Seitenhiebe.

Scharf fällt er über die Behavioristen her. Er behauptet, daß sie zwei Gebote haben: »Du sollst in der Wissenschaft keine Welt der Phänomene anerkennen!«, d.h. unsere Erscheinungen sind als subjektive Erscheinungen anzusehen. Und ferner: »Du sollst im Nervensystem keiner Funktion vertrauen außer den Reflexen und den bedingten Reflexen.« Ich weiß nicht, ob er nicht übertreibt? Aber dann beschäftigt er sich auch mit uns: »Der Beobachter wird die Reflexe und die bedingten Reflexe kaum als nächstliegend ansehen oder beim Studium der komplizierten Formen des Verhaltens der Tiere und des Menschen in Betracht nehmen.«

Wie finden Sie das? Das heißt, daß es bis zu einem solchen Grade fernliegt, wenn sie das Verhalten der Tiere und des Menschen beobachten, daß man es kaum »in Betracht nehmen«[3] oder irgendwie als »nächstliegend«[3] ansehen kann.

Welche seltsame Blindheit, zu sagen, daß das nicht »nächstliegend« sei, daß man es »nicht in Betracht nehmen« könne, da doch alle wissen, daß alle Gewohnheiten, alle Verbindungen ... (Auslassung im Stenogramm)

Weiter: »Wer aber fest davon überzeugt ist (das sind die Behavioristen und wir), daß die einfache Theorie von den bedingten und erworbenen Reflexen die ganze Wahrheit darstellt (wir haben das niemals vom Nervensystem behauptet), hat kein echtes Motiv für die Beobachtung des natürlichen Verhaltens. Sie bedürfen eines neuen Studiums, aber andere funktionelle Begriffe haben sie nicht.«

Was für ein Unsinn! Sagen Sie mir nur, wie ist das möglich? Er ist Professor an der Berliner Universität und nicht irgendwer, der sein Leben hinlebt. Er ist doch ein junger Mann voller Kräfte, und läßt solche Sachen los.

Jeder unserer Versuche verfolgt das Ziel, die Begriffe zu erweitern. Er aber nimmt an, daß nichts anderes mehr zu wünschen übrig bleibt, wenn man diese Reflexe im Kopf hat. Das ist seltsam, direkt eine irgendwie erstaunliche Angelegenheit! Und er sagt, daß sie unsere bedingten Reflexe kennen. Da möchte man direkt die Hände über dem Kopf zusammenschlagen!

Warum nennt man denn unsere Auffassung »konservativ«. Was soll das? »Konservativ« ist gut, wenn die Masse der Völker gegen uns streitet und uns nicht verstehen will. Sie stellen unsere Meinung als ungeheuerlich dar und können sie nicht mit ihrer Weltanschauung vereinen.

»Andererseits werden diese konservativen Begriffe von den Anhängern PAWLOWS und allen Behavioristen verteidigt und bewahrt, weil dadurch die Beobachtung begrenzt wird.« Das heißt, mehr brauchen wir nicht. Woher haben sie das nur genommen? »Alle Reaktionen des tierischen Nervensystems sind auf ein Paar Reaktionsformen begrenzt, nämlich auf die bedingten und unbedingten Reflexe.«

Das ist sein Verhältnis zu unseren bedingten Reflexen. Erklären Sie mir, wie man das verstehen soll. Ich verstehe es nicht. Der Autor – so habe ich von F.P.[4] gehört – liest, ich glaube, an der Berliner Universität Psychologie in der Theologischen Fakultät. Dort stellt man sich natürlich nicht auf unseren Standpunkt. Nur von diesem Standpunkt aus kann man diesen Unsinn verstehen.

Dann wird es noch erstaunlicher und noch weniger verständlich. In dem Kapitel »Psychologie und Naturwissenschaft« nennt er es eine naturalistische Arbeitshypothese und zugleich eine kühne Hypothese. Er beginnt damit, daß wohl HERING[5] daran dachte, daß man unsere subjektive Welt und unsere Erlebnisse zwar beobachten kann und muß, daß es aber nützlich ist, sie zu systematisieren und dann dieses System unserer subjektiven

Erlebnisse, gestützt auf physiologische Daten, irgendwie mit dem objektiven System physiologischer Daten aus der Physiologie des Nervensystems zur Deckung zu bringen. Er zitiert die Wunschträume HERINGS zu dieser Frage. Das ist richtig. Unsere Sache sind objektive, rein physiologische Daten, und Sache der Psychologie ist es, daß sie diese subjektive Welt irgendwie interpretiert, im Kopf behält, um schließlich diese beiden Systeme zur Deckung zu bringen, was wir auch tun. Wir erklären die Erscheinungen unserer subjektiven Welt mit unseren physiologischen Daten. Stellen Sie sich vor, auch sein System besteht darin. Sagt er doch, daß es allen Grund dafür gibt, unsere Erlebnisse, unsere subjektiven Zustände zu beobachten, zu systematisieren und sie dann mit einem physiologischen System, das ihnen entspricht, zur Deckung zu bringen, zwischen ihnen eine Verbindung herzustellen. Er kennt augenscheinlich das, was wir tun, ist es doch in fremden Sprachen gedruckt worden. Ungeachtet dessen hält er es aber doch nur für eine Arbeitshypothese, nur für eine kühne Hypothese. Und ungeachtet dessen leistet er sich folgendes, gleichsam als wäre es seine Kritik: »Wir sehen nur, wie man auf der Grundlage allgemeiner Begriffe auf das reale System eigener Erlebnisse schließen kann, das auf den strukturellen Eigenschaften entsprechender Hirnprozesse beruht.« Es klingt, als wäre das seine Kritik. Für uns aber ist es eine alltägliche Sache, daß wir beliebig viele subjektive Erscheinungen mit objektiven Daten in Verbindung bringen. Sogar in einer persönlichen Unterhaltung bei ihm zu Hause wurde mir gesagt, wie man eine bestimmte Tatsache erklären kann. Man sprach von einem Hund, der sich in einer Umzäunung befindet und durch das Gitter Fleisch sieht. Dabei findet der Hund, wenn es weit fort liegt, sofort einen Umweg. Er läuft aus dieser Umzäunung heraus und holt es. Liegt es aber nahe und reizt ihn stark, dann bleibt er dumm stehen und will es unmittelbar durch das Gitter erreichen. Das heißt, daß der starke Reiz offensichtlich eine negative Induktion ergeben hat. Trotzdem ist er aber der Meinung, daß das eine kühne Hypothese sei. Und er schließt: » … über das System eigener Erlebnisse, die den strukturellen Eigenschaften der zugrunde liegenden Hirnprozesse überlagert sind, die entscheidende Wichtigkeit für die Erklärung und Beobachtung des Verhaltens haben«[6], und fügt hinzu: »die aber bis jetzt nicht beobachtet worden sind«[6].

Was soll das? Erklären Sie mir das. Ich verstehe es nicht ganz. Das kann man nur so verstehen, daß die Qual des Animismus, der sich zutiefst eingewurzelt hat, ihn sowohl inkonsequent als auch begriffsstutzig und widersprüchlich macht. Nur so. Ich habe sehr viele medizinisch gebildete Menschen gesehen, die es einfach nicht überwinden konnten, daß es möglich sein soll, das ganze Verhalten Kranker zu erklären, ohne die aktive und selbständige Bedeutung der inneren Welt anzuerkennen. Wie kann man denn nur den Einfluß äußerer Reizungen, ihre Summierung usw. benutzen? Nur so kann man auch sein im höchsten Grade unsinniges Verhalten verstehen. Besonders seltsam ist in diesem Kapitel, wo er sich an die Psychologie und die Naturwissenschaft macht, d.h. an uns und an die Behavioristen, folgendes, was er schreibt: »Beim Experiment in der Verhaltenspsychologie spielt das Bewußtsein der Versuchsperson gar keine Rolle. Wenn ein solches Bewußtsein existiert, dann nehme ich als Experimentator dennoch nicht an, daß es sich als unabhängiger Faktor in den Verlauf der physiologischen Prozesse eingeschaltet hat.«

Wie Sie sehen, stellt er sich gleichsam auf unseren Standpunkt. Der physiologische Prozeß muß das zu beobachtende Verhalten erschöpfend erklären. Das heißt, das Bewußtsein »enthält in sich keine besondere Kraft«, die sich im Verlauf der physischen Dynamik des Nervensystems verändern könnte.

So beginnt er mit »Er lebe hoch!« und endet mit »Er ruhe sanft!«. Ein seltsamer Widerspruch! Wer von Ihnen, meine Damen und Herren, Deutsch lesen kann, lese dieses Buch durch und spreche dann. Man kann es nur so verstehen, daß es die Qual eines Animisten ist, der sich auf einen wissenschaftlichen Standpunkt stellen will. Der Geist kommt manchmal zum Durchbruch, aber es mangelt an inneren Hilfsquellen.

Meine Damen und Herren, hat jemand dazu etwas zu sagen?

I.O. Narbutowitsch: Die Ursache ist zweifellos sein Animismus, aber ich glaube, es gibt noch eine andere Ursache. Diese andere Ursache ist mir ziemlich klar geworden, als ich in Kiew war. Einer der Psychiater, der sich lebhaft für die bedingten Reflexe interessiert, sagte folgendes: Unsere russischen Psychiater wissen in ihrer Mehrheit lediglich, daß die bedingten Reflexe existieren, begreifen diese bedingten Reflexe aber nicht, begreifen nicht das Wesen der Sache. Wie mir scheint, ist diese Ansicht richtig. Das war aus den Referaten ersichtlich, die ich anhören konnte. Zum Teil läßt sich das auch auf KÖHLER anwenden. Zweifellos kennt KÖHLER von allem Ihre letzte Arbeit nicht, die in russischer Sprache erschienen ist. Er kannte nur das, was in Übersetzung vorliegt, aber die letzten Arbeiten sind sicherlich noch nicht übersetzt. Ich meine die letzte Arbeit über die Übertragung auf die Neurologie. Restlos begreift er offensichtlich die bedingten Reflexe nicht.

I. P. PAWLOW: Aber andererseits behauptet er, daß sogar die Leser sie kennen.

I. O. NARBUTOWITSCH: Er vermutet es, das ist eine Phrase.

I. P. PAWLOW: Ich kann folgendes Kuriosum anführen, daß man in Berlin davon weiß. Ganz unerwartet erhielt ich zum Jubiläum einen Glückwunsch von der Preußischen Akademie der Wissenschaften, in dem der Einfluß unserer Schule betont wird. Ich war erstaunt. Woher denn das plötzlich? Ich war der Ansicht und habe es offen erklärt, daß die bedingten Reflexe am allerwenigsten nach Deutschland gedrungen sind.

Als ich bei KÖHLER in Berlin war, war es für mich erstaunlich, wie unwirsch er meine Erklärung im Hinblick auf seinen Hund bestätigte: »Ja, ja«, so wiederholte er fast mit Anstrengung.

Wozu übrigens soweit gehen. Ich hatte einen Freund, einen mir sehr nahestehenden Menschen, der Psychiater war und dem ich unsere Thesen leidenschaftlich zu beweisen suchte. Ich ging des Sonntags aus dem Laboratorium zu Fuß zu ihm. So ging es einige Jahre. Aber er starb mit der Überzeugung, daß hier ein kolossaler Fehler vorläge, weil wir die innere Welt des Hundes nicht beachten. Das ist ein Psychiater, der weiß, wie sich unser Geist verändert und wie er zerbricht, wenn das Gehirn krank ist. Wie hartnäckig ist doch ein einmal eingenommener Standpunkt.

Ich kann mir das alles nur dadurch erklären, daß in diesem Fall ein harter Kampf mit den tief verwurzelten Vorurteilen des menschlichen Denkens in Form des Dualismus vor sich geht. Das ist interessant, Sie müssen das unbedingt lesen. Direkte Widersprüche, Ungereimtheiten. Es stehen viele interessante Momente bevor, wenn unsere Erklärungen über das Verhalten der Affen veröffentlicht werden.

Auf Wiedersehen!

Kritik der Arbeit Köhlers »Psychologische Probleme«[1]

(23. Januar 1935)

I. P. Pawlow: Und jetzt, meine Damen und Herren, gehen wir sozusagen von friedlichen Dingen zu kriegerischen über. Wir sprechen über Herrn Köhler. Gegen ihn kämpfen wir. Es ist ein ernster Kampf mit den Psychologen. Köhler ist Professor der Psychologie an der Berliner Universität. Auf einen Lehrstuhl der Berliner Universität beruft man keinen unbedeutenden Gelehrten, dort herrscht eine Hierarchie. Köhler gilt bei ihnen als führender Psychologe. Ich war in seinem psychologischen Laboratorium. Es ist im Wilhelmspalais untergebracht; man beachte das.

Als ich ein Buch von ihm durchlas, das 1933 erschienen ist und den Titel »Psychologische Probleme«[2] trägt, hatte ich gerade vor, eine Arbeit über unsere Versuche mit Affen zu schreiben. Im Vorwort wollte ich dabei auch die Gestaltpsychologie berühren, und einiges dazu hatte ich schon aus diesem Anlaß geschrieben.

Hier das, was ich geschrieben habe:

»Die wichtigste und unbestreitbar älteste Errungenschaft der Psychologie als Wissenschaft ist die Feststellung der Tatsache der Verbindung subjektiver Erscheinungen, der Assoziation von Wörtern, als die augenfälligste Erscheinung, und dann auch die Verbindung der Gedanken, Gefühle und Handlungsimpulse. Deshalb kann ich nicht umhin, es als einen seltsamen Umstand anzusehen, daß in der neuesten Zeit diese wissenschaftliche Errungenschaft der Psychologie von einer neuen Modeströmung in der Psychologie, der Gestaltpsychologie, entwertet oder beträchtlich geschmälert wird. Die Tatsache der Assoziationen, wie sie von den Psychologen festgestellt worden sind, gewinnt um so mehr an Bedeutung, als sie völlig mit der physiologischen Tatsache der zeitweiligen Verbindung zusammenfällt, dem Schließen von Bahnen zwischen verschiedenen Punkten der Großhirnrinde. Das Moment der Berührung, richtiger gesagt der Synthese, der Identifizierung des Psychischen mit dem Somatischen, des Subjektiven mit dem Objektiven, stellt also einen fundamentalen Fall dar. Das ist ein gewaltiges Ereignis in der Geschichte des menschlichen Denkens am Horizont eines einheitlichen exakten menschlichen Wissens. Die Position der Gestaltpsychologie ist ein klares Mißverständnis.«

Hier haben Sie meine Meinung, als ich sein Buch las.

Was in ihm wahr ist, ist eine uralte Wahrheit. Es gab wohl kaum unter den Assoziationspsychologen jemanden, der sich die Welt der subjektiven, unbegrenzt miteinander zusammenhängenden Erscheinungen als einen Sack mit Äpfeln, Gurken und Kartoffeln vorgestellt hat, die in ihm liegen, ohne aufeinander einzuwirken. Die Assoziationspsychologen wußten doch, daß nur drei Elemente, Sauerstoff, Wasserstoff und Kohlenstoff, untereinander auf verschiedene Art und Weise verbunden, zahllose einzelne Systeme in Form der einzelnen Stoffe ergeben, von denen jeder besondere Eigenschaften hat. Die Isolierung der Elemente und ihre mannigfaltige Synthese geben der Chemie doch die Möglichkeit, den Bau unseres Planeten als eines gewaltigen Ganzen immer besser und besser kennenzulernen. Der tierische Organismus mit Einschluß des Menschen ist doch auch etwas Ganzes, das aufs engste miteinander zusammenhängt. Geht seine Untersuchung nicht auch hauptsächlich dank der Aufgliederung in größere oder kleinere Einheiten und nachfolgender wechselseitiger Verbindung dieser Einheiten vor sich? Warum soll denn das Produkt des höchsten tierischen Organismus, die Erscheinungen unserer subjektiven Welt, mit anderen Verfahren untersucht werden, wobei man die Analyse ausschließt und keine Aufgliederung zuläßt. Deshalb ist das Neue in der Gestaltpsychologie, ihre schroffe Opposition gegen den Assoziationismus, offensichtlich ein wissenschaftliches Vergehen. Der ungerechtfertigte Erfolg dieser Psychologie bei den modernen Psychologen ist nur so verständlich, daß sich unter ihnen allen noch der Dualismus in Form des Animismus bemerkbar macht, d.h. der Vorstellung von einer eigenartigen Substanz, die der übrigen Natur gegenübersteht und den forschenden Geist zwingt, sich zu ihr anders zu verhalten als zu den materiellen Erscheinungen.

Hierher gehört auch mein kategorischer Ausspruch; »Auch in der Psychologie gibt es keinen anderen wahrhaft wissenschaftlichen Weg zur Beherrschung ihres Materials als den Weg über die Analyse.«

Das ist meine Meinung über die Gestaltpsychologie. Sie erschien mir als sehr hart. Sie läuft darauf hinaus, daß das, was alt ist, wahr ist, und das, was neu ist, zu nichts taugt. Ich beschloß, noch mehr zu lesen. Ich habe gründlich gelesen, und zwar meiner Gewohnheit nach mehrere Male speziell das Kapitel, das sich mit den Assoziationen befaßt.

Ich muß sagen, daß dieses Kapitel mich in außerordentliches Erstaunen versetzt hat. Es enthält in meinen Augen eine derartige Leichtfertigkeit, eine derartige Widersprüchlichkeit, daß man die Hände über dem Kopf zusammenschlagen kann.

Ich werde das jetzt zeigen.

Damit es aber ein wirklich ernsthafter wissenschaftlicher Streit wird, möchte ich Sie, A. A.[3], als den, der die deutsche Sprache am besten beherrscht, bitten, die Mühe auf sich zu nehmen, diese 22 Seiten zu übersetzen. Das ist weiß Gott eine Mühe. Sie müssen auf der Maschine geschrieben und an alle Interessenten verteilt werden. Mag jeder sie selbst aufmerksam durchlesen. Wir werden darüber eine spezielle Diskussion veranstalten. Jeder soll sagen, was er verstanden hat und inwieweit es ihm fundiert oder unbegründet erscheint. Zwischen unserer Physiologie der höheren Nerventätigkeit in Form der Lehre von den bedingten Reflexen und der Psychologie ist zweifellos eine enge Berührung hergestellt worden. Wir beschäftigen uns mit ein und demselben Gegenstand. Darüber kann es keinen Streit geben. Aber während unsere Begriffe und Vorstellungen exakt begründet und vom Standpunkt der Sache aus nahezu unbestreitbar sind, ist es bei ihnen nicht so. Ich möchte daraus ein großes Ereignis machen, das in der Tat deutlich unterstreichen würde, daß zur Zeit die Physiologie in einigen Punkten mehr recht hat als die Psychologie, wobei ich der Meinung bin, daß Köhler immerhin doch ein anerkannter Psychologe ist.

Er nimmt die ganze Frage in ihrem vollen historischen Umfang. Er lenkt die Aufmerksamkeit darauf, daß es bei weitem schwieriger ist, eine Reihe sinnloser Silben zu lernen als eine Reihe sinnvoller. Diese Tatsachen kann er nicht negieren. Diese Tatsachen sind von so anerkannten Psychologen mitgeteilt worden, daß man an ihnen nicht zweifeln kann. Diese Grundtatsache kann er nicht widerlegen, aber er richtet die Aufmerksamkeit auf das, was diese Assoziation begünstigt. Es zeigt sich, daß es viele Faktoren gibt, die diese Assoziationen begünstigen. Wenn bereits fertige Verbindungen vorliegen, dann ist es leicht zu verstehen, daß die Assoziation entweder an Ort und Stelle fertig vorliegt oder schnell gefestigt wird. Alle Einwände baut er darauf auf, daß früher entstandene Verbindungen eine gegebene Verbindung begünstigen ... Aber was kann es darüber großes Gerede geben? Das versteht sich doch von selbst. Diese alten Verbindungen sieht er als Gestalt an, das heißt als System einer Organisation.

Zusammenfassend muß man sagen, daß dort, wo von Anfang an eine feste Organisation, eine Verknüpfung, eine Gestalt existiert, selbstverständlich auch Assoziationen vorhanden sind. Wo von Anfang an keine richtige Organisation vorliegt, dort fehlen die Assoziationen, und man muß sie ausarbeiten.

Dann geht er zu physiologischen Vorstellungen über.

Im allgemeinen akzeptiert er die Tatsache der Schließung von Bahnen zwischen zwei erregten Rindenzentren. »Möglicherweise kann man nach dieser Hypothese verstehen, warum die Erregung nach einigen Wiederholungen diese bestimmte Richtung nimmt und warum dadurch die Bahnung der Verbindungsbahnen erhöht wird. Im Gegensatz dazu sieht man gar nicht, warum die Erregung beim ersten Male gerade diese Richtung genommen hat.«

Warum sie beim ersten Male diese Richtung genommen hat, wie finden Sie das?

Ich wurde unwillkürlich an das »Muttersöhnchen« erinnert, und zwar an die Stelle, wo Prostakowa mit dem Schneider zu streiten beginnt und wo dieser sich darauf beruft, was er gelernt habe, und daß er viel Zeit darauf verwendet habe usw. Da entgegnete sie ihm außerordentlich schlagend: »Erlauben Sie, aber bei wem hat denn der erste Schneider gelernt?«

Was ist das für ein Unsinn? Wie kann ein verständiger Mensch, ein Professor der Psychologie, das nicht erfassen und begreifen! Es ist buchstäblich genauso, »bei wem hat denn der erste Schneider gelernt«?

Entgegnen Sie, meine Damen und Herren! Wie kann man denn sagen, daß das Zusammenfallen nicht erforderlich ist, sondern daß die Gestalt irgendwie an Ort und Stelle existiert!

Und nun ein anderer Trick.

Er sagt, es wäre eine alte Vorstellung, daß Verbindungen bei immer häufigerer Wiederholung gebahnt werden. Jetzt aber existiert eine neue Annahme, daß dann, wenn zwischen zwei Zentren irgendeine Vereinigung stattgefunden hat, der Tonus der einen Zelle der anderen Zelle mitgeteilt wird, d.h., daß sie das

System einer Gestalt, eine Organisation bilden, denn aus zwei Distanzen wird eine. Aber das heißt doch, daß die Assoziation die Gestalt geschaffen hat und nicht die Gestalt die Assoziation.

Er aber kommt zu folgendem Schluß: »Die neuen Vorstellungen von WOODWORTH fallen fort. Es fällt die Assoziation als besonderer unabhängiger theoretischer Begriff fort.« Wie gefällt Ihnen das? Erklären Sie es, wenn Sie können.

Betrachten wir einen Assoziationsprozeß, so sehen wir, daß die Tätigkeit zweier Zellen, die vorher isoliert waren, dank des zeitlichen Zusammenfallens zu einem System verbunden worden ist. Das heißt dann, daß eine Assoziation vorliegt. Hier aber ergibt sich, es ist keine Assoziation.

Für mich ist das völliger Unsinn! Ich kann nicht begreifen, wo hier menschliches Denken ist, wo Unvoreingenommenheit, wo Logik?

Dann wird ein Beispiel angeführt, daß sinnlose Silben, die der Reihe nach wiederholt werden, sich mit großer Schwierigkeit miteinander verbinden, während viele andere im Leben im Fluge begriffen werden. Alles hängt von den Bedingungen und den alten Verbindungen ab. Was ist denn hier unverständlich?

Dann steht da etwas, was sich speziell auf uns bezieht; mich hat das ganz besonders interessiert. Ich bitte Sie, in jeder Weise zu versuchen, das zu ergründen und zu verstehen.

»Von unserem Standpunkt aus klingt es möglicherweise etwas besser, wenn man statt von Assoziationen von bedingten Reflexen spricht. Indessen kann ich diesen Begriff nicht für fundamentaler ansehen als den der Assoziation. Man kann sogar sagen, daß die sogenannten ›bedingten Reflexe‹ nur Spezialfälle von Assoziationen sind.«

So ist es auch, und zwar kann man es nicht nur sagen, sondern man muß es sagen, »weil es offensichtlich ist, daß ein Reiz, der indirekt mit reflektorischen Reaktionen verbunden ist, nur dadurch dazu gebracht werden konnte, in Verbindung mit einem adäquaten Reiz zu treten, der auf natürlichem Wege denselben Reflex hervorruft. Folglich läuft es auf die Assoziation zweier sensorischer Prozesse hinaus.«

Soweit sieht er die Dinge genauso wie wir.

Ferner: »Diese Assoziation kann so stark gemacht werden, daß der neue Reiz schließlich nur noch fähig ist, in den Spuren des adäquaten sensorischen Prozesses zu verlaufen, aber ihn nicht wachruft.« Was ist das? Wie finden Sie dieses ägyptische Rätsel? Was heißt das, daß er sich nur als fähig erweist, in den Spuren des adäquaten Reizes zu verlaufen, aber ihn nicht wachruft? Erklären Sie mir physiologisch, oder wie Sie wollen, was das bedeutet.

N. A. PODKOPAJEW: Vielleicht will er sagen, daß ein bedingter Reiz nicht ganz dasselbe Bild ergibt, das ein unbedingter liefert, daß er ein wenig geringer ist, daß die Reaktion schwächer ist.

I. P. PAWLOW: Hier ist direkt gesagt: »nicht diese wachruft«. Er spricht von unserer Arbeit; aber er spricht so, daß man ihn nicht verstehen kann.

E. A. ASRATJAN: Will er nicht vielleicht sagen, daß ein Zusatzreiz keine Orientierungsreaktion hervorruft, die er vorher hervorgerufen hat, sondern daß er jetzt einen bedingten Reflex bewirkt?

I. P. PAWLOW: Er sagt, daß die gegenwärtige Reaktion, die durch den adäquaten Reiz bedingt ist, in den Spuren des adäquaten Reizes verläuft, aber ihn nicht erregt.

E. A. ASRATJAN: Vielleicht ist es ein Druckfehler? *(Gelächter.)*

I. P. PAWLOW: Das ist eine schlechte Verteidigung. Das ist irgendwie verblüffend! Aber ungeachtet dessen ist es doch prinzipiell wichtig. Es ist in der Tat die gegenwärtige Auseinandersetzung zwischen der Psychologie und der Physiologie der höheren Nerventätigkeit.

Ich möchte, daß Sie es selbst übersetzen. *(Er wendet sich an* A. A. LINDBERG.) Wir werden es an alle verteilen und Psychologen einladen, damit sie es vorlesen mögen. Mögen sie hier erscheinen und einen ihrer autoritären Vertreter verteidigen.

G. P. SELJONY[4], sind Sie hier?

Zwischenruf: Er ist nicht anwesend.

I. P. PAWLOW: Schade, ich hätte ihm gründlich den Kopf gewaschen.

E. A. ASRATJAN: Es ist wirklich absurd.

I. P. PAWLOW: Für uns steht damit eine ganz bestimmte Aufgabe. Wir sehen ganz klar, daß sich natürlich dank der Assoziation ein System bildet, eine Organisation oder, wie er es ausdrückt, eine Gestalt, und daß folglich die Assoziation die Gestalt schafft und nicht umgekehrt die Gestalt die Assoziation. Das letztere ist unsinnig. Erinnern wir uns doch an den verspäteten Reflex. Ist das etwa keine Gestalt, kein System, daß ein und derselbe Reiz zunächst hemmend wirkt und dann positiv? Das ist eine Gestalt, das ist ein System, und wir wissen, wie es entstanden ist. Nehmen Sie unseren dynamischen Stereotyp. Wir wenden unsere Reize in bestimmter Reihenfolge an. Sie haben sich miteinander verbunden, und das erweist sich als Gestalt, das ist ein System. Wir haben es aber auf der Grundlage von Assoziationen geschaffen. Wie kann man denn eine solche offenkundige Tatsache negieren?

Alles, was er vorher anführt, kennen wir auch genau. Wir kennen genügend Bedingungen, die diese Assoziationen fördern oder behindern. Die Generalisation zum Beispiel, das ist eine Bedingung, die die Assoziation fördert. Andererseits gibt es auch viele Bedingungen, die hinderlich sind. Er redet endlos davon und will damit begründen, daß sich sinnlose Worte schwerer verbinden, schwerer assoziieren. Ganz einfach: weil das langweilig ist. Die Grundreaktion des Menschen – und wir haben sie im Laboratorium untersucht – ist der Orientierungsreflex. Zunächst muß jeder Reiz beachtet werden, aber wenn er sich zwecklos verbreitet, beseitigen wir ihn. Sind denn unsere Orientierungsreflexe ohne Einfluß und Bedeutung? Sie erlöschen infolge einer Hemmung. Wenn es sich um sinnlose Worte handelt, ist verständlich, daß Sie sich dafür nicht interessieren, und eine Hemmung entsteht; Sie können sie nicht verbinden. Es ist klar, daß Interesse vorliegen muß, ein gewisser Tonus, ein tätiger Zustand der Rinde, damit diese Assoziation entsteht. Eine durch Eintönigkeit bedingte Hemmung kann nicht zur Assoziation führen.

Was ist das? Das ist ein verblüffendes und zugleich höchst wertvolles Beispiel, das den gewaltigen Vorzug des physiologischen Studiums der höheren Nerventätigkeit gegenüber dem psychologischen treffend unterstreicht. Leere Wortspielereien sind ein schwankender und gefährlicher Boden.

A. A.[3], ich werde Ihnen das Buch geben, erledigen Sie das. In diesem Teil findet sich der Kern des Ganzen. Hier nämlich wird der Kampf zwischen der Gestaltpsychologie und dem Assoziationismus ausgetragen. Er will die Folge zur Ursache und die Ursache zur Folge machen. Er hat alles auf den Kopf gestellt. Das System entsteht infolge der Assoziationen; er aber versucht im Gegensatz dazu zu beweisen, daß das Assoziieren, die Vereinigung durch das System geschieht.

I. O. NARBUTOWITSCH: Ich möchte versuchen, jene These, die KÖHLER hervorhebt und auf der er fußt, physiologisch zu interpretieren.

Wenn er sagt, daß man sich sinnvolle Wörter leichter merkt als sinnlose, dann läßt sich das, wie mir scheint, folgendermaßen verstehen.

Die ersten bedingten Reflexe auszuarbeiten, ist sehr mühevoll, wenn der Hund auch schon viele Verbindungen hat. Die neuen Bedingungen hemmen. Erst wenn die Hemmung entfallen ist, bildet sich die neue Verbindung, der neue bedingte Reflex. Bekannte Dinge merken wir uns leicht. Ebenfalls leichter verbinden sich neue, aber uns bereits bekannte, ähnliche Dinge. Das Einprägen geht aufgrund eines alten Systems vor sich, das gewisse Erregungsprozesse hervorruft. Die alten Spuren erleichtern so die Herstellung neuer Verbindungen.

I. P. PAWLOW: Schade, daß SELJONY nicht da ist, aber in seiner Gegenwart würde ich dasselbe sagen. Dieser G. P. SELJONY[4] hat sehr schön angefangen. Seine Dissertation war gut, er dachte energisch. Als erster bildete er einen Reflex auf eine Unterbrechung, erhielt als erster einen Reflex zweiter Ordnung usw. Aber als er die Berufung zum Professor und damit ein autoritäres Aushängeschild erhielt, hängte er die energische Arbeit an den Nagel und wurde zu einem Mann, der nicht nur die Physiologie kennt, sondern auch die Psychologie, zu einem Mann, der die subjektive Welt interpretiert. Nun befaßt er sich mit Nichtigkeiten. Unlängst hat er im Organ der Akademie der Wissenschaften einen Artikel veröffentlicht, in dem er just auf dem KÖHLERSCHEN Standpunkt steht. Statt sich zu bemühen, das Beil aus der Hand zu lassen, nachdem er gelernt hat, mit dem Hobel umzugehen, hat er vielmehr unsere exakten Versuche aufgesteckt und sich mit Phraseologie befaßt, mit Wortspielereien, und jetzt widerlegt er nach Art von KÖHLER diese Versuche.

Auf Wiedersehen!

Über das Buch Dunckers »Psychologie des produktiven Denkens« [1]

(27. Februar 1935)

I. P. PAWLOW: Ich erhielt mit der Post aus dem Psychologischen Institut KÖHLERS einen Aufsatz von DUNCKER, einem der Mitarbeiter KÖHLERS. Dieser DUNCKER hat ein Buch geschrieben: »Psychologie des produktiven Denkens«; in der holländischen Ausgabe findet sich ein Extrakt aus diesem Buch. Diese Abhandlung nennt sich »Lernen und Verstehen als Mittel zum Zweck«. Ich bin wieder einmal erstaunt. Mir scheinen das irgendwelche Verkrampfungen des Denkens zu sein. Er setzt sich ebenfalls mit den Assoziationen auseinander und hält sie für direkt sündhaft. Er beginnt zum Beispiel so: »Das Erreichen eines Zieles erfordert natürlich auch gewisse Mittel zur Erreichung dieses Zieles, d.h., wenn das Mittel da ist, wird auch das Ziel erreicht.« Er sagt es auch so: »wenn α – dann β«[3] (»wenn das Mittel α vorhanden ist, dann wird auch β erreicht«).

Der Artikel ist in dem üblichen undurchsichtigen Philosophenstil geschrieben. Ferner sagt er: »Die Bemühungen in dieser Frage führten dazu, daß die Assoziationstheorien (der Erfahrung und des Lernens) für gewöhnlich der fiktiven Welt vorbehalten sind.« Die Assoziationstheorie ist der fiktiven Welt vorbehalten und entspricht nicht der Wirklichkeit. Bis zu einem solchen Unsinn kann man sich versteigen! Die ganze Sache beruht auf der »Verstehbarkeit«, mit den Assoziationen dagegen bewegt man sich nicht in der realen, sondern in einer fiktiven Welt. Was ist denn das für eine »Verstehbarkeit«, die er so energisch vertritt?

Er führt drei Fälle von »Verstehbarkeiten« an, die sich gleichsam unmittelbar erschließen.

Ich will eine seiner »Verstehbarkeiten« anführen, über die man nur die Achseln zucken kann. Hier ein Beispiel: Ich empfinde unmittelbar, daß ein bestimmter Trank mir das Gefühl der Erfrischung verschafft. »Ich untersuche nicht, daß mein Gefühl der Erfrischung durch diesen Trank hervorgerufen wird. Und das empfinde ich nicht aufgrund irgendeiner Ähnlichkeit zwischen dem Trank und der Erfrischung, sondern durch den unmittelbaren Versuch.« Was für ein Unsinn! Es ist doch klar, daß das einige Male wiederholt werden muß, und dann verbinde ich die beiden Dinge miteinander. Das ist eine ganz gewöhnliche Assoziation, wie wir sie ständig auch an unseren Hunden sehen. Zu sagen, daß die Assoziation nichts wert sei, daß sie ein Phantasieprodukt sei, daß damit nur das Existenzminimum erforscht würde! Was ist das für ein Gedankengang! Reine Verkrampfungen des Denkens.

Auf Wiedersehen!

Die »Verhältnisse« der Frequenzen verschiedener Reize als Form des bedingten Reizes und die Fehler der Gestaltpsychologie (Versuche A. O. Dolins und neue Befunde)[1]

(2. Oktober 1935)

I. P. PAWLOW: Ich werde besser mit den Befunden beginnen und mit den Überlegungen schließen. Mit dem Thema der zweiten Erscheinung, zu der ich übergehe, hat sich früher S. W.[2] in einer Versuchsanordnung befaßt, und jetzt befaßt sich A. O. in einer anderen Form damit, die er selbst vorgeschlagen hat. Sie haben bei einem Hund einen positiven bedingten Reflex aus 120 Metronomschlägen in der Minute gebildet. Wenn das Metronom mit 120 Schlägen in der Minute gesetzt wird, dann bildet sich bei dem Hund eine positive bedingte Speichelabsonderung; beim Metronom mit 60 Schlägen, dagegen hat sich ein negativer bedingter Hemmreflex gebildet, d. h. die Speichelabsonderung bleibt aus. Wenn Sie also das Metronom mit 60 Schlägen in Gang setzen, tritt keinerlei Nahrungsreaktion auf, umgekehrt sogar, der Hund protestiert, wendet sich ab; ein anderer Hund winselt, ein dritter will Ihre ganze Versuchsanordnung zertrümmern – das hängt vom Typ des Hundes ab.

Nun nimmt man neue Reize, irgendwelche akustischen Reize oder solche eines anderen Analysators, Licht, und wendet sie ebenfalls intermittierend an, wobei dieser neue Reiz bald 120 Unterbrechungen in der Minute aufweist, bald 60. Was fand sich nun? Es zeigte sich, daß sich bei dem anderen Reiz nicht nur im Analysator, sondern auch in einem anderen, z. B. bei Licht, aber mit denselben Unterbrechungen, genau derselbe Effekt ergibt. Ein 120mal unterbrochenes Licht liefert eine positive Nahrungsreaktion, ein 60mal unterbrochenes eine negative Nahrungsreaktion. Das ist der Befund.

Zwischenruf: Bildet sich das auf Anhieb?

I. P. PAWLOW: Sie wissen, daß sich bedingte Reflexe nach und nach bilden. Mit jedem Mal wachsen sie stärker an und erreichen schließlich ein bestimmtes Ausmaß; hier aber geschah das auf Anhieb. Das ist für uns ein völlig neuer Befund, der zum erstenmal in dieser Form im Laboratorium auftrat. Er ist früher einmal bei S. W. aufgetreten und jetzt in etwas anderer Form bei A. O.[3] Wie ist das zu interpretieren?

Der Befund ist sehr einfach zu verstehen. Ich habe in meinem Buch »Vorlesungen über die Arbeit der Großhirnhemisphären« schon früher gesagt, daß die erste Antwort auf die Frage, was als bedingter Reiz auftreten kann, lauten muß: selbstverständlich das, was von den Rezeptoren des Tieres aufgenommen wird. Und weiter: Wie ist das ganze System dieser Reize zu charakterisieren? Wir haben uns bisher ganz richtig vorgestellt, daß jeder Zustand, sowohl ein geringfügiger als auch ein sehr komplizierter, jeder besondere Zustand der Hemisphären ein einzelner bedingter Reiz sein kann. Folglich kann man auch in diesem Falle sagen, daß dieser Zustand, der sich bei 120 Unterbrechungen oder bei 60 Unterbrechungen ergibt, nicht davon abhängt, um welchen Reiz es sich handelt. Er wird auch unabhängig von der Qualität der Reize reproduziert. Deshalb paßt diese Definition vollkommen auf den vorliegenden Fall. Es handelt sich also um jeden besonderen Zustand der Hemisphären, wobei es ganz gleich ist, ob er kompliziert ist oder einfach. Im vorliegenden Falle wird der Zustand durch das Verhältnis der Reize und die Eigenschaft des Reizes, sagen wir seinen intermittierenden Charakter, bestimmt. Hieran ist also nichts Besonderes.

Es sei gesagt, daß sich die Psychologen und speziell die Gestaltpsychologen eingebildet haben, unsere Physiologie hätte das von einer psychologischen Vorstellung entlehnt, aber das ist ein komplettes Mißverständnis. Diese Erscheinung, die aus einem besonderen Zustand besteht, stellt genauso einen Reiz dar wie ein anderer Zustand. Aus der unterschiedlichen Stärke der Reize können wir einzelne bedingte Reize machen. Genau auf dieselbe Weise können wir aus diesen verschiedenen Unterbrechungen ebenfalls einen ganz besonderen Reiz machen; da gibt es keinen Unterschied. Es ist das Verhältnis zwischen den Reizen: Das eine Mal wird er 120mal in der Minute unterbrochen, dann aber 60mal. Stellen Sie sich auf den Standpunkt, daß jeder besondere Zustand ein besonderer Reiz ist, dann ist alles verständlich, und man braucht diesem Verhältnis keinerlei besondere Bedeutung zuzuschreiben. Die Sache ist ganz einfach.

Eine andere Sache ist es, wie man diese Reize im Unterschied zu allen anderen nennen soll, die aus einem hinsichtlich der Qualität besonderen Reiz bestehen. Hier ist die Qualität der Reize ein und dieselbe, nur der Zustand ist unterschiedlich.

Was gibt es hier Besonderes? Ich spreche von einem einzelnen

Zustand des Reizes, und das ist alles. Wenn man aus der verschiedenen Intensität eines Reizes verschiedene Reize machen kann, weshalb soll man dann aus dem intermittierenden Charakter verschiedenen Grades keinen Reiz machen können? Daran ist nichts Besonderes, wie die Gestaltpsychologen gern denken möchten. Ich weiß nicht, wer bewiesen hätte, daß hier ein besonderer Unterschied vorliege. Wenn man aus jeder Intensitätsphase einen besonderen Reiz machen kann, weshalb soll man dann aus dem intermittierenden Charakter keinen Einzelreiz machen?

Immerhin, wie soll man diese Reize im Vergleich zu den anderen nennen? In diesem Falle kann man sich der Termini dieser Gestaltpsychologen bedienen. Sie nennen es auf deutsch »Gestalt«, die Engländer verwenden gern ihr Wort »form«, andere nennen es »Figur«, man kann es auch »Verhältnis« nennen. Nennen Sie es, wie Sie wollen!

A.O. hatte vier Hunde. Sobald aus einer unterschiedlichen Metronomfrequenz ein positiver und ein negativer Reflex gebildet wird, reproduzieren bei allen Hunden alle neuen Reize von entsprechender Frequenz sofort denselben Effekt. Jede Frequenz war ein besonderer Reiz, der von der Anzahl der Unterbrechungen ausging. Daraus ergibt sich, daß hier eine gewisse Besonderheit vorliegt. Wir kennen die Generalisation und Verallgemeinerung, wenn es sich um gleichartige Reize handelt. Wir wenden einen bestimmten akustischen Reiz an, und alle anderen Reize wirken auch, zunächst nicht vollständig, aber teilweise: Folglich ist die Qualität verallgemeinert worden. Hier ist aber nicht die Qualität verallgemeinert worden, sondern der intermittierende Charakter. Dabei zeigt sich, daß die Verallgemeinerung nach dem Charakter des Reizes, nicht nach dem Wesen des Reizes, sondern nach seinem intermittierenden Charakter offensichtlich stärker ist als die Verallgemeinerung nach der Qualität; denn alle diese Reize sind hinsichtlich der Qualität unterschiedlich, aber ihr intermittierender Charakter faßt sie zusammen und macht sie identisch. Folglich ergibt sich die weitere Frage, weshalb das so ist. Welchen Vorteil bringt es dem Organismus, daß die Verallgemeinerung nach dem intermittierenden Charakter weitaus stärker ist und über die Verallgemeinerung nach der Qualität des Reizes überwiegt? Ich habe nicht darüber nachgedacht, weshalb es so ist. Wenn Sie einen bedingten Reiz haben, und einen anderen, schwächeren Reiz, aber von derselben Qualität anwenden, dann wirkt dieser schwächer als der erste. Man muß ihn besonders ausarbeiten. Eine Verallgemeinerung liegt vor, aber in mäßigem Grade, nicht vollständig. Handelt es sich aber um eine Verallgemeinerung nach dem intermittierenden Charakter, dann macht sich die Verallgemeinerung sofort in vollem Grade bemerkbar. Das ist eine Frage, die untersucht werden muß.

Was die Einzelheiten dieser Versuche betrifft, so stimme ich in diesem Falle S. W. und A. O. zu. Die Sache läuft darauf hinaus, daß die Verallgemeinerung nach einer bestimmten Reizfrequenz sich nur dann bemerkbar macht, wenn ein völlig neuer Reiz wirkt, der vorher keinerlei ausgearbeitete bedingte Verbindung gehabt hat. Wenn aber dieser Reiz, den Sie intermittierend anzuwenden beginnen, schon früher eine gewisse Verbindung, eine gewisse positive bedingte Wirkung hatte, dann erschwert dies natürlich die Angelegenheit und erfordert eine besondere Ausarbeitung.

So war es auch bei »Pinscher«, bei einem Hunde, mit dem A. O. arbeitete. Bei ihm war das Licht früher als durchgängiger bedingter Reiz angewandt worden. Als man es 120- und 60mal unterbrach, hatte es keine Metronomwirkung, sondern erwies sich in beiden Fällen als positiv. Es war also eine spezielle Ausarbeitung erforderlich, und da es ein Hund vom erregbaren Typ war mit schwachem Hemmungsprozeß und da er keine vollständigen Differenzierungen hatte und diese auch nicht ausarbeiten konnte, erwies es sich als notwendig, die Verallgemeinerung besonders auszuarbeiten. Das fiel dem Hunde schwer, es kam zur Zerrüttung, Futterablehnung usw. So war es bei »Pinscher«. Dasselbe wiederholte sich bei »Rudko«.

Bei dem zweiten Hund hatte der Reiz, der später intermittierend mit einer Frequenz von 120 oder 60 gesetzt wurde, vorher als durchgängiger bedingter Reiz für einen verspäteten Reflex gedient. In diesem Falle werden Sie verstehen, daß seine erste Hälfte, d. h. die erste Hälfte seiner isolierten Wirkung, hemmend wirkte. Verständlicherweise wirkte er, als wir ihn intermittierend anwandten, bei beiden Frequenzen als Hemmreiz. Der positive bedingte Reflex mußte ziemlich lange ausgearbeitet werden. Auch diese Variante ist vollauf verständlich. Der allgemeine Sinn der Variation besteht darin, daß bei einem Reiz, der in durchgängiger Form schon als positiver oder negativer Reiz angewandt worden ist, die Verallgemeinerung nach seinem intermittierenden Charakter entfällt und nicht auftritt. Genau dasselbe geschah auch bei S.W. mit seiner besonderen Versuchsanordnung.

Es ist also klar, daß der intermittierende Charakter ein besonderer Zustand ist, aus dem man besondere bedingte Reflexe ausarbeiten kann, daß diese Eigenschaft stark verallgemeinert ist, stärker als die anderen verallgemeinert. Das ist eine gesicherte Tatsache.

Dann ergibt sich eine andere Frage. A.O. wandte eine neue Frequenz an, die auf 200 vergrößert war. Wenn Sie einen stärkeren Reiz setzen (und die Frequenz 200 hat eine stärkere physikalische Energie als die Frequenz 60), dann ist verständlich, daß sich ein größerer bedingter Effekt ergibt. Das ist altbekannt. Danach prüft er die Frequenz 120. Jetzt liefert dieser Reiz einen weitaus geringeren Effekt als er für gewöhnlich vorher geliefert hat, d.h. das Verhältnis macht sich bemerkbar. Die geringere Frequenz wirkt hemmend, obwohl sie vorher einen großen Effekt lieferte. Gut, das wäre halb so schlimm, das wäre begreiflich, aber das ist noch nicht alles. Dasselbe müßte man doch auch am anderen Ende der Frequenzen erwarten. Als A.O. statt der früheren Hemmfrequenz (60 je Minute) 30 anwandte, erwiesen sich beide Frequenzen als hemmend.

Im ersten Falle machen sich die neuen Verhältnisse bemerkbar: Der frequentere Reiz wird positiv und die frühere Frequenz wird hemmend und liefert einen geringeren Effekt; im zweiten Falle dagegen geschieht das nicht. Da haben Sie wieder eine neue Komplikation, eine neue Aufgabe; aber das ist nur gut so. Eine Antwort darauf wissen wir zur Zeit nicht; ich habe dieses Ergebnis erst gestern erfahren und hatte folglich keine Zeit, darüber nachzudenken. Ich möchte gern klären, weshalb es so ist, weshalb das Verhältnis unterschiedlich wirksam wird; im einen Falle bleibt die besondere Eigenschaft erhalten, im anderen Falle dagegen aus irgendwelchen Gründen nicht. Aber um so besser. Die Hauptsache ist einerseits das Erlangen exakter Kenntnisse und andererseits das Auftauchen neuer Fragen, neuer Komplikationen. Das ist der gewöhnliche Gang der Forschung.

Bei dieser Gelegenheit möchte ich Frau Psychologie den Vorwurf machen, daß sie sich nicht an folgende weise Regel hält: Was positiv und gesichert ist, das akzeptiere und halte dich daran, wenn du aber etwas Neues gefunden hast, dann stelle eine neue

Frage und trachte danach, auch diese einmal zu bewältigen. In der Psychologie (ich denke an die derzeitige Situation) ist das gerade nicht üblich, und das ist ihr großes Vergehen.

Vor langer Zeit erblickte die Assoziationspsychologie das Licht der Welt, in der man der Assoziation, d. h. der zeitweiligen Verbindung, große Bedeutung beimaß. Diese zeitweilige Verbindung sehen wir an speziellen Beispielen täglich an Hunderten von Hunden und vielleicht in Hunderttausenden von Versuchen und überzeugen uns ständig davon, daß es eine Assoziation gibt, d. h. eine zeitweilige Wechselbeziehung der Tätigkeit von Zellen, die vorher getrennt waren und zwischen denen vorher keinerlei Verbindung bestand. Das ist das Wichtigste in der höheren Nerventätigkeit. Und was geschieht jetzt? Diese Herren Gestaltpsychologen sind auf die Verallgemeinerung nach dem intermittierenden Charakter verfallen. Darauf haben die Gestaltpsychologen bestanden; ausgezeichnet, dagegen haben wir nichts, denn es ist in der Tat ein besonderer Reiz. Anstatt aber nun diese Verallgemeinerung zu bearbeiten, kriegen sie die Assoziation beim Kragen und fallen über sie her. Jetzt ist die Assoziationspsychologie von diesen neuen Gestaltpsychologen glatt an die Wand gedrückt worden. Einige Psychologen, die sich ihre Objektivität erhalten haben, sagen, daß die Assoziationspsychologie durch die bedingten Reflexe wie nie zuvor bestätigt worden sei. Wie finden Sie das? Als ob es nicht genügend sogenannte »psychologische Fakten« gegeben hätte, um das als gesicherte und ernst zu nehmende Errungenschaft anzusehen. Natürlich ist das Grundfaktum der Tätigkeit der Großhirnrinde und der höheren Nerventätigkeit die Assoziation, d.h. die zeitweilige Vereinigung von Zellen, die vorher getrennt waren und miteinander keine Verbindung hatten. Aber wie seltsam; wie es so üblich ist, eine Mode, die neue Gestaltpsychologie, erobert sich auch bei uns neue Positionen; man liebäugelt mit ihr. Das ist weiß Gott eine Entdeckung! Die Tatsache ist altbekannt. Nehmen Sie Motive, die in verschiedenen Tonlagen dargeboten werden: Ob ein Tenor, ein Baß, ein Alt usw. sie interpretieren, den Eindruck erhalten Sie von der Verteilung dieser Töne. Das ist also eine alte, eine uralte Erscheinung. Wir erkennen sie an und verstehen, weshalb sie zum besseren Verständnis unserer Tätigkeit beiträgt. Aber warum soll man die Assoziationslehre gleichzeitig an die Wand drücken, als wenn es keine Assoziationen gäbe, wie es in dem Artikel von Köhler stand, den ich analysiert habe, wo er behauptet, alles beginne mit der Gestalt und es gäbe keine Bildung aus Elementen. Das ist Unsinn. Das ist ein Vergehen der Psychologen; sie haben irgendwie keinen festen Boden unter den Füßen. Was gesichert ist, darauf soll man fest beharren, und dazu mag man nach Belieben Neues hinzufügen. Bei ihnen aber schließt eine Tatsache die andere aus. Da ich niemals ein solcher Psychologe war, kann ich einfach nicht begreifen, weshalb sie, statt das zu ergänzen, was früher vorlag, wie es in der ganzen Naturwissenschaft üblich ist, die früheren Errungenschaften verwerfen. Das ist um so schlimmer, als die Assoziation eine unbestreitbare, offensichtliche Tatsache ist. Sie aber wollen sie irgendwie herabsetzen und beiseite schieben; weshalb, ist unbegreiflich.

III. Die Auseinandersetzung Pawlows mit Kretschmer

Die physiologische Lehre von den Typen des Nervensystems, den Temperamenten[1]

In der heutigen Sitzung, die dem Andenken eines großen russischen Arztes gewidmet ist, sei es mir gestattet, zum Zeichen der Verehrung für die Begabung, die wissenschaftlichen Verdienste und das Leben NIKOLAI IWANOWITSCH PIROGOWS[2] Ausführungen über meine experimentellen Arbeiten zu machen. Obwohl diese Untersuchungen, die ich gemeinsam mit meinen Mitarbeitern durchführte, keinen speziell chirurgischen Inhalt haben, besitzen sie doch immerhin einen physiologisch-medizinischen Charakter.

Das Temperament bildet einen sehr wesentlichen Teil der Konstitution, und da die Konstitution jetzt die Aufmerksamkeit der medizinischen Welt außerordentlich fesselt, ist somit diese meine Mitteilung gerade für Ärzte gerechtfertigt.

Die physiologische Lehre von den Temperamenten ist das Ergebnis eines mit einer neuen Methode durchgeführten Studiums der höheren Nerventätigkeit. Da dieses Studium noch nicht Allgemeingut geworden und noch nicht in die Lehrbücher der Physiologie eingegangen ist, aus denen wir die Grundkenntnisse über den Tierorganismus schöpfen, muß ich wohl oder übel, um verstanden zu werden, einige Leitsätze aus diesen Untersuchungen erwähnen. Erst dann kann ich zum speziellen Thema meiner Mitteilung übergehen.

Die allgemeine Charakteristik eines Lebewesens besteht darin, daß es durch seine bestimmte spezifische Tätigkeit nicht nur auf jene äußeren Reize reagiert, zu denen eine Beziehung seit seiner Geburt fertig ausgebildet ist, sondern auch auf viele andere Reize, zu denen sich eine Beziehung erst im Laufe des individuellen Lebens entwickelt. Das heißt also mit anderen Worten, daß das Lebewesen die Eigenschaft besitzt sich anzupassen.

Um dies besser verständlich zu machen, werde ich unmittelbar zu den höheren Tieren übergehen. Die spezifischen Reaktionen der höheren Tiere werden bekanntlich als Reflexe bezeichnet. Durch diese Reflexe wird die ständige Wechselbeziehung des Organismus zur Umwelt bestimmt. Natürlich ist diese Wechselbeziehung eine Notwendigkeit, weil der Organismus gar nicht bestehen könnte, ohne in entsprechende, bestimmte Wechselbeziehungen mit der Umwelt einzutreten. Es gibt immer zwei Arten von Reflexen: beständige Reflexe auf bestimmte Reize, die bei jedem Tier seit der Geburt bestehen, und zeitweilige, unbeständige auf die verschiedensten Reize, mit denen jedes Tier im Laufe seines Lebens in Berührung kommt. Bei den höheren Tieren, z.B. bei den Hunden, auf die sich alle unsere Untersuchungen beziehen, stehen diese zwei Arten von Reflexen sogar mit verschiedenen Teilen des Zentralnervensystems in Verbindung. Die beständigen Reflexe, also diejenigen, die auch bisher (immer schon als Reflexe bezeichnet wurden, stehen mit allen Teilen des Zentralnervensystems, einschließlich der Großhirnhemisphären, in Verbindung. Die Hemisphären aber sind speziell der Ort, das Organ der zeitweiligen Verbindungen, der zeitweiligen Beziehungen des Tieres zur Umwelt, eben der zeitweiligen Reflexe.

Es ist Ihnen ja bekannt, daß bis in die letzte Zeit, bis zum Ende des vorigen Jahrhunderts, diese zeitweiligen Beziehungen, die zeitweiligen Verbindungen des Tierorganismus mit der Umwelt nicht einmal zur Physiologie gerechnet wurden. Für ihre Benennung wurde eine andere Bezeichnung benutzt, man nannte sie »psychische Beziehungen«. Unsere Arbeiten haben aber gezeigt, daß kein Grund vorhanden ist, sie aus dem Gebiet der physiologischen Untersuchungen auszuschließen.

Ich gehe jetzt nach diesen allgemeinen Ausführungen zu einer Reihe bestimmter Tatsachen über. Betrachten Sie zuerst schädliche Bedingungen, schädliche Einwirkungen, von denen das Tier natürlich sofort abrückt, z.B. das Feuer, an dem sich das Tier verbrennt, wenn es in den Bereich seiner Wirkung gerät oder mit ihm in Berührung kommt. Das ist natürlich ein gewöhnlicher angeborener Reflex, eine Angelegenheit der tieferen Teile des Zentralnervensystems. Wenn sich aber der Hund auf Distanz vor der roten Farbe in acht nimmt oder einer entsprechenden Zeichnung, die dem Feuer ähnlich ist, so hat sich diese Reaktion erst während seines Lebens eingestellt. Das ist eine zeitweilige Verbindung, ein zeitweiliger, erworbener Reflex, der bei dem einen Tier vorhanden ist und bei einem anderen Tier, das noch nie mit Feuer in Berührung gekommen ist, vollkommen fehlen kann. Nehmen Sie ein anderes Gebiet von Reizen, z. B. den Nahrungsreflex, d. h. das Aufnehmen von Nahrung. Das ist in erster Linie ein beständiger Reflex: Auch ein Kind und ein neugeborenes Tier vollziehen sofort bestimmte Bewegungen und führen die Nahrung zum Mund. Wenn das Tier jedoch aus einer gewissen Entfernung auf die Nahrung zuläuft, weil es diese Nahrung sieht oder Geräusche vernimmt, die z. B. von einem kleinen Tier stammen, das als Nahrung für das andere dient, so ist auch das ein Nahrungsreflex. Dieser Reflex aber hat sich erst während des Lebens mit Hilfe der Großhirnhemisphären gebildet. Es ist ein zeitweiliger Reflex. Man könnte ihn vom Standpunkt des alltäglichen Lebens als Signalreflex bezeichnen. In diesem Fall signalisiert der Reiz den echten Gegenstand, das wirkliche Ziel des einfachen angeborenen Reflexes.

Zur Zeit ist die Erforschung dieser Reflexe schon sehr weit fortgeschritten. Hier ein gewöhnliches Beispiel, das wir ständig vor Augen haben. Sie geben dem Hund Futter oder zeigen es ihm. Auf dieses Futter entsteht eine Reaktion: Der Hund strebt zu ihm hin, nimmt es ins Maul, es fließt Speichel usw. Wir können dieses Futter durch einen beliebigen anderen Reiz ersetzen und damit die gleiche Reaktion, sowohl die motorische als auch die sekretorische, hervorrufen, wenn wir nur diesen Reiz vorher mit der Nahrung zeitlich in Verbindung gebracht haben. Wenn Sie je nach Belieben klingeln, pfeifen, die Hand erheben oder den Hund kraulen und ihm danach sofort Futter geben und das einige Male wiederholen, so werden alle diese Reize dieselbe Nahrungsreaktion hervorrufen: Das Tier wird zum Reiz hinstreben, sich belecken, es fließt Speichel usw. Es stellt sich derselbe Reflex ein wie früher beim Vorzeigen des Futters.

Es ist durchaus verständlich, daß es für das Tier höchst wichtig ist, unter physiologischen Lebensbedingungen auf Distanz in verschiedener Weise mit allen jenen günstigen Voraussetzungen Verbindung zu haben, die es zum Leben benötigt, oder mit allen jenen schädlichen Umständen, die seine Existenz bedrohen.

Wenn irgendeine Gefahr z.B. durch Geräusche von fernher signalisiert wird, so hat das Tier Zeit, Maßnahmen gegen diese Gefahr zu treffen usw. Es ist klar, daß die höhere Anpassung der Tiere, das höhere Gleichgewicht mit der Umwelt unbedingt mit dieser Art von zeitweiligen Reflexen aufs engste verbunden ist. Diese beiden Arten von Reflexen bezeichnen wir gewöhnlich durch zwei besondere Eigenschaftswörter: Die angeborenen, beständigen nennen wir unbedingte Reflexe und diejenigen, die sich den angeborenen Reflexen im Laufe des Lebens zugesellen, bedingte Reflexe.

Wenn wir schon das Licht täglich wiederholt aus- und einschalten, wäre es eine unwahrscheinliche Ungereimtheit, wenn das grandiose Leitungssystem der Nerven, das den Organismus mit der ihn umgebenden unendlichen Welt verbindet, nicht dem gleichen technischen Prinzip folgen sollte. Es ist viel wahrscheinlicher, daß es sich des gleichen physiologischen Verfahrens bedient. Theoretisch sind folglich keine Gegengründe vorhanden, und physiologisch wird dies vollkommen bestätigt. Der bedingte Reflex bildet sich wie jede andere Nervenerscheinung unter bestimmten Bedingungen gesetzmäßig und bleibt bestehen.

Wir wollen im Zusammenhang mit den bedingten Reflexen noch auf eine weitere Tatsache hinweisen.

Wenn z.B. ein Ton von 1000 Schwingungen in der Sekunde durch die übliche Prozedur zu einem bedingten Nahrungsreiz gemacht worden ist, d.h. durch die gleichzeitige Anwendung des Tons und der Fütterung, so ist das ein Reflex, bei dem der bedingte Reiz in der Großhirnrinde einen Erregungsprozeß hervorruft, eine positive Nahrungsreaktion.

Einen solchen Reflex bezeichnen wir als positiven bedingten Reflex. Aber neben diesen positiven bedingten Reflexen gibt es auch negative, solche, die im Zentralnervensystem nicht einen Erregungsprozeß, sondern einen Hemmungsprozeß hervorrufen. Wenn ich den soeben erwähnten Reflex auf einen Ton von 1000 Schwingungen in der Sekunde gebildet habe und nunmehr andere, diesem nahestehende Töne ausprobiere, vielleicht 10 bis 15 Töne nach beiden Seiten, so wirken auch diese. Sie wirken aber um so geringer, je weiter sie von meinem Ton entfernt sind, auf den ich den Reflex gebildet habe. Wenn ich jetzt so vorgehe, daß ich diesen meinen ursprünglichen Ton wie früher mit Füttern begleite und jene Töne, die von selbst eine Wirkung zeigten, ohne Füttern anwende, so verlieren die letzteren allmählich und schließlich vollständig ihre bedingte Nahrungswirkung.

Was ist dabei geschehen? Sind sie indifferent geworden? Nein. Sie erhalten statt der positiven eine hemmende Wirkung. Sie rufen im Zentralnervensystem einen Hemmungsprozeß hervor. Der Beweis ist sehr einfach. Wenn Sie den Ton von 1000 Schwingungen in der Sekunde anwenden, so ruft er wie immer einen positiven Reflex hervor, die Nahrungsreaktion. Jetzt wenden Sie einen von den Tönen an, die nicht mehr wirken. Wenn Sie unmittelbar danach den Ton von 1000 Schwingungen anwenden, so wird er, wenn auch nur zeitweilig, seine Wirkung verlieren. Folglich hat der benachbarte Ton im Zentralnervensystem eine Hemmung erzeugt, und es dauert einige Zeit, bevor diese Hemmung aus dem Nervensystem verschwindet. Auf diese Weise sehen Sie, daß man durch diese zeitweiligen Agenzien im Zentralnervensystem sowohl Erregungen als auch Hemmungen erzeugen kann. Sie verstehen natürlich, daß das von größter Wichtigkeit für das Leben der Tiere und für uns selbst ist, da unser Leben ja darauf hinausläuft, daß wir in einer bestimmten Umgebung und in einem bestimmten Augenblick einmal eine gewisse Tätigkeit ausüben und sie ein anderes Mal hemmen müssen.

Auf diesen Vorgängen beruht jede höhere Form der Orientierung. Somit setzt sich aus dem ständigen richtigen Ausbalancieren dieser beiden Prozesse sowohl das normale Leben des Menschen als auch das des Tieres zusammen. Man muß von dem Gedanken durchdrungen sein, daß diese beiden entgegengesetzten Prozesse in der Nerventätigkeit gleich wichtig, gleich wesentlich sind.

Damit kann ich wohl die einleitenden Erklärungen beschließen und zum Hauptthema übergehen.

Bei der Ausarbeitung bedingter Reflexe, sowohl positiver als auch negativer, beobachteten wir an Hunden darin einen großen Unterschied, wie schnell sich diese Reflexe ausarbeiten lassen, wie stetig sie sind und bis zu welchem Grade sie absolut werden. Bei den einen Tieren ist es sehr leicht, positive Reflexe auszuarbeiten. Der positive Reflex ist dann unter verschiedenen Bedingungen sehr dauerhaft; dafür aber kann man bei ihnen nur schwer Hemmungsreflexe erhalten. Man kann sie bei diesen Tieren nicht mit voller Genauigkeit ausarbeiten, und sie enthalten immer ein gewisses Element positiver Wirkung. Das ist also für die eine Gruppe charakteristisch. Demgegenüber gibt es solche Tiere, bei denen sich die positiven Reflexe nur mit großen Schwierigkeiten ausarbeiten lassen, sie bleiben immer höchst unbeständig und werden durch die geringste Veränderung in der Umgebung gehemmt. Sie verlieren ihre positive Wirkung. Umgekehrt bilden sich die Hemmungsreflexe schnell aus halten sich dann immer sehr gut.

Zwischen diesen äußersten Gegensätzen gibt es eine Hundeart, die eine Mittelstellung einnimmt, einen zentralen Typ des Nervensystems. Das sind Tiere, denen sowohl das eine als auch das andere leicht fällt, die gut hemmen und auch gut positive Reflexe bilden können, bei denen beide Arten der Reflexe beständig bleiben und auch vollkommen genau eingestellt werden können. Folglich gliedern sich alle Hunde in drei Hauptgruppen: die Gruppe der erregbaren, die Gruppe der hemmbaren (als äußerste Gruppen) und eine zentrale Gruppe, bei der die Prozesse der Erregung und Hemmung ausgeglichen sind. Da die bedingten Reflexe mit den Großhirnhemisphären in Verbindung stehen, handelt es sich bei den drei erwähnten Gruppen um drei Arten des Charakters und entsprechend um drei Arten der Tätigkeit der Großhirnhemisphären.

Aber wir haben noch überzeugendere Beweise für das Vorhandensein dieser drei Typen des Nervensystems.

Wenn man einen sehr schweren Zusammenstoß des Erregungs- und Hemmungsprozesses erzeugt, so kann man vollkommen verschiedene Verhaltensweisen der drei Arten des Zentralnervensystems bei diesem Vorfall beobachten. Ich werde Ihnen etwas ausführlicher das Verfahren beschreiben, das wir ständig anwenden und das sozusagen als höchste Prüfung der Anpassungsfähigkeit oder Stärke des Nervensystems erscheint. Wir bringen auf der Haut ein Gerät an, mit dem wir in einem bestimmten Rhythmus die Haut mechanisch reizen, z. B. in Abständen von einer Sekunde. Das geschieht durch einen bedingten Reiz. Diesen Reiz kann man differenzieren, d. h., man kann das Nervensystem zwingen, auf verschiedene Frequenzen der mechanischen Reizung anders zu reagieren. Nehmen wir an, ich wende statt dreißig Reizen in einer halben Minute wie früher 15 an und erreiche, daß der Hund eine positive Nahrungsreaktion zeigt, wenn ich 30 Reize anwende. Bei fünfzehn Reizen aber wird diese Reaktion gehemmt. Natürlich macht man das so, daß die dreißig Reize in einer halben Minute durch Füttern begleitet werden, die fünfzehn aber nicht.

Auf diese Art und Weise rufen zwei Reizungen, die sich wenig voneinander unterscheiden, im Nervensystem zwei entgegengesetzte Prozesse hervor. Wenn man nun diese zwei Prozesse zusammen einwirken, sie unmittelbar aufeinander folgen, sie gleichsam aufeinander stoßen läßt, dann erhält man ein sehr interessantes Ergebnis. Nehmen wir an, daß ich mit fünfzehn Reizen beginne: Der Hund zeigt keine Nahrungsreaktion. Wenn ich sofort die fünfzehn Reize durch dreißig ersetze, so bedeutet das eine Prüfung für das Nervensystem, die auf augenfälligste Art den Unterschied zwischen den drei erwähnten Typen zeigt. Wenn das Verfahren am Hund des einen Typs, des erregbaren Typs, angewandt wird, bei dem die Erregung vorherrscht und die Hemmung schwach ist, so geschieht folgendes: Die Hunde werden entweder sofort oder nach einigen Wiederholungen dieser Prozedur krank. Bei ihnen bleibt nur der Erregungsprozeß bestehen, der Hemmungsprozeß erlischt fast vollkommen. Diesen Zustand nennen wir im Laboratorium *Neurasthenie,* und diese Erkrankung kann sich beim Hund monatelang hinziehen. Wenn ich dieselbe Prozedur bei Hunden des entgegengesetzten Typs anwende, so wird bei ihnen umgekehrt der Erregungsprozeß schwächer, die Hemmung aber bleibt und herrscht außerordentlich vor. Solche Hunde nennen wir *Hysteriker.* In beiden Fällen ist die normale Wechselbeziehung zwischen der Hemmung und der Erregung verschwunden. Das bezeichnen wir als Zerrüttung. Offenbar haben wir Neurosen vor uns, zwei echte Neurosen: die eine mit einem Vorherrschen des Erregungsprozesses, die andere mit einem Vorherrschen des Hemmungsprozesses. Das sind ernste Krankheiten. Sie dauern monatelang, und man muß die Hunde behandeln. Die Haupttherapie ist bei uns das Einstellen aller Versuche. Mitunter aber wenden wir auch noch andere Mittel an. Was die Erkrankungen des hemmbaren Typs betrifft, so haben wir hier keine anderen Mittel gefunden, außer daß wir den Hund mitunter für ein halbes Jahr und länger ohne Versuch lassen. Für die andere Neurose aber erwiesen sich Brom- und Kalziumsalze als gute Mittel. In einer bis anderthalb Wochen wird das kranke Tier dann wieder normal.

Somit handelt es sich unzweifelhaft um sehr verschiedene

Hunde. Sie erkranken unter der Einwirkung ein und desselben pathogenen Verfahrens auf verschiedene Art.

Aber neben diesen extremen Typen bleibt noch der zentrale Typ. Genau dasselbe Verfahren übt auf die Tiere des zentralen Typs keinen Einfluß aus. Sie bleiben gesund, sie erkranken nicht. Daraus ergibt sich vollkommen klar, daß drei verschiedene Typen des Nervensystems bestehen: der zentrale, *ausgeglichene* Typ und zwei extreme, der *erregbare* und der *hemmbare* Typ. Demnach arbeiten die beiden Extreme sozusagen vorwiegend mit einer »Hälfte« des Nervensystems. Wir können sie als »halbierte« Typen bezeichnen. Zwischen ihnen steht der »ganze« Typ, bei dem ständig und regelmäßig beide Prozesse tätig sind.

Ferner ist folgendes von Interesse. Vom zentralen Typ gibt es zwei Formen. Dem Äußeren nach sind sie voneinander sehr verschieden, aber in bezug auf unser Hauptkriterium ist der Unterschied zwischen diesen beiden Formen sehr unbedeutend. Die eine Form besteht das Ausbalancieren der entgegengesetzten Nervenprozesse sehr leicht, die andere hat dabei einige Schwierigkeiten, das ist alles. Zu einem pathologischen Zustand kommt es jedoch nicht.

Wenn wir jetzt unsere Aufmerksamkeit auf das allgemeine äußere Verhalten all unserer Hunde richten, so beobachten wir beispielsweise folgendes: Der erregbare Typ ist in seiner höchsten Vollendung größtenteils ein Tier von aggressivem Charakter. Wenn z.B. der Besitzer der Hunde, den sie gut kennen und dem sie vollkommen gehorchen, grob mit ihnen umgeht, sie schlägt, können sie ihn beißen, sie können sich nicht beherrschen. Der extrem hemmbare Typ zeigt sich darin, daß es genügt, den Hund anzuschreien, zum Schlag auszuholen, damit er den Schwanz einzieht, sich hinsetzt und sogar Wasser läßt. Das ist das, was man ein ängstliches Tier nennt. Der mittlere Typ aber ist in zwei Formen vertreten, als schwerfälliges, ruhiges Tier, das scheinbar alles vollkommen ignoriert, was ringsum geschieht (wir bezeichnen diese Tiere gewöhnlich als solide), und umgekehrt als im wachen Zustand sehr lebhafte, außerodentlich bewegliche, alles musternde, alles beriechende Tiere. Aber bei den letzteren ist folgendes höchst eigenartig: Diese Tiere haben gleichzeitig eine seltsame Neigung zum Schlaf. Sobald man sie nur in unsere Umgebung bringt, sie im Extrazimmer allein läßt, in das Gestell einspannt, sobald in ihrer Umgebung keinerlei

Veränderungen mehr stattfinden, beginnen sie sofort schläfrig zu werden und einzuschlafen. Das ist eine direkt erstaunliche Kombination von Beweglichkeit und Schläfrigkeit.

Auf diese Weise unterteilen sich alle unsere Tiere in vier bestimmte Gruppen: zwei äußere Gruppen, die der erregbaren und der hemmbaren Tiere, und zwei Gruppen der zentralen ausgeglichenen Tiere, von denen die der einen Gruppe sehr ruhig und die der anderen äußerst lebhaft sind. Wir müssen dies als feststehende Tatsache ansehen.

Kann man das auf den Menschen übertragen? Warum nicht? Ich denke, daß man es nicht als Beleidigung für den Menschen auffassen kann, wenn sich bei ihm, ähnlich wie bei den Hunden gemeinsame Grundcharaktere des Nervensystems finden. Wir sind jetzt schon dermaßen biologisch geschult, daß kaum irgend jemand gegen diesen Vergleich protestieren wird. Wir können mit vollem Recht die am Hund festgestellten Typen des Nervensystems (und sie sind sehr exakt charakterisiert) auf den Menschen übertragen. Offenbar entsprechen diese Typen dem, was wir beim Menschen als Temperamente bezeichnen. Das Temperament ist die allgemeinste Charakterisierung jedes einzelnen Menschen, die grundlegendste Charakterisierung seines Nervensystems, und es gibt der gesamten Tätigkeit jedes Individuums ein ganz bestimmtes Gepräge.

In der Frage nach den Temperamenten kam der menschliche Empirismus mit dem genialen Beobachter des menschlichen Wesens, HIPPOKRATES, an der Spitze, wie mir scheint, der Wahrheit sehr nahe. Es gibt eine uralte Klassifizierung der Temperamente; das *cholerische*, das *melancholische*, das *sanguinische* und das *phlegmatische* Temperament. Zwar wird diese Klassifizierung jetzt stark umgearbeitet. Einige sagen, daß es nur zwei Temperamente gäbe, einige stellen drei fest, einige sechs usw. Aber im Laufe von zweitausend Jahren neigte die Mehrzahl doch zu den vier Arten. Man kann annehmen, daß diese alte Ansicht auch die meiste Wahrheit in sich birgt. Inwieweit sich einige der neueren Autoren in dieser Frage verwirren lassen, kann ich Ihnen am Beispiel eines russischen Psychiaters beweisen. Er nahm sich vor, sechs Temperamente zu unterscheiden: drei normale Temperamente und drei pathologische. Als normale sah er an: das fröhliche, das klare und das phlegmatische, und als pathologische: das cholerische, das melancholische und das sanguinische.

Sonderbar, daß z. B. das sanguinische Temperament nur aus dem Grunde zur Gruppe der pathologischen gehört, weil alle Sanguiniker scheinbar leichtsinnig sind. Der Leichtsinn ist folglich eine pathologische Erscheinung.

Wenn wir bei der alten Klassifizierung von vier Temperamenten bleiben, so kann man die Übereinstimmung der Versuchsergebnisse an Hunden mit dieser Klassifizierung nicht übersehen. Unser *erregbarer* Typ ist das *cholerische*, unser *hemmbarer* das *melancholische* Temperament. Den zwei Formen des *zentralen* Typs würden das *phlegmatische* und *sanguinische* Temperament entsprechen. Das melancholische Temperament ist sichtlich ein hemmbarer Typ des Nervensystems. Für den Melancholiker wird anscheinend jedes Ereignis des Lebens zu einem hemmenden Agens, da er an gar nichts glaubt, auf gar nichts hofft, in allem nur Schlechtes, nur Gefährliches sieht und erwartet. Der cholerische Typ ist ein klarer, kämpferischer, ein übermütiger, leicht und schnell erregbarer Typ. In der goldenen Mitte aber stehen das phlegmatische und das sanguinische Temperament. Dies sind zwei ausgeglichene und deswegen gesunde, widerstandsfähige und echte, lebenskräftige Nerventypen, wie verschieden, ja sogar entgegengesetzt die Vertreter dieser Typen im Äußeren auch sein mögen. Der Phlegmatiker ist ein ruhiger, immer gleichmäßiger, unentwegter und beharrlicher Arbeiter. Der Sanguiniker ist ein feuriger, sehr produktiver Arbeiter, aber nur dann, wenn er viel und interessante Arbeit hat, d. h., wenn eine ständige Anregung vorhanden ist. Wenn aber eine solche Arbeit fehlt, wird er langweilig, kraftlos, ganz wie unsere sanguinischen Hunde (gewöhnlich nennen wir sie auch so), die im höchsten Grade lebhaft und sachlich sind, wenn sie von der Umgebung angeregt werden, sofort aber schlummern und schlafen, wenn die Anregungen fehlen.

Wir haben uns erlaubt, unsere Vermutungen und Gedanken etwas weiter zu entwickeln, indem wir die Klinik der Nerven- und Geisteskranken streiften, obwohl unsere Kenntnisse hier nicht über das Lehrbuchwissen hinausgehen. Es erschien uns wahrscheinlich, daß auch unter den Menschen die Hauptlieferanten für diese Kliniken speziell die extremsten, unbeständigen Typen oder Temperamente sind. Beide Formen des zentralen Typs aber bleiben zwischen den Wogen und Stürmen im Meer des Alltags mehr oder weniger unberührt. Wir dachten, daß es recht und billig wäre, auch beim Menschen mit dem cholerischen Typ die Neurasthenie als entsprechende krankhafte Form in Verbindung zu bringen und mit dem hemmbaren, melancholischen die Hysterie als überwiegend gehemmte Form, gehemmte Erkrankung. Und kann man nicht auch dann, wenn die Erkrankung in ihrer sogenannten »psychischen« Form auftritt, annehmen, daß beide Hauptgruppen der konstitutionellen endogenen Psychosen, die zirkulären Psychosen und die Schizophrenie, ihrem physiologischen Mechanismus nach den höchsten Grad derselben Erkrankungen darstellen?

Der Neurastheniker kann durchaus eine außerordentliche Tätigkeit entwickeln, ein großes Lebenswerk vollbringen. Viele berühmte Menschen waren Neurastheniker. Aber gleichzeitig erlebt der Neurastheniker neben den Perioden angestrengter Arbeit unbedingt Perioden eines tiefen kraftlosen Zustands.

Und wie steht es beim Zirkulären? Es ist genau das gleiche. Bald ist er weit über die Norm erregt, bis zu Tobsuchtsanfällen, bald versinkt er in einen tiefen depressiven, melancholischen Zustand.

Andererseits haben unsere hysterischen Hunde im Laboratorium anscheinend sehr schwache Rindenzellen, die leicht in verschiedene Grade eines chronischen Hemmungszustands übergehen. Aber auch der wesentliche allgemeine Zug der menschlichen Hysterie ist ja anscheinend ebenfalls eine Kraftlosigkeit der Rinde. Das Simulieren einer Krankheit, die Suggestibilität und die Neigung zur Emotion (ich entnehme diese psychische Chrakterisierung der Hysterie der Broschüre »Die Hysterie und ihre Pathogenese« von Professor L. W. BLUMENAU[3]) sind alles klare Erscheinungen dieser Kraftlosigkeit. Ein gesunder Mensch wird sich nicht hinter einer Krankheit verbergen, um für sich Nachsicht, Mitleid oder Interesse wie für einen Kranken, d. h. einen Schwachen, zu erwecken. Die Suggestibilität ist natürlich durch die Neigung der Rindenzellen bedingt, in den Hemmungszustand überzugehen. Und die Neigung zur Emotion ist ein Vorherrschen oder ein Durchbrechen hochkomplizierter unbedinger Reflexe (des aggressiven, des passiven Abwehrreflexes und anderer Reflexe, Funktionen subkortikaler Zentren) bei einer geschwächten Kontrolle durch die Rinde.

Es gibt Gründe, auch die Schizophrenie als eine äußerste Rindenschwäche, sozusagen als den höchsten Grad der Hysterie anzusehen. Der Hauptmechanismus der Suggestibilität besteht im Gespaltensein der normalen, mehr oder weniger gemeinsamen Tätigkeit der gesamten Rinde. Deswegen ist auch eine bestimmte Suggestion unüberwindlich, weil sie beim Fehlen der üblichen Einwirkungen der übrigen Rindenteile vor sich geht. Wenn das aber zutrifft, so ist also die Schizophrenie die ausgeprägteste Erscheinung desselben Mechanismus. Stellen wir uns eine allgemeine äußerste Schwäche der Rinde vor, sozusagen eine krankhafte, anomale »Spaltbarkeit«. Ebenso wie man bei unseren hemmbaren hysterischen Hunden durch Schaffung funktioneller Schwierigkeiten vollkommen isolierte krankhafte Punkte und Herde in der Rinde erhalten kann, erscheinen bei den Schizophrenen unter der Einwirkung mehr oder weniger starker Lebenseindrücke ständig und allmählich immer mehr und mehr solcher Punkte und Herde. Wahrscheinlich geschieht dies auf der Basis einer organischen Erkrankung, wobei ein immer größerer Zerfall der Großhirnrinde stattfindet, eine Spaltung ihrer normalen zusammenhängenden Arbeit.

Nach allem, was ich angeführt habe, erscheint es mir richtig, daß dem *Laboratorium* in der tausendjährigen Frage nach den Temperamenten ein gewichtiges Wort zukommt, vor allem wegen des Elementaren und der relativen Einfachheit seiner Versuchsobjekte.

Über Hysterie[1]

(2. März 1932)

Iwan Petrowitsch berichtet von seiner negativen Einstellung zu Kretschmer[2], die dadurch entstanden ist, daß dieser sich in seiner Arbeit »Körperbau und Charakter« dazu hinreißen ließ, die gesamte Menschheit in zwei extreme Typen einzuteilen. Trotzdem spricht aus diesem Buch eine bemerkenswerte Begabung, es ist sachlich geschrieben und stimmt in seinen Grundzügen mit der Deutung der höheren Nerventätigkeit überein, die sich aus der Untersuchung bedingter Reflexe ergibt. Auf unsere Untersuchungen beruft sich der Autor nirgends, und zwar offenbar nur aus dem Grunde, weil er sie nicht kennt. Die Vorlesungen Iwan Petrowitschs über die Tätigkeit der Großhirnhemisphären wurden in alle Sprachen übersetzt außer ins Deutsche. Die von KRETSCHMER beschriebenen primitiven Reaktionen, wie der Bewegungssturm und der Scheintodreflex sind Erscheinungen, die im menschlichen Leben des öfteren auftreten. Sie werden nicht nur beim schwachen Typ beobachtet, sondern treten auch beim starken Typ nach einem außerordentlich schweren Schlag auf: Der eine wird unstet und verfällt in Unruhe, der andere erstarrt in Bewegungslosigkeit. Die von KRETSCHMER beschriebenen hysterischen Gewohnheiten sind dadurch bedingt, daß die Tätigkeit der Hirnrinde nicht einheitlich ist. Traumatische Symptome erläutert IWAN PETROWITSCH folgendermaßen: Wenn der Wunsch auftritt, einer Gefahr zu entgehen, irradiiert die Erregung in der Hirnrinde und summiert sich mit noch nicht erloschenen Furchtreflexen (Zittern, Paresen usw.), wodurch die Furchtreflexe länger anhalten, als es ihnen eigen ist. Bei KRETSCHMER ist diese Erscheinung gut durch das Beispiel mit dem Kniereflex dargestellt, der sich verstärkt, wenn sich die Aufmerksamkeit des Patienten darauf konzentriert. Darin äußert sich natürlich die Summierung der leichten Erregung in der Hirnrinde, die in die niederen reflektorischen Zentren gesandt wird. Bei einer allzu starken Beteiligung der Hirnrinde, z.B. wenn der Wunsch besteht, den Kniereflex absichtlich zu verstärken, sinkt der Reflex infolge negativer Induktion von der Hirnrinde auf die niederen reflektorischen Zentren ab. Aufgrund dieser Untersuchungen gebührt KRETSCHMER die Ehre, den Unterschied zwischen einem leichten Wunsch und bewußter Absicht zum Betrug festgestellt zu haben. Weiter verweilt IWAN PETROWITSCH bei den beiden Arten des Willens beim Menschen. Beim normalen Willen haben wir es mit einer einheitlichen Tätigkeit beider Großhirnhemisphären zu tun. Bei Kindern z.B. beobachten wir besonders häufig eine rein affektive Reaktion auf Reize, ohne jede Überlegung, und ohne daß Lebenserfahrung daran beteiligt ist, sie ist demnach von der gesamten übrigen Tätigkeit der Großhirnhemisphären isoliert. Bei »schwachen« Großhirnhemisphären ruft der auf einen bestimmten Punkt der Hirnrinde wirkende Reiz eine negative Induktion auf die übrigen Bezirke der Hirnrinde hervor, wodurch deren Beteiligung an der Tätigkeit dieses Punktes ausgeschlossen wird. Ein bedeutendes Verdienst KRETSCHMERS besteht darin, daß er das Objektive mit dem Subjektiven verschmilzt. KRETSCHMER entwickelt seine Thematik ausschließlich anschaulich. Offenbar ist er mehr Künstler als Denker.

Iwan Petrowitsch weist auf die beiden Signalisationen der Außenwelt hin. Die erste, die der Mensch mit dem Tier gemeinsam hat, das sind die Empfindungen aller Analysatoren, die zweite, die rein menschliche, ist die verbale Signalisation. Je nachdem, welches Signalsystem in der höheren Nerventätigkeit überwiegt, haben wir zwei Typen: den Künstlertyp und den Denkertyp. Es gibt Künstler, wie z. B. Leo Tolstoi, der die Welt außerordentlich talentvoll darstellt und gleichzeitig die Wissenschaft ablehnt usw. Das zweite Signalsystem (das verbale) ist subtiler. Es ist das am meisten belastete, weil wir uns seiner im Umgang miteinander ständig bedienen. Während des Schlafs dagegen operieren wir fast nur mit Bildern und weit seltener mit Worten. Bei Hysterikern werden bei der Hemmung veränderte Erlebnisse in Form von phantastischen, komprimierten und miteinander vermischten Bildern beobachtet, die nicht durch eine einheitliche Tätigkeit der Großhirnhemisphären kontrolliert werden. Der Sprachbezirk wird hierbei gehemmt.

Iwan Petrowitsch kommt auf die Hysterie zurück. Während Kretschmer uns eine glanzvolle Analyse der Symptome der Hysterie gegeben hat, können wir bei einem anderen, schon hochbetagten Professor namens Hoche[3] lesen, daß wir uns bei der Erforschung der Hysterie noch in den Anfängen befänden und vor verschlossenen Türen stünden.

Iwan Petrowitsch nimmt an, daß die Hysterie durch die physiologische Analyse nunmehr erschöpfend erfaßt sei.

Über Kretschmers Schizoide und Zykloide. Der Schizoide ist einfach ein schwacher Typ, der Zykloide ein starker, unausgeglichener Typ[1]

(31. Oktober 1934)

I. P. Pawlow: Im Zusammenhang damit – zur psychiatrischen Klinik. Kretschmer[2] hat eine Einteilung in zwei Haupttypen vorgeschlagen, in den Schizoiden und den Zykloiden. So talentiert er auch ist, so ausgeprägt bei ihm auch unter allen Psychiatern die objektive Tendenz auftritt, so ist er doch, was den Typ betrifft, gescheitert.

Er hat es ausschließlich mit kranken Menschen zu tun. Als er sie klassifizierte, war er so kühn und unvorsichtig, seine Klassifikation auch auf gesunde Menschen zu übertragen. Damit hat er natürlich einen gewaltigen Fehler begangen.

Das ist auch der Grund, weshalb ich ihn einfach nicht verstehen konnte, als ich sein Buch las, vor allem die letzte Seite, wo er sich hervorragenden Menschen der Geschichte zuwendet. Das betrifft speziell den schizoiden Typ.

Schließlich erregt mich, wenn ich in der psychiatrischen Klinik sitze, die hier auf die Spitze getriebene schablonenhafte Einstellung. Es handelt sich um folgendes.

Als Grundzug des schizoiden Typs sieht man die Abgesondertheit, die Zurückgezogenheit in sich selbst an. Für gewöhnlich stellt man die Frage auch so: Wie verhält er sich zu anderen Menschen? usw. KRETSCHMER hielt sich offensichtlich auch daran, daß das der wesentliche Grundzug des schizoiden Typs sei, die Verschlossenheit, die Versenktheit in sich selbst. Andere verwenden einen anderen Ausdruck, nämlich Introversion. Eben das hält man für den Grundzug des schizoiden Typs, der in so gewaltiger Anzahl in Form der Schizophrenen die psychiatrische Klinik bevölkert.

Der gröbste Fehler besteht nach meiner Ansicht hier in folgendem.

Der schizoide Typ ist, wenn es sich um die Vorläufer der Schizophrenen handelt, der schwache Typ, unser ganz gewöhnlicher schwacher Hundetyp, der tatsächlich durch Verschlossenheit, Versenktheit in sich gekennzeichnet ist. Wir haben solche Neurotiker auch in der Nervenklinik gesehen. Es sind also schwache Menschen, die keine schwierige soziale Lebenssituation ertragen. Folglich ist die einzige Rettung für sie, sich von dieser Situation zu entfernen, sich außerhalb dieser komplizierten Reize zu halten, auf deren Einwirkung sie mit ihrem Verhalten nicht adäquat reagieren können. Für sie ist eine solche Situation schwer und unerträglich, deshalb ziehen sie sich in sich selbst zurück. Das ist das Resultat der Schwäche.

Aber es ist falsch, wenn KRETSCHMER die Kategorie der großen Menschen in solche Schizoide verwandelt. Bei dieser Kategorie beruht die Zurückgezogenheit in sich selbst auf etwas völlig anderem. Sie sind von ihren Lebensaufgaben, ihren Ideen, Zielen usw. absorbiert.

Die äußeren Züge hat KRETSCHMER für das Wesen der Dinge gehalten. Das ist vollkommen klar. Alle Schizophrenen halten sich abgesondert, pflegen keine Freundschaften und Kameradschaften, weil ihnen die Kompliziertheit des sozialen Lebens unerträglich ist. Ich erinnere mich genau an einen Neurotiker, der direkt sagte, daß er sich nur dann wohlfühle, wenn er allein sei, daß es ihm aber schwerfalle, sich in Gesellschaft zu bewegen. Das ist verständlich, denn hier gibt es eine Menge verschiedener Beziehungen: Mit dem einen muß man so umgehen, mit dem anderen anders, der eine lacht über dich, der andere lobt dich, der dritte schmäht dich; alles das muß man verstehen, auf alles richtig reagieren, damit der soziale Umgang möglich bleibt. Mit dieser Einteilung der Menschen anhand der Klinik greift KRETSCHMER völlig daneben. Es gibt keine Schizoiden, sondern es sind Menschen vom schwachen Typ.

Der zykloide Typ ist der starke Typ. Es ist unser erregbarer Typ, während der schizoide Typ unser schwacher Typ ist, unbedingt ist es so. Zum zykloiden Typ gehören die starken Menschen, bei denen keine Ausgeglichenheit zwischen dem Erregungs- und Hemmungsprozeß vorliegt. Es ist verständlich, daß das ganze Gleichmaß des Lebens, das ganze normale System des Verhaltens darauf beruht, daß bei mir Ausgeglichenheit in meiner Arbeit und meiner Erholung, im Erregungs- und Hemmungsprozeß vorhanden ist. Wenn aber dieses Gleichgewicht bei einem starken Menschen fehlt, dann legt er sich, wenn er von irgendeiner Sache begeistert ist, über seine Mittel und Kräfte ins Zeug und bricht zu guter Letzt zusammen, erschöpft sich stärker als zulässig; er arbeitet so lange, bis ihm alles unerträglich wird, und dann tritt eine außerordentlich lange Wiederherstellungsperiode ein. Der zykloide Typ ist der zyklische unausgeglichene starke Typ.

Sehen Sie, so decken sich unsere Laboratoriumsklassifikationen mit der KRETSCHMERschen Klassifikation! Natürlich ist es sowohl im Leben als auch bei uns im Laboratorium ein anfälliger Typ, er weicht stark von der Norm ab.

Es ist also einerseits dieser zykloide Typ der erregbare unausgeglichene, der am häufigsten unter dem Druck des Lebens leidet, und andererseits ist der schwache Typ der, der keine Komplikationen des Lebens verträgt.

Ich glaube, wir haben aufgrund der Laboratoriumsforschungen alles Recht, diesen prinzipiellen Fehler zu korrigieren. Man muß nicht die Schizoiden und Zykloiden unterscheiden, sondern den erregbaren Typ mit seiner Zirkularität und den schwachen Typ. Die Psychotiker entstehen aus dem erregbaren unausgeglichenen, wenn auch starken Typ, die Schizoiden aber sind schwache Typen.

F. P. Majorow: Selbstverständlich sind nicht alle starken Typen auch erregbar. Die Zykloiden gehören zu den Cholerikern. Der Zykloide ist ein engerer Begriff, weil natürlich nicht alle erregbaren zyklisch sind.

I. P. Pawlow: Dazu kann ich Ihnen folgendes sagen. Ich bin ein erregbarer Typ und natürlich ein typischer Zykloider, ich erlebe ständig Perioden starker Erregung, die unausweichlich von einer unzufriedenen Stimmung abgelöst werden, von mangelndem Selbstvertrauen, von Zweifeln. Es ist also einfach nur eine Stufe und nicht mehr.

Auf Wiedersehen!

Über die Typen der höheren Nerventätigkeit der Tiere und des Menschen[1]

(14. November 1934)

I. P. Pawlow. Zunächst wollen wir über die Typen des Nervensystems sprechen. Vor knapp einem Jahr habe ich Ihnen meinen Artikel über die Typen vorgelesen, der auf unseren letzten Ergebnissen beruhte. Er hat unangerührt dagelegen, ganz ohne Veränderung, jetzt habe ich ihm den letzten Schliff gegeben und mache mich daran, ihn in Druck zu geben. Diesr Artikel trägt die Überschrift: »Die gemeinsamen Typen der höheren Nerventätigkeit der Tiere und des Menschen«. Jetzt, da wir eine so lange Auseinandersetzung über die Einteilung der Menschen in die Kategorien des Denker- und Künstlertyps haben, müssen wir offensichtlich über die gemeinsamen Typen der höheren Nerventätigkeit des Menschen und der Tiere sprechen und dann über die speziell menschlichen Typen.

Die heutige Lesung wird sich also zunächst mit den gemeinsamen Typen befassen, später wird von den speziellen Typen der höheren Nerventätigkeit des Menschen die Rede sein.

Der Artikel, den ich früher geschrieben habe, behandelte ausschließlich die Typen der höheren Nerventätigkeit der Tiere. Nun, da ich ihn in Druck gebe, will ich noch zwei Seiten über die menschlichen Typen hinzufügen. Diese Ergänzung will ich Ihnen vorlesen.

»Wenn man sich auf das Elementare der physiologischen Grundlagen ...« Diese Erwähnung ist wichtig, daß man sich auf das Elementare der physiologischen Grundlagen stützt, d.h. auf die Grundprozesse, denn die müssen bei Tier und Mensch gemeinsam sein (*liest*).

Vor allem wende ich mich an die Herren Psychiater. So talentiert dieser KRETSCHMER[2] auch ist, aber hier hat er daneben gegriffen, einen großen Fehler begangen. Das ist auch verständlich; denn sein ganzes Denken war ständig auf pathologisches Material konzentriert. Es ist also zu verstehen, daß er die übrige Menschheit außer acht ließ. Dadurch entsteht ein ziemlich wüstes Zeug. In seinem Buch »Körperbau und Charakter« wollte er die gesamte Menschheit in den Rahmen klinischer Typen pressen, und das konnte natürlich zu nichts Gutem führen.

Ich glaube, wir haben in dieser Hinsicht mehr recht, er aber ist einfach einseitig.

Seltsam, weshalb hat diese Klassifikation dennoch eine so weite Verbreitung gefunden? Das ist mir nicht ganz verständlich.

Meine Damen und Herren, hat vielleicht irgend jemand etwas dazu zu sagen?

Neben diesen gemeinsamen Typen kommt dann weiter die Einteilung in die rein menschlichen Typen.

I.O. NARBUTOWITSCH: Zu Ihren Typen der Hysteriker und Psychastheniker. Insofern Sie zum Teil die Zyklothymen und Schizothymen berühren ...

I.P. PAWLOW: Wozu denn das durcheinander bringen? Das sind allgemeine Typen.

I.O. NARBUTOWITSCH: Allgemeine nach KRETSCHMER, aber in der Psychiatrie erkennt man an, daß es außer diesen Typen auch noch andere mit eigenen Grundzügen gibt, die Zyklothymen und Schizothymen. KRETSCHMER bezeichnet sie als allgemeine Typen, aber nicht von allen werden sie in der Literatur als allgemeine Typen anerkannt, nicht alle stimmen KRETSCHMER zu. Aber KRETSCHMER erhält von Ihnen eine starke Unterstützung; die Psychiater, die geneigt sind, sich auf KRETSCHMER zu stützen, werden sagen, daß IWAN PETROWITSCH PAWLOW ebenfalls nur zwei Typen anerkennt: Die Schizothymen und Zyklothymen.

I.P. PAWLOW: Ich begreife einfach nicht, welches Ziel Sie haben. Mich setzen die Psychiater mit ihren verschiedenartigen Typen nicht in Erstaunen. Davon kann man beliebig viele aufstellen. Natürlich gibt es allerlei Krankheiten, und eben darin besteht die Schwierigkeit. Ich mache KRETSCHMER lediglich den Vorwurf, daß er eine Klassifikation für gesunde Menschen aufgrund von pathologischem Material aufstellt. Es handelt sich um normale Menschen, um normale Typen. Derartige Typen haben wir, meiner Meinung nach, zwei: den erregbaren und den schwachen. Ich meine, daß die Zyklothymen KRETSCHMERS dem erregbaren Typ entsprechen. Wir erhalten sie doch im Laboratorium, wenn wir die schwache Hemmung anstrengen. Andererseits werden die Schizothymen erwähnt. Gerade deshalb verbinde ich mich mit den Psychiatern, andernfalls würde ich sie sich selbst überlassen: Teile die Patienten nur ruhig in Hysteroide, Epileptoide usw. ein, so viel Krankheiten dir nur einfallen, das ist deine Sache.

Aber der schwache Typ ist doch, wie das Wort selbst zeigt, in der gesamten Menschheit tatsächlich pathologisch. Wäre die Menschheit ohne ihn besser dran oder nicht? Diese Frage habe ich mir vorgelegt und entschieden, daß vielleicht auch diesem Typ, wer weiß, ein wichtiger Platz in der menschlichen Entwicklung gebührt.

I.O., die von den Psychiatern aufgestellte Systematik der Typen ist eine ganz besondere Sache, sie fußt auf einer anderen Grundlage, sie hat mit der Einteilung der Typen der normalen Menschen nichts zu tun.

I.O. NARBUTOWITSCH: Diejenigen Psychiater, die mit KRETSCHMER einer Meinung sind, werden zufrieden sein.

I.P. PAWLOW: Das ist verständlich, denn sie haben eine Grundlage, sie haben ein Fundament. Es baut sich aus den Eigenschaften zweier Typen auf, des erregbaren und des schwachen.

Bemerkungen über das Buch von Kretschmer »Körperbau und Charakter«. Die Züge des Typs und die Züge des Charakters[1]

(23. Oktober 1935)

I.P. Pawlow: Nun, meine Damen und Herren, eine weitere interessante Angelegenheit.

Mir ist neulich das Buch von Kretschmer »Körperbau und Charakter«[2] wieder in Erinnerung gekommen. Ich habe es gelesen, als es erschien und damals wiederholt gesagt, daß es mich in Verlegenheit gebracht hat. Kretschmer hat einen Fehler gemacht (was für ein talentierter Mensch er auch ist, möglicherweise sogar wegen seiner künstlerischen Talentiertheit), als er die ganze Menschheit, die auf dem Erdball lebt, in den Rahmen seiner beiden klinischen Typen hineinzwängen wollte: in die Schizophrenen und die Zirkulären. Es ist natürlich eine tolle Fragestellung, daß Typen, die unter den Kranken vorherrschen und letzten Endes in die psychiatrische Klinik kommen, als Grundtypen angesehen werden sollen. Die überwiegende Mehrheit der Menschen hat doch keinerlei Beziehung zu dieser Klinik. Er hat einen Fehler gemacht, er ist sehr für die Klinik begeistert und hat die übrige Welt vergessen.

Ich kann nicht begreifen, warum alle hervorragenden Menschen unbedingt entweder den Schizophrenen oder den Zyklothymen zugeordnet werden sollen. Ich habe anderen diese Frage vorgelegt, aber auch sie konnten mir nicht helfen, das zu verstehen, und voller Hoffnungslosigkeit habe ich den Einfall beiseite geschoben.

Jetzt, nachdem zehn Jahre vergangen sind und nachdem die Arbeit auf dem Gebiet der Typenforschung vorwärtsgegangen ist, habe ich beschlossen, es zum zweitenmal zu lesen; aber ich kann nicht und habe es nach einiger Zeit wieder weggelegt. Es ist eine völlig unfruchtbare Beschäftigung. Ich kann ihn nicht verstehen, weil bei ihm alles von einem grundlegenden Fehler durchdrungen ist; er will sich auf zwei Typen beschränken. Aber sogar unsere Hunde haben doch gezeigt, daß es nicht zwei Typen gibt, sondern mindestens vier. Außerdem hat er sich mit Gesunden überhaupt nicht beschäftigt. Er hat an sie nicht gedacht, über sie überhaupt nicht gesprochen.

Noch eine Seltsamkeit. Er macht keinen Unterschied zwischen Typ und Charakter, und das ist natürlich auch ein grober Fehler.

Wir stehen heute fest auf dem Standpunkt, daß es angeborene Eigenschaften des Menschen gibt und andererseits solche, die durch die Lebensumstände erworben sind. Das ist klar. Das heißt, wenn von angeborenen Eigenschaften gesprochen wird, so ist es der Typ des Nervensystems. Wenn es sich aber um den Charakter handelt, dann haben wir es mit einer Mischung angeborener Neigungen, Triebe mit im Laufe des Lebens unter dem Einfluß der Lebenseindrücke erworbenen Eigenschaften zu tun.

Darin liegt sein Fehler. Bei ihm geht das durcheinander. Er gibt keinen deutlichen Unterschied zwischen der Erforschung des angeborenen Typs und des Typs, den der Mensch im Laufe des Lebens erworben hat.

Wenden wir uns jetzt den Hunden zu. Das Studium der Typen verknüpfen wir immer mit drei Erscheinungen: mit der Stärke der entgegengesetzten Nervenprozesse, mit ihrem gegenseitigen Gleichgewicht (ausgeglichen oder unausgeglichen) und schließlich mit ihrer Beweglichkeit.

Andererseits haben wir auch Tatsachen, die auf das hinweisen, was zum Charakter gehört.

Nehmen wir z.B. den Hund »Ratniza«, dem Typ nach ist er stark. Bei seinem Charakter aber kann man mit ihm, wie die Versuche gezeigt haben, auf keine Art und Weise in der üblichen Kammer arbeiten, weil er durch alles unnütz abgelenkt wird.

Wir können noch eine andere für den Charakter des Hundes wichtige Tatsache feststellen, die dem Tier ein ganz bestimmtes Wesen verleiht.

Zum ersten Male sind wir im letzten Jahr darauf gestoßen. Wir hatten zwei Hunde mit ausgeprägtem Wächterreflex. Sie erkannten nur ein Individuum an, mit dem sie auf gutem Fuß standen. Ihm, ihrem Herrn, erlaubten sie, mit ihnen zu tun, was ihm beliebte. Gegen alle übrigen waren sie heftig aufgebracht und gingen wütend auf sie los. Die Verbindung mit dem Herrn zeigte sich nur unter bestimmten Bedingungen, unter anderen Bedingungen aber nicht.

Wir wollen über den genau untersuchten »Ussatsch« sprechen. Wenn er in einem Gestell stand, das sich in einem Einzelraum befand und während M.K.[3] sich mit ihm beschäftigte, war es niemandem möglich, an ihn heranzutreten. Für mich war es eine Nervenprobe, als ich mich, um am Versuch teilzunehmen, neben M. K. setzte. Der Hund bellte mich heftig an und, hätte er sich losreißen können, ich glaube, er hätte mich zerreißen mögen.

Man brauchte diesen Hund nur vor die Tür des Zimmers zu setzen, dann veränderte sich die Situation sofort. Sie sehen, wie das Verhalten mit bestimmten Bedingungen zusammenhängt!

Dieser Hund befindet sich jetzt im Laboratorium von W. K.[4]. Mit ihm kann sich nur W. K. beschäftigen, alle übrigen beißt er rechts und links, so daß man nicht heran kann.

Das heißt, es ist ein besonderer Hund. Es zeigt sich ein ganz bestimmter Charakterzug, eine gewisse Wildheit.

Es ist interessant, daß eine ganz spezielle Bedingung ihn so mit W. K. aussöhnt. Es ist die Schlinge eines Stricks, die ihm um den Hals gelegt ist, und deren Ende W. K. festhält. Zunächst konnte niemand an den Hund heran. Dann wurde ihm durch das Käfiggitter eine Schlinge um den Hals gelegt und W. K. nahm das Ende des Stricks in die Hand. Darauf beruht seine ganze Macht. Er kann den Hund führen, mit ihm schalten und walten. Sie sehen, wieweit dies spezialisiert ist.

In dieser Beziehung fällt mir noch ein früheres Erlebnis ein. In Rjasan hatten wir ein eigenes Haus und hielten einen Hund in der Hundehütte. Damit der Hund wirklich zum Wächter wurde, wurden nicht alle an ihn herangelassen. Im Hause hatte nur ein Hausknecht Beziehung zu ihm, der ihn anbinden und losbinden konnte. Andere aber konnten nicht an ihn heran, alle übrigen wollte er beißen. Ein solcher Hund an der Kette stürzt sich auf alle. Man braucht aber nur die Kette abzunehmen, dann kümmert er sich um niemanden mehr, er nutzt seine Freiheit.

Einerseits ist das eindeutig ein Charakterzug, andererseits ein erworbener Zug.

Der Wächterreflex ist die großartige Illustration eines Charakterzuges und nicht eines Typs. Auch der passive Abwehrreflex ist kein Zug eines Typs, sondern ein Charakterzug, der im Laufe der individuellen Existenz erworben wird.

Auf Wiedersehen, meine Damen und Herren!

IV. Pawlow und die Behavioristen

Antwort eines Physiologen an die Psychologen[1]

1.

Die Abhandlung von Edwin Guthrie[2] »Conditioning as a Principle of Learning« erweckt, wie mir scheint, ein besonderes Interesse durch ihre grundlegende, meiner Meinung nach vollkommen gerechtfertigte Tendenz, die Erscheinungen der sogenannten psychischen Tätigkeit auf physiologische Tatsachen zurückzuführen, d.h. das Physiologische mit dem Psychologischen, das Subjektive mit dem Objektiven zu vereinigen, zu identifizieren. Dies ist meiner Überzeugung nach gegenwärtig die wichtigste wissenschaftliche Aufgabe. Der Autor bearbeitet das Thema des Lernens im allgemeinen, wobei er diesen Prozeß durch die Aufzählung seiner Grundzüge charakterisiert. Dabei benutzt er wahllos sowohl das Material der Psychologen als auch unsere physiologischen Ergebnisse, die wir an Tieren mit der Methode der bedingten Reflexe gewonnen haben. Bis zu diesem Punkt waren sich Psychologe und Physiologe einig, aber nun tritt zwischen uns ein krasser Widerspruch auf. Der Psychologe erkennt die Bedingtheit als Prinzip des Lernens an, er sieht dieses Prinzip aber als nicht weiter analysierbar an, d.h. als ein Prinzip, das keiner weiteren Erforschung bedarf, und er ist bestrebt, aus ihm alles zu folgern, alle einzelnen Züge des Lernens auf ein und denselben Prozeß zurückzuführen. Dazu benutzt er eine physiologische Feststellung und legt ihr entschlossen bei der Erläuterung der einzelnen Tatsachen des Lernens eine bestimmte Bedeutung zu, wobei er aber nicht die wirkliche Bestätigung dieser Deutung verlangt. Der Physiologe muß dabei unwillkürlich daran denken, daß der Psychologe, der sich erst vor so kurzer

Zeit vom Philosophen getrennt hat, noch nicht ganz auf die Vorliebe für das philosophische Verfahren der Deduktion verzichtet hat, auf die rein logische Arbeit, die nicht jeden Schritt des Gedankens auf die Übereinstimmung mit der Wirklichkeit kontrolliert. Der Physiologe verfährt genau umgekehrt. In jedem Augenblick der Untersuchung ist er bemüht, einzeln und faktisch die Erscheinung zu analysieren, indem er soweit wie möglich die Bedingungen ihres Zustandekommens bestimmt und dabei nicht allein Schlußfolgerungen und Vermutungen vertraut. Das werde ich an einzelnen Punkten beweisen, wo der Autor mit mir polemisiert.

Obwohl die Bedingtheit, die Assoziation aufgrund der Gleichzeitigkeit, der bedingte Reflex, auch für uns als Ausgangstatsache bei unseren Forschungen dient, ist er trotzdem durch uns der weiteren Analyse unterworfen worden. Vor uns steht die wichtige Frage, welche elementaren Eigenschaften des Gehirns dieser Tatsache zugrunde liegen. Diese Frage erscheint uns noch nicht endgültig gelöst, aber einiges Material zur Beantwortung dieser Frage geben uns unsere folgenden Versuche. Wohl bildet sich bei unserem Versuchstier (dem Hund) ein bedingter Reflex, wenn das äußere Agens, aus dem wir einen bedingten Reiz machen wollen, nach dem Beginn des unbedingten Reizes angewandt wird (nach den neuesten, möglichst genauen Versuchen von Dr. Nr. W. Winogradow). Aber er ist nur unbedeutend und vorübergehend, er verschwindet immer bei der Fortsetzung dieser Prozedur. Ein fester und beständiger bedingter Reflex wird, wie wir schon lange wissen, nur bei einem ständigen Vorausgehen des äußeren Agens vor dem unbedingten Reiz erhalten. Auf diese Weise hat das erste Vorgehen eine doppelte Wirkung: Zuerst begünstigt es vorübergehend die Bildung des bedingten Reflexes, dann aber vernichtet es ihn. Diese zweite Wirkung des unbedingten Reizes tritt deutlich auch in folgender Form des Versuchs auf. Der mit Hilfe des zweiten üblichen Vorgehens gut ausgearbeitete bedingte Reiz verliert, wenn er später systematisch nach Beginn des unbedingten angewandt wird, von dem unbedingten überdeckt wird (nach der bei uns im Laboratorium üblichen Terminologie), allmählich und schließlich (besonders wenn er zur Kategorie der schwachen bedingten Reize gehört) vollständig seine positive Wirkung. Er verwandelt sich sogar in einen hemmenden Reiz. Offenbar erhält in diesem Fall allmählich der Mechanismus der negativen Induktion (nach unserer alten Terminologie der Mechanismus der »äußeren Hemmung«) das Übergewicht, d.h. die Zelle des bedingten Reizes wird bei der sich wiederholenden Konzentration des unbedingten Reizes gehemmt, sie kommt in einen Hemmungszustand, und der bedingte Reiz trifft auf diese Weise in seiner Zelle einen ständigen Hemmungszustand an. Das führt dahin, daß das bedingte Agens zu einem hemmenden Agens wird, d.h. allein angewandt, ruft es jetzt in seiner Rindenzelle nicht einen Erregungs-, sondern einen Hemmungsprozeß hervor. Folglich ist bei dem üblichen Vorgehen der Bildung eines beständigen bedingten Reflexes das Ablaufen der Erregungswelle von der entsprechenden Rindenzelle zum konzentrierenden Zentrum des unbedingten Reizes auch die Grundbedingung für die Fixierung des Weges von einem Punkt zum anderen, der mehr oder minder beständigen Vereinigung zweier Nervenpunkte.

Gehen wir zu anderen Punkten der bedingten Tätigkeit über, wo der Autor statt unserer verschiedenartigen Analyse der Fakten seine einförmige Auslegung der sich abspielenden Erscheinungen vorschlägt. Der verspätete, abgerückte, bedingte Effekt ist nach unseren Versuchen durch eine spezielle Hemmung der frühen Phasen des bedingten Reizes begründet, in denen der unbedingte Reiz noch nicht eingetreten ist. Der Autor behauptet aus irgendeinem Grund, daß wir das den »geheimnisvollen Latenzen« im Nervensystem zuschreiben, und gibt seine eigene Erklärung der Tatsachen. Er nimmt an, daß ein Tier, wenn z.B. eine Klingel als bedingter Reiz erklingt, darauf mit einer Horchreaktion und mit einem komplizierten motorischen Akt antwortet. Er glaubt, daß die zentripetalen Impulse dieses Aktes eigentlich die echten Reize für den bedingten Effekt wären, in unserem Fall den bedingten Nahrungsreflex, die Speichelabsonderung.

Der Autor meint, »wenn die Speicheldrüsen zu sezernieren beginnen, werden die begleitenden Reize nicht vom Klingelzeichen geliefert, sondern durch die motorische Antwort auf das Klingelzeichen. Die direkte Antwort auf das Klingelzeichen endet wahrscheinlich im Bruchteil einer Sekunde«. Und weiter sagt er: »Die sichtliche Divergenz in der Zeit des bedingten Reizes und der Antwort auf ihn ist somit eine durchaus mögliche Illusion.« Der Autor sagt sogar, daß ich »bestrebt bin, bei meinem Begriff der Verspätung« die Existenz der obenerwähnten zentripetalen Impulse vom motorischen Apparat zu vergessen. Auf Seite 312 meiner »Vorlesungen über die Arbeit der Großhirnhemisphären«[3] kann man lesen, daß ich nicht nur an zentripetale Impulse von der Skelettmuskulatur denke, sondern sogar ihr Vorhandensein für alle Gewebe, von den einzelnen Organen gar nicht zu reden, für mehr als wahrscheinlich halte. Meiner Ansicht nach kann sich der gesamte Organismus mit allen Teilen, aus denen er besteht, den Großhirnhemisphären zu erkennen geben[4]. Es handelt sich also nicht um ein Vergessen, sondern darum, daß faktisch für uns nicht der geringste Grund vorhanden ist, die Tatsache so zu verstehen, wie sie der Autor auslegt.

Wenn man dem Autor recht gibt, daß nicht das Klingelzeichen, sondern die zentripetalen Impulse vom motorischen Akt des Horchens die wirklichen Reize für den bedingten Effekt sind, so taucht die Frage auf, warum sich dann dieser Effekt immerhin nicht sofort einstellt, sondern mit einer Verspätung (im Fall des verspäteten Reflexes), die gerade der Größe des Intervalls zwischen dem Beginn des Stimulus und dem Beginn des unbedingten Reflexes entspricht. Wenn der unbedingte Reiz vom Beginn des bedingten Reizes um eine kürzere Zeit abgerückt ist, nur auf einige Sekunden, so erscheint auch der Effekt, der nach dem Autor von den zentripetalen Impulsen des motorischen Aktes des Horchens kommen soll, ebenso schnell, nach 2 bis 3 Sekunden. Wo ist denn folglich die Erklärung für die Dauer der Verspätung, warum wirken denn dann, wenn der bedingte und der unbedingte Reiz voneinander um Minuten abgerückt sind, dieselben Reize des Autors (die zentripetalen Impulse der Bewegung) erst nach Minuten?

Außerdem sind tatsächlich keinerlei Gründe vorhanden, eine ständige Wirkung der Reize anzunehmen, von denen der Autor spricht. Das Horchen wie überhaupt der Orientierungs- oder Untersuchungsreflex, wie ich ihn nenne, der bei jeder Veränderung des üblichen Milieus, welches das Tier umgibt, auftritt, besteht gewöhnlich nur in der ersten kurzen Periode der Anwendung neuer, sich wiederholender Reize. Aber bei der Bildung eines bedingten Reflexes mit einem mehr oder minder kurzen Intervall zwischen dem bedingten und unbedingten Reiz wird er schnell durch die spezielle motorische Reaktion, die dem betreffenden unbedingten Reiz eigen ist, abgelöst. Später ist immer nur ein bedingter motorischer Effekt ohne Spur eines Orientierungsreflexes vorhanden. Jetzt stellt der bedingte Reiz einen reinen Ersatz, ein Surrogat des unbedingten Reizes dar. Das Tier kann im Fall des bedingten Nahrungsreflexes die aufflammende Glühbirne belecken, es kann sozusagen mit dem Maul zupacken. Beim Geräusch ist es das gleiche. Das Tier kann sich dabei belekken, mit den Zähnen schnappen, und zwar so, als habe das Tier es mit der Nahrung selbst zu tun. Dasselbe betrifft auch den ausgearbeiteten verspäteten Reflex. Das Tier bleibt in der ersten Periode der Wirkung des bedingten Reizes völlig indifferent und ruhig, oder es fällt sogar (nicht selten) gleich zu Beginn des Reizes in Schläfrigkeit, mitunter auch in einen plötzlichen tiefen Schlafzustand (mit erschlaffter Muskulatur und Schnarchen). Dieser wird bei der zweiten Periode der bedingten Reizung vor der bevorstehenden Hinzufügung des unbedingten Reizes von einer heftigen, entsprechenden bedingten motorischen Reaktion mitunter recht ungestüm abgelöst. In beiden Fällen kehrt nur bisweilen bei allgemeiner Schläfrigkeit des Tieres im Laufe des Versuchs für den ersten Augenblick des Reizes die Orientierungsreaktion wieder.

Schließlich ist die Verspätung, die analysiert wird, tatsächlich das Ergebnis der Einmischung einer speziellen, zielgerichteten Hemmung, die uns an und für sich gut bekannt ist und im einzelnen in vielen Fällen ihres Erscheinens studiert wird; sie ist keine »geheimnisvolle Latenz«. Der Sinn der Sache ist klar. Obwohl der eine beträchtliche Zeit andauernde bedingte äußere Reiz ein und derselbe bleibt, ist er für das Zentralnervensystem und, wie man annehmen muß, speziell für die Großhirnhemisphären in den verschiedenen Perioden seiner Dauer offensichtlich verschieden. Das tritt besonders klar bei Geruchsreizen zutage, die wir zuerst sehr stark wahrnehmen, die aber nachher rasch immer schwächer und schwächer werden, obwohl sie sich objektiv nicht ändern. Offenbar verändert sich allmählich der Zustand der Rindenzelle, die erregt wird, unter der Einwirkung des äußeren Reizes, und im Fall des verspäteten Reflexes stellt nur der Zustand der Zelle, der zeitlich der Hinzufügung des unbedingten Reflexes nahegelegen ist, einen bedingten Signalreiz dar. Dasselbe ist der Fall, wenn wir aus verschiedenen Intensitäten ein und desselben äußeren Reizes verschiedene bedingte Reize, einmal positive, einmal negative und auch solche, die mit verschiedenen unbedingten Reizen verbunden sind, bilden können. Die Tatsache der Verspätung, um die es hierbei geht, ist ein sichtlich interessanter Fall der speziellen Anpassung, damit der bedingte Reflex nicht zu frühzeitig eintritt, damit nicht zwecklos Energie über das nötige Maß hinaus verausgabt wird. Daß diese ganze Auslegung der Wirklichkeit entspricht, wird durch Tatsachen belegt. Vor allem wird das aus dem Vorgang der Bildung des verspäteten Reflexes klar. Wenn der bedingte Reflex zuerst bei einem kurzen Intervall von einigen Sekunden zwischen dem Beginn des bedingten und des unbedingten Reizes gebildet wurde und dann dieses Intervall plötzlich um einige Minuten vergrößert wird, so wird der bedingte Effekt, der früher rasch eintrat, schnell vollständig verschwinden. Dann tritt bei der Fortsetzung des Versuchs für längere Zeit eine Periode ein, in der jeder bedingte Effekt fehlt, und erst später erscheint der bedingte Effekt von neuem, zuerst nur unmittelbar nach Hinzufügung des unbedingten Reizes, dann aber wächst er ständig an, wobei er zeitlich etwas zurückrückt.

Die Feststellung, daß die erste Periode des verspäteten Reflexes tatsächlich eine Hemmungsperiode darstellt, wird durch eine Reihe von Tatsachen bewiesen. Erstens kann man die Hemmung des verspäteten Reflexes leicht summieren. Zweitens kann man bei dem verspäteten Reflex eine Nachhemmung beobachten. Schließlich ist der Schläfrigkeits- und Schlafzustand, der bei manchen Tieren im ersten Teil des verspäteten Reflexes eintritt, ein deutlicher Ausdruck des Hemmungszustandes.

Die nächste Erscheinung, das Erlöschen des bedingten Reflexes, erörtert der Autor auch ohne jegliche Beachtung der faktischen Einzelheiten unserer Forschung, wobei er ebenfalls einen von ihm angenommenen, aber nicht näher zu bestimmenden Faktor im Auge hat. Er schreibt mir dabei außer dem schon früher erwähnten »Streben zum Vergessen« jetzt noch ein »Verheimlichen vor mir selbst« zu.

Vor allem nimmt der Autor entgegen unserer Feststellung an, daß nicht die Kürze des Intervalls zwischen den Wiederholungen der bedingten Reize, die nicht bekräftigt werden, das Erlöschen der bedingten Reflexe begünstigt, sondern die Zahl der Wiederholungen. Aber das ist entschieden falsch. Ein nicht bekräftigter bedingter Reiz, der ohne jegliche Wiederholungen einfach 3–6 Minuten fortgesetzt wird, kommt unbedingt zum Erlöschen; er sinkt bis auf Null ab. Dies ist das von uns sogenannte durchgehende Erlöschen, im Gegensatz zu einem intermittierenden. Dann nimmt der Autor wieder willkürlich an, daß das Erlöschen keine beständige Tatsache ist, sondern eine Ausnahme vom Häufigkeitsgesetz. Wiederum eine vollkommen falsche Behauptung. Das Erlöschen ist eine der beständigsten Tatsachen der Physiologie der bedingten Reflexe. Indem er bald das eine, bald das andere entgegen der Wirklichkeit annimmt, säubert sich der Autor sozusagen sein Wirkungsfeld und stellt sich irgendwelche anderen, nicht näher zu bestimmenden Reize vor, die außer dem wesentlichsten unbedingten Reiz an der Bildung des bedingten Effekts teilnehmen. Wahrscheinlich sind hier wiederum die Bewegungen des Tieres gemeint, denn gleichzeitig wird hier von den ständigen, sowie überhaupt den Bewegungen des Tieres im Laufe des Versuchs gesprochen. Auf diese Weise schwankt nach Ansicht des Autors die Summe der Reize, die den bedingten Reflex bestimmen, ständig; sie erweist sich einmal als größer, einmal als geringer. Wenn die Anzahl dieser Reize geringer wird und der bedingte Reflex fehlt oder sich vermindert, werden die anderen, ebenfalls unbekannten Reize zu hemmenden oder, was dasselbe ist, zu Reizen für andere Antwortreaktionen.

Die Tatsache der Störung des Erlöschens durch fremde Reize erklärt der Autor so, daß diese Reize »die Pose und die Umgebung desorganisieren«, die als Hemmer des bedingten Reflexes im Stadium des Erlöschens gelten und somit vorübergehend den auslöschenden Reflex wiederherstellen.

Der Autor hält es nicht für nötig, und sei es auch nur als Vermutung, mitzuteilen, welche Reize es eigentlich sind, die zusammen mit den unbedingten den bedingten Reflex unterstützen und welche hier noch mitwirken und die Hemmer dieses Effektes darstellen. Wenn der Autor auf seine Art die Störung des Erlöschens durch fremde Reize erklärt, warum sagt er da nicht, warum die fremden Reize, die die Wirkung der Agenzien beseitigen, die den bedingten Effekt hemmen, nicht auch die Wirkung jener Agenzien beseitigen, die die bedingte Antwortreaktion unterstützen? Das sind doch andere Reize und nicht diese letzteren!

Folglich ist durch den Autor ohne jede faktische Bestätigung ihrer wirklichen Bedeutung eine Menge gar nicht näher zu bestimmender, unbekannter Reizagenzien eingeführt worden.

Man muß annehmen, daß der Autor in ihnen allen immer dieselben kinästhetischen Reizungen[5] sieht, die von verschiedenen Muskeln ausgehen. Natürlich gibt es viele Skelettmuskeln, und aus ihnen entsteht bei der Bewegung eine fast unzählbare Menge von Kombinationen. Von allen diesen aber werden ständig spezielle zentripetale Impulse in das Zentralnervensystem geschickt. Aber erstens gehen sie hauptsächlich in die niederen Teile des Gehirns, und zweitens geben sie sich unter gewöhnlichen Bedingungen den Großhirnhemisphären gar nicht zu erkennen und dienen daher nur zur Selbstregulierung und Präzisierung der Bewegungen, wie z.B. der ständigen Herz- und Atmungstätigkeit. Unter unseren Versuchsbedingungen treten nur jene Bewegungen auf und haben auf unsere bedingten Reflexe Einfluß, die spezielle motorische Reflexe bilden. Der wesentlichste, ja fast der alleinige, ist der Orientierungsreflex auf Schwankungen des umgebenden Milieus, mitunter noch der Abwehrreflex bei irgendeiner zufälligen störenden Einwirkung auf das Tier bei seinen Bewegungen auf dem Experimentiertisch (ein Anstoßen an irgend etwas, ein Klemmen usw.).

Wenn die zentripetalen Impulse, wie es der Autor annimmt, von allen Bewegungen, die wir ausführen, wirklich in größerem Ausmaß in die Großhirnhemisphären fließen würden, so würden sie bei ihrer Menge ein großes Hindernis für die Verbindungen der Rinde mit der Außenwelt bilden, und sie würden diese ihre wesentlichste Rolle fast aufheben. Stören uns denn beim Sprechen, Lesen, Schreiben und überhaupt beim Denken unsere Bewegungen, die dabei unbedingt entstehen, in irgendeiner Weise? Wird denn von uns alles nur bei absoluter Unbeweglichkeit völlig ideal durchgeführt?

Die beständige Tatsache des Erlöschens ist kein Spiel zufälliger Bewegungen des Tieres, die sich in der Arbeit der Großhirnhemisphären widerspiegeln, sondern eine gesetzmäßige Äußerung der Haupteigenschaft der Rindenzellen als der reaktivsten aller Zellen des Organismus, wenn sie bei ihrer Arbeit längere oder kürzere Zeit, ja selbst wenn sie überhaupt nur eine kurze Zeit ohne Begleitung durch die angeborenen Grundreflexe bleiben. Dabei besteht die wesentlichste physiologische Rolle der Reizungen dieser Zellen darin, als Signale zu dienen und die speziellen Reize der angeborenen Reflexe zu ersetzen. Als reaktivste Zellen erschöpfen sie schnell unter der Arbeit und geraten nicht in einen untätigen, sondern in einen Hemmungszustand, der wahrscheinlich nicht nur einfach ihre Erholung begünstigt, sondern ihre Wiederherstellung beschleunigt. Wenn aber die Tätigkeit dieser Zellen von unbedingten Reizen begleitet wird, so hemmen diese Reize sie, wie wir am Anfang der Abhandlung sahen, sofort, sozusagen vorbeugend und begünstigen damit ihre Wiederherstellung.

Sowohl durch die Nachhemmung auf andere positive bedingte Reflexe als auch durch den Übergang in den Schläfrigkeits- und Schlafzustand, der zweifellos eine Hemmung darstellt, wird bewiesen, daß das Erlöschen tatsächlich eine Hemmung ist.

In den beiden übrigen Punkten, wo der Autor statt unserer Erklärungen immer dieselbe Auslegung vorschlägt, kann ich mich kürzer fassen. Hinsichtlich der Tatsache der allmählichen Verstärkung des bedingten Reflexes beim Prozeß seiner Bildung muß man sagen, daß es sich dabei um die allmähliche Beseitigung fremder Reize handelt, die die Bildung des Reflexes behindern. Es handelt sich nicht darum, daß sie dabei immer größeren Anteil am Hervorrufen des Effekts nähmen, wie der Autor meint. Bei unseren ersten Versuchen waren immer wieder fünfzig bis hundert und mehr Wiederholungen der Prozedur erforderlich, um einen vollen bedingten Reflex zu bilden, jetzt aber genügen zehn bis zwanzig und oft noch viel weniger. Unter den jetzigen Versuchsbedingungen tritt bei der ersten Anwendung eines neuen indifferenten Agens, des zukünftigen bedingten Reizes, nur der Orientierungsreflex ein, dessen motorisches Hervortreten sich in der größten Mehrzahl der Fälle mit jedem Mal rasch vermindert bis zu seinem völligen Verschwinden, so daß entschieden nichts da ist, woraus sich jene immer größere Summe von Bestimmungsfaktoren des bedingten Effekts bilden könnte, von der der Autor spricht. Es ist klar, daß es sich um eine immer größere Konzentration der Erregung handelt und dann eventuell um die allmähliche Bahnung des Weges zwischen den Punkten des Zentralnervensystems, die verbunden werden.

Betreffs der selbständigen Erwerbung eines bedingten Effekts durch Reize, die denen benachbart und verwandt sind, auf die der bedingte Reflex speziell gebildet wurde, ist der Autor schließlich auch anderer Meinung als wir. Für uns ist das ein Irradiieren der Erregung in einem bestimmten Abschnitt der Hirnrinde. Der Autor aber ist in der Annahme befangen, daß als bedingter Reiz nicht der spezielle Reiz in Frage kommt, sondern der ihn begleitende Orientierungsreflex, und er legt die

Sache nun ebenfalls so aus, daß auch alle benachbarten Agenzien ihre Wirkung durch den gleichen Orientierungsreflex erhalten. Aber das widerspricht entschieden den Tatsachen. Die benachbarten Reize geben in den meisten Fällen direkt einen bedingten Effekt ohne die Spur eines Orientierungsreflexes. Wenn dabei ein Orientierungsreflex entsteht, so verhält es sich genau umgekehrt. Der bedingte Effekt fehlt entweder überhaupt, oder er ist sehr vermindert, wobei er mit dem Abnehmen des Orientierungsreflexes in Erscheinung tritt und zunimmt.

Der Autor bleibt also im ganzen Verlauf seiner Abhandlung sich selbst, seiner Gewohnheit zur Deduktion treu. Er benutzt eine physiologische Tatsache nicht richtig, folgert aber alle Einzelheiten der bedingten Nerventätigkeit, die er für das Thema über das Lernen verwertet, ständig und unmittelbar aus dem Prinzip der Bedingtheit und schenkt dabei der gesamten faktischen Seite dieser Einzelheiten nicht die geringste Beachtung.

2.

Mir scheint, daß die zweite Abhandlung »Basic neural mechanisms in behaviour«, zu der ich jetzt übergehe, im wesentlichen denselben Charakter in der Behandlung des Themas trägt wie die erste. Es ist dies eine Abhandlung von K.S. Lashley[6], die eine Rede wiedergibt, die er auf dem letzten Internationalen Psychologen-Kongreß in Amerika (1929) gehalten hat. Mag ihr Material auch fast ausschließlich physiologisch sein, die Methode, mit der der Autor es bearbeitet, ist dieselbe wie in der vorhergehenden Abhandlung. Das Material wird einer voreingenommenen Grundtendenz geopfert, die beweisen will, daß »die Reflextheorie bei der Erforschung der zentralen Funktionen jetzt eher ein Hindernis als ein Mittel des Fortschritts« geworden ist, daß z.B. in dieser Beziehung die Aussprüche von C. Spearman[7] mehr Beweiskraft, mehr Bedeutung haben und daß »der Intellekt eine Funktion irgendeiner undifferenzierten Nervenenergie ist«. Er wird dort in Analogie zu dem Gewebe der Schwämme und der Hydroiden gebracht, die sich, zerkrümelt und durch Mull gesiebt, nach Sedimentierung oder Zentrifugieren von neuem zu einem reifen Individuum mit einer charakteristischen Struktur formen.

Vor allem muß ich ganz allgemein, d.h. ohne vorläufig auf

Einzelheiten einzugehen, nachdrücklich erklären, daß solch ein erbarmungsloses Urteil über die Reflextheorie der Wirklichkeit nicht entspricht und sie entschieden, ja wahrscheinlich sogar absichtlich nicht beachten will. Wagt der Verfasser etwa zu sagen, daß meine dreißigjährige, mit meinen zahlreichen Mitarbeitern auch jetzt noch erfolgreich fortgesetzte Arbeit, die unter dem leitenden Einfluß des Reflexbegriffes durchgeführt wurde, nur ein Hindernis für das Studium der zerebralen Funktionen gewesen ist? Nein, das zu sagen, hat keiner das Recht. Wir haben eine Reihe wichtiger Gesetze für die normale Tätigkeit des höchsten Abschnitts des Gehirns festgestellt, wir haben eine Reihe von Bedingungen seines Wachzustands und seines Schlafzustands aufgedeckt. Wir klärten den Mechanismus des normalen Schlafs und der Hypnose, wir erzeugten experimentell pathologische Zustände dieses Gehirnabschnitts und fanden auch Mittel, die Norm wiederherzustellen. Die Tätigkeit dieses höchsten Abschnitts, wie wir sie bis jetzt studiert haben, fand und findet durchaus nicht wenig Analogien in Erscheinungen unserer subjektiven Welt. Das kann sowohl aus den nicht gerade seltenen Anerkennungen der Neurologen, Pädagogen und der empirischen Psychologen als auch aus den Erklärungen der akademischen Psychologen entnommen werden.

Jetzt drängt sich der Physiologie dieses Abschnitts des Nervensystems statt einer fast völligen Sackgasse ein unübersehbarer Horizont von Fragen und vollkommen bestimmten Aufgaben für weitere Experimente auf. In dieser befand sich unleugbar die Physiologie im Verlauf der letzten Jahrzehnte. Sie wurde überwunden dank der Benutzung des Reflexbegriffs bei den Experimenten an diesem Teil des Gehirns.

Was umfaßt der Begriff des Reflexes?

Die Theorie der Reflextätigkeit stützt sich auf die drei Grundprinzipien der exakten wissenschaftlichen Forschung: Es ist dies erstens das Prinzip des Determinismus, d.h. eines Anstoßes, eines Anlasses, einer Ursache für jegliche gegebene Wirkung, jeden Effekt; zweitens das Prinzip der Analyse und Synthese, d.h. der primären Zerlegung des Ganzen in seine Teile, in Einheiten und danach erneut eines allmählichen Zusammenfügens des Ganzen aus den Einheiten, den Elementen; und schließlich drittens das Prinzip der Strukturiertheit, d.h. der Anordnung der Kraftwirkung im Raum, die Verbindung der Dynamik mit der

Struktur. Deswegen muß man das Todesurteil über die Reflextheorie als Mißverständnis, als eine enthusiastische Entgleisung ansehen.

Wir haben einen lebendigen Organismus vor uns, einschließlich des Menschen, der eine Reihe von Tätigkeiten, von Kraftäußerungen zeigt. Es entsteht der unmittelbare, schwer zu überwindende Eindruck einer Willkürlichkeit, einer Spontaneität! Am Beispiel des menschlichen Organismus ist dieser Eindruck fast für jeden augenfällig und die Behauptung des Gegenteils erscheint als Unsinn. Obwohl schon LEUKIPPOS VON MILET[8] verkündete, daß es keine Wirkung ohne Ursache gibt und daß alles durch eine Notwendigkeit hervorgerufen wird, spricht man trotzdem noch bis heute, den Menschen nicht ausgenommen, von den im Tierorganismus spontan wirkenden Kräften! Was aber den Menschen betrifft, hören wir nicht auch jetzt noch von der Willensfreiheit, und ist denn nicht in einer Unzahl von Gehirnen die Überzeugung eingewurzelt, daß in uns ein »Etwas« ist, das sich nicht determinieren läßt? Ich begegnete und begegne immer wieder nicht wenigen gebildeten und klugen Menschen, die es gar nicht begreifen wollen, auf welche Weise man z.B. das Verhalten des Hundes völlig objektiv und erschöpfend studieren kann, und zwar nur durch den Vergleich der auf das Tier einfallenden Reize mit den Antwortreaktionen auf diese Reize, folglich ohne daß wir seine – in Analogie mit uns selbst – angenommene subjektive Welt in Betracht ziehen. Natürlich ist hier nicht eine zeitweilige Schwierigkeit der Erforschung gemeint, mag sie auch noch so groß sein, sondern die prinzipielle Unmöglichkeit einer vollständigen Determinierung. Es versteht sich von selbst, daß dasselbe, nur mit einer viel größeren Überzeugung, auch hinsichtlich des Menschen angenommen wird. Es wird meinerseits kein großes Vergehen sein, wenn ich annehme, daß diese Überzeugung noch bei einem Teil der Psychologen lebendig ist. Sie wird getarnt durch die Behauptung einer *Eigenart der psychischen Erscheinungen,* hinter der man trotz aller entsprechenden wissenschaftlichen Vorbehalte immer den gleichen Dualismus und Animismus spürt, der noch von einer Menge denkender Menschen, von den Gläubigen gar nicht zu reden, unmittelbar geteilt wird.

Die Reflextheorie vergrößert jetzt, wie schon seit Beginn ihres Auftretens, ständig und ununterbrochen die Anzahl der Erscheinungen im Organismus, die mit bestimmten Bedingungen verbunden sind, d.h. sie determiniert immer mehr und mehr die gesamte Tätigkeit des Organismus. Wie kann denn diese Reflextheorie ein Hindernis für das progressive Studium des Organismus im allgemeinen und der zerebralen Funktionen im besonderen sein?

Weiter. Der Organismus besteht aus einer Menge größerer Einzelteile und aus Milliarden von Zellelementen, die dementsprechend eine Unzahl einzelner Erscheinungen hervorrufen, die aber untereinander eng verbunden sind und die vereinigte Arbeit des Organismus bilden. Die Reflextheorie zergliedert diese Gesamttätigkeit des Organismus in Einzeltätigkeiten, wobei sie diese sowohl mit den inneren als auch mit den äußeren Einwirkungen in Verbindung bringt und sie dann wieder miteinander vereinigt, wodurch immer mehr und mehr sowohl die Gesamttätigkeit des Organismus als auch die Wechselwirkung des Organismus mit der umgebenden Umwelt verständlich wird. Wie konnte und kann sich denn heute die Reflextheorie als überflüssig, als unangebracht erweisen, wenn weder eine genügende Kenntnis der Verbindung der einzelnen Teile des Organismus, noch ein mehr oder weniger vollständiges Verständnis aller Wechselbeziehungen des Organismus mit dem umgebenden Milieu vorhanden ist? Außerdem kommen alle inneren wie äußeren Beziehungen bei den höheren Organismen hauptsächlich mit Hilfe des Nervensystems zustande.

Schließlich. Wenn ein Chemiker sich beim Analysieren und Synthetisieren zum endgültigen Verständnis der Leistungen eines Moleküls eine für das Auge unsichtbare Struktur vorstellen muß und der Physiker ebenfalls beim Analysieren und Synthetisieren für die klare Vorstellung der Arbeit eines Atoms dessen Struktur aufzeichnet, wie kann man denn dann auf eine Struktur bei den sichtbaren Massen verzichten und irgendeinen Gegensatz zwischen Struktur und Dynamik wahrnehmen wollen! Die Funktion der Verbindung sowohl der inneren als auch der äußeren Wechselbeziehungen im Organismus wird im Nervensystem verwirklicht, das einen sichtbaren Apparat darstellt. Natürlich spielen sich die dynamischen Erscheinungen, die eben mit den feinsten Einzelheiten der Struktur des Apparats in Verbindung gebracht werden müssen, in diesem Apparat ab.

Die Reflextheorie begann, die Tätigkeit dieses Apparats mit

der Bestimmung spezieller Funktionen zu studieren, natürlich nur seiner einfacheren, gröberen Teile, und sie stellte die allgemeine Richtung der dynamischen Erscheinungen fest, die in ihm stattfinden. Das allgemeine Grundschema des Reflexes ist folgendes: der Rezeptorenapparat, der afferente Nerv, die zentrale Station (die Zentren) und der efferente Nerv mit seinem Erfolgsgewebe. Weiter wurde und wird an diesen Teilen eine detaillierte Bearbeitung vorgenommen. Natürlich, die komplizierteste und größte Arbeit stand und steht hinsichtlich der zentralen Station bevor, von den Teilen der zentralen Station bei ihren grauen Teilen und von den grauen Teilen bei der Rinde der Großhirnhemisphären. Diese Forschungsarbeit bezieht sich sowohl auf die sichtbare Struktur selbst als auch auf die dynamischen Erscheinungen, die in ihr stattfinden, wobei natürlich niemals die feste Verbindung von Struktur und Dynamik außer acht gelassen werden darf. Infolge des Unterschieds in der Methode beim Studium der Struktur und der Dynamik teilt sich die Forschung natürlicherweise im großen ganzen zwischen dem Histologen und dem Physiologen auf. Kein einziger Histologe oder Neurologe wird natürlich zu sagen wagen, daß sich das Studium der Struktur des Nervensystems und speziell des höchsten Teils des Zentralnervensystems auch nur einigermaßen einem Ende nähert; sondern im Gegenteil, er wird erklären, daß die Struktur dieses Teils immer noch weitgehend verworren und unklar bleibt. Hat sich denn nicht erst vor kurzem die Zytoarchitektonik der Großhirnrinde als außerordentlich kompliziert und vielfältig erwiesen und sind denn alle diese zahlreichen Variationen des Aufbaus der einzelnen Rindenbezirke ohne eine bestimmte dynamische Bedeutung? Selbst wenn sich der Histologe, und sei es nur ein wenig, in ihnen zurechtfinden kann, wie soll denn jetzt der Physiologe die Bewegung der dynamischen Erscheinungen in diesem unfaßbaren Netz vollständig verfolgen können! Der Physiologe, der das Reflexschema vertritt, hat sich die Erforschung der zentralen Station niemals in irgendeiner Weise schon als detailliert ausgearbeitet vorgestellt, auch nicht in den einfachsten Strukturen dieser Stationen, wohl aber hielt er immer an der Grundvorstellung vom Übergang des dynamischen Prozesses von der afferenten auf die efferente Leitung fest und ließ sich durch sie führen. In den höheren zentralen Stationen konzentriert er vorläufig notwendigerweise seine Aufmerksamkeit und Arbeit hauptsächlich auf die Dynamik, auf die gemeinsamen funktionellen Eigenschaften der Gehirnmasse und außerdem auf die mögliche Anknüpfung der Funktionen an Einzelheiten der Struktur. Das machten und machen in letzter Zeit vor allem die Schulen von Sherrington, Verworn und Magnus und andere einzelne Autoren in den tiefer gelegenen Abschnitten des Gehirns, und im allerhöchsten Abschnitt verrichten diese Arbeit überwiegend und am besten systematisiert zur Zeit meine Mitarbeiter und ich in Form der bedingt-reflektorischen Variation der allgemeinen Reflextheorie.

Was die Großhirnrinde anbelangt, so wurden bereits zu Beginn der ruhmvollen Epoche der siebziger Jahre des vorigen Jahrhunderts die ersten unbezweifelbaren Angaben über die detaillierte Verbindung ihrer Funktion mit ihrer Struktur gemacht. Wenn auch das Bestehen einer speziellen motorischen Rindenregion sicher festgestellt und durch alle weiteren Forscher bestätigt wurde, so stieß aber die ursprüngliche Behauptung von einer sehr feinen, engen Lokalisation der Sinnesorgane in der Rinde bald auf Einwände, und zwar sowohl von seiten der Physiologen als auch der Neurologen. Das brachte bis zu einem gewissen Grade die Lehre von der Lokalisation in der Rinde ins Schwanken. Die Situation blieb lange Zeit unbestimmt, da der Physiologe keine eigene, rein physiologische Charakteristik der normalen Rindentätigkeit hatte, und die Benutzung psychologischer Begriffe konnte, da ja die Psychologie noch nicht zu einem natürlichen, allgemeingültigen System ihrer Erscheinungen gelangt war, natürlich die weitere Untersuchung der Frage nach der Lokalisation nicht fördern. Die Situation änderte sich aber radikal, als der Physiologe dank der Lehre von den bedingten Reflexen endlich die Möglichkeit hatte, eine spezielle, rein physiologische Methodik für die Erforschung der Großhirnhemisphären zu benutzen. Damit konnte er deutlich die physiologische Tätigkeit der Rinde von der Tätigkeit des nächstliegenden subkortikalen Gebiets und überhaupt der tiefer gelegenen Hirnteile mittels der bedingten und unbedingten Reflexe unterscheiden. Erst danach konnte man alle vorhandenen, bisher vereinzelten Tatsachen in eine klare und strenge Ordnung bringen, und das Grundprinzip der Struktur der Großhirnhemisphären trat deutlich hervor. Seit den siebziger Jahren blieben die erwähnten speziellen Rindengebiete für die wesentlichen äußeren Rezeptoren die Stellen der höchsten Synthese und Analyse der entsprechenden Reize. Man mußte aber neben ihnen Vertreter derselben Rezeptoren anerkennen, die möglicherweise über die ganze inde, jedenfalls aber über eine größere Fläche verstreut sind und die sich zwar bereits für eine Synthese und Analyse eignen, jedoch nur für eine einfache, ganz elementare. Ein Hund ohne Hinterhauptslappen konnte nicht einen Gegenstand vom anderen unterscheiden, er unterschied aber Beleuchtungsgrade und einfache Formen voneinander. Ein Hund ohne Schläfenlappen unterschied keine komplizierten Laute wie den Rufnamen usw., er unterschied aber genau einzelne Laute, z.B. einen Ton vom anderen. Welch ein klarer Beweis für die unerhörte Bedeutung der speziellen Struktur!

Hinsichtlich genauerer Hinweise für die funktionelle Bedeutung der strukturellen Besonderheiten der speziellen Gebiete ist der folgende Versuch von Dr. Eljasson von Interesse, der in meinen »Vorlesungen über die Arbeit der Großhirnhemisphären« angeführt ist. Aus drei Tönen des Harmoniums, zwei äußeren und einem mittleren in einer Ausdehnung von mehr als dreieinhalb Oktaven, die gleichzeitig angewandt wurden, war ein komplexer bedingter Nahrungsreiz ausgearbeitet worden, der eine bestimmte Speichelmenge als Gradmesser der Intensität des Nahrungsreflexes ergab. Die danach geprüften Einzeltöne des Komplexes riefen ebenfalls eine Speichelabsonderung hervor, aber eine geringere als der Komplex, und die dazwischen liegenden Töne verursachten ebenfalls eine Speichelabsonderung, aber eine noch geringere. Dann wurden an beiden Seiten die vorderen Schläfenlappen entfernt (gg. sylviaticus und ectosylvius mit dem vorderen Teil der g. compositus posterior). Es zeigte sich folgendes: Als alle bedingten Reflexe (auf Reize von anderen Analysatoren) nach der Operation wiederhergestellt waren, sowie auch der bedingte Reflex auf den Akkord (dieser sogar früher als einige andere), wurden erneut die Reflexe auf die Einzeltöne des Akkords geprüft. Der hohe Ton und auch die ihm benachbarten Zwischentöne hatten ihre Wirkung verloren. Der mittlere Ton aber und der tiefe mit ihren Zwischentönen behielten ihre Wirkung. Der tiefe Ton wurde sogar in seiner Wirkung stärker. Diese kam jetzt dem Akkord gleich. Als man aber den hohen Ton einzeln anwandte und ihn durch Füttern begleitete, wurde er bald (vom vierten Male ab) wieder zum bedingten Nahrungsreiz und erreichte eine bedeutende Wirkung, keine geringere, sondern sogar eine größere als früher. Aus dem Versuch kann man einige exakte Schlüsse ziehen. Erstens, daß an den verschiedenen Punkten der speziellen Gehörregion der Rinde einzelne Elemente des rezeptorischen Gehörapparats vertreten sind; zweitens, daß die komplexen Reize die gleiche Region benutzen, und drittens, daß die über eine große Fläche der Rinde verstreuten Vertreter derselben Elemente des akustischen Apparats sich an diesen komplexen Reizen in keiner Weise positiv beteiligen.

Wenn man sieht, wie ich es anhand der bedingten Reflexe gesehen habe, daß der Hund sich nach der Entfernung des hinteren, größeren Teils beider Hemisphären äußerst genau mit Hilfe des Haut- und Geruchanalysators orientiert, wobei er nur die komplizierten optischen und akustischen Beziehungen zur Umwelt verliert, d.h. die komplizierten optischen und akustischen Reize nicht unterscheidet; und wenn man dann sieht, daß der Hund ohne die oberen Hälften beider Hemisphären nur (erstaunlich isoliert) die Fähigkeit verliert, sich über die festen Körper, die im umgebenden Raum vorhanden sind, zu orientieren, wobei er die komplizierten Beziehungen (akustischen Beziehungen) zur Umwelt bewahrt; und daß schließlich der Hund ohne die vorderen Hälften (die kleineren) beider Hemisphären anscheinend ein völlig invalides Tier ist, d.h., daß er hauptsächlich der richtigen Lokomotion, der richtigen Benutzung seiner Skelettbewegungen beraubt ist, und nichtsdestoweniger mit einem anderen Organ, und zwar mit der Speicheldrüse von seiner komplizierten Nerventätigkeit Zeugnis ablegt, muß man da nicht vor allem von der erstrangigen Bedeutung eben der Struktur der Großhirnhemisphären bei der wesentlichsten Aufgabe des Organismus, der richtigen Orientierung in der Umwelt, seines Ausgleichs mit ihr, durchdrungen sein! Wie kann man nach all dem dann noch an der weiteren Bedeutung der Feinheiten dieser Struktur zweifeln!

Wenn man auf dem Standpunkt unseres Autors stehen würde, der im folgenden näher beschrieben wird, müßte man die Histologen des Gehirns auffordern, ihre Untersuchungen als unnötig, nutzlos beiseite zu werfen. Wer wird nicht vor einer solchen Folgerung halt machen? Dann aber werden auch die entdeckten Einzelheiten der Struktur über kurz oder lang in ihrer dynamischen Bedeutung geklärt werden müssen. Und deswegen muß jetzt, neben dem weiteren, sich immer mehr vertiefenden histologischen Studium der Rindenmasse eine strenge, rein physiologische Erforschung der Tätigkeit der Großhirnhemisphären mit dem nächstliegenden, sich ihnen anschließenden Teil des Gehirns durchgeführt werden, um nach und nach das eine mit dem anderen, die Struktur mit der Funktion, zu verbinden.

Das eben wird durch die Lehre von den bedingten Reflexen erreicht.

Die Physiologie hat schon lange und sicher die beständige Verbindung bestimmter innerer und äußerer Reize mit bestimmten Tätigkeiten des Organismus in Form von Reflexen festgestellt. Die Lehre von den bedingten Reflexen hat zweifellos in der Physiologie die Tatsache einer zeitweiligen Verbindung aller möglichen (nicht nur bestimmter) äußeren und inneren Reize mit bestimmten Einheiten der Tätigkeit des Organismus bestätigt, d.h. sie hat neben dem Ablauf der Nervenprozesse in der höchsten zentralen Station genau auch ihre Schließung und Unterbrechung festgestellt. Durch diese Hinzufügung hat natürlich keinerlei wesentliche Veränderung des Reflexbegriffs stattgefunden. Die Verbindung einer bestimmten Reizung mit einer bestimmten Tätigkeit des Organismus bleibt dabei auf jeden Fall unter den gleichen Bedingungen bestehen. Deshalb ist auch von uns diese Kategorie von Reflexen von jenen, die seit der eburt existieren, durch das Adjektivum »bedingt« unterschieden worden. Die alten Reflexe wurden als unbedingte bezeichnet. Infolgedessen stützt sich die Erforschung der bedingten Reflexe auf dieselben drei Prinzipien der Reflextheorie: die Prinzipien des Determinismus, der allmählichen, stufenweisen Analyse und Synthese und der Strukturiertheit. Der Effekt ist bei uns immer mit einem Anstoß verbunden, das Ganze wird immer mehr und mehr in Teile zerlegt und danach wieder erneut synthetisiert, und die Dynamik bleibt mit der Struktur in Verbindung, soweit dies natürlich nach den Unterlagen der gegenwärtigen anatomischen Forschung möglich ist. Auf diese Weise eröffnet sich sozusagen eine unbegrenzte Möglichkeit, die Dynamik des höchsten Abschnitts des Gehirns zu studieren, d.h. die Dynamik der Großhirnhemisphären und des nächstliegenden subkortikalen Gebiets mit seinen hochkomplizierten grundlegenden unbedingten Reflexen.

Wir studieren nach und nach die Grundeigenschaften der Rindenmasse, bestimmen die wesentliche Tätigkeit der Großhirnhemisphären und klären die Verbindung und die gegenseitige Abhängigkeit zwischen den Großhirnhemisphären und dem nächstliegenden subkortikalen Gebiet.

Die Hauptprozesse der Rindenarbeit sind Erregung und Hemmung, ihre Bewegung in Form von Irradiation und Konzentration und ihre reziproke Induktion. Die spezielle Tätigkeit der Großhirnhemisphären wird auf die ununterbrochene Analyse und Synthese der Reize zurückgeführt, die aus der Umwelt (dies hauptsächlich) wie auch aus dem Inneren des Organismus kommen. Diese Reize werden dann in die niederen zentralen Stationen, angefangen von dem nächstliegenden subkortikalen Gebiet bis zu den Zellen der Vorderhörner des Rückenmarks geleitet.

Auf diese Weise wird unter dem Einfluß der Rinde die gesamte Tätigkeit des Organismus in eine immer genauere und feinere Wechselbeziehung, in ein Gleichgewicht mit der Umwelt gebracht. Andererseits sendet das naheliegende subkortikale Gebiet aus seinen Zentren einen mächtigen Strom von Erregungen in die Rinde, wodurch ihr Tonus verstärkt wird. Im Endergebnis wird der Schwerpunkt der Erforschung des höheren Teiles des Gehirns jetzt auf das Studium der dynamischen Erscheinungen in den Großhirnhemisphären und im benachbarten subkortikalen Gebiet verlegt.

Wie bereits erwähnt, besteht das Wesen der Rindenarbeit in der Analyse und Synthese der Erregungen, die in die Rinde gelangen. Die Verschiedenartigkeit und die Menge dieser Reize ist eigentlich unzählbar, sogar bei einem Tier wie dem Hund. Die beste Formulierung für eine Beschreibung dieser Menge und Verschiedenartigkeit der Erregungen ist, wenn man sagt, daß alle Stufen der Zustände der einzelnen Rindenzellen wie auch aller möglichen Kombinationen von Rindenzellen als einzelne Erregungen gelten. Mit Hilfe der Rinde kann man spezielle Erregungen aller Grade und Variationen des Erregungsprozesses, aber auch des Hemmungsprozesses hervorrufen, und zwar sowohl in den einzelnen Zellen als auch in ihren verschiedenen Kombinationen. Als Beispiel für die ersteren können die Reize durch verschiedene Intensitäten ein und derselben Reizung, durch Beziehungen von Reizen usw. dienen, als Beispiel für die letzteren verschiedene bedingte hypnotische Reize.

Diese zahllosen Zustandsformen der Zellen bilden sich nicht nur unter der Einwirkung vorhandener Reize, und sie existieren nicht nur während der Wirkung der äußeren Reize, sondern sie bleiben auch bei ihrem Ausbleiben in Form eines Systems von abwechselnd mehr oder minder starken dauerhaften Erregungen und Hemmungen verschiedener Stärke bestehen. Hierzu folgendes als Illustration dieser Erscheinung. Wir wenden einige Zeit lang tagaus, tagein eine Reihe bedingter positiver Reize verschiedener Intensität und auch negative Reize in ein und derselben Reihenfolge und mit gleichen Pausen zwischen ihnen an und erhalten ein System entsprechender Effekte. Wenn wir dann im Laufe des Versuchs nur einen von den positiven Reizen mit denselben Pausen wiederholen, so wird er dieselben Schwankungen des Effekts wiedergeben, die alle aufeinanderfolgenden Reize gemeinsam in den vorhergehenden Versuchen erzeugt haben, d.h. es wiederholt sich dasselbe System von Erregungs- und Hemmungszuständen in der Rinde.

Natürlich kann man heute noch nicht den Anspruch erheben, die dynamischen Erscheinungen und die Einzelheiten der Struktur einigermaßen weitgehend in Übereinstimmung zu bringen. Aber man muß diese Übereinstimmung unbedingt annehmen, zumal die Struktur der Rinde in ihrer ganzen Ausdehnung so verschiedenartig ist und wir auch bereits genau wissen, daß einige Stufen der Synthese und Analyse der Erregungen nur einigen Teilen zugänglich sind, anderen aber nicht. Dies bestätigt uns entschieden auch folgende Tatsache. Beim Vorhandensein einer Reihe verschiedener akustischer Reize (Ton, Geräusch, Metronomschläge, Siedegeräusch usw.) oder mechanischer Reize verschiedener Hautstellen, die zu bedingten Reizen gemacht wurden, können wir einen einzelnen erregten Punkt krankmachen, schädigen, während die anderen vollkommen normal bleiben. Wir erreichen dies nicht auf mechanischem Wege, sondern funktionell, indem wir den betreffenden Erregungspunkt entweder durch eine übermäßige starke Reizung oder durch einen heftigen Zusammenstoß des Erregungs- und Hemmungsprozesses in diesem Punkt in eine schwierige Lage bringen. Aber wie soll man das anders verstehen als so, daß die übermäßige Aufgabe, die wir dem feinsten Einzelteilchen der Struktur stellten, zu seiner Zerstörung führte, wie auch eine grobe Behandlung ein sehr feines Gerät verdirbt, es zerbricht. Wie fein, wie spezialisiert müssen aber diese Einzelteilchen sein, wenn die Ansatzpunkte anderer akustischer und mechanischer Reize vollkommen erhalten, unberührt bleiben. Man wird wohl kaum jemals eine solche isolierte Zerstörung auf mechanischem oder chemischem Wege ausführen können. Deshalb kann man nicht daran zweifeln: Wenn wir jetzt nach mechanischen Zerstörungen der Rinde keine Veränderungen im Verhalten des Tieres bemerken, so kommt dies nur daher, daß wir, wie es auch selbstverständlich ist, das Verhalten des Tieres noch nicht in alle seine Elemente zerlegt haben, deren Zahl erdrückend groß sein muß. Deswegen ist es auch natürlich, daß sich das Ausfallen einiger von ihnen unserer Beobachtung entzieht.

Ich erlaubte mir, so lange bei unseren Ergebnissen zu verweilen, um sie erstens weiter bei der Kritik der Versuche von Lashley und den daraus gezogenen Schlußfolgerungen zu benutzen, und zweitens, um nochmals zu zeigen, wie fruchtbar heute die Erforschung der Großhirnhemisphären ist, die sich vollständig auf die Reflextheorie mit all ihren Prinzipien stützt.

Was aber bringt Lashley gegen die Reflextheorie vor? Womit schmettert er sie nieder[9]? Vor allem ist es vollkommen klar, daß er sich von ihr eigenartige Vorstellungen macht. Da er mit der Physiologie nicht fertig wird, vermutet er das Reflexgeschehen willkürlich nur in der Strukturbeschaffenheit, wobei er mit keinem einzigen Wort die anderen Grundlagen der Reflextheorie erwähnt. Es ist allgemein bekannt, daß die Idee des Reflexes von Descartes[10] stammt. Was war denn zur Zeit von Descartes über die detaillierte Struktur des Zentralnervensystems, noch dazu in Verbindung mit seiner Funktion bekannt? Die physiologisch-anatomische Trennung der sensiblen von den motorischen Nerven erfolgte doch erst zu Beginn des neunzehnten Jahrhundets. Es ist klar, daß gerade die Idee des Determinismus für Descartes das Wesen des Reflexbegriffes bildete, und hieraus ergab sich auch die Vorstellung Descartes' von dem Tierorganismus als einer Maschine. So verstanden den Reflex auch alle nachfolgenden Physiologen, wobei sie die einzelnen Tätigkeiten des Organismus mit einzelnen Reizen verknüpften, dabei allmählich die Elemente der Nervenstruktur in Form verschiedener afferenter und efferenter Nerven und in Form spezieller Bahnen und Punkte (Zentren) des Zentralnervensystems bestimmten und schließlich gleichzeitig damit charakteristische Züge der Dynamik dieses Systems sammelten.

Die wesentlichen faktischen Grundlagen, auf die sich die Schlußfolgerung von Lashley von der Schädlichkeit der Reflextheorie in der Gegenwart stützt und aufgrund deren eine neue Auffassung von der Tätigkeit des Gehirns empfohlen wird, werden vom Autor vorwiegend seinem eigenen Versuchsmaterial entnommen. Dieses Material besteht in der Hauptsache aus Experimenten an weißen Ratten, denen der kürzeste Weg zu einer abgeteilten Futterstelle in einem mehr oder minder komplizierten Labyrinth beigebracht wird. Nach den Versuchen des Autors zeigte sich, daß das Lernen um so schwerer wurde, je mehr vorher die Großhirnhemisphären zerstört wurden. Außerdem war es vollkommen gleichgültig, welche ihrer Teile dabei der Zerstörung ausgesetzt waren, d. h. das Ergebnis war nur von der Masse der zurückbleibenden Großhirnhemisphären bestimmt. Nach einigen zusätzlichen Versuchen kommt der Autor zu dem Schluß, daß »die spezifischen Rindenregionen und die Assoziations- oder Projektionstrakte für die Ausführung komplizierterer Funktionen unwesentlich sind, die eher von der gesamten Masse des normalen Gewebes abhängen«. Auf diese Weise wird die originelle, aber real gar nicht vorstellbare These aufgestellt, daß gerade die komplizierteren Tätigkeiten des Apparats ohne Teilnahme seiner speziellen Teile und Hauptverbindungen ausgeführt werden, oder anders gesagt, daß der ganze Apparat irgendwie gesondert von seinen Bestandteilen wirkt. Warum ist die tatsächliche Verzögerung der Lösung der Labyrinthaufgabe nur abhängig von der Größe der zerstörten Hemisphären, aber unabhängig von der Stelle der Zerstörung? Hier eben muß man bedauern, daß der Autor nicht die Reflextheorie mit ihrem ersten Prinzip des Determinismus vor Augen hatte. Sonst wäre die erste Frage, die der Autor sich gestellt haben müßte, als er die Methodik seiner Versuche besprach, die folgende gewesen: Was war der Grund, daß überhaupt die Labyrinthaufgabe von einer Ratte gelöst werden konnte? Sie konnte doch nicht ohne jegliche leitende Reizung, ohne irgendeinen Anlaß gelöst werden. Wenn man sich aber schon zu einer gegenteiligen Behauptung entschließt, selbst wenn es schwer fallen mag, so müßte man unbedingt zeigen, daß tatsächlich auch ohne irgendwelche Reize die Aufgabe trotzdem ausgeführt wird, d. h. man hätte bei der Ratte erst einmal alle Rezeptoren mit einem Male zerstören müssen. Wer aber machte das und wie ist das zu machen? Wenn aber, wie man natürlicherweise annehmen muß, für die Lösung der Aufgabe Zeichen, gewisse Reize unumgänglich nötig sind, so ist die Zerstörung einzelner Rezeptoren und einiger ihrer Kombinationen natürlich ungenügend. Vielleicht dienen für die Reaktion alle oder fast alle Rezeptoren, wobei einer den anderen im einzelnen oder in einigen Kombinationen ersetzt. Bei den allgemein bekannten Lebensbedingungen der Ratten ist das unbedingt der Fall. Es ist nicht schwer, sich vorzustellen, daß bei der Aufgabe im Labyrinth die Ratte sowohl das Riechen, das Hören und das Sehen als auch die Hautreizungen und die kinästhetischen Reize benutzen kann. Und da die speziellen Regionen dieser Rezeptoren in den Hemisphären an verschiedenen Stellen liegen und verstreute Vertreter dieser Elemente sich wahrscheinlich in der ganzen Masse der Hemisphären befinden, so bleibt ständig die Möglichkeit zur Lösung der Aufgabe bestehen, wieviel wir auch von der Masse der Großhirnhemisphären entfernen. Aber natürlich wird die Lösung der Aufgabe um so schwerer, je weniger vom unverletzten Rindengewebe übrig bleibt. Wenn man aber dabei bleibt, daß die Ratte im vorliegenden Fall nur einen Rezeptor benutzt oder einige wenige von ihnen zugleich, so ist es notwendig, das vorher durch spezielle, keinerlei Zweifel hinterlassende Versuche zu beweisen, d. h. man muß jeden einzeln oder in einigen Kombinationen wirken lassen, wobei man die anderen ausschaltet. Solche Versuche sind, soviel ich weiß, weder vom Autor noch von irgend jemand anderem gemacht worden.

Es erscheint sehr sonderbar, daß der Autor diese ganzen Möglichkeiten nicht berücksichtigt und sich tatsächlich nicht die Frage stellt, was eigentlich der Grund für das Überwinden der mechanischen Hindernisse durch die Ratte ist, welche Reize, welche Zeichen für die entsprechenden Bewegungen den Anlaß geben. Er beschränkt sich nur auf die Versuche der getrennten Zerstörung einzelner Rezeptoren oder von Kombinationen von Rezeptoren, die die Übung nicht beseitigen, und beendet seine Analyse der Tatsache der Übung mit der Behauptung, daß »die wichtigsten Züge der Übung im Labyrinth die Generalisation der Richtung der spezifischen Wendungen des Labyrinths und die Entwicklung einer gewissen zentralen Organisation sind, durch die das Gefühl für die allgemeine Richtung unterstützt werden kann, ungeachtet der großen Variationen der Körperlage und der spezifischen Richtung während des Laufs«. Man kann wahrhaftig sagen, es handelt sich um irgendeine körperlose Reaktion!

Weitere Versuche des Autors über die Labyrinthreaktion betrafen verschiedene Schnitte, partielle und totale Durchtrennungen sowohl der Hemisphären als auch des Rückenmarks mit dem Ziel, die Assoziations- und Projektionsbahnen in den Hemisphären und die Leitungsbahnen im Rückenmark auszuschließen. Man muß aber sagen, daß das, wie die Physiologen gut wissen, nur ein grobes, ungenaues Verfahren ist und keineswegs beweisend. Dies gilt um so mehr, je komplizierter die Struktur ist. Das trifft sogar schon auf das viel gröbere und einfachere periphere Nervensystem zu. Die Physiologen wissen sehr wohl, wie schwer es ist, die Organe von den Nervenverbindungen des Gesamtorganismus zu isolieren, und oft gibt nur die völlige Entfernung eines Organs aus dem Organismus in dieser Beziehung eine absolute Gewißheit. Den Physiologen sind die verschiedenen Kreuzungen, Schlingenbildungen usw. im peripheren Nervensystem genügend bekannt. Erinnern wir uns z.B. an den Fall der wiederkehrenden Sensibilität der Rückenmarkwurzeln und der Versorgung eines Muskels mit Fasern aus verschiedenen Wurzeln. Wieviel verschiedenartiger und feiner muß dann erst diese sozusagen mechanische »Immunität« im Zentralnervensystem bei der in ihm bestehenden Großartigkeit der Verbindungen sein! Mir scheint, daß bis heute, speziell in der Physiologie des Nervensystems, dieses im höchsten Grade wichtige Prinzip ungenügend bewertet und nicht für alle Zeit klar formuliert ist. Das System des Organismus hat sich doch unter all den Bedingungen, von denen es umgeben ist, gestaltet: den thermischen, elektrischen, bakteriellen und anderen, darunter auch unter mechanischen Bedingungen, und es mußte sie alle ausgleichen, sich ihnen anpassen, womöglich ihrer zerstörenden Wirkung vorbeugen oder sie einschränken. Im Nervensystem und speziell in seinem kompliziertesten Teil, der den ganzen Organismus leitet, der alle Einzelfunktionen des Organismus vereinigt, mußte dieses Prinzip des mechanischen Selbstschutzes, das Prinzip der mechanischen Immunität, die höchste Vollkommenheit erreichen, wie es sich auch tatsächlich bei einer großen Zahl von Fällen zeigt. Da wir zur Zeit nicht über eine vollkommene Kenntnis aller Verbindungen im Zentralnervensystem verfügen, so sind alle unsere Versuche mit Schnitten, Durchschneidungen usw. im wesentlichen meist negativ, d.h. wir erreichen das gestellte Ziel einer Trennung darum nicht, weil dieser Apparat komplizierter ist, sich sozusagen weit mehr selbst reguliert, als wir es uns vorstellen. Deshalb ist es immer gewagt, aufgrund solcher Versuche entscheidende, weitgehende Folgerungen zu ziehen.

In Verbindung mit dieser ersten Frage werde ich auch die Frage nach der relativen Kompliziertheit der Fertigkeiten, die der Autor erforschte, berühren müssen, vor allem wegen der Bewertung der Methoden, die er anwendet. Der Autor findet, daß die Labyrinthfertigkeit komplizierter ist als die Fertigkeit, verschiedene Beleuchtungsintensitäten zu unterscheiden. Wie wird das denn bewiesen? Tatsächlich stellt sich im Gegenteil heraus, daß die Fertigkeit im kompliziertesten Labyrinth nach 19 Versuchen erworben wird und die andere erst nach 135 Versuchen, d.h. die Labyrinthfertigkeit ist um das Siebenfache leichter. Wenn man den Vergleich mit dem einfachsten von den drei Labyrinthen anstellt, die der Autor anwendet, so erreicht der Unterschied im Schwierigkeitsgrad fast das Dreißigfache. Dessenungeachtet kommt der Autor zu dem Schluß von der größeren Kompliziertheit der Labyrinthfertigkeit. Das geschieht mit Hilfe verschiedener Erklärungen. Aber um überzeugend zu sein, hätte er die Bedeutung dieser bei der Erklärung angenommenen Faktoren irgendwie quantitativ genau bestimmen müssen, und zwar so, daß sie alle zusammen nicht nur die tatsächliche Differenz ausgeglichen, sondern das Ergebnis in das Gegenteil verkehrt hätten.

Wenn die Dinge aber so liegen, würde ich mich jedenfalls nicht entschließen zu sagen, was kompliziert und was einfach ist. Besprechen wir die Angelegenheit ihrem Wesen nach. Bei der Bewegung des Tieres im Labyrinth und in einer Kiste mit verschiedener Beleuchtung kommt nur eine Wendung nach rechts und nach links in Betracht und natürlich nicht der ganze Akt der Lokomotion. Für die Wendung sind in beiden Fällen Zeichen, spezielle Reize nötig. Sie sind sowohl hier als auch dort vorhanden. Dann aber besteht schon ein Unterschied. Im Labyrinth sind mehrere Wendungen, in der Kiste nur eine durchzuführen. Folglich ist nach diesem Merkmal das Labyrinth schwieriger. Aber es gibt noch einen weiteren Unterschied. Im Labyrinth unterscheiden sich die Zeichen für die Wendungen fast ausschließlich der Qualität nach. Es findet z.B. die Berührung bei der Wendung in den Öffnungen der Scheidewände einmal mit der rechten, einmal mit der linken Körperseite statt. Bei der Wendung arbeiten einmal die Muskeln der rechten, einmal die der linken Seite. Dasselbe trifft auch auf die optischen und akustischen Zeichen zu. In der Kiste handelt es sich um einen quantitativen Unterschied. Diese Unterschiede müssen irgendwie ausgeglichen werden. Dann muß sich natürlich auch die Lebenserfahrung der Ratte einschalten, d.h. es muß eine mehr oder weniger genaue vorherige Bekanntschaft mit der einen oder der anderen Aufgabe vorhanden sein, was ja auch der Autor mit Recht betont. Man kann aber auch nicht unberücksichtigt lassen, daß im kompliziertesten Labyrinth die Aufgabe durch den bestimmten Rhythmus, durch die regelmäßige Reihenfolge der Wendungen einmal nach rechts, einmal nach links außerordentlich erleichtert wird. Andererseits muß für die Fertigkeit beim Unterscheiden der Beleuchtungsintensität wichtig sein, daß das Erlernen dieser Fertigkeit unter der Einwirkung von zwei Impulsen geschieht, nämlich der Einwirkung des Futters und eines schädigenden Reizes (des Schmerzes), während im Labyrinth die Fertigkeit nur durch das Futter bestimmt wird. Das erschwert natürlich die Bedingungen des Lernens. Und noch eine Frage: Fördern oder erschweren zwei Impulse die Ausbildung einer Fertigkeit? Darauf haben wir schon weiter oben hingewiesen, daß die Ausbildung eines Systems von Effekten ein sehr leichter und ständiger Vorgang der Nerventätigkeit ist. Auf diese Weise sind bei beiden Methoden, im Labyrinth und in der Kiste, verschiedene Bedingungen vorhanden, und ein genauer Vergleich der Schwierigkeit der Aufgabe wird fast unmöglich. Das alles zusammen mit der Unbestimmtheit der Zeichen im Labyrinth, auf die wir oben hinwiesen, macht die Methodik des Autors außerordentlich problematisch.

Daß unser Autor mehr geneigt ist zu theoretisieren, nur zu folgern, statt die Variationen seiner Versuche zu verfeinern (das ist bei biologischen Versuchen die Grundbedingung), kann man an seinen beiden folgenden Untersuchungen sehen, die zu demselben Problem gehören[11]. In der einen dieser Arbeiten untersucht er die Sehfertigkeit bei einer bestimmten Beleuchtungsintensität. Nachdem er bei der Ratte das Hinterhauptsdrittel der Hemisphären zerstört hat, findet er, daß die Ausbildung der Sehfertigkeit kaum in ihrer Schnelligkeit gegenüber einem normalen Tier vermindert ist. Wenn aber dieselbe Fertigkeit bei normalen Tieren ausgebildet worden ist und jetzt der Hinterhauptsteil der Hemisphären entfernt wird, so verschwindet die Fertigkeit und man muß sie neu ausbilden. Hieraus wird eine ziemlich gewagte und ziemlich schwer vorstellbare Schlußfolgerung gezogen, nämlich die, daß der Prozeß des Lernens überhaupt nicht von der Stelle der Verletzung abhängig ist, während die mnemische Spur oder das Engramm eine bestimmte Lokalisation hat. Aber die Sache ist viel einfacher. Im Hinterhauptslappen befindet sich bekanntlich die spezielle Sehsphäre, in die eben vor allem die Erregungen vom Auge laufen und wo sie in funktionelle Verbindungen sowohl untereinander zur Bildung komplizierter optischer Erregungen als auch unmittelbar in bedingte Verbindungen mit verschiedenen Tätigkeiten des Organismus treten. Da sich aber die Sehfasern außer im Hinterhauptslappen auch noch viel weiter ausbreiten, wahrscheinlich über die ganze Masse der Großhirnhemisphären, dienen sie auch außerhalb dieses speziellen Teiles zur Bildung bedingter Verbindungen mit verschiedenen Tätigkeiten des Organismus, aber nur in Form mehr oder minder elementarer optischer Erregungen. Wenn Lashley die Fertigkeit nicht auf die Lichtintensität, sondern auf einen einzelnen Gegenstand ausgebildet hätte, wäre die Fertigkeit nach der Entfernung des Hinterhauptslappens verschwunden gewesen, und sie hätte sich nicht wieder neu gebildet. Denn auf diese Weise hätte sich zwischen der Stelle der Bildung der Fertigkeit und der Stelle der mnemischen Spur kein Unterschied erwiesen.

In der anderen Arbeit macht Lashley Versuche an der motorischen Rindenregion von Affen. Die motorische Fertigkeit verschwindet nach Entfernung dieser Region nicht. Daraus folgert er, daß diese Region zu dieser Fertigkeit in keiner Beziehung steht. Aber erstens entfernt er sie in seinen drei Versuchen nicht vollständig. Vielleicht genügen die von ihr verbleibenden Teile noch für die mechanische Fertigkeit unter den gegebenen Umständen. Diese Wahrscheinlichkeit wird bei ihm nicht durch das Experiment, sondern nur durch Überlegungen beseitigt. Zweitens ist es möglich, daß außer dem äußerst spezialisierten motorischen Teil, der durch die elektrische Reizung festgestellt ist, noch ein weniger spezialisierter und mehr ausgebreiteter Anteil existiert. Aus diesen beiden Gründen ist eine wesentlich stärkere Komplikation der mechanischen Aufgaben erforderlich. Warum hat der Autor schließlich seine Tiere nicht des Augenlichts beraubt? Es unterliegt doch keinem Zweifel, daß bei der Ausübung dieser Fertigkeit auch das Sehen eine Rolle spielt, und die Erregung tiefer gelegener motorischer Regionen konnten auch über optische Rindenfasern zustande kommen. Wir haben ein krasses Beispiel hierfür bei der Ataxie), der Rückenmarkschwindsucht (tabes dorsalis). Der Ataktiker kann bei offenen Augen auf einem Bein stehen, bei geschlossenen Augen aber fällt er um. Folglich ersetzt er im ersten Fall die kinästhetischen Fasern durch optische Fasern.

Wir sehen hier wieder, daß das erforderliche weitere Experimentieren durch den Einfluß der beliebten negativen Einstellung zur detaillierten Lokalisation verhindert wird.

Jetzt wenden wir uns anderen Versuchen und Argumenten des Autors zu, die unmittelbar gegen die Reflextheorie gerichtet sind. Bei der Analyse verschiedener adäquater Reize sagt der Autor, daß wahrscheinlich nicht ein und dieselben rezeptorischen Zellen an der Bildung der Fertigkeit und ihrer Wiederherstellung teilnehmen können und daß das am deutlichsten beim gegenständlichen Sehen (pattern vision) der Fall sei. Aber wir sehen erstens die Gegenstände, d.h. wir erhalten bestimmte kombinierte optische Reize mit Hilfe jedes Teiles der Retina, und nicht von der ganzen Retina auf einmal. Dasselbe bezieht sich auch auf die Projektion der Retina in der Rinde. Folglich ist schon das ein Grund, weshalb keine bestimmte Verbindung irgendwelcher rezeptorischer Zellen mit einer bestimmten Reaktion stattfindet. Nur wenn wir den Gegenstand detailliert studieren, benutzen wir zeitweilig die fovea centralis; gewöhnlich aber dient jeder Teil der Retina für eine entsprechende Reaktion auf den gegebenen Gegenstand. Dieses Prinzip betrifft auch die Projektion der Retina in der Rinde. Zweitens, was die Identität der Reaktion im Fall der geometrischen weißen Figur auf schwarzem Hintergrund und umgekehrten Lichtverhältnissen, beim Ersetzen der geometrischen Körper durch entsprechende Konturzeichnungen und sogar bei unvollständiger Zeichnung betrifft, so trifft darauf einerseits das bereits Gesagte zu. Andererseits ist dieser Fall schon längst erforscht, und er bedeutet, daß zuerst nur die allgemeinsten Züge der Reize wirken und erst später, also allmählich, unter der Einwirkung spezieller Bedingungen eine weitere Analyse stattfindet und speziellere Komponenten der Reize zu wirken beginnen. Im gegebenen Fall reizen zuerst nur die Kombinationen der weißen und schwarzen Punkte ohne genaue gegenseitige Beziehung und Verteilung. Das wird dadurch bewiesen, daß man durch weitere spezielle Versuche mit Sicherheit die weiße Figur auf schwarzem Hintergrund von einer schwarzen Figur auf weißem Hintergrund differenzieren kann, d.h. als spezieller Reiz erweist sich der Wechsel zwischen Weiß und Schwarz. Dasselbe trifft auch auf das Auswechseln der geometrischen Figur durch eine Konturzeichnung zu usw. Das alles sind Etappen der Analyse, d.h. nur allmählich werden alle detaillierten Reizelemente zu Reizen.

Bei den Reaktionen, d.h. bei den motorischen Apparaten, weist der Autor darauf hin, daß die Ratte sich im Labyrinth richtig bewegt, ungeachtet dessen, ob sie schnell läuft, sich langsam bewegt oder schließlich sich auch einmal im Kreise dreht, wie im Fall der Kleinhirnverletzung. Das erscheint ihm als Widerspruch gegen eine bestimmte Verbindung der Reizung mit einer bestimmten Reaktion. Die Ratte bewegt sich jedoch ständig vorwärts und wendet sich durch ein und dieselben Muskeln nach links und rechts in allen soeben erwähnten Fällen. Alles übrige ist eine zusätzliche Bewegung, die durch andere zusätzliche Reize bedingt ist. Denn man muß im Fall einer Ausschaltung der Muskeln durch eine Paralyse bei der Bildung der Fertigkeiten und ihrer späteren Benutzung nach der Heilung der Paralyse wissen, warum und wo die Paralyse entsteht. Haben wir doch eine große Reihe koordinierter Zentren; die vom Ende des Rükkenmarks bis zu den Großhirnhemisphären liegen, und zu ihnen allen können Leitungen von den Hemisphären bestehen. Weiter wissen wir, daß wir bei jedem Denken an eine Bewegung dieselbe faktisch abortiv ausführen. Folglich kann der Innervationsprozeß vorhanden sein, obwohl er in Wirklichkeit gar nicht stattfindet. Wenn dann die Reizung nicht auf dem nächsten Wege beantwortet werden kann, so muß sie aufgrund der Summation und der Irradiation auf die nächstliegenden Punkte übergehen. Kennen wir denn nicht schon lange folgenden Fall: Ein dekapitierter

Frosch, dem man Säure auf den Schenkel der einen Extremität bringt, versucht diese mit der Pfote der gleichen Extremität wegzuwischen. Wenn er dies infolge Entfernung der Pfote nicht mehr kann, benutzt er nach einigen vergeblichen Versuchen mit der verunstalteten Extremität dazu die Pfote der anderen Seite.

Der Hinweis auf das Fehlen der Stereotypie bei einigen Formen der Bewegung, zum Beispiel beim Nestbau der Vögel, ist auch auf ein Mißverständnis zurückzuführen. Die individuelle Anpassung existiert innerhalb der ganzen Tierwelt. Das ist eben der bedingte Reflex, die bedingte Reaktion, die auf dem Prinzip der Gleichzeitigkeit basiert. Schließlich stimmt der Hinweis auf die Einheitlichkeit der grammatikalischen Formen vollkommen mit unserer früher angeführten Tatsache der Ausarbeitung eines Systemcharakters in den Nervenprozessen der tätigen Hemisphären überein. Das eben ist die Vereinigung, die Verschmelzung von Struktur und Dynamik. Wenn wir auch jetzt noch keine deutliche Vorstellung davon haben, wie dies stattfindet, so wahrscheinlich nur deshalb, weil wir weder die Struktur noch den Mechanismus des dynamischen Prozesses vollständig kennen.

Ich finde es überflüssig, mich weiter bei den Argumenten des Autors gegen die Bedeutung der Struktur im Zentralnervensystem aufzuhalten. Alle diese Argumente beweisen, daß er gar nicht an die schon bekannte und noch weit mehr mögliche Kompliziertheit dieser Struktur denkt, sondern sie ständig voreingenommen bis zum einfachsten Schema eines physiologischen Lehrbuches vereinfacht, das für seinen Zweck nur auf die unbedingte Verbindung der Erregung mit dem Effekt hinzuweisen hat und nicht mehr.

Was empfiehlt nun der Autor statt der von ihm verworfenen Reflextheorie? Gar nichts außer ganz abwegigen und vollkommen unberechtigten Analogien. Ist es möglich, bei der Frage nach den höheren Gehirnmechanismen als Antwort auf das Gewebe der Schwämme und Hydroiden hinzuweisen oder auf das embryonale Gewebe, wenn sich im höchsten Teil des Gehirns der höheren Tiere, einschließlich des Menschen, die höchste Differenzierung der lebenden Materie befindet? Auf jeden Fall aber sind wir berechtigt, auch wenn wir die absolute Freiheit für Vermutungen anerkennen, vom Autor wenigstens ein vorläufiges, elementares Programm in Form bestimmter Aufgaben für das nächstliegende und fruchtbringende Experimentieren auf diesem Gebiet zu verlangen, ein Programm, das im Vergleich zu der Reflextheorie vorteilhafter und das imstande ist, energisch das Problem der zerebralen Funktionen voranzutreiben. Aber so ein Programm fehlt, und es fehlt auch bei diesem Autor. Eine echte, gesetzmäßige, wissenschaftliche Theorie darf nicht nur das gesamte vorhandene Material umfassen, sondern sie muß auch breite Möglichkeiten für die weitere Forschungsarbeit, ja es sei erlaubt zu sagen, für ein unbegrenztes Experimentieren eröffnen.

In einer derartigen Situation befindet sich heute die Reflextheorie. Wer wird die außerordentliche und wohl kaum für jemanden einigermaßen vorstellbare Kompliziertheit der Struktur des Zentralnervensystems in seiner höchsten Form, nämlich im menschlichen Gehirn und die Notwendigkeit ihres immer tiefergehenden Studiums durch immer vollkommenere Methoden bestreiten? Andernfalls bleibt der menschliche Verstand deprimiert durch die Rätselhaftigkeit seiner eigenen Tätigkeit.

Die Reflextheorie ist bestrebt, auf alle Fälle Rechenschaft über beides gemeinsam zu geben und auf diese Weise das erstaunliche, schwer faßbare Spiel auf diesem höchst außergewöhnlichen Apparat zu verstehen. Und die Möglichkeit des Experimentierens am Gehirn, speziell an seinem höchsten Abschnitt anhand der Reflextheorie mit ihrer Forderung einer ständigen Determinierung und dem unermüdlichen Analysieren und Synthetisieren der betreffenden Erscheinungen, ist tatsächlich ohne Grenzen. Das habe ich ununterbrochen im Laufe der letzten dreißig Jahre empfunden und gesehen, um so mehr, je weiter ich vorwärts kam.

Wenn ich zum ersten Male in der psychologischen Literatur auftrete, so scheint es mir zweckmäßig, daß ich einerseits bei einigen Tendenzen in der Psychologie verweile, die meiner Meinung nach dem Ziel einer erfolgreichen Forschung nicht entsprechen, und daß ich andererseits meinen Gesichtspunkt bei unserer gemeinsamen Sache schärfer heraushebe.

Ich bin ein empirischer Psychologe und kenne die psychologische Literatur nur nach einigen Handbüchern der Psychologie und nach einer im Vergleich zu dem überhaupt existierenden Material vollkommen unbedeutenden Anzahl von psychologischen Abhandlungen. Ich war und bleibe aber, seitdem ich mein Leben bewußt lebe, ein ständiger Beobachter und Analytiker meiner selbst und auch anderer innerhalb des mir zugänglichen Horizonts, wobei ich auch die Kunstliteratur mit der Genremalerei mit einbeziehe. Ich verneine entschieden und fühle eine starke Abneigung gegen jede Theorie, die auf das volle Erfassen all dessen Anspruch erhebt, was unsere subjektive Welt ausmacht. Ich kann nicht auf ihre Analyse verzichten, auf ihr einfaches Verständnis in einzelnen Punkten. Dieses Verständnis aber muß auf die Übereinstimmung ihrer einzelnen Erscheinungen mit den Ergebnissen unseres gegenwärtigen positiven naturwissenschaftlichen Wissens zurückzuführen sein. Dazu ist es aber notwendig, den Versuch zu machen, diese Ergebnisse ständig in sorgfältigster Weise auf jede einzelne Erscheinung anzuwenden. Ich bin fest davon überzeugt, daß jetzt das rein physiologische Verständnis für vieles, was früher als psychische Tätigkeit bezeichnet wurde, festen Boden bekommen hat, und bei der Analyse des Verhaltens eines höheren Tieres einschließlich des Menschen ist es durchaus gerechtfertigt, sich in jeder Weise zu bemühen, die Erscheinungen rein physiologisch zu verstehen, und zwar aufgrund der festgestellten physiologischen Prozesse. Indessen aber ist es mir klar, daß viele Psychologen solche rein physiologischen Erklärungen des tierischen und menschlichen Verhaltens sozusagen eifersüchtig verhüten, indem sie sie ständig ignorieren und nicht versuchen, sie irgendwie objektiv anzuwenden.

Zur Bestätigung des soeben Gesagtem nehme ich zwei ganz einfache Fälle: Ein Fall ist von mir, der andere von Prof. KÖHLER[12]. Man könnte viele dergleichen anführen, auch viel kompliziertere.

Als wir die Methodik des Fütterns der Tiere während des Experimentierens auf Distanz ausarbeiteten, prüften wir viele verschiedene Verfahren. Unter anderen auch folgendes: Vor dem Hund befand sich ständig ein leerer Teller, über dem ein Metallrohr mit einem oben angebrachten Gefäß hing, das ein Pulver aus Fleisch und Zwieback enthielt. Dieses Pulver diente gewöhnlich zur Fütterung unserer Tiere während des Versuchs. Das obere Gefäß war mit dem Rohr durch eine Klappe verbunden, die sich durch Luftübertragung im notwendigen Augenblick öffnen ließ, und eine Portion des Pulvers gelangte in das Rohr und aus diesem auf den Teller, wo es dann auch vom Tier verzehrt wurde. Die Klappe war nicht ganz in Ordnung und bei einer Erschütterung des Rohres ließ sie etwas Pulver aus dem oberen Gefäß heraus, das dann auf den Teller fiel. Der Hund lernte das schnell auszunutzen, d.h. selbständig das Pulver herauszuschütteln. Eine Erschütterung des Rohres fand aber immer statt, wenn der Hund die ihm gereichte Futterportion fraß und dabei immer wieder das Rohr berührte. Das ist natürlich genau dasselbe, was gewöhnlich bei der Dressur des Hundes, die Pfote zu reichen, vor sich geht. Bei unserem Laboratoriumsfall war die ganze Umgebung der Lehrmeister; hier ist es ein Teil der Umgebung, der Mensch. In diesem Fall werden die Worte: »Pfote«, »gib« usw., die Hautreizung der Berührung beim Heben der Pfote, die kinästhetische Reizung, die das Heben der Pfote begleitet und schließlich die optische Reizung vom Dresseur her vom Fressen begleitet, d.h. sie werden mit dem unbedingten Nahrungsreiz in Verbindung gebracht. Genau dasselbe findet in unserem Fall statt. Das Geräusch infolge der Erschütterung des Rohres, die Hautreizung beim Berühren des Rohres, die kinästhetische Reizung beim Anstoßen des Rohres und schließlich das Aussehen des Rohres, all das ist ebenso mit dem Freßakt, mit der Erregung des Nahrungszentrums in Verbindung getreten. Natürlich ist das aufgrund des Prinzips der Assoziation, aufgrund der Gleichzeitigkeit geschehen und stellt einen bedingten Reflex dar. Dann treten hier noch zwei deutlich physiologische Tatsachen hervor. Erstens, daß eine bestimmte kinästhetische Reizung in diesem Fall wahrscheinlich bedingt (in den niederen Teilen des Zentralnervensystems unbedingt) mit der Ausführung jener Bewegung in Verbindung steht, die sie, diese kinästhetische Reizung, erzeugte. Und zweitens kommt hinzu: Wenn zwei Nervenpunkte verbunden, vereinigt sind, so bewegen sich und laufen die Nervenprozesse zwischen ihnen in beiden Richtungen. Wenn man die absolute Gesetzmäßigkeit der einseitigen Leitung der Nervenprozesse in sämtlichen Punkten des Zentralnervensystems anerkennt, so wird man in diesem Fall eine zusätzliche, zwischen diesen Punkten in umgekehrter Richtung verlaufende Verbindung annehmen müssen, d.h. das Bestehen eines zusätzlichen Neurons, das sie verbindet. Wenn nach dem Heben der Pfote das Futter gereicht wird, so geht die Reizung zweifellos vom kinästhetischen Punkt zum Nahrungszentrum. Wenn aber die Verbindung hergestellt ist und der Hund von selbst die Pfote reicht, weil er eine Erregung durch die Nahrung erfährt, dann verläuft diese Erregung offenbar in umgekehrter Richtung.

Ich kann diese Tatsache nicht anders verstehen. Warum das nur eine einfache Assoziation sein soll, wie dies gewöhnlich die Psychologen annehmen und nicht ein Akt des Verstehens, des Scharfsinns, sei es auch ein elementarer, bleibt mir unklar.

Das andere Beispiel entnehme ich dem Buch von W. Köhler (»Intelligenzprüfungen an Menschenaffen«). Es bezieht sich ebenfalls auf einen Hund. Der Hund befindet sich in einem großen Käfig, der in einem offenen Raum steht. Zwei gegenüberliegende Wände des Käfigs sind massiv und nicht durchsichtig. Von den beiden anderen Wänden besteht die eine aus Gitter, durch das man den freien Raum sieht, die andere hat eine offene Tür. Der Hund steht im Käfig vor dem Gitter und man legt vor den Käfig in einiger Entfernung von ihm ein Stück Fleisch. Sobald der Hund das sieht, dreht er sich um, geht durch die Tür, läuft um den Käfig herum und nimmt das Fleisch. Wenn aber das Fleisch unmittelbar vor dem Gitter liegt, drängt er sich vergebens an das Gitter und bemüht sich, das Fleisch durch das Gitter zu erreichen; die Tür benutzt er nicht. Was bedeutet das? Köhler versucht nicht, diese Frage zu lösen. Anhand der bedingten Reflexe verstehen wir diesen Fall leicht. Das in der Nähe liegende Fleisch erregt das Geruchszentrum des Hundes stark, und dieses Zentrum hemmt nach dem Gesetz der negativen Induktion die übrigen Analysatoren, die übrigen Teile der Großhirnhemisphären. Auf diese Weise aber bleiben die Spuren der Tür und des Umweges gehemmt, d.h. subjektiv ausgedrückt, der Hund vergißt sie vorübergehend. Im ersten Fall, beim Fehlen einer starken Geruchserregung, sind diese Spuren wenig oder gar nicht gehemmt und führen den Hund sicher zum Ziel. Auf jeden Fall ermöglicht eine solche Auffassung der Sache eine weitere genaue experimentelle Nachprüfung, und sie verdient sie auch. Im Fall der Bestätigung würde der Versuch den Mechanismus unserer Nachdenklichkeit, unserer starken Konzentration der Gedanken auf irgend etwas wiedergeben, wobei wir nicht hören und sehen, was um uns geschieht oder, was dasselbe ist, den Mechanismus der sogenannten Verblendung unter der Einwirkung einer Leidenschaft.

Ich bin überzeugt, daß sich bei einem beharrlichen Experimentieren viele andere, kompliziertere Fälle des Verhaltens der

Tiere und des Menschen vom Gesichtspunkt vieler festgestellter Gesetze der höheren Nerventätigkeit aus ebenfalls als verständlich erweisen würden.

Der zweite Punkt, bei dem ich stehen bleibe, betrifft die Frage nach der Bedeutung des Zieles und der Absicht bei den psychologischen Forschungen. Mir scheint, daß in diesem Punkt ein ständiges Verwechseln verschiedener Dinge vor sich geht.

Vor uns haben wir die großartige Tatsache der Entwicklung der Natur vom Urzustand in Form eines Nebelflecks im unendlichen Raum bis zum menschlichen Wesen auf unserem Planeten, grob ausgedrückt, in Gestalt von Phasen: die Sonnensysteme, das Planetensystem, der tote und der lebende Teil der irdischen Natur.

An der lebenden Materie sehen wir besonders kraß die Entwicklungsphasen in Form der Phylogenese und der Ontogenese. Wir kennen noch nicht und werden wahrscheinlich auch noch lange nicht das allgemeine Entwicklungsgesetz bzw. alle seine aufeinanderfolgenden Phasen kennen. Wenn wir aber seine Auswirkungen sehen, ersetzen wir durchaus anthropomorph und subjektiv im allgemeinen wie bei einzelnen Phasen die Kenntnis dieses Gesetzes durch die Worte »Ziel«, »Absicht«, d.h. wir wiederholen nur die Tatsache, wobei wir natürlich zu ihrer wirklichen Erkenntnis nichts beibringen. Aber beim echten Studium einzelner Systeme der Natur, aus denen sie besteht, einschließlich des Menschen, geht alles nur auf die Feststellung der inneren wie der äußeren Existenzbedingungen dieser Systeme hinaus, mit anderen Worten, auf das Studium ihres Mechanismus, und das Hineinpressen der Idee eines Zieles in diese Forschung ist eben eine grundsätzliche Verwechslung verschiedener Dinge und ein Hindernis für die uns jetzt zugängliche fruchtbringende Forschung. Die Idee eines möglichen Zieles beim Studium eines jeden Systems kann nur als Unterstützung, als Verfahren der wissenschaftlichen Phantasie dienen, um neue Fragen aufzuwerfen und die Experimente in verschiedenster Weise zu variieren, wie es auch beim Kennenlernen einer uns unbekannten Maschine oder einer kleinen Arbeit der menschlichen Hände geschieht, aber nicht als endgültiges Ziel.

Mit diesem Punkt ist natürlicherweise die daraus folgende Frage nach der Willensfreiheit verbunden, eine Frage, die natürlich von höchster Lebenswichtigkeit ist. Aber es erscheint mir möglich, sie streng wissenschaftlich zu besprechen (im Rahmen der gegenwärtigen genauen Naturerkenntnis), ohne zugleich dem allgemein menschlichen Empfinden zu widersprechen und eine Verwirrung in die Lebensordnung zu bringen.

Der Mensch ist natürlich ein System (gröber ausgedrückt, eine Maschine), die wie jedes andere in der Natur auch den unumgänglichen und für die ganze Natur einheitlichen Gesetzen unterworfen ist. Aber er ist ein System, das innerhalb des Horizonts unserer gegenwärtigen wissenschaftlichen Sicht aufgrund seiner Fähigkeit zur höchsten Selbstregulation einzigartig ist. Verschiedenartige, sich selbst regulierende Maschinen kennen wir schon genügend als Erzeugnisse der menschlichen Hände. Von diesem Gesichtspunkt aus ist die Methode des Studiums des Systems »Mensch« wie auch jedes anderen Systems dieselbe: Die Zerlegung in Teile, das Studium der Bedeutung jedes Teiles, das Studium der Verbindung der Teile, das Studium der Wechselbeziehungen mit dem umgebenden Milieu und schließlich aufgrund all dessen das Verständnis seiner gesamten Arbeit und ihrer Leitung, soweit es in den Kräften des Menschen liegt. Unser System aber ist ein im höchsten Grade sich selbst regulierendes System, das sich selbst erhält, wiederherstellt, korrigiert und sogar vervollkommnet. Der wesentlichste, stärkste und ständig bleibende Eindruck beim Studium der höheren Nerventätigkeit mit unserer Methode sind die außerordentliche Plastizität dieser Tätigkeit und ihre kolossalen Möglichkeiten. Es bleibt nichts unbeweglich, unnachgiebig, sondern alles kann immer erreicht werden, sich zum Besseren ändern, wenn nur die entsprechenden Bedingungen verwirklicht werden.

Ein System (eine Maschine) und ein Mensch mit all seinen Idealen, Bestrebungen und Errungenschaften, was ist das auf den ersten Blick für eine entsetzliche disharmonische Gegenüberstellung! Aber ist das so? Ist denn nicht auch vom Gesichtspunkt der Entwicklung aus der Mensch der Gipfel der Natur, die höchste Verkörperung der Kräfte der grenzenlosen Natur, die Verwirklichung ihrer gewaltigen, noch unerforschten Gesetze? Muß das nicht die Würde des Menschen heben, ihn mit höchster Genugtuung erfüllen? Und lebenswichtig bleibt genau dasselbe wie bei der Idee der Willensfreiheit mit ihrer persönlichen, gesellschaftlichen und staatlichen Verantwortlichkeit: In mir bleibt die Möglichkeit und hieraus ergibt sich für mich die

Pflicht, mich selbst zu erkennen und ständig diese Erkenntnis zu benutzen, um mich auf der Höhe meiner Möglichkeit zu halten. Sind denn die gesellschaftlichen und die staatlichen Pflichten und Anforderungen keine Bedingungen, die meinem System gestellt werden und in ihm eine entsprechende Reaktion im Interesse der Erhaltung der Unversehrtheit und der Vollkommenheit dieses Systems hervorrufen müssen?

V. Pawlow und Freud

Der Zielreflex[1]

Vor vielen Jahren begannen meine Mitarbeiter und ich uns im Laboratorium mit der *physiologischen*, d. h. der streng objektiven Analyse der höheren Nerventätigkeit des Hundes zu beschäftigen. Dabei bestand eine der Aufgaben in der Feststellung und Systematisierung jener einfachsten Grundtätigkeiten des Nervensystems, mit denen das Tier zur Welt kommt und denen sich dann im Laufe des individuellen Lebens durch ganz besondere Prozesse kompliziertere Tätigkeiten anschließen und aufschichten. Die angeborenen grundlegenden Nerventätigkeiten stellen ständige gesetzmäßige Reaktionen des Organismus auf bestimmte äußere und innere Reize dar. Diese Reaktionen werden Reflexe und Instinkte genannt. Die meisten Physiologen sehen keinen wesentlichen Unterschied zwischen dem, was man als Reflex, und dem, was man als Instinkt bezeichnet. Sie bevorzugen die allgemeine Bezeichnung »Reflex«, da sich in ihr der Gedanke des Determinismus deutlicher ausdrückt, weil die Verbindung zwischen Reiz und Effekt, zwischen Ursache und Wirkung eindeutiger ist. Ich werde ebenfalls vorzugsweise das Wort »Reflex« benutzen, wobei ich es anderen überlasse, je nach Wunsch dieses Wort gegen das Wort »Instinkt« auszutauschen.

Die Analyse der Tätigkeit der Tiere und der Menschen führt mich zu dem Schluß, daß unter den Reflexen ein besonderer Reflex festgestellt werden muß, ein Zielreflex, d.h. das Bestreben, in den Besitz eines bestimmten Reizobjekts zu gelangen, wobei ich Besitz und Objekt im weitesten Sinne des Wortes verstehe.

Bei Tieren werde ich diese Frage in der künftigen Laboratoriumsforschung bearbeiten. Heute werde ich mir erlauben, Ihrer wohlwollenden Aufmerksamkeit eine Gegenüberstellung von

Tatsachen aus dem menschlichen Leben vorzulegen, die, wie mir scheint, zum Zielreflex gehören.

Das menschliche Leben besteht in der Verfolgung aller möglichen Ziele: hoher und niedriger, wichtiger und nichtiger, wobei alle Grade menschlicher Energie eingesetzt werden. Dabei wird die Aufmerksamkeit durch den Umstand auf sich gezogen, daß keinerlei feste Beziehung zwischen der verbrauchten Energie und der Wichtigkeit des Ziels besteht. Auf Schritt und Tritt wird für vollkommen nichtige Ziele eine ungeheure Energie verbraucht und umgekehrt. Ähnliches wird auch häufig beim einzelnen Menschen beobachtet, der z. B. mit gleichem Eifer sowohl für ein großes als auch für ein nichtiges Ziel arbeitet. Das bringt uns auf den Gedanken, daß man den Akt des Strebens selbst vom Sinn und Wert des Ziels trennen muß und daß das Wesen der Sache im Streben selbst liegt und das Ziel eine zweitrangige Angelegenheit ist.

Von allen Formen, in denen der Zielreflex in der menschlichen Tätigkeit auftritt, erscheint als reinste, kennzeichnendste und deswegen für die Analyse als besonders bequeme und gleichzeitig verbreitetste die Sammelleidenschaft, das Bestreben, Teile oder Einheiten eines großen Ganzen oder einrr riesigen Sammlung zusammenzubringen, wobei das Endziel gewöhnlich unerreichbar bleibt.

Bekanntlich gibt es das Sammeln auch bei Tieren. Dann tritt die Sammelsucht besonders häufig im Kindesalter auf, wo die grundlegenden Nerventätigkeiten, die noch nicht durch individuelle Arbeit und Schablonen des Lebens verdeckt sind, natürlicherweise besonders deutlich hervortreten. Nimmt man die Sammelleidenschaft in ihrem ganzen Umfang, so ist man von der Tatsache überrascht, daß mit Leidenschaft häufig völlig nichtige, unnütze Dinge gesammelt werden, die entschieden keinerlei Wert von irgendeinem anderen Gesichtspunkt aus darstellen außer dem einzigen, dem des Sammelns als treibendem Punkt. Neben der Nichtigkeit des Ziels aber kennt jeder die Energie, die zuweilen grenzenlose Selbstaufopferung, mit der der Sammler seinem Ziel zustrebt. Der Sammler kann zum Gegenstand des Spotts und zum Verbrecher werden. Er kann seine natürlichsten Bedürfnisse unterdrücken, nur um des Sammelns willen. Lesen wir denn nicht häufig in den Zeitungen von Geizhälsen und Sammlern von Geld, darüber, daß sie mitten im Geld einsam, im Schmutz, in Kälte und Hunger sterben, während sie von ihrer Umgebung und sogar von Verwandten gehaßt und verachtet werden? Wenn man das alles erwägt, muß man zu dem Schluß kommen, daß hier ein dunkler, primärer, unüberwindlicher Trieb, ein Instinkt oder ein Reflex vorliegt. Jeder Sammler, der von diesem Trieb erfaßt ist und nicht zugleich die Fähigkeit verloren hat, sich zu beobachten, ist sich dessen klar bewußt, daß es ihn ebenso unmittelbar zur nächsten Nummer seiner Sammlung zieht, wie nach Verlauf einer gewissen Zeit nach der letzten Mahlzeit ein Drang zur neuen Nahrungsaufnahme erwacht.

Wie ist dieser Reflex entstanden, in welcher Beziehung steht er zu anderen Reflexen?

Dies ist eine schwierige Frage, wie überhaupt die Frage nach dem Entstehen. Ich werde mir erlauben, in dieser Hinsicht einige Überlegungen auszusprechen, die, wie mir scheint, ein beträchtliches Gewicht haben.

Das ganze Leben stellt die Verwirklichung eines Ziels dar, und zwar die Erhaltung des Lebens selbst, eine unermüdliche Arbeit dessen, was als allgemeiner Lebensinstinkt bezeichnet wird. Dieser allgemeine Lebensinstinkt oder Lebensreflex besteht aus einer Menge einzelner Reflexe. Den größten Teil dieser Reflexe stellen die positiv-motorischen Reflexe dar, d. h. Reflexe, die auf Bedingungen gerichtet sind, die für das Leben günstig sind, Reflexe, die das Ziel haben, diese Bedingungen für den betreffenden Organismus zu erringen, sich anzueignen. Es sind zugreifende, packende Reflexe. Ich werde bei zwei Reflexen dieser Art als den gewöhnlichsten und gleichzeitig stärksten stehenbleiben, die das menschliche Leben wie auch das Leben jedes Tieres vom ersten bis zum letzten Tag begleiten. Es sind dies der Nahrungs- und der Orientierungs- oder Untersuchungsreflex.

Jeden Tag streben wir nach bestimmten Stoffen, die für uns als Material zum Ablauf unserer chemischen Lebensprozesse notwendig sind, führen sie in uns ein, beruhigen uns vorübergehend, machen halt, um nach einigen Stunden oder am nächsten Tag erneut danach zu streben, eine neue Portion von diesem Material, der Nahrung, aufzunehmen. Gleichzeitig damit ruft jede Minute jeder neue Reiz, der uns trifft, eine entsprechende Bewegung unsererseits hervor. Diese Bewegung hat den Zweck, uns besser, vollständiger über diesen Reiz zu orientieren. Wir fixieren ein erschienenes Bild, horchen auf beim Ertönen neuer Laute, ziehen verstärkt einen Geruch ein, der uns umgibt, und wenn der neue Gegenstand in unserer Nähe ist, bemühen wir uns, ihn zu befühlen, und streben überhaupt danach, jede neue Erscheinung oder jeden neuen Gegenstand mit den entsprechenden rezipierenden Oberflächen, mit den entsprechenden Sinnesorganen zu fassen und zu ergreifen. Wie stark und unmittelbar unser Bestreben ist, den uns interessierenden Gegenstand zu berühren, geht ja aus jenen Barrieren, Bitten und Verboten hervor, zu denen man schreiten muß, um die Gegenstände zu schützen, die selbst einem gebildeten Publikum zur Schau gestellt werden.

Im Ergebnis der alltäglichen und unermüdlichen Arbeit dieser Greifreflexe und vieler anderer ähnlicher mußte sich schließlich durch Vererbung sozusagen ein gemeinsamer, verallgemeinerter Greifreflex nach jedem Gegenstand bilden und festigen, der irgend einmal die positive Aufmerksamkeit des Menschen gefesselt hat, einem Gegenstand, der zu einem zeitweiligen Reiz des Menschen geworden ist. Diese Verallgemeinerung des Reflexes konnte auf verschiedene Weise geschehen. Man kann sich leicht zwei Mechanismen vorstellen. Einmal haben wir die Irradiation, die Ausbreitung der Erregung von diesem oder jenem Greifreflex aus, wenn er eine starke Intensität zeigt. Nicht nur Kinder, sondern auch Erwachsene nehmen im Fall eines starken Appetits, d.h. bei einer starken Anspannung des Nahrungsreflexes, wenn kein Essen vorhanden ist, nicht selten ungenießbare Gegenstände in den Mund und kauen, und ein Kleinkind stopft in der ersten Lebenszeit sogar alles, was es reizt, in den Mund. Zweitens mußte in vielen Fällen infolge des zeitlichen Zusammenfallens eine Assoziation verschiedener Gegenstände mit verschiedenen Greifreflexen stattfinden.

Daß der Zielreflex und seine typische Form, das Sammeln, in irgendeiner Wechselbeziehung zu dem wesentlichsten Greifreflex, dem Nahrungsreflex, steht, kann man aus der Gemeinsamkeit der wesentlichsten Züge des einen und des anderen ersehen. Sowohl in dem einen als auch in dem anderen Fall stellt das Streben zum Objekt den wichtigsten Teil dar, der durch ausgeprägte Symptome begleitet wird. Mit seiner Ergreifung beginnt sich schnell eine Beruhigung und Gleichgültigkeit zu entwickeln. Ein anderer wesentlicher Zug ist die Periodizität des

Reflexes. Jeder weiß aus eigener Erfahrung, bis zu welchem Grad das Nervensystem geneigt ist, sich eine bestimmte Folge, einen Rhythmus und das Tempo einer Tätigkeit anzueignen. Wie schwer ist es, vom gewohnten Tempo und Rhythmus im Sprechen, im Gehen usw. abzuweichen. Auch im Laboratorium kann man beim Studium der komplizierten Nervenerscheinungen der Tiere viele grobe Fehler begehen, wenn man diese Neigung nicht aufs sorgfältigste berücksichtigt. Deswegen könnte man die besondere Stärke des Zielreflexes in Form des Sammelns eben in diesem Zusammenfallen der unbedingten Periodizität beim Sammeln mit der Periodizität des Nahrungsreflexes sehen.

Wie sich nach jeder Mahlzeit, wenn eine gewisse Zeit verstrichen ist, unbedingt das Bestreben nach einer weiteren Portion einstellt, so wird man auch nach dem Erwerb eines bestimmten Dinges, z.B. einer Briefmarke, unbedingt den Wunsch haben, weitere zu erwerben. Daß die Periodizität im Zielreflex einen wichtigen Punkt bildet, zeigt sich auch darin, daß große zusammenhängende Aufgaben und Ziele, sowohl geistige als auch körperliche, von allen Menschen gewöhnlich in Teile, in einzelne Aufgaben zerlegt werden, d.h. ebenfalls eine Periodizität gebildet wird. Das trägt viel dazu bei, Energie zu sparen und erleichtert das endgültige Erreichen des Ziels.

Der Zielreflex hat eine ungeheure Lebensbedeutung, er stellt die Grundform der Lebensenergie eines jeden von uns dar. Nur das Leben dessen ist schön und stark, der sein ganzes Leben lang nach einem ständig erreichbaren, aber nie zu erreichenden Ziel strebt oder mit gleichem Eifer von einem Ziel zum anderen übergeht. Das ganze Leben, alle seine Verbesserungen, seine ganze Kultur wird zu einem Zielreflex. Es kann aber nur von Menschen erreicht werden, die einem bestimmten Lebensziel zustreben. Sammeln kann man alles, sowohl Nichtigkeiten als auch alles Wichtige und Große im Leben: die Bequemlichkeiten des Lebens (die Praktiker), gute Gesetze (Staatsmänner), Kenntnisse (gebildete Menschen), wissenschaftliche Entdeckungen (Wissenschaftler), Tugenden (hochstehende Menschen) usw.

Umgekehrt hört das Leben auf zu fesseln, sobald das Ziel verschwindet. Lesen wir denn nicht sehr oft in den Zetteln, die von Selbstmördern hinterlassen werden, daß sie dem Leben ein Ende bereiten, weil es ohne Ziel sei. Natürlich sind die Ziele des menschlichen Lebens grenzenlos und unerschöpflich. Die

Tragik des Selbstmörders besteht eben darin, daß bei ihm meist eine flüchtige und nur viel seltener eine anhaltende Unterdrükkung oder, wie wir Physiologen uns ausdrücken, Hemmung des Zielreflexes stattfindet.

Der Zielreflex ist nicht etwas Starres, sondern wie alles im Organismus schwankt und bewegt er sich je nach den Bedingungen bald nach der Seite der Verstärkung und Entwicklung, bald nach der Seite der Abschwächung oder dem fast völligen Verschwinden. Hier aber fällt einem wieder die Analogie mit dem Nahrungsreflex auf. Durch die richtige Ernährungsweise, durch die entsprechende Nahrungsmenge und die richtige Periodizität in der Nahrungsaufnahme wird der ständig gesunde starke Appetit, der normale Nahrungsreflex und mit ihm auch die normale Ernährung gesichert. Und umgekehrt. Erinnern wir uns an einen recht häufigen alltäglichen Fall. Beim Kind wird sehr leicht durch Worte, die sich aufs Essen beziehen, und noch leichter durch den Anblick von Speisen der Nahrungsreflex vor der gebührenden Zeit hervorgerufen. Das Kind möchte gern essen, bittet um das Essen, sogar unter Tränen. Und wenn die Mutter sentimental und nicht vernünftig ist und diese seine ersten, zufälligen Wünsche erfüllt, so endet dies damit, daß das Kind vor der Zeit der eigentlichen Mahlzeit kleine Happen nascht, sich den Appetit verdirbt, die Hauptmahlzeit ohne Appetit zu sich nimmt und im großen und ganzen weniger ißt als notwendig. Wenn sich eine solche Unordnung wiederholt, wird aber sowohl seine Verdauung als auch seine Ernährung gestört werden. Im Endresultat wird der Appetit schwächer, oder er verschwindet auch ganz, d.h. es verschwindet das Streben zur Nahrung, der Nahrungsreflex. Folglich ist für die volle, richtige, nutzbringende Äußerung des Zielreflexes eine gewisse Anspannung dieses Reflexes erforderlich. Die Angelsachsen, die ja die reinste Verkörperung dieses Reflexes darstellen, wissen dies gut, und deswegen antworten sie auf die Frage: Welches ist die Hauptbedingung für die Erreichung eines Zieles? auf eine für das russische Ohr unerwartete, unwahrscheinliche Weise: »das Vorhandensein von Hindernissen«. Sie sagen: »Wenn sich mein Zielreflex als Antwort auf das Hindernis anspannt, dann werde ich auch das Ziel erreichen, wie schwer es auch sein mag.«

Es ist interessant, daß in dieser Antwort die Möglichkeit, das Ziel nicht zu erreichen, völlig ignoriert wird. Wie weit ist das von unserer Anschauung entfernt, wo die »Verhältnisse« alles entschuldigen, alles rechtfertigen, mit allem versöhnen! Wie fehlen uns doch so ganz und gar die praktischen Kenntnisse hinsichtlich eines für das Leben so wichtigen Faktors, wie es der Zielreflex ist! Und diese Kenntnisse sind doch auf allen Lebensgebieten, angefangen bei dem Hauptgebiet, der Erziehung, so notwendig.

Der Zielreflex kann abgeschwächt und durch den umgekehrten Mechanismus sogar ganz unterdrückt werden. Kehren wir wieder zur Analogie mit dem Nahrungsreflex zurück. Bekanntlich ist der Appetit nur in den ersten Tagen des Hungers stark und unerträglich; dann wird er viel schwächer. Ebenso tritt im Ergebnis einer anhaltenden Unterernährung eine Entkräftung des Organismus, ein Absinken seiner Kräfte ein und damit das Absinken seiner normalen Haupttriebe, wie wir dies von systematisch fastenden Menschen wissen. Bei einer anhaltenden Einschränkung in der Befriedigung der Haupttriebe, bei einer ständigen Verminderung der Arbeit der Grundreflexe sinkt sogar der Lebensinstinkt, der Drang zum Leben. Wir wissen, wie die Sterbenden in den niederen, ärmlichen Bevölkerungsschichten sich dem Tod gegenüber ruhig verhalten. Wenn ich mich nicht irre, so besteht in China sogar die Möglichkeit, Menschen zu dingen, die sich für einen Verurteilten hinrichten lassen.

Wenn die negativen Züge des russischen Charakters: die Trägheit, der schwache Unternehmungsgeist, die Gleichgültigkeit, ja sogar das nachlässige Verhalten gegenüber jeder lebenswichtigen Arbeit eine düstere Stimmung wachrufen, dann sage ich mir: Nein, das sind nicht unsere Grundcharakterzüge, das ist eine schmutzige Ablagerung, das ist das verfluchte Erbe der Leibeigenschaft. Sie machte aus dem Gutsherrn einen Tagedieb, weil sie ihm auf Kosten fremder, unentgeltlicher Arbeit die Ausübung des im normalen Leben natürlichen Bestrebens nahm, das tägliche Brot für sich und die ihm Nahestehenden zu sichern und eine Lebensposition zu erkämpfen, weil diese Leibeigenschaft seinen Zielreflex auf den grundlegenden Linien des Lebens ohne Bestätigung gelassen hat. Sie machte aus dem Leibeigenen ein völlig passives Wesen ohne jegliche Lebensperspektive, denn auf dem Wege seiner natürlichsten Bestrebungen erhoben sich ständig unüberwindliche Hindernisse in Form der allmächtigen Willkür und Laune des Gutsherrn und der Gutsherrin. Und ich mache mir weitere Hoffnungen. Den verdorbenen Appetit, die Ernährungsschädigung kann man durch sorgfältige Pflege und spezielle Hygiene in Ordnung bringen, wiederherstellen. Dasselbe kann und muß mit dem auf russischem Boden durch die historische Entwicklung abgedrosselten Zielreflex geschehen. Wenn jeder von uns diesen Reflex in sich als den wertvollsten Teil seines Wesens hegt, wenn die Eltern und die gesamte Lehrerschaft aller Stufen die Festigung und Entwicklung dieses Reflexes in der bevormundeten Masse zu ihrer Hauptaufgabe macht, wenn unsere Öffentlichkeit und unser Staat weite Möglichkeiten für die Ausübung dieses Reflexes eröffnen, so werden wir zu dem, was wir wirklich sein können, wenn man nach vielen Episoden unseres geschichtlichen Lebens und nach dem oft bewährten Schwung unserer schöpferischen Kraft urteilen darf.

Der Freiheitsreflex[1]

(Gemeinsam mit Dr. M.M. Gubergriz)

Man kann mit Recht annehmen, daß es der Physiologie bei der Analyse der normalen Nerventätigkeit endlich gelungen ist festzustellen, daß neben der schon lange in der Wissenschaft anerkannten elementaren Grundform dieser Tätigkeit, dem angeborenen Reflex, eine andere, ebenso grundlegende, aber etwas kompliziertere Form, der erworbene Reflex, existiert. Jetzt erscheint der Verlauf des weiteren Studiums des Problems in folgender Form. Einerseits tritt die Notwendigkeit ein, vor allen Dingen alle angeborenen Reflexe als das unveränderliche Grundfundament festzustellen und zu systematisieren, auf dem sich das riesige Gebäude der erworbenen Reflexe aufbaut. Die Systematisierung der erworbenen Reflexe wird notwendigerweise die Klassifikation der angeborenen Reflexe als Grundlage haben müssen. Das ist sozusagen die spezielle Morphologie der reflektorischen Tätigkeit. Andererseits muß das Studium der Gesetze und des Mechanismus der Reflextätigkeit, sowohl der angeborenen als auch der erworbenen, betrieben werden. Natürlich wird das Studium der ersten schon lange betrieben, und es wird weitergeführt werden müssen. Das Studium der zweiten muß als neues, das eben erst begonnen wurde, naturgemäß die überwiegende Aufmerksamkeit auf sich ziehen, da es baldige und reichlichste Ergebnisse verspricht.

Unsere heutige Mitteilung gehört zum Abschnitt der Systematisierung der Reflexe, und zwar der angeborenen. Es ist vollkommen klar, daß die bestehende schablonenhafte Klassifizierung der Reflexe[2] in Nahrungsreflexe, Selbsterhaltungsreflexe und Geschlechtsreflexe zu allgemein und zu ungenau ist. Um genau zu sein, muß man vom individuellen Erhaltungsreflex und vom arteigenen Erhaltungsreflex sprechen, da der Nahrungsreflex doch auch ein Erhaltungsreflex ist. Aber auch unsere Unterteilung ist zum Teil ebenfalls bedingt, da die Erhaltung der Art selbstverständlich auch die Erhaltung des Individuums voraussetzt. Folglich liegt in dieser allgemeinen Systematisierung kein besonderer Wert. Dafür ist eine ausführliche Systematisierung, die sorgfältige Beschreibung und ein vollständiges Verzeichnis aller einzelnen Reflexe äußerst notwendig, weil sich unter jedem der jetzigen allgemeinen Reflexe eine große Anzahl besonderer Reflexe verbirgt. Nur die Kenntnis aller Reflexe im einzelnen gibt die Möglichkeit, allmählich von jenem Chaos der Äußerungen des höheren tierischen Lebens einen klaren Begriff zu bekommen, das jetzt endlich der wissenschaftlichen Analyse unterworfen wird. Obwohl sich unser Laboratorium vorläufig damit nicht speziell beschäftigt, nutzen wir einzelne Fälle aus, die sich bei anderen Untersuchungen bieten, wenn diese sehr stark ausgeprägt sind. Ein solcher Fall ist bis zu einem gewissen Grad von uns auch in bezug auf den heute interessierenden Freiheitsreflex bearbeitet worden.

Unter der großen Zahl von Hunden, die zum Studium der erworbenen (nach der Terminologie unseres Laboratoriums der bedingten) Speichelreflexe dienen, befand sich voriges Jahr einer mit einer außergewöhnlichen Eigenschaft im Laboratorium. Erstmalig von einem Mitglied des Laboratoriums für Versuche verwandt, gab dieser Hund, im Gegensatz zu allen anderen, im Laufe eines ganzen Monats eine ununterbrochene spontane Speichelabsonderung, die ihn natürlich für unsere Versuche untauglich machte. Diese Speichelabsonderung ist, wie wir schon aufgrund früherer Beobachtungen wußten, von der allgemeinen Erregung des Tieres abhängig. Sie geht gewöhnlich mit einer Atemnot des Tieres einher, einem offensichtlichen Analogon unserer allgemeinen Aufregung, nur mit dem Unterschied, daß beim Hund unsere Schweißabsonderung durch die Speichelabsonderung ersetzt wird. Eine derartige kurze Erregungsperiode wird an vielen unserer Hunde zu Beginn der Versuche beobachtet, besonders bei wilden Tieren, die wenig gezähmt sind. Dieser Hund war aber im Gegenteil sehr zahm und trat schnell mit uns allen in freundschaftliche Beziehungen. Um so sonderbarer war es, daß bei ihm die Erregung im Versuchsgestell einen ganzen Monat nicht im geringsten nachließ. Dann übernahmen wir diesen Hund mit dem speziellen Ziel, diese Besonderheit näher zu studieren. Auch bei uns blieb im Laufe von zwei Wochen im Gestell in einem besonderen Zimmer bei Versuchen mit der Bildung eines bedingten Nahrungsreflexes alles unverändert. Der bedingte Reflex bildete sich nur langsam aus, blieb geringfügig und schwankte ständig stark. Die spontane Speichelabsonderung dauerte an, wobei sie je nach Dauer einer jeden experimentellen Sitzung allmählich stärker wurde. Gleichzeitig damit war das Tier ständig in Bewegung, wobei es auf alle möglichen Arten gegen das Gestell ankämpfte, seinen Boden kratzte, seinen Ständer stieß und biß usw. Natürlich war das auch stets von einer Atemnot begleitet, die zum Schluß des Versuchs immer mehr anwuchs. Zu Beginn der Sitzung, bei den ersten bedingten Reizen nahm der Hund sofort das vorgelegte Futter, dann aber nahm er es entweder erst nach Ablauf einer immer größeren Zeit nach Vorsetzen des Futternapfes, oder er begann erst nach vorheriger gewaltsamer Einführung ins Maul zu fressen.

Zuerst gingen wir an die Klärung der Frage: Wodurch wird eigentlich diese motorische und sekretorische Reaktion hervorgerufen, was erregt den Hund unter den bestehenden Verhältnissen?

Auf viele Hunde wirkt das Stehen oben auf dem Tisch erregend. Es genügt, das Gestell auf den Boden zu stellen, und sie beruhigen sich. Hier brachte das nicht die geringste Änderung im Zustand des Hundes. Manche Hunde vertragen die Einsamkeit nicht. Solange sich der Experimentator in einem Zimmer mit dem Tier befindet, ist es ruhig; es wird aber sofort erregt, will sich losreißen und winselt, sobald der Experimentator das Zimmer verläßt. Auch das hatte bei unserem Hund keine Bedeutung. Vielleicht brauchte der lebhafte Hund Bewegung? Aber wenn man ihn aus dem Gestell herausließ, legte er sich oft zu Füßen des Experimentators nieder. Vielleicht reizten ihn die Leinen durch Druck, Reibung usw.? Man löste sie auf jegliche Weise, aber dadurch änderte sich nichts. Und in Freiheit beunruhigte den Hund auch nicht die absichtlich am Hals ziemlich angespannte Leine. Wir variierten alle möglichen Bedingungen. Es blieb dasselbe, der Hund vertrug das Anbinden nicht, die Einschränkung der Bewegungsfreiheit. Wir haben eine stark hervortretende, gut isolierte, physiologische Reaktion des Hundes vor uns, den Freiheitsreflex. Diesen Reflex hat der eine von uns, vor dem schon mehrere Hunderte, ja vielleicht auch Tausende von Hunden vorbeigezogen sind, nur noch ein einziges Mal am Hund in einer so reinen Form und mit einer solchen Beharrlichkeit gesehen. Er schätzte aber zu jener Zeit diese Gelegenheit noch nicht in entsprechender Weise ein, weil ihm die richtige Vorstellung von der Fragestellung fehlte. Aller Wahrscheinlichkeit nach ist die Beharrlichkeit des Reflexes in diesen zwei Fällen dem seltenen Zufall zuzuschreiben, daß einige Generationen, die unseren Exemplaren vorangingen, sowohl seitens der Männchen als auch seitens der Weibchen volle Freiheit genossen, z.B. als nicht angebundene Hofhunde.

Natürlich ist der Freiheitsreflex eine allgemeine Eigenschaft, eine allgemeine Reaktion der Tiere, einer der wichtigsten angeborenen Reflexe. Wenn er nicht wäre, würde das geringste Hindernis, dem das Tier auf seinem Weg begegnet, den Lebenslauf dieses Tieres völlig hemmen. Wir wissen aber sehr gut, wie alle Tiere, die ihrer Freiheit beraubt sind, danach streben, sich zu befreien, besonders natürlich die wilden, die erstmalig vom Menschen gefangen werden. Aber diese allgemein bekannte Tatsache hatte bis jetzt keine richtige Bezeichnung und war nicht regulär in die Systematik der angeborenen Reflexe aufgenommen worden.

Um den angeborenen reflektorischen Charakter unserer Reaktion stärker zu unterstreichen, setzten wir die Untersuchung des Problems fort. Obwohl der bedingte Reflex, der an diesem Hund ausgearbeitet worden war, wie gesagt, ein Nahrungsreflex war, d.h. der Hund (der vordem 24 Stunden nicht gefressen hatte) im Gestell bei jeder bedingten Reizung gefüttert wurde, hat dies trotzdem nicht zur Hemmung, zur Überwindung des Freiheitsreflexes genügt. Das war um so sonderbarer, als wir im Laboratorium schon die destruktiven bedingten Nahrungsreflexe kannten. Bei ihnen läßt sich auf eine starke elektrische Schädigung der Haut, die gewöhnlich eine äußerst starke Abwehrreaktion hervorruft, jetzt aber jedesmal durch Füttern des Tieres begleitet wird, ohne besondere Mühe eine Nahrungsreaktion ausarbeiten, wobei die Abwehrreaktion völlig verschwindet. Wäre es möglich, daß der Nahrungsreflex schwächer ist als der Freiheitsreflex? Warum unterdrückt der Nahrungsreflex jetzt nicht den Freiheitsreflex? Man kann jedoch nicht den großen Unterschied zwischen unseren Versuchen mit dem bedingten destruktiven Reflex und dem Freiheitsreflex übersehen: Dort begegneten sich fast zu gleicher Zeit der destruktive Reflex und der Nahrungsreflex, hier dauerte die Reizung durch die Nahrung in der Mundhöhle nur kurze Zeit an, ging mit großen Unterbrechungen vor sich, während der Freiheitsreflex während des ganzen Versuchs und um so stärker wirkte, je länger das Tier im Gestell stand. Deswegen beschlossen wir, unter Fortsetzung des Versuchs mit bedingten Reflexen wie früher dem Tier seine ganze Tagesration an Futter nur im Gestell zu geben. Zuerst fraß der Hund ungefähr zehn Tage sehr wenig und magerte ziemlich ab. Dann aber begann er immer mehr und mehr zu fressen, bis er schließlich die ganze vorgelegte Portion auffraß. Es waren jedoch etwa drei Monate erforderlich, ehe der Freiheitsreflex aufhörte, sich während des Versuchs mit bedingten Reflexen deutlich zu erkennen zu geben. Allmählich verschwanden die einzelnen Teile dieses Reflexes. Man muß aber annehmen, daß eine geringe Spur von ihm noch zurückblieb und darin zum Ausdruck kam, daß der bedingte Reflex, der alle anderen Voraussetzungen bei diesem Hund hatte, groß und beständig zu sein, gering und schwankend blieb, ganz als wenn er durch irgend etwas gehemmt würde, anscheinend durch den Rest des Freiheitsreflexes. Es ist interessant, daß der Hund am Ende dieser Periode von selbst auf den Experimentiertisch hinaufsprang. Wir blieben aber nicht bei diesem Ergebnis stehen und hörten erneut mit der ständigen Fütterung des Hundes im Gestell auf. Ungefähr nach anderthalb Monaten begann sich der Freiheitsreflex bei den fortdauernden Versuchen mit bedingten Reflexen erneut zu zeigen, wobei er zum Schluß allmählich seinen ursprünglichen Stärkegrad erreichte. Außer der Bestätigung für den in höchstem Grad festen Charakter dieses Reflexes, der davon zeugt, daß er angeboren ist, scheint uns diese Rückkehr des Reflexes noch einmal alle anderen Deutungen der von uns beschriebenen Reaktion zu widerlegen.

Erst nach einer weiteren $4^1/_2$ Monate langen Unterbringung des Hundes in einem Einzelkäfig, in dem er auch gefüttert wurde, war der Freiheitsreflex schließlich endgültig beseitigt, und man konnte mit dem Hund ungehindert arbeiten wie mit jedem anderen.

Zum Schluß wollen wir nochmals die Notwendigkeit hervorheben, die elementaren angeborenen Reflexe zu registrieren und zu beschreiben, damit wir allmählich vom gesamten Verhalten des Tieres einen klaren Begriff bekommen. Ohne dies verharren wir auf dem Boden allgemeingebräuchlicher, aber wenig lehrreicher Begriffe und Worte, wie »das Tier gewöhnte sich, gewöhnte sich ab, erinnerte sich, vergaß« usw., und werden nie im wissenschaftlichen Studium der komplizierten Tätigkeit des Tieres vorwärtskommen. Es gibt keinen Zweifel, daß das systematische Studium der Grundlage, die durch die angeborenen Reaktionen des Tieres gegeben ist, außerordentlich dazu beitragen wird, daß wir uns über uns selbst klar werden und in uns auch die Fähigkeit zur Selbstbeherrschung entwickeln. Wenn wir das letztere aussprechen, so verstehen wir darunter z. B. folgendes. Es ist offensichtlich, daß gleichzeitig mit dem Freiheitsreflex auch ein angeborener Reflex sklavischer Unterwürfigkeit existiert. Die Tatsache ist gut bekannt, daß junge und kleine Hündchen sich oft vor großen Hunden auf den Rücken legen. Das heißt, sich in die Gewalt eines Stärkeren zu geben, analog dem menschlichen »in die Knie fallen« und »mit dem Gesicht die Erde berühren«, ein Servilitätsreflex, der natürlich seine bestimmte Rechtfertigung im Leben hat. Die absichtliche passive Stellung des Schwächeren führt natürlich zu einem Absinken der aggressiven Reaktion des Stärkeren, während ein Widerstand des Schwächeren, sei es auch ein schwacher, die auf Zerstörung gerichtete Erregung des Stärkeren nur noch mehr steigert.

Wie oft und verschiedenartig tritt der Servilitätsreflex auf russischem Boden in Erscheinung, und wie nützlich ist es, sich dessen bewußt zu werden! Führen wir ein Beispiel aus der Literatur an. In der kleinen Erzählung Kuprins »Der Strom des Lebens« wird der Selbstmord eines Studenten beschrieben, der von seinem Gewissen gepeinigt wurde, weil er seine Kameraden an die Geheime Staatspolizei verraten hatte. Aus dem Brief des Selbstmörders geht klar hervor, daß der Student ein Opfer des Servilitätsreflexes wurde, den er von seiner Mutter, einer Gnadenbrotempfängerin, geerbt hatte. Hätte er das gut verstanden, so hätte er erstens gerechter über sich geurteilt und zweitens hätte er durch systematische Maßnahmen eine erfolgreiche Hemmung, eine Unterdrückung dieses Reflexes entwickeln können.

Kritik an der Neurosekonzeption des Psychiaters Schilder[1]

(14. Januar 1931)

IWAN PETROWITSCH kritisiert einen Aufsatz des Wiener Psychiaters SCHILDER[2], der jetzt in New York bei MEYER arbeitet. IWAN PETROWITSCH verweist auf die falsche Denkweise des Autors, der sich bemüht, Einfaches kompliziert zu erklären: Der Autor, ein Nachfolger FREUDS, behauptet unter Hinweis auf die in den PAWLOWschen Laboratorien bei Hunden erzeugten Neurosen, daß man diese Neurose nur dann verstehen könne, wenn man sie am Menschen mit Hilfe der Psychoanalyse studiert habe. Indessen erkennt der Autor an, daß diese Neurosen (an Hunden) völlig mit den menschlichen Neurosen identisch sind, worauf IWAN PETROWITSCH besonders aufmerksam macht. In Verbindung hiermit erwähnt IWAN PETROWITSCH, was ihn auf den Gedanken gebracht hat, bei Hunden durch Zusammenstöße Neurosen hervorzurufen. In einer seiner Früharbeiten beschreibt FREUD einen Neurosefall bei einem jungen Mädchen, die viele Jahre zuvor ihren kranken Vater pflegen mußte, den sie sehr liebte und von dem sie wußte, daß er bald sterben würde. Sie hatte durch das Wissen um den unvermeidlichen Tod furchtbar zu leiden und mußte sich doch bemühen, dem Vater gegenüber fröhlich zu erscheinen, um die Gefahr vor ihm zu verbergen. Auf psychoanalytischem Wege hatte FREUD ermittelt, daß dieses Trauma der sich später entwickelnden Neurose zugrunde lag. IWAN PETROWITSCH sah dies als einen schweren Zusammenstoß des Erregungs- und Hemmungsprozesses an und legte dieses schwierige Aufeinanderprallen der beiden entgegengesetzten Prozesse seiner Methode zur Erzeugung experimenteller Neurosen an Hunden zugrunde.

Über die Neurosen des Menschen und des Tieres[1]

In der Zeitschrift »The Journal of Nervous and Mental Disease«, Band 70, ist eine Abhandlung von Dr. P. SCHILDER[2] unter dem

Titel »The Somatic Basis of the Neurosis« erschienen, in der der Autor zugibt, daß bei den Erscheinungen die wir, meine Mitarbeiter und ich, bei unseren Versuchstieren (Hunden) als Neurosen bezeichnet und nach der Methode der bedingten Reflexe untersucht haben, »alle Erscheinungen der Neurosen vorhanden sind«. Eine solche Bestätigung von kompetenter Seite ist für uns natürlich sehr wertvoll. Aber ich muß entschieden dem widersprechen, was der Autor des weiteren in bezug auf das vergleichende Studium dieser Neurosen beim Menschen und beim Hund äußert. Man findet bei ihm folgende Stelle: »Die wichtigen Experimente PAWLOWS und seiner Schule (Neurosen) können nur verstanden werden, wenn wir sie im Licht unserer Experimente über Neurosen betrachten. Wir können die Neurose nicht mittels des bedingten Reflexes deuten, aber durch den psychischen Mechanismus, den wir bei der Neurose studiert haben, können wir bestimmt das sehr gut erklären, was beim bedingten Reflex vor sich geht.«

Was soll man sich unter dem Wort »Deutung« oder »Verständnis« der Erscheinungen vorstellen, und was stellen sich gewöhnlich alle darunter vor? Das Zurückführen von komplizierten Erscheinungen auf elementarere, einfachere Erscheinungen. Folglich müssen auch die menschlichen Neurosen mit Hilfe der Tierneurosen als den naturgemäß einfacheren gedeutet und verstanden, d.h. analysiert werden, und nicht umgekehrt.

Beim Menschen muß man vor allem genau bestimmen, worin im gegebenen Fall die Abweichung des Verhaltens von der Norm besteht. Das Verhalten ist doch auch normalerweise bei den verschiedenen Menschen äußerst unterschiedlich. Dann muß man gemeinsam mit dem Kranken oder auch gegen seinen Widerstand in dem Chaos der Lebensbeziehungen jene plötzlich oder allmählich wirksam gewordenen Bedingungen und Umstände suchen, mit denen der Ursprung der krankhaften Abweichung, der Ursprung der Neurose mit Recht in Verbindung gebracht werden kann. Ferner muß man verstehen, warum diese Bedingungen und Umstände bei unseren Kranken ein solches Ergebnis hervorgerufen haben, während sie bei anderen Menschen ohne jegliche Einwirkung blieben. Und weiter, warum führten sie bei dem einen Menschen zu einem derartigen krankhaften Komplex und bei einem anderen zu einem durchaus andersartigen? Ich greife nur die wichtigsten, sozusagen die Gruppenfragen heraus, wobei ich die große Vielfalt der öfter vorkommenden Abweichungen von der Norm weglasse. Gibt es immer völlig befriedigende Antworten auf all diese Fragen?

Aber das ist doch nur ein Teil der Angelegenheit, wenn man sich mit ihrer vollen tiefgehenden Analyse beschäftigt. Natürlich spielen sich die eintretenden Abweichungen im Verhalten des Kranken an seinem Nervenapparat ab. Wer will das heute noch bestreiten? Deswegen muß man die weitere Frage beantworten: Welche Veränderungen fanden unter den erwähnten Bedingungen in den normalen Prozessen des Nervensystems statt, welches waren ihre Ursachen und wie vollzogen sie sich? Sind diese Forderungen etwa nicht real? Wo bleibt aber ihre Verwirklichung?

Was finden wir aber beim Hund?

Wir sehen vor allem, daß man die Neurosen, und zwar mühelos, nur bei einem Tier hervorrufen kann, bei dem das normalerweise nötige Gleichgewicht zwischen den elementaren physiologisch vorläufig noch nicht analysierbaren Erscheinungen der Nerventätigkeit, zwischen dem Erregungs- und Hemmungsprozeß fehlt. Das finden wir entweder bei einem Tier, bei dem der Erregungsprozeß gegenüber dem Hemmungsprozeß stark vorherrscht, so daß es nicht imstande ist, seine Tätigkeit vollständig zu hemmen, wenn dies die Lebensbedingungen verlangen (der erregbare Typ), oder bei einem anderen, bei dem umgekehrt der Erregungsprozeß so schwach ist, daß er mitunter über das normale Maß hinaus gehemmt wird, was ebenfalls im Widerspruch zu den Lebensbedingungen steht (hemmbarer Typ).

Ferner wissen wir genau, daß an demselben Versuchstier diese ungenügende Ausgeglichenheit, die diesen Tieren gewöhnlich eigen ist, bei bestimmten, elementaren Bedingungen völlig zerrüttet wird. Das sind hauptsächlich drei Bedingungen, drei Ereignisse. Entweder wenden wir statt der schwachen und der mittleren außerordentlich starke Reize als bedingte Reize an, die die gewohnte Tätigkeit des Tieres bestimmen, d.h. wir überbeanspruchen seinen Erregungsprozeß. Oder wir verlangen vom Tier einmal eine sehr starke, einmal eine sehr langdauernde Hemmung, d.h. wir überbeanspruchen seinen Hemmungsprozeß. Schließlich können wir auch diese beiden Prozesse zusammenstoßen lassen, d.h. wir wenden unsere positiven und negativen Reize unmittelbar nacheinander an. In all diesen Fällen tritt bei den entsprechenden Tieren eine chronische Störung der höheren Nerventätigkeit ein, eine Neurose. Der erregbare Typ verliert fast gänzlich die Fähigkeit, irgend etwas zu hemmen, wobei er allgemein ungewöhnlich erregt wird. Der hemmbare lehnt es, auch wenn er hungrig ist, ab, bei unseren bedingten Reizen zu fressen, wobei er bei der geringsten Schwankung der Umwelt außerordentlich unruhig, gleichzeitig aber auch passiv wird.

Man kann mit Wahrscheinlichkeit annehmen, daß diese erkrankten Hunde, wenn sie sich selbst beobachten und uns darüber berichten könnten, was sie dabei erleben, gar nichts dem hinzufügen würden, was wir über sie hinsichtlich ihrer Situation vermutet haben. Sie würden alle erklären, daß sie bei allen oben angeführten Fällen einen mühsamen, schwierigen Zustand durchlebten. Und dann würden auch einige sagen, daß sie danach oft nicht vermeiden konnten, das zu tun, was ihnen verboten war, auch wenn sie dafür so oder so bestraft wurden. Die anderen würden aussagen, daß sie gar nicht oder nicht ohne Erregung das machen konnten, was sie eigentlich tun mußten.

Somit sind das, was wir bei unseren Tieren beobachten, elementare physiologische Erscheinungen. Sie stellen die Grenze der physiologischen Analyse dar (beim jetzigen Stand unserer Erkenntnisse). Gleichzeitig wäre das die allerletzte, die tiefste Begründung der menschlichen Neurosen und könnte zu ihrer richtigen Deutung, zu ihrem Verständnis dienen.

Folglich steht im Fall des Menschen bei der Kompliziertheit seiner Lebensverhältnisse und bei der Vielfalt seiner Reaktionen sowohl hinsichtlich der Analyse als auch hinsichtlich des Heilungserfolgs immer eine schwere Frage vor uns: Welche Lebensbedingungen waren übermäßig stark für das gegebene Nervensystem, wann und wo stießen die Anforderungen an seine Tätigkeit und die Anforderungen an seine Hemmungsfunktion in unerträglicher Weise zusammen?

In welcher Weise aber könnten nach Dr. SCHILDER die unzähligen Erlebnisse des Neurotikers bei der außerordentlichen Kompliziertheit der menschlichen höheren Nerventätigkeit im Vergleich zu derjenigen der Hunde irgend etwas Nützliches für die Erklärung der elementaren Tierneurose geben? Sie können selbst nur verschiedenartige Variationen ein und derselben physiologischen Prozesse darstellen, die bei Hunden so anschaulich auftreten. Natürlich bleibt für die weitere physiologische Analyse der Frage nach den Neurosen und Psychosen noch eine Reihe ungelöster Probleme. Ob man Neurosen auch bei ausgeglichenem Nervensystem erzeugen kann? Ob die ursprüngliche Unausgeglichenheit des Nervensystems eine primäre Erscheinung ist, d.h. eine angeborene Eigenschaft des Nervengewebes selbst, oder eine sekundäre, die von irgendwelchen angeborenen Besonderheiten anderer Systeme des Organismus als des Nervensystems abhängt? Ob nicht neben der angeborenen Eigenschaft des Nervensystems auch noch andere Bedingungen im Organismus bestehen, die den einen oder anderen Funktionsgrad des normalen Systems bestimmen?

Wir sind zur Zeit mit einigen dieser Fragen beschäftigt und haben schon einiges Material für ihre Lösung beisammen.

Es ist selbstverständlich, daß außer diesen Einzelfragen, die zur allgemeinen Frage nach der Störung der normalen Nerventätigkeit gehören, für den Physiologen die Frage hinsichtlich des physikalisch-chemischen Mechanismus der elementarsten Nervenprozesse, der Erregung und der Hemmung, ihrer Wechselbeziehungen und Überbeanspruchungen, weiter offenbleibt.

Über Hysterie[1]

(24. Februar 1932)

Bevor Iwan Petrowitsch zu seiner eigenen physiologischen Analyse hysterischer Zustände übergeht, verliest er verschiedene Definitionen, die von Psychiatern und Neurologen (Janet[2] u.a.) über hysterische Zustände vorliegen. Bisher war nicht klar, warum der hypnotische Zustand dem geschwächten Zustand des Nervensystems ähnelt. Jetzt liegt eine erschöpfende Erklärung für diese Ähnlichkeit vor: Dadurch, daß die Arbeitsfähigkeit der Rindenzelle überschritten wird, entwickelt sich eine Schutzhemmung, die die gesamte Hirnrinde erfaßt und den hypnotischen Zustand hervorruft. Bei geschwächter Rinde ist die Grenze der Arbeitsfähigkeit ständig herabgesetzt, so daß dies dauernd stattfindet, und ein starkes Überwiegen der Hemmung über die Erregungsprozesse resultiert. Bei Neurosen haben wir es stets mit einer Rindenschwäche zu tun, und infolgedessen liegen hier auch zwangsläufig damit verbunden außerordentlich verschiedenartige hypnotische Zustände vor. Neurologen haben bei der

Hypnose 9 bis 10 Zustände festgestellt. Indessen muß angenommen werden, daß es deren sehr viel mehr gibt, besonders wenn man die unendlichen Variationen im Grad der Extensität und Intensität der Hemmung in den Großhirnhemisphären berücksichtigt. Iwan Petrowitsch erwähnt im Zusammenhang mit den hypnotischen Zuständen die Suggestibilität. Eine Begleiterscheinung des hypnotischen Zustandes ist, daß die Fähigkeit der Hirnrinde, Erregungsprozesse zu entwickeln, vermindert ist. Trifft eine Erregung einen beliebigen Rindenpunkt, so konzentriert sich dort die gesamte Erregung, zu der die Hirnrinde fähig ist, und von ihm breitet sich eine tiefgehende negative Induktion auf die gesamte Rinde aus. So liegen die Dinge bei der Suggestion in Hypnose. Der betreffende Punkt wird gewissermaßen aus den Wechselverbindungen mit den anderen Bezirken der Großhirnhemisphären herausgelöst, und das gesamte ICH verschwindet, da die Verbindung mit allen durch Assoziationen miteinander verbundenen Spuren früherer Reize verlorengeht. Nicht selten wird dies durch den beobachteten Zwangscharakter der hypnotischen Handlungen des Hypnotisierten unterstrichen, den die im Wachzustand wiederhergestellte kritische Denkfähigkeit nicht stört, da die in einem bestimmten Rindenpunkt entstandene bedingte Verbindung isoliert bleibt. Eine solche Loslösung eines einzelnen Punktes von der gesamten Hirnrinde kann auch im Normalzustand beobachtet werden. So konzentriert sich z. B. beim panischen oder passiven Abwehrreflex die starke Erregung in den Punkten, die unter der Einwirkung der äußeren Reize stehen, während die gesamte Hirnrinde sich im Zustand negativer Induktion befindet. Wenn ein Kind mit irgendeiner Sache beschäftigt ist, so konzentriert es seine Aufmerksamkeit so stark auf den Gegenstand, der es interessiert, daß die gesamte sonstige höhere Nerventätigkeit gehemmt wird. Für das Kind existiert dann nichts anderes mehr, es wird ungeschickt, klammert sich an die eine Sache und geht unachtsam mit anderen Gegenständen um.

»Greise sind wie Kinder.« Iwan Petrowitsch beobachtet sich selbst und sein fortschreitendes Altern und stellt hierbei folgendes fest: Wenn er seine Aufmerksamkeit auf irgendeine Sache konzentriert, so hört alles andere für ihn auf, zu existieren, und er ist für alles, was außerhalb seines augenblicklichen Interessengebietes liegt, blind und taub. Einige Beispiele: Es ist wiederholt vorgekommen, daß er beim Überqueren der Fahrbahn seine Aufmerksamkeit auf die Straßenbahnen konzentrierte und dabei den Kraftwagen nicht bemerkte, der direkt auf ihn zukam; wenn er sich bemüht, sich an irgend etwas zu erinnern, so bemerkt er, daß es ihm um so schwerer fällt, sich das Benötigte in Erinnerung zu rufen, je mehr er sich anstrengt; früher bediente er sich, um eine beliebige geistige Aufgabe zu lösen, uneingeschränkt der Mannigfaltigkeit seiner eigenen Assoziationen, jetzt hingegen konzentrieren sich seine Gedanken derartig stark auf den Gegenstand seiner Überlegungen, daß es ihm nicht gelingt, diesen Gegenstand mit der ganzen Summe seiner Erfahrungen in Verbindung zu bringen. Aus diesem Grunde überlegt und denkt er jetzt besser in Gegenwart anderer Menschen, weil dadurch eine übersteigerte Konzentration der Erregung verhindert wird. Alle diese Beispiele erläutern das Bild der Schwäche des Nervensystems bei Hysterie, bei der die harmonisch geordnete geistige Tätigkeit infolge Zersplitterung verlorengeht.

Iwan Petrowitsch erinnert daran, daß er bei einem früheren Kolloquium bereits auf die schwache Konzentration der aktiven Hemmung und auf die damit verbundenen Phantastereien der Hysteriker aufmerksam machte.

Iwan Petrowitsch erwähnt noch eine große Gruppe von Symptomen somatischen Charakters. Er erinnert an den Fall, wo in den Handflächen und an den Sohlen einer Hysterikerin, die fest an Christus glaubte, Geschwüre auftraten sowie an die Fälle eingebildeter Schwangerschaft. Als Erklärung für derartige Erscheinungen kann die Annahme dienen, daß alle somatischen Vorgänge in der Hirnrinde vertreten sind. Der motorische Bezirk in der Hirnrinde ist bekannt, es muß jedoch aufgrund von Erscheinungen, die bei der Hypnose beobachtet werden, zugegeben werden, daß auch alle anderen Gewebe und Organe des Körpers in der Hirnrinde vertreten sind. Dann werden diese Symptome klar in Analogie zu der bekannten Beteiligung des motorischen Analysators bei der Regulierung der Muskelbewegungen bei exakter Tätigkeit, z.B. beim Klavierspiel usw. Diese bisher noch nicht entdeckten, sämtlichen Geweben und Organen des Körpers entsprechenden Bezirke, ermöglichen eine Einmischung in ihre Funktionen und ihre Beeinflussung. Daher werden uns bei der Untersuchung der Hysterie noch mancherlei Überraschungen und Wunder begegnen. Es ist jedoch notwendig, diese Dinge außerordentlich aufmerksam und kritisch zu betrachten, da es außer realen Tatsachen auch eine ganze Menge Phantasieprodukte gibt. Es kann angenommen werden, daß sich bei hysterischen Menschen infolge der isolierten punktförmigen Arbeit der Hirnrinde (isolierter Punkte) bei einem gewissen Training die Fähigkeit entwickeln kann, diejenigen Funktionen des Organismus wahrzunehmen und zu lenken, die bei normaler, synthetischer Rindentätigkeit der Wahrnehmung und Lenkung unzugänglich bleiben. Sollte jemand Lust verspüren, diesen Dingen sein Leben zu widmen, so wird höchstwahrscheinlich jeder durch Training eine ganze Menge unwillkürlicher Dinge und Erscheinungen zu willkürlichen machen können.

Professor NIKITIN[3] erinnert an primitive Zustände, die bei KRETSCHMER[4] unter der Bezeichnung »Bewegungssturm« und »Scheintod« beschrieben sind.

IWAN PETROWITSCH weist darauf hin, wie leicht diese Erscheinungen durch Ausschaltung der schwachen Hirnrinde und Freiwerden primitiver Reaktionen erklärt werden können. Bei der Untersuchung dieser Frage muß man seine Aufmerksamkeit auf die komplizierten Zusammenhänge richten, die der Zerstörung unterliegen, und auf den Mechanismus dieser Zerstörung. Wird dies unterlassen, so erscheinen die Betrachtungen dieser Autoren (z. B. KRETSCHMER) über die erwähnten Symptome lediglich als Analogie von geringem Wert.

IWAN PETROWITSCH erinnert daran, daß es eine angeborene und eine erworbene Hysterie gibt. Im Kindesalter können starke Schläge auf ein schwaches Nervensystem einwirken, wodurch isolierte, kranke Punkte entstehen, wie wir sie an Tieren beobachten und untersuchen. Es genügt, einen solchen Punkt zu berühren, damit die Hemmung in die Hirnrinde irradiiert und einen hypnotischen Zustand hervorruft. Sollte es sich herausstellen, daß bei der in der Nervenklinik demonstrierten hysterischen Patientin mit Lethargie nur ein kranker Punkt vorliegt, so ist vollständige Heilung möglich. Der isolierte Punkt kann dann mit Hilfe der Psychoanalyse mit anderen Zentren verbunden werden, wenn das Nervensystem der Patientin jetzt stark genug ist, den Schlag zu ertragen, der durch die Aufdeckung des früheren Traumas entsteht. Bleibt jedoch die Hirnrinde weiterhin schwach, so kann sie, wie früher, unter diesem Schlag leiden. Eine solche Heilung wird indessen nur einen Einzelfall darstellen. Überhaupt hat FREUD durchaus unrecht, wenn er glaubt, daß derartige Erscheinungen in allen Fällen mit Hilfe der Psychoanalyse beseitigt werden können.

IWAN PETROWITSCH macht darauf aufmerksam, wieviel präziser sich das Krankheitsbild bei einer physiologischen Analyse abzeichnet als bei einer psychologischen Analyse. Seit über 200 Jahren bemühen sich die Psychologen darum, ihre Wissenschaft zu entwickeln. Nennenswerte Erfolge sind jedoch bisher nicht zu verzeichnen. Bis jetzt versuchte man die Neurosen vom psychologischen Standpunkt zu verstehen. Dies ist unwahrscheinlich kompliziert. Die Physiologie dagegen zeigt viel einfachere Wege: Ihre Aufgabe ist es, die grundlegenden Kenntnisse über die höhere Nerventätigkeit aufzubauen; dann können die Psychologen in dieses Gerüst ihre komplizierten Details einflechten, mit denen sie sich zur Zeit noch so abquälen. Im übrigen haben die Psychologen bereits das eine oder andere trotz der Kompliziertheit ihres Faches erreicht, und IWAN PETROWITSCH erkennt ihre Beharrlichkeit voll und ganz an. Obwohl die Psychologie unvergleichbar länger existiert als die Physik, die Physiologie und andere Wissenschaften, kann sie sich jedoch mit diesen, was Präzision und Sachlichkeit anbetrifft, nicht messen.

Über den Wahn[1]

(29. März 1933)

IWAN PETROWITSCH liest gerade die Arbeit KRETSCHMERS[2] »Der Beziehungswahn« und teilt seine Eindrücke über das Werk und über seinen Autor mit. Dieser ist ohne Zweifel ein bedeutender Mann, jedoch mehr Künstler als Systematiker. Er gibt die Wirklichkeit gut und vollständig wieder, doch er systematisiert schlecht. Selbstverständlich müssen Nutzen und Wert der Künstler hoch eingeschätzt werden. Der Denker kann die Werke des Künstlers auswerten. IWAN PETROWITSCH äußert sich folgendermaßen: »Wie wichtig ist es doch, Künstler- und Denkereigenschaften in sich zu vereinigen!«

KRETSCHMER beginnt sofort mit den psychopathischen Charakteren, ohne sich vorher darüber klar zu werden, daß Charakter und Temperament durchaus nicht ein und dasselbe sind. Der Autor hat übersehen, daß es sich einerseits um eine angeborene

Organisation des Nervensystems handelt, während andererseits diese Organisation, wie wir es an unseren Tieren sehen, dem Einfluß der Umwelt unterliegt. Wir unterscheiden zwischen schwachen, starken und ausgeglichenen Typen, wobei die extremen Typen zu Neurosen neigen.

Der Autor teilt die psychopathischen Charaktere in primitive, expansive, sensitive und asthenische ein. Dann aber geht es durcheinander. Die primitiven Charaktere teilt er ein in den aufbrausenden und den unbeherrschten. Sogar die Bezeichnungen sind falsch gewählt, denn ein aufbrausender Charakter ist ja ein unbeherrschter. KRETSCHMER hingegen erklärt: Der aufbrausende Charakter ist einer, der sofort explosiv reagiert, während der unbeherrschte in Panik verfällt; also wäre dies nach unseren Begriffen charakteristisch für den schwächsten Typ. Hierbei haben wir es mit einer Mischung zweier Typen zu tun, und zwar des starken aggressiven Typs mit dem schwachen (z.B. »Umniza«). Selbstverständlich ist es nicht möglich, diese beiden Typen in einer Gruppe zu vereinigen.

KRETSCHMER unterscheidet bei den expansiven Charakteren zwei Varianten, in der Richtung eines groben Egoismus einerseits und in die Richtung höherer, religiöser, moralischer usw. Tendenzen andererseits. Auch hier wirft er die Stärke des Nervensystems mit den Resultaten der Erziehung zusammen. Was bei diesen Typen hauptsächlich fehlt, ist die Hemmung, folglich liegt hier das gleiche vor wie bei den primitiven Typen. Außerdem wird der Mangel an Beherrschung mit dem Zwangszustand in Verbindung gebracht. KRETSCHMER unterscheidet die Grundeigenschaften nicht von den sekundären. Man muß sich wundern, wie schwach ein so hochbegabter Mann auf dem Gebiet der Analyse ist.

Grundsätzlich jedoch vertritt er dank seiner umfassenden Aufnahmefähigkeit für die Wirklichkeit richtige Ansichten, jedenfalls richtigere als anerkannte Psychiater, wie zum Beispiel KRAEPELIN[3], der die Paranoia streng isoliert darstellt. KRETSCHMER findet bei der Paranoia einen allmählichen Übergang zu Zwangszuständen, ohne hierin einen grundsätzlichen Unterschied zu erblicken. Er nimmt in lebensnaher Weise die umfassende Gesamtheit der Erscheinungen wahr. IWAN PETROWITSCH besteht bereits seit langem darauf; er weist darauf hin, daß eine Anzahl von Trägheitsgraden existiert, und zwar vom leichtesten

Grad bis zum schwersten, von der Neurose bis zur Psychose. Er weist darauf hin, daß die Künstler im Vergleich zu den extremen Systematikern letzten Endes recht behalten haben. JANET ist ebenfalls in stärkerem Maße ein künstlerischer Typ als ein Denker, und er sagt auch, daß der Verfolgungswahn den Zwangserscheinungen nahesteht.

KRETSCHMER unterscheidet zwischen dem Wahn expansiven Charakters und dem Wahn sensitiven Charakters. Der expansive Wahn tritt auf bei Egoisten, Prozeßsüchtigen, Verbrechern und Mördern, außerdem bei religiösen Paranoikern, z. B. bei den sogenannten Propheten. Dies sind echte Vertreter der Paranoia, die nach IWAN PETROWITSCH einen starken Typ mit dem Symptom der Trägheit darstellen. Der sensitive Wahn hingegen tritt bei Paranoikern vom schwachen Typ auf.

IWAN PETROWITSCH analysiert vom physiologischen Gesichtspunkt aus die beiden Formen der Paranoia, die des schwachen und die des starken Typs. Wenn man von den primitiven, aufbrausenden Psychopathen spricht, kann man sich, gestützt auf die von uns gewonnenen Ergebnisse, vorstellen, daß es sich hierbei um einen starken erregbaren Typ handelt, der von Natur aus keine Hemmung besitzt und durch keinerlei ethische und moralische Erziehung beeinflußt wurde. Der kriegerischste Instinkt ist selbstverständlich der Instinkt des Kampfes, der aktiven Selbsterhaltung. ADLER bezeichnet ihn als »Instinkt der Überlegenheit«. Es tritt also der Instinkt der Überlegenheit, der Instinkt, zu kommandieren, in Erscheinung und wird durch keinerlei Hemmung ausgeglichen. Durch diesen Instinkt wird das Signalsystem so stark aufgeladen, daß jeder Protest beseitigt wird. Da jedoch dieser Zustand der Realität des Lebens nicht entspricht, trifft er von seiten der Umwelt auf Widerstand, weil er in absolutem Gegensatz zu den sozialen Beziehungen steht. Die Folge hiervon ist ein Zusammenstoß. Aufgrund des Zusammenstoßes einerseits und der Überbeanspruchung des Erregungsprozesses andererseits entwickelt sich gerade in diesem Punkt eine Stagnation, während alles andere unverändert bleibt. Wir sehen hier also zweierlei Bedingungen für die Isolierung des erregten Punktes. In diesem Punkte aber kann sowohl die ultraparadoxe als auch die paradoxe Phase auftreten. So sieht das Bild der Paranoia beim erregbaren, durch die sozialen Verhältnisse nicht abgeschliffenen Typ aus. Hierzu gehören die

Mörder; weichere, humane Individuen wie Propheten gehören zum gleichen Typ.

Es folgt die Paranoia des schwachen Typs. Hierbei liegt etwas vor, was beim starken Paranoiker fehlt, das Vorherrschen einer Abwehrhaltung von passivem Charakter. Iwan Petrowitsch führt ein Beispiel an: Ein Mädchen steht unter der Zwangsvorstellung, daß ihr Gesichtsausdruck von starker sexueller Sinnlichkeit spreche und empfindet infolgedessen ein Schamgefühl vor den Menschen ihrer Umgebung. Dann plötzlich scheint es ihr, als befände sich in ihrem Innern eine Schlange. Während ihre erstgenannte Vorstellung den realen Möglichkeiten nicht unbedingt widersprechen muß, ist die zweite Vorstellung weit entfernt von jeder Logik und ist ausgesprochen unsinnig. Kretschmer nimmt ganz richtig an, daß es sich hierbei um einen reflektorischen Akt handelt und bezeichnet diesen als »Inversion«. Freud bezeichnet die gleiche Erscheinung als »Verdrängung«. Das gleiche Moment stellt auch Janet[4] fest. Kretschmer aber kommt in seiner Formulierung den Tatsachen am nächsten, indem er sagt, daß hier ein physiologischer Zustand vorliegt. Uns ist klar, daß wir es hierbei mit der ultraparadoxen Phase zu tun haben. Bei dem Mädchen ist der sexuelle Instinkt in Tätigkeit, gegen diesen Instinkt aber widersetzen sich religiöse, moralische und andere Instinkte. Woher kommt dann aber die Schlange? Man hatte dem Mädchen die Vorgänge im Paradies erzählt, worauf sich der sexuelle Instinkt in eine Schlange verwandelte. Das, wogegen sie ankämpfte, ist in sie eingedrungen. Iwan Petrowitsch weist noch auf ein anderes Beispiel hin, und zwar auf die eingebildete Schwangerschaft bei einer Frau, die sich vor der Mutterschaft fürchtet.

Diese Erscheinung ist der ultraparadoxen Phase bei den Metronomen analog: In Hypnose verwandelt sich das Hemmungsmetronom in ein positives Metronom.

Das Problem der positiven Bedeutung des »Sozialreflexes«[1]

(7. März 1934)

I. P. Pawlow: Bei diesem Hunde ist der »Sozialreflex« sehr stark; er erträgt das Alleinsein in unserer schalldichten Kammer nicht. Er gerät in starke Unruhe. Diese »soziale« Unruhe kann er nicht beherrschen, es fehlt ihm an Hemmung. Er unterdrückte diesen Sozialreflex nur mit Hilfe von Brom. Nach der Anwendung von 8 g Brom hielt er sich 7 Tage lang ruhig, geriet aber am achten Tag wiederum in Unruhe. Folglich sank der Bromspiegel im Blut unter die erforderliche Norm.

M. K. PETROWA: Wir haben den Bromgehalt des Blutes nach einer Verabreichung von 2 bis 3 g bei »Joy« und »John« untersucht. Es zeigte sich, daß er bis zu 5 Tagen erhöht war.

I. P. PAWLOW: Das muß berücksichtigt werden. Was die Zufuhr körperfremder Stoffe betrifft, so müssen die Tiere in dieser Hinsicht natürlich außerordentlich unterschiedlich sein.

Bei dem schwachen »Dikar« geht dieser Sozialreflex bis ins Komische, er ist unwahrscheinlich stark ausgeprägt. Es sind jetzt zwei Jahre, daß M. K. sich mit ihm beschäftigt; er hat sich an M. K. gewöhnt, freilich in streng stereotyper Situation. Wenn sie auf ihrem Stuhl sitzt und ihm aus der Hand zu fressen gibt, ist alles in Ordnung. M. K. braucht aber nur aufzustehen und den Napf mit Futter neben sich zu stellen, dann nimmt er das Futter nicht. Das zeigt die Bedeutsamkeit der subtilsten Bedingungen, der geringsten Kleinigkeiten. Es braucht sich aber nur ein anderer Hund in der Tür zu zeigen, und sofort stürzt er sich gierig auf dieses Futter. Da sehen Sie die Stärke des Sozialreflexes. Wenn er nicht allein ist, sondern in Gesellschaft, zeigt er einen ganz anderen Mut.

F. P. MAJOROW: Ist das nicht vielleicht ein »antisozialer« Reflex?

I. P. PAWLOW: Wo denken Sie hin, »antisozial«, na so was!

F. P. MAJOROW: In dem Sinne, daß der andre Hund es auffressen kann.

I. P. PAWLOW: Das kann sein, das ist richtig.

Andererseits genügt es, daß sich ein fremder Mensch zeigt, und er lehnt das Futter ab.

M. K. PETROWA: Der Hund trank Milch. NARBUTOWITSCH kam herein, und er hörte auf zu trinken.

I. P. PAWLOW: Nein, ich will beweisen, daß das ein positiver Reflex ist. Wir hatten einen gewöhnlichen Hund, feige und schwach, fast noch schwächer als »Dikar«, den Hund »Umniza«, mit dem FURSIKOW und später N. W. WINOGRADOW viel gearbeitet haben. Was geschah mit ihm? Wenn sein Herr, bei dem er Schutz und Hilfe suchte, nur eine heftige Bewegung machte, kroch er in sich zusammen und drückte den Kopf an den Boden. Welch unwahrscheinliche Subtilität der Reizung! Wenn derselbe »Umniza« aber mit anderen Hunden im Zwinger zusammen war, dann war er der verwegenste unter ihnen und bellte alle Vorübergehenden an. Da haben Sie die Bedeutung des Zusammenlebens.

Nun zum Thema: Ist der »Sozialreflex« positiv oder negativ? Wir hatten den Hund »August«. SPERANSKI[2] arbeitete mit ihm. Wie Sie aus dem veröffentlichten Aufsatz wissen, machte auf diesen Hund die Überschwemmung von 1924 ungewöhnlich starken Eindruck. Nach der Überschwemmung befand er sich unaufhörlich im Zustand der Unruhe. Arbeitete er hinter der Tür im Gestell, dann nahm er die Nahrungsbekräftigung nicht an. Aber es genügte, daß SPERANSKI oder ich sich neben das Gestell setzten, und sofort nahm er das Futter.

Schwierigkeit der Bestimmung des Typs des Nervensystems bei gewissen starken Hunden (»Tresor« und »Satyr«) mit starker Tendenz zur Hypnose. Klinische Analogien. Versuch, diese Erscheinungen mit einer gefestigten passiven Abwehrreaktion (»Milchreflex«) in Beziehung zu setzen[1]

(21. März 1934)

I. P. PAWLOW: Nun werden wir über etwas anderes sprechen. Hier treffen sich die Erscheinungen im Laboratorium und in der Klinik und nähern sich einander.

Eine gewisse Zeitlang waren uns zwei Hunde rätselhaft, W. P.s[2] »Tresor« und A. A.s[3] »Satyr«. Wir wußten nicht, wo wir sie in unserer Klassifikation der Typen des Nervensystems unterbringen sollten. Es dreht sich um folgendes.

»Tresor« ist ein sehr alter Hund. Von Anfang an machte er W. P. bei der Arbeit große Schwierigkeiten. Man konnte einfach keine schwachen Reize in das System einfügen; sobald sie gesetzt wurden, sanken die Effekte ab. Nur starke Reize ertrug »Tresor« gut. Andererseits konnte die Differenzierung nicht länger als 15 Sekunden angewandt werden. Sobald sie auf eine halbe Minute verlängert wurde, entwickelte sich ein hypnotischer Zustand, und alle Reflexe verwischten sich.

W. P. GOLOWINA: Die Differenzierung hält sich, wenn man

sie ab und zu einmal 15 Sekunden lang anwendet. Läßt man sie aber länger wirken, dann wird sie zerrüttet.

I. P. Pawlow: Wir hielten »Tresor« für einen schwachen Hund, da die schwachen üblicherweise durch einen schwachen Hemmungsprozeß gekennzeichnet sind. Aber sein Erregungsprozeß erwies sich als sehr stark, führte doch unsere unerträgliche Knarre zu keiner Neurose, wie bei schwachen Hunden, erwies sie sich also nicht nur als unschädlich, sondern wirkte sogar völlig normal, gleich anderen starken Reizen.

W. P. Golowina: Anfangs sanken die Reflexe ein ganz klein wenig ab, wurden dann aber normal.

I. P. Pawlow: Dieser Versuch stellte »Tresor« in die Gruppe anderer starker Hunde.

W. P. Golowina: Die Reflexe auf andere Reize erhöhten sich nach Anwendung der Knarre.

I. P. Pawlow: Hier waren wir in Verlegenheit, wozu wir ihn zählen sollten; einerseits irradiiert sein Hemmungsprozeß sehr stark und führt zu einem hypnotischen Zustand, andererseits aber ist er ein starker Hund, denn die Knarre erhöhte den allgemeinen Tonus des Nervensystems. Bis jetzt befanden und befinden wir uns in dieser Sackgasse.

Ganz dasselbe ergab sich bei A. A. mit dem Hund »Satyr«. Er konnte ebenfalls nicht mit den üblichen bedingten Reflexen arbeiten, geriet ebenso wie »Tresor« außerordentlich schnell in einen hypnotischen Zustand, ertrug keine schwachen Reize usw. Wir überprüften den Erregungsprozeß; er erwies sich als außerordentlich stark. Wir wandten die Knarre an; er reagierte mit Unruhe, jedoch so schwach, daß er, als wir ihm nach zwei Minuten den Futternapf gaben, zu fressen begann. Nach einigen Tagen wiederholten wir die Knarre mit demselben Erfolg; es zeigten sich keinerlei Folgen.

Wieder dieselbe Geschichte. Wo soll man ihn denn nun einordnen? Man muß darüber nachdenken, mutmaßen usw.

Ich habe gewisse Eindrücke von der Klinik empfangen und komme zu einer gewissen Erklärung, die man auf jeden Fall im Auge behalten muß, ist sie doch vielleicht tatsächlich völlig richtig.

Wir hatten in der Nervenklinik zwei interessante Fälle. Irgend jemand, ich glaube R., erkrankte an einer seltsamen Krankheit. Zeitweilig, in bestimmten Fällen, wurde er irgendwie seltsam, nahm die Umwelt schlecht wahr, verlor das Realitätsgefühl, mit einem Wort, er verhielt sich zur Wirklichkeit nicht so wie im gewöhnlichen, normalen Zustand. Als wir ihn explorierten, stellte sich heraus, daß er Plätter war und sich durch diesen Prozeß augenscheinlich hypnotisierte. Er wurde ganz benommen, weil er das ganze Jahr über mit einförmigen Bewegungen in einer eintönigen Umgebung usw. beschäftigt war. Leider kenne ich sein weiteres Schicksal nicht.

Unlängst hatten wir einen anderen Fall, ebenfalls in der Nervenklinik, der auch hochinteressant war.

Eine blühende Frau, ziemlich füllig, rosig, 32 Jahre, kam in die Klinik, um sich von einer analogen aufdringlichen Hypnotisierung bei gleichförmigen Reizen befreien zu lassen. Sämtliche einförmigen Reize riefen bei ihr schnell Schlaf hervor. Wenn sie eine Vorlesung hört, schläft sie ein, wenn sie liest und die einförmigen Zeilen flimmern, schläft sie wiederum ein. Unlängst hat sie die Hochschule beendet und eine Stellung als Elektroingenieur bekommen. Solange sie durch die Fabrik geht, von einem zum anderen, dann passiert nichts; sie braucht sich aber nur 15 Minuten an einer Stelle aufzuhalten, und schon ist sie eingeschlafen. Wieder ein Fall von Hypnotisierbarkeit! Interessant ist, wo sie das herhat. Das ist eine hochinteressante Sache.

Es stellt sich heraus, daß sie sich im Mädchenalter, mit acht bis neun Jahren, daran gewöhnt hat, einzuschlafen. In der Familie hatte sie einen schweren Stand; aus irgendwelchen Gründen liebte man sie nicht und verhielt sich zu ihr nicht so wie zu den anderen. Das schmerzte sie, und sie gewöhnte sich daran, der Umwelt zu entfliehen, sich auf ein Polster zu legen und einzuschlafen. Schließlich schläft sie sofort ein, sobald sie sich nur hinlegt.

Die Sache nimmt also eine ernste Wendung, sie wird hypnotisiert, und dann verwandelt sich der jeweilige Zustand in einen selbständigen pathologischen Zustand: Jede Eintönigkeit schläfert sie ein.

Jetzt stelle ich wiederum die Frage: Weshalb hypnotisieren schwache und einförmige Reize die Hunde? Diese Erscheinung hat uns gehörig zu schaffen gemacht. Ich erinnere mich deutlich an eine der ersten Perioden unserer Arbeit, als wir versuchten, Wärme- und Kältereize anzuwenden. Der Kampf gegen den sich entwickelnden Schlaf war eine kaum zu bewältigende Aufgabe.

In allerjüngster Zeit hat I. S.[4] bei der Arbeit mit »Nord« eine Anzahl optischer Reize schlecht angewendet, und der gesunde Hund schlief ein.

Was bedeutet das? Weshalb disponieren einförmige oder schwache Reize zur Hypnose?

Sie kennen eine andere spezifische Reaktionsform der Hunde, die passive Abwehrreaktion, die ebenfalls unsere Arbeit stark durcheinanderbrachte. Eine Zeitlang hielten wir die passive Abwehrreaktion (d. h. die Feigheit) für ein Kennzeichen der Schwäche des Nervensystems. Das war eine empirische Auffassung. Ich habe mich darin persönlich gründlich getäuscht, sogar sehr gründlich. Dann klärte sich die Angelegenheit. Es zeigte sich, daß eine solche Feigheit auch bei sehr starken Nerventypen vorkommen kann. Wir haben jetzt sehr viele derartige Beispiele. Wie kommt das aber? Wahrscheinlich beginnen alle Säugetiere, unsere Kinder eingerechnet, unausweichlich mit diesem passiven Abwehrreflex, der öfter als »Panikreflex« bezeichnet wird. Sein Sinn besteht darin, daß das Neugeborene, das eben das Licht der Welt erblickt hat, alles fürchten muß. Das ist vollauf berechtigt: Wenn man nichts von der Umwelt kennt, dann fürchtet man alles, nimmt sich vor allem in acht, denn weiß der Teufel, was einem alles blüht, ob Gutes oder Schlechtes. Deshalb habe ich auch vorgeschlagen, diesen panischen Elementarreflex als »primären Reflex der biologischen Vorsicht« zu bezeichnen. Der junge Organismus hat ein starkes Bewegungsbedürfnis, z. B. das Kind, wenn es chaotische Bewegungen vollführt. Trifft es aber auf einen unbekannten, neuen Reiz, dann hält es inne, weicht wieder zurück, schmiegt sich an, läßt den Mut sinken; das ist eine passive Abwehrreaktion. Die natürliche Orientierung des jungen Organismus wird also allmählich ausgearbeitet. Wie die Milchzähne schließlich durch die bleibenden Zähne ersetzt werden, so wird auch dieser Reflex (man könnte ihn »Milchreflex« nennen) durch normale differenzierte Reaktionen ersetzt. Ich stelle mir nun vor, daß dieser Milchreflex unter bestimmten Bedingungen das ganze Leben lang bestehen bleiben kann. Das ist offensichtlich dann der Fall, wenn wir gewisse Tiere ein bis zwei Jahre im Zwinger halten, statt ihnen Gelegenheit zu geben, sich in der Umwelt zu orientieren. Sie haben die Umwelt nicht gesehen und sind das ganze Leben mit dem Milchreflex der Feigheit behaftet. Wenn solche Fälle beim Menschen möglich sind, weshalb sollen sie dann nicht auch beim Hund vorkommen. Es ist denkbar, daß diese beiden Hunde in eine solche Situation geraten sind und stark zur Hypnose disponiert wurden, wobei sie hinsichtlich des Typs ihres Nervensystems stark blieben. Ich hätte gern gewußt, was die Neurologen und Psychiater dazu sagen.

Bei uns verfallen schwache Hunde mit schwacher Hemmung sehr leicht in einen hypnotischen Zustand. Ich erkläre das damit, daß bei ihnen schwache Reize hypnotischen Einfluß haben. Es ist der übliche Fall von Hypnose, daß man das Ticken eines Metronoms anhören, einen sich bewegenden Gegenstand anblicken läßt usw. Der Schlaf stellt sich deshalb ein, weil eine solche Verbindung mit der Kindheit vorliegt.

Nehmen Sie ein Kind, nehmen Sie jedes Säugetier, es beginnt mit der Nahrungsaufnahme, wenn die Situation günstig ist: Die Mutter nimmt ihr Kind in eine stille Ecke, wohin keine Geräusche und Reize kommen. Das Kind erfährt den Einfluß der Mutterwärme, der Brustkorb der Mutter hebt und senkt sich rhythmisch, und das fällt gerade mit seinem Einschlafen zusammen. Sie sehen, das ist die Grundlage der natürlichen Hypnose. Wahrscheinlich haben deshalb diese schwachen Reize für uns alle eine solche hypnotisierende Bedeutung. Wir verfallen unter der Einwirkung schwacher rhythmischer Reize in Schlaf. Es ist vollauf verständlich, daß alle schwachen Hunde in unserer Umgebung hypnotisiert werden, während die starken das überwinden.

Sind die Psychiater vielleicht nicht einverstanden, weil sie miteinander tuscheln? Es ist dennoch keine leichte Aufgabe, denn Sie können keinesfalls dem beipflichten, daß die Hypnose durchaus ein pathologischer Prozeß ist; sie steht mit dem schwachen pathologischen Zustand in Verbindung, ist aber selbst kein pathologischer Zustand, sondern lediglich eine Phase des Schlafzustandes.

Auf Wiedersehen!

Noch einmal über den Phänotyp. Der primäre biologische Reflex der Vorsicht, der panische Reflex der Kinder, der passive Abwehrreflex und der Orientierungsreflex (Beobachtungen und Selbstbeobachtungen)[1]

(14. November 1934)

I. P. Pawlow: Hier noch einige sehr interessante Tatsachen zum selben Thema.

Außer dem »Genotyp«, d. h. den angeborenen Eigenschaften des Nervensystems, müssen Sie auch den Phänotyp anerkennen, d. h. solche Züge, die durch die Erziehungsbedingungen geschaffen werden. Solche Gewohnheiten verdrängen die alten Züge und ersetzen sie. In dieser Hinsicht verfügen wir über ein altes und sehr lehrreiches Beispiel an neugeborenen Hunden, die in zwei Gruppen geteilt wurden: Die eine ließen wir sich frei entwickeln, die andere aber hielten wir die ganze Zeit im Zwinger. Die freien Hunde entwickelten natürlich ihre Orientierung in der Umwelt, wogegen die »Kerkerhunde«, wie wir sie nannten, diese Möglichkeit nicht hatten. Es wurde angenommen, daß bei jedem neugeborenen Hunde ein besonderer Reflex existiert, gleichsam als Analogon zu den Milchzähnen, ein zeitweiliger Reflex, den ich vorschlage als »primären Reflex der biologischen Vorsicht« zu bezeichnen und der bei Kindern manchmal »panischer Reflex« genannt wird. Was heißt das? Wenn ein Tier gerade aus dem Mutterleib, sozusagen aus der höchsten Geborgenheit mit einer konstanten Reizsituation in einem begrenzten Bereich, in einen umfangreicheren Bereich mit allen möglichen Schwankungen und Reizen gelangt ist, dann muß es verständlicherweise seine Beweglichkeit beim Zusammentreffen mit allen neuen Reizen zügeln, denn es ist noch unbekannt, was sie verheißen. Zunächst treten beim Tier sehr gern Bewegungen auf, aber sie müssen bei jedem neuen Reiz eingestellt werden, denn es ist doch unbekannt, was er bringen wird. Auf diese Weise geht die Orientierung vor sich. Der primäre Reflex ist der Reflex des Verhaltens der Bewegung, den wir als »passiven Abwehrreflex« bezeichnen. Je größer die Anzahl der Reize ist, an die sich das Tier gewöhnt, um so mehr verschwindet dieser Reflex und wird, umgekehrt, durch den Untersuchungsreflex ersetzt, bei dem sich das Tier auf den neuen Reiz zubewegt, um ihn besser zu erfassen, einzuschätzen usw.

Wir haben viele Beispiele dafür, daß die Kerkerhunde, gleich, von welchem Typ sie auch seien, durch einen stark entwickelten Reflex der biologischen Vorsicht in Form des passiven Abwehrreflexes gekennzeichnet sind. Dieser hat sich bei ihnen das ganze Leben über gehalten, und sie konnten ihn einfach nicht loswerden und durch den neuen Untersuchungsreflex ersetzen.

Nunmehr haben wir bei uns ein verblüffendes Beispiel eines Hundes, bei dem »Genotyp« und Phänotyp kraß divergieren. Einerseits ist es ein sehr starker Hund, der starke Reize ohne weiteres verträgt und prächtig die erhöhte Nahrungserregbarkeit demonstriert; zugleich weist er aber eine unglaublich entwickelte passive Abwehrreaktion auf, so daß man anderthalb Monate lang nicht normal mit ihm arbeiten kann, wenn er nur aus einer Kammer in eine andere versetzt wird. Beim letztenmal ist ihm etwas Beschämendes passiert. Irgendwie fiel in der Kammer eine Schale zu Boden und zerbrach. Sofort urinierte und defäzierte der Hund. Das ist ein hochinteressantes Beispiel für einen Kerkerhund und für die Widersprüche in den Beziehungen zwischen »Genotyp« und Phänotyp. Wie lange war er im Zwinger, anderthalb bis zwei Jahre?

F. P. Majorow: Er war fast 5 Jahre im Zwinger.

I. P. Pawlow: Es ist anzunehmen, daß auch für viele Menschen eine solche schwierige Situation entstehen kann, und zwar dann, wenn »Papa« und »Mama« überfürsorglich sind und den Kindern nicht den geringsten freien Lauf lassen, sie vielmehr ständig bevormunden und gängeln. Das kann zwar ein starker Mensch sein, aber dennoch bleibt der Reflex der natürlichen Vorsicht für lange Zeit erhalten und stört die Orientierung in der Umwelt.

Ich muß sagen, so ein wenig erlebe ich das auch bei mir. Ich hatte eine sehr zärtliche Mutter, die ich nur zutiefst lieben kann; aber in diesem Punkt dachte sie falsch. Sie liebte mich sehr, ich war der Erstgeborene, und ständig behütete sie mich vor allem. Für mein ganzes Leben ist mir von dieser Erziehung etwas hängengeblieben und erst in den allerletzten Jahren verschwunden.

Ich habe einen solchen Fall an mir selbst erlebt. Es fiel mir lange Zeit sehr schwer, mich völlig frei, d.h. ohne Hemmung durch diesen Reflex, im Auditorium vor Studenten zu bewegen. Nebenbei bemerkt, habe ich mich daran ziemlich schnell gewöhnt. Dann konnte ich mich lange Zeit nicht an die Versammlungen gewöhnen, in denen ich zu referieren hatte, ja, in denen ich sogar Vorsitzender war. Ich habe mich nicht recht wohl gefühlt. Ich habe mich nicht so gefühlt, wie wenn ich allein oder im engen Kreise guter Bekannter war. Schließlich habe ich das alles überwunden, aber darüber ist ein ganzes Leben hingegangen.

Ich erinnere mich, als ich in Amerika war, bat man mich, in der großen biologischen Ozeanstation Woodhall einen Vortrag zu halten. Dort versammelten sich alle großen Biologen Amerikas. In dieser Umgebung habe ich völlig frei gelesen, obwohl es doch eine höchst wissenschaftliche und verantwortungsvolle Gesellschaft war. Immerhin waren es Wissenschaftler, an die ich mich doch das ganze Leben lang zu gewöhnen suchte und schließlich auch gewöhnt habe. Hier war mein Denken durch nichts bedrückt oder beeinträchtigt.

Dann geschah es, daß ich in dem kleinen Kreisstädtchen Battlekirk war. Der dortige Oberarzt – er war irgendwann in Petersburg gewesen und hatte einen Hang zur Gelehrsamkeit – überredete mich, eine allgemeinverständliche Vorlesung für die Öffentlichkeit zu halten. Stellen Sie sich vor, ich fühlte mich in dieser Gesellschaft völlig konfus und sprach so schlecht wie noch nie. Da sehen Sie, was eine neue Situation bedeutet. Das ist eine höchst erstaunliche Sache! Auf der einen Seite alle Wissenschaftler Amerikas und auf der anderen Seite Laien, denen man die elementarsten Dinge beibringen kann, und ich fühle mich gehemmt, beklommen. Das ist ein sehr interessantes Beispiel.

Der Reflex der biologischen Vorsicht (passiver Abwehrreflex) und seine Beziehung zum Untersuchungsreflex[1]

(5. Dezember 1934)

I. P. Pawlow: Nun etwas über die Arbeiten in Koltuschi[2]. Es bezieht sich auf alte Dinge, ist aber doch interessant.

Da ist ein Hund, der über ein starkes Nervensystem verfügt und dennoch ängstlich, geradezu feige ist. Es möchte scheinen, das sei ein Widerspruch, in Wirklichkeit müsse ein starker Hund mutig sein. In jeder neuen Situation, in einem neuen Gestell, muß er sich ein oder zwei Monate lang akklimatisieren. Das ist der Hund »Burka«.

Er arbeitete im gewohnten Gestell, als ich ihn sah. Ich war ein neuer Gegenstand für ihn und rief Feigheit mir gegenüber hervor. Ich bemerkte folgende interessante Tatsache: In meiner Gegenwart rührte der Hund in den Pausen die Beine nicht vom Fleck. Sobald das Fressen beendet war, blieb er völlig unbeweglich. Darin bestand sein passiver Abwehrreflex.

Aber ich bemerkte, daß er den Kopf bewegt; bald blickt er auf den Futternapf, bald auf mich, bald im Raum umher. Allen unseren »Bedingern« ist genau bekannt, daß das Tier, sobald irgendein neuer Reiz auftaucht, sei er optisch, akustisch oder taktil, das ist gleichgültig, sofort seine Bewegungen einstellt. Der Sinn der Sache ist einfach. Es geschieht natürlich deshalb, weil das Tier, wenn es die Situation nicht kennt, und zum ersten Male mit ihr bekannt wird, sich zum ersten Male in ihr orientiert, in der neuen Umgebung sein Verhalten und seine Bewegungen ausarbeiten muß.

Jedes Tier beginnt mit dem Reflex der natürlichen biologischen Vorsicht. Das ist jener Reflex, den wir »passiven Abwehrreflex« nennen. Aber darauf beschränkt sich die Angelegenheit nicht. Dieser Reflex muß allmählich immer mehr vom Untersuchungs- und Orientierungsreflex überwunden werden, der das Tier veranlaßt, sich in das neue Milieu hineinzufinden. Im vorliegenden Falle untersucht der Hund bei Unbewegtheit des Körpers die Situation, indem er den Kopf nach verschiedenen Seiten wendet, d. h. mit seinen Rezeptoren, mit Nase, Ohr und Auge.

Diese Interpretation ist vollauf richtig. Das wird durch einen seit langem bekannten, aber ungenügend ausgewerteten Versuch bewiesen.

Schon vor zweihundert Jahren nahm KIRCHER[3] einen Hahn und setzte einen starken Reiz, indem er ihn in eine unnatürliche Lage brachte, ihn auf den Rücken legte; dabei fiel der Hahn in einen kataleptischen Zustand.

Wir hatten den sehr erregbaren starken Hund »Postrel«. Einstmals, als der Hund stark randalierte, packte W. W.[4] ihn fest mit seinen Händen, drehte ihn um, drückte nieder und preßte ihn. Der Hund wurde unbeweglich, d. h. mit ihm passierte dasselbe wie mit dem KIRCHERSCHEN Hahn[3], der passive Abwehrreflex oder Reflex der natürlichen Vorsicht trat auf. Das Tier blieb unbeweglich, d. h. die kortikalen Bewegungen stockten, und nur der automatische Reflex der Gleichgewichtseinstellung im Raum blieb erhalten. Dieser Zustand des Tieres wurde von einigen anderen beobachtet, die feststellten, das Tier habe, als es unbeweglich gemacht wurde, weiterhin Kopf und Augen bewegt. Es ist klar, daß das ebenfalls der Reflex der natürlichen biologischen Vorsicht ist. Seine Hauptzüge sind Unbeweglichkeit des gesamten Körpers bei gleichzeitiger Weiterarbeit der Rezeptoren und Bewegung des Kopfes.

Es muß erwähnt werden, daß diese Form des Reflexes der natürlichen Vorsicht nur eine gewisse Phase oder ein Stadium darstellt, das allmählich überwunden und durch den Untersuchungsreflex ersetzt wird.

Wir haben eine Gruppe neugeborener Hunde in zwei Gruppen geteilt. Den einen Teil hielten wir vom Tag der Geburt an im Zwinger, während wir den anderen Freiheit gewährten. Es zeigte sich, daß sich nach ein oder zwei Jahren, als alle Hunde herangewachsen waren, zwischen diesen beiden Gruppen ein gewaltiger Unterschied bemerkbar machte. Die ersteren waren erbärmlich feige, die letzteren dagegen in unterschiedlichem Maße draufgängerisch.

Es ist völlig klar, daß bei denjenigen, die im Zwinger saßen, dieser Reflex der natürlichen biologischen Vorsicht nicht beseitigt, nicht ersetzt und nicht verdrängt wurde durch den Untersuchungsreflex, während sich die anderen, die in Freiheit lebten und sich außerhalb des Zwingers bewegten, allmählich von diesem Reflex befreiten und ihn durch den Untersuchungsreflex ersetzten. Interessanterweise verfügte ein Tier, das im Zwinger gehalten wurde, über ein sehr starkes Nervensystem, aber dennoch hielt sich bei ihm der passive Abwehrreflex.

Unsere Schlußfolgerung kann bei der Analyse des menschlichen Verhaltens sowie in der Pädagogik von Bedeutung sein. Ein Treibhausklima bei der Erziehung kann dazu führen, daß ein Mensch mit starkem Nervensystem für sein ganzes Leben ein erbärmlicher Feigling bleibt.

Unser »Burka« ist ein Hund mit außerordentlich starkem Nervensystem. Zugleich ist er schmählich feige. Es genügt zu sagen, daß Tage und Wochen vergehen, ehe er in einer neuen Situation das Futter zu nehmen beginnt.

Zwischenruf: Könnten Sie nicht etwas über einen Hund sagen, der anderthalb Monate Reflexe lieferte, dann aber, nach viermonatiger Erholung, als wir neuerlich mit ihm zu arbeiten begannen, das Futter verweigerte?

I. P. Pawlow: Wenn es ein feiger Hund ist, der sich schwer in eine bestimmte Situation hineinfand, sich dann aber daran gewöhnt hat, dann konnte die Unterbrechung natürlich die früher ausgearbeiteten bedingten Reflexe zerstören.

Zwischenruf: Der Hund »Ratniza« arbeitete die ganzen Jahre lang in der gewöhnlichen Kammer und ist jetzt in die schalldichte Kammer versetzt worden. Er wurde ständig gehemmt, aber in der neuen Kammer arbeitet er gut.

I. P. Pawlow: Hunde, die als Junghunde nicht den Reflex der natürlichen Vorsicht überwunden und durch den Untersuchungsreflex für das Leben im erwachsenen Zustande ersetzt haben, sind bei der Arbeit mit bedingten Reflexen sehr schwierig. Es gibt Hunde, bei denen dieser Reflex so übersteigert ist, so völlig in der ursprünglichen Art erhalten bleibt, daß man mit ihnen in den gewöhnlichen Kammern einfach nicht arbeiten kann, weil sie auf jeden zufälligen Reiz unausweichlich mit dem Zustand des passiven Abwehrreflexes antworten und ihre bedingt-reflektorische Tätigkeit hemmen. So war es schwierig, mit »Ratniza« zu arbeiten, solange er in der gewöhnlichen Kammer arbeitete; als er aber in die schalldichte Kammer versetzt worden war, wo die Umgebung tatsächlich konstant war, begann er gut zu arbeiten, d.h. er machte sich von diesem Reflex der natürlichen Vorsicht, dieser passiven Abwehrreaktion frei. Da ist ein sehr schönes, markantes Beispiel.

Ich glaube, das ist eine sehr wichtige Tatsache, die gewaltige praktische Bedeutung hat; sie wurde bei unseren Arbeiten über bedingte Reflexe erzielt.

Beiträge aus der Nervenklinik. Über Hysterie und Psychasthenie[1]

(27. Februar 1935)

I. P. Pawlow: Nun, meine Damen und Herren, zur Klinik. Letztes Mal wurde in der Nervenklinik ein Fall demonstriert, der unter dem üblichen Aspekt schwer zu diagnostizieren war; war es eine Neurasthenie oder eine Hysterie?

Ich nehme an, daß es rein menschliche Neurosen gibt, und

zwar die Psychasthenie und die Hysterie, die mit dem besonderen, speziell menschlichen Typ des Nervensystems zusammenhängen. Ich unterscheide jetzt die gemeinsamen Typen des Nervensystems, die mit den Tieren gemeinsamen, das sind die HIPPOKRATischen Temperamente, und andererseits die menschlichen Typen, den Denker- und den Künstlertyp. Das sind rein die menschlichen Typen.

Natürlich unterscheiden sich der Denkertyp und der Künstlertyp stark voneinander. Es ist ganz klar, daß der Künstlertyp vorzugsweise mit dem ersten Signalsystem arbeitet. Geistige Arbeit ist Arbeit des zweiten Signalsystems oder jenes Systems, das sich beim Menschen entwickelt hat, als er sich in ein »sprechendes Tier« verwandelte. Für eine solche Einteilung liegen ausreichende Gründe vor. Die erste Begründung ist phylogenetischer Art: Der Mensch unterscheidet sich von den Tieren im Grunde dadurch, daß er sprechen kann. Die nächste Begründung ist eine reale Begründung. Wir wissen doch alle genau, daß es Künstler gibt, das ist das eine, und andererseits gibt es Analytiker, die nichts Künstlerisches an sich haben. Diese Realität ist jedermann zugänglich. Natürlich gibt es eine Menge kleiner und großer Menschen, die beides richtig vereinigen. Auch große Menschen wie MENDELEJEW, BORODIN, GOETHE und andere vereinigen beides miteinander. Es gibt aber auch Menschen, bei denen diese beiden Systeme auseinanderfallen.

Es gibt noch eine dritte Begründung für die Einteilung nach diesen beiden Systemen. Sie beruht auf klinischem, pathologischem Material und besteht darin, daß wir einerseits Hysteriker und andererseits Psychastheniker haben. Die Hysteriker gehören zum Künstlertyp und die Psychastheniker zum Denkertyp.

Gerade letztes Mal war in der Klinik eine Patientin, die unbestreitbar von künstlerischer Natur ist. Sie spricht sehr schön und schreibt vorzüglich und kann direkt mit den besten Literaten hinsichtlich Stil oder Anschaulichkeit konkurrieren. Sie ist außerdem Musikliebhaberin. Man bezeichnet sie als »begabte Natur«. Sie klagt darüber, daß sie erregbar sei, Kopfschmerzen habe, schlecht arbeite usw. Es ergab sich ein Streit, ob es eine Neurasthenie oder eine Hysterie sei.

Sie verfügt über große Bildhaftigkeit und lebhafte Phantasie. Aber weder Anfälle noch hysterische Konvulsionen traten auf. Manchmal denkt sie etwas übersteigert von sich. Wie Sie sich erinnern, findet sich bei DERSHAWIN der Vergleich: »Ich bin der Zar, ich bin ein Sklave, ich bin ein Wurm, ich bin Gott.«

Bei ihr findet sich Übertreibung, aber das ist noch keine Hysterie. Das sind Künstlerallüren. Das ist eine Eigenart der Künstler. Es ist also klar, daß sie einen Künstlertyp darstellt, aber keinen übermäßigen, keinen übersteigerten, sondern einen ausgeglichenen; sie verfügt über einen genügenden Denkeranteil. Sie ist einfach neurasthenisch.

Ich schlage vor, das Bild der Hysterie ein wenig zu korrigieren.

B. N. BIRMAN: Bei der Untersuchung von Hysterikern haben wir Künstlerzüge gesucht.

I. P. PAWLOW: Das ist aber kein Symptom von Hysterie; es ist Symptom einer Künstlernatur. Das ist der springende Punkt. Als Züge der Hysterie als eines pathologischen Zustandes muß man andere ansehen.

B. N. BIRMAN: Sie hatte aber die Zwangsidee, daß in ihrem Kopf Würmer herumkröchen.

I. P. PAWLOW: Das ist eine bildhafte Phantasie, aber kein Zwangsphänomen. Eine Künstlernatur muß eine bildhafte Phantasie haben. Sie leben durch das erste Signalsystem und stellen sich folglich alles bildhaft vor. Bei ihr ist irgend etwas im Gehirn nicht in Ordnung, und sie sagt, sie verspüre irgendeine hartnäckige Bewegung, als wenn sich Würmer im Gehirn eingenistet hätten. Das ist die Phantasie einer Künstlernatur, aber kein Zwangsphänomen.

JEWLACHOW: Aber dagegen läßt sich folgendes einwenden. Nehmen wir die Psychastheniker. Dann darf man bei ihnen das Überwiegen des Denkens über die Aktivität nicht als krankhaften Zug ansehen; denn das ist eine Eigenschaft eines Gelehrten.

I. P. PAWLOW: Natürlich. Was haben Sie da für eine Entdekkung gemacht! Das ist es ja gerade. Nicht darum geht es. Die Psychasthenie besteht durchaus nicht darin, daß die Neigung zur Analyse vorherrscht, sondern darin, daß sich beim Psychastheniker Züge einer gewissen pathologischen Schwäche zeigen – das ist etwas ganz anderes.

JEWLACHOW: Ich möchte aus diesem Anlaß an die Worte FREUDS erinnern, den Sie nicht besonders lieben; aber diese Worte decken sich mit den Ihren. Er sagt an einer Stelle, daß der Hysteriker die Karikatur eines Künstlers sei.

I. P. PAWLOW: Um so besser, das paßt sehr gut. Es unterliegt also keinem Zweifel, daß zum Bild der Psychasthenie Züge des Denkertyps gehören.

A. G. Iwanow-Smolenski[2]: Was hat B. N. da erwähnt, daß sich bei ihr Würmer im Gehirn eingenistet hätten?

W. I. Pawlow: Das behauptet sie nicht steif und fest, sondern sie drückte sich nur so aus. Sie behauptete nicht, in ihrem Kopf befänden sich tatsächlich richtige Würmer. Sie stellte ihren Krankheitszustand so dar.

ANMERKUNGEN

Einleitung

[1] Vgl. KLAUS HOLZKAMP, »Verborgene anthropologische Voraussetzungen der allgemeinen Psychologie«, in: *Kritische Psychologie*, Frankfurt am Main 1972, S. 45.

[2] »Naturwissenschaft und Gehirn«, in: *Sämtliche Werke*, Bd. III, S. 77–86 = *Die bedingten Reflexe*, hrsg. v. GERHARD BAADER und URSULA SCHNAPPER (= Kindler Studienausgabe), München 1972, S. 42–51.

[3] »Der dynamische Stereotyp des höchsten Gehirnabschnitts«; diese Ausgabe, S. 45–70.

[4] »Der bedingte Reflex«; diese Ausgabe, S. 65–89.

[5] Vgl. besonders »Physiologie und Psychologie beim Studium der höheren Nerventätigkeit der Tiere«, in: *Sämtliche Werke*, Bd. III, S. 235–247 = *Die bedingten Reflexe* (= Kindler Studienausgabe), S. 60–72, besonders S. 69–72; generell dazu siehe auch »Die Erforschung der höheren Nerventätigkeit« (Vortrag, gehalten auf der Schlußversammlung des Internationalen Physiologenkongresses in Groningen/Holland 1913; zuerst veröffentlicht in: *British Medical Journal 2*, 1913; aufgenommen in: *Zwanzigjährige Erfahrungen mit dem objektiven Studium der höheren Nerventätigkeit [des Verhaltens] der Tiere*, 1. Aufl., Petrograd 1923; abgedruckt aus: *Sämtliche Werke*, Bd. III) S. 196f.:

»Im Laufe unserer gesamten mehrjährigen Arbeit über diesen Fragenkomplex hatten wir kein einziges Mal Gelegenheit, für unsere Forschung psychologische Begriffe und Erklärungen, die auf solchen Begriffen beruhen, nutzbringend anzuwenden. Ich muß gestehen, daß ich früher, wenn ich bei der wahren kausalen Erklärung auf Schwierigkeiten stieß, teils aus Gewohnheit, teils vielleicht infolge einer gewissen Ängstlichkeit, zu psychologischen Erklärungen griff, die ja als völlig rechtmäßig galten. Aber bald erkannte ich, worin ihr schlechter Dienst besteht. Ich kam dann in Schwierigkeiten, wenn ich den natürlichen Zusammenhang der Erscheinungen nicht sah. Die Hilfe der Psychologie bestand in den Worten: »das Tier erinnerte sich«, »das Tier wünschte«, »das Tier erriet«, d. h. es war nur ein Verfahren adeterministischen Denkens, das ohne die wahre Ursache auskommt.

Die Methoden zur Erforschung der höheren Nerventätigkeit der

Tiere, die auf psychologischen Begriffen beruhen, wie das Auffinden des Weges aus einem Labyrinth, das Öffnen verschiedener Verschlüsse, führen natürlich zur Ansammlung wissenschaftlich nützlichen Materials. Dieses Material besteht aber aus einzelnen Stücken und führt nicht zu den Anfängen, den Elementen der höheren Nerventätigkeit, weil es selbst noch analysiert und erklärt werden muß. Für eine genaue und regelrecht fortschreitende Erforschung der Funktionen des höheren Teils des Nervensystems ist es selbstverständlich notwendig, daß die Grundbegriffe rein physiologische Begriffe sind. Mit den oben formulierten Begriffen kann man erfolgreich arbeiten. Ihre Realität in den Händen anderer Forscher wird zeigen, ob sie genau, ob sie genügend sind.«

[6] Vgl. »Naturwissenschaft und Gehirn« (abgedruckt aus: *Sämtliche Werke,* Bd. III, S. 86 = *Die bedingten Reflexe* [= Kindler Studienausgabe]) S. 51:

»Wenn ich dies alles sage, möchte ich doch nicht mißverstanden werden. Ich lehne die Psychologie als Erkenntnis der Innenwelt des Menschen nicht ab. Um so weniger bin ich geneigt, irgend etwas von dem tiefsten Drang des menschlichen Geistes zu verneinen. Jetzt und an dieser Stelle bekräftige und verteidige ich lediglich die absoluten, unanfechtbaren Rechte des naturwissenschaftlichen Denkens überall und wo immer es auch seine Macht bekunden *kann.* Wer aber weiß, wo diese Möglichkeit zu Ende ist?«

[7] Vgl. »Physiologie und Psychologie beim Studium der höheren Nerventätigkeit der Tiere«, in: *Sämtliche Werke,* Bd. III, S. 246f. = *Die bedingten Reflexe* (= Kindler Studienausgabe), S. 71f.

[8] Vgl. »Gefühle der Bemächtigung (Les sentiments d' emprise) und die ultraparadoxe Phase«; diese Ausgabe, S. 50–55.

[9] Vgl. »Die ›echte Physiologie‹ des Gehirns« (abgedruckt aus: *Sämtliche Werke,* Bd. III, S. 209 = *Die bedingten Reflexe* [= Kindler Studienausgabe]) S. 59:

»Ich sehe und achte die Bemühungen des Denkens in der Arbeit der älteren und neueren Psychologen. Und doch scheint mir, ja ich glaube, man kann es wohl kaum bestreiten, daß diese Arbeit sehr unökonomisch vor sich geht, und ich bin von der festen Überzeugung durchdrungen, daß die reine Physiologie des Gehirns der Tiere die maßlose Riesenarbeit jener Forscher außerordentlich erleichtern, ja sogar fruchtbringender gestalten wird, die sich der Wissenschaft von den subjektiven Zuständen des Menschen gewidmet haben und widmen.«

[10] »Die ›echte Physiologie‹ des Gehirns«, in: *Sämtliche Werke,* Bd. III, S. 202–209 = *Die bedingten Reflexe* (= Kindler Studienausgabe), S. 52–59; »Physiologie und Psychologie beim Studium der höheren Nerventätigkeit der Tiere«; in: *Sämtliche Werke,* Bd. III, S. 235–247 = *Die bedingten Reflexe* (= Kindler Studienausgabe), S. 60–73; »Der dynamische Stereotyp des höchsten Gehirnabschnitts«, diese Ausgabe, S. 45–50.

[11] »Kritik des Buches von CLAPARÈDE ›Die Entstehung der Hypothese‹«; diese Ausgabe S. 55–60.

[12] »Über die Kritik KÖHLERS an der Lehre von den bedingten Reflexen«; diese Ausgabe S. 101.

[13] »Versuche an Menschenaffen; das Verhalten der Affen wird völlig von den Gesetzen der Assoziation und Analyse bestimmt, im Gegensatz zu den Vorstellungen von YERKES und KÖHLER«, diese Ausgabe S. 102–107; »Das Wesen des Verstandes der Menschenaffen und die fehlerhafte Deutung KÖHLERS«, diese Ausgabe S. 108–112; »Über die Thesen KÖHLERS und eigene Beobachtungen«, diese Ausgabe S. 152–158.

[14] »Über das Buch von WOODWORTH ›Die moderne Schule der Psychologie‹ und über das Studium des primitiven Denkens bei den Affen«; diese Ausgabe S. 112–116.

[15] »Kritik der Gestaltpsychologie anhand des Buches von WOODWORTH ›Die moderne Schule der Psychologie‹«, diese Ausgabe S. 118–151; vgl. auch »Fall von Konzentration einer schwachen Hemmung bei M. K. PETROWAS ›Mirta‹«, diese Ausgabe S. 116–118; »Die ›Verhältnisse‹ der Frequenzen verschiedener Reize als Form des bedingten Reizes und die Fehler der Gestaltpsychologie«, diese Ausgabe S. 168–174.

[16] Vgl. »Physiologie und Pathologie der höheren Nerventätigkeit« (Vorlesung, gehalten am 12. Januar 1930 vor den Ärzten des Instituts für ärztliche Fortbildung in Leningrad; zuerst veröffentlicht in: *Bibliothek der ärztlichen Zeitung*, Moskau/Leningrad 1930; abgedruckt aus: *Sämtliche Werke*, Bd. III) S. 618f.:

»Zum Schluß noch einige Worte über die Beziehungen der gegenwärtigen Gehirnphysiologie, wie ich sie Ihnen schilderte, zur gegenwärtigen Psychologie.

Wir können uns davon, daß unsere Untersuchungen über die höhere Nerventätigkeit den richtigen Weg gehen, aufgrund der gegenwärtigen Streitigkeiten unter den Psychologen überzeugen. Ich hatte Gelegenheit, dieses Jahr am Psychologenkongreß in Amerika teilzunehmen und dort Vertreter verschiedener psychologischer Richtungen zu sprechen. Die heutige Psychologie teilte sich dort in zwei äußerst gegensätzliche Lager: Der alten Assoziationspsychologie steht die moderne Gestaltpsychologie gegenüber. Wenn man diese zwei Gesichtspunkte in ihren allgemeinsten und gröbsten Zügen definieren soll, so wird nach der Meinung der Anhänger der Assoziationspsychologie die Funktion der Großhirnhemisphären auf die Vereinigung einzelner Elemente zurückgeführt, die früher voneinander getrennt waren. Folglich stellt sich diese Richtung die Analyse der sich bildenden Verbindungen als Hauptaufgabe. Die Meinung der Vertreter der Gestaltpsychologie aber läßt in der Tätigkeit der Großhirnhemisphären keine Zergliederung zu, weil sie immer als etwas Ganzes vorhanden sei, und sie sieht ihre Aufgabe in der Beschreibung und Deutung derartiger Strukturen im Verhalten der Tiere und des Menschen. Die Physiologie der Großhirnhemisphären bietet in der jetzigen Etappe ihrer Entwicklung die Möglichkeit, diese beiden Vorstellungen zu vereinigen, wobei sie sich auf strenges Tatsachenmaterial stützt. Für uns ist es vollkommen klar, daß die Großhirnrinde ein äußerst kompliziertes funktionelles Mosaik aus einzelnen Elementen darstellt, von denen jedes einzelne eine bestimmte physiologische Wirkung hat: eine positive oder eine hemmende. Andererseits ist es ebenso zweifellos, daß alle diese Elemente in jedem gegebenen Augenblick zu einem System vereinigt sind, in dem jedes derselben sich in Wechselwirkung mit allen übrigen befindet. Hier eine ganz einfache Tatsache aus unseren Experimenten: Sie bilden eine Reihe bedingter Reflexe von verschiedenen bedingten Reizen aus, wenden diese in einer bestimmten Reihenfolge in gleichen Intervallen an und erhalten bestimmte Effekte auf sie. Es genügt, daß Sie die Reihenfolge der Reize wechseln oder die Intervalle zwischen ihnen ändern, und Sie können schon andere Effekte erhalten. Welche wesentliche Rolle die Ausbildung eines Systems in der Arbeit der Großhirnhemisphären spielt, ist daraus zu ersehen, daß bei unseren Hunden die Fälle nicht selten sind, bei denen alle diese bedingten Reflexe bei einer Änderung des einmal festgesetzten Systems verschwinden. Wie in den Händen des Chemikers die Analyse und Synthese als mächtige Mittel für das Studium der Struktur einer unbekannten chemischen Verbindung und zur Erklärung all ihrer Eigenschaften dienen, so wird auch für den Physiologen das Analysieren und Synthetisieren der Nervenprozesse den sichersten Weg zum Verständnis der komplizierten funktionellen Struktur der Großhirnhemisphären eröffnen.

Auf diese Weise vollführt vom Gesichtspunkt des Physiologen aus die Großhirnrinde ständig und gleichzeitig sowohl eine analytische als auch eine synthetische Tätigkeit. Jegliche Gegenüberstellung dieser Tätigkeiten, das bevorzugte Studium einer von ihnen kann keinen sicheren Erfolg und keine vollständige Vorstellung von der Arbeit der Großhirnhemisphären geben.«

17 »Kritik der Arbeit KÖHLERS ›Psychologische Probleme‹«; diese Ausgabe S. 159–166.

18 »Über das Buch DUNCKERS ›Psychologie des produktiven Denkens‹«; diese Ausgabe S. 166f.

19 »Die physiologische Lehre von den Typen des Nervensystems, den Temperamenten«; diese Ausgabe, S. 175–186; »Die gemeinsamen Typen der höheren Nerventätigkeit der Tiere und des Menschen«, in: *Sämtliche Werke*, Bd. III, S. 492–511 = *Die bedingten Reflexe* (= Kindler Studienausgabe), S. 179–198.

20 »Über Hysterie«, diese Ausgabe S. 186–188; »Über KRETSCHMERS Schizoide und Zykloide«, diese Ausgabe, S. 188–191; »Über die Typen der höheren Nerventätigkeit der Tiere und des Menschen«, in: *Sämtliche Werke*, Bd. III, S. 492–511 = *Die bedingten Reflexe* (= Kindler Studien-

ausgabe), S. 179–198; »Bemerkungen über das Buch von KRETSCHMER ›Körperbau und Charakter‹«, diese Ausgabe, S. 194–196.

[21] Vgl. »Die gemeinsamen Typen der höheren Nerventätigkeit der Tiere und des Menschen« (abgedruckt aus: *Sämtliche Werke,* Bd. III, S. 510 = *Die bedingten Reflexe* (= Kindler Studienausgabe) S. 197:

»Wenn man sich auf das Elementare der physiologischen Grundlagen zur Klassifikation der Typen des Nervensystems bei Tieren stützt, muß man dieselben Typen auch beim Menschen annehmen, was auch schon die klassischen griechischen Denker taten. Deswegen muß die Klassifizierung der Nerventypen von KRETSCHMER, die fast allgemeine Anerkennung besonders bei den Psychiatern gefunden hat, als fehlerhaft und ungenügend angesehen werden. Die Typen von KRETSCHMER sind von klinischen Patienten abgeleitet worden. Gibt es denn aber nicht vollkommen gesunde Menschen, und müssen alle Menschen in sich Keime von Nerven- und Geisteskrankheiten tragen?

Seine Typen umfassen nur einen Teil aller menschlichen Typen. Seine Zyklothymen sind unser erregbarer, zügelloser Typ, die Choleriker von HIPPOKRATES. Seine Schizophrenen sind unser schwacher Typ, die Melancholiker von HIPPOKRATES.«

[22] Vgl. Über die Thesen KÖHLERS und über eigene Beobachtungen, diese Ausgabe, S. 152–158.

[23] »Antwort eines Physiologen an die Psychologen«, diese Ausgabe S. 197–233.

[24] Vgl. IVER HAND, *Pawlows Beitrag zur Psychiatrie,* Stuttgart 1972, S. 62–64.

[25] »Why has Freud chosen, out of a multiplicity of known instincts to dwell on the sexual instinct, while he closes his eyes to the others? Was he not aware of other instincts? Take the feeding reflex, the life instinct, etc. To keep in view only the sexual instinct and to transform it into the major cause of all deviations! Then comes Adler. This one chose the instinct of superiority, and again he wants to explain everything thus. How can one understand this? Why is this so? This one forgot the sexual instinct, although it plays an important role, just as the alimentary, aggressive, investigative, etc. And the instinct of freedom? How can one understand such onesidedness? They themselves must be sick to some degree, they were hurt in life, and there remained this obsession. How can a normal person fail to see this? How many instincts there are, but they attempt to explain everything by means of one instinct« (zitiert aus: SAMUEL A. CORSON, »Cerebrovisceral Theory – a Physiologic Basis for Psychosomatic Medicine« *Intern. J. Psychiatr.,* Boston 4 [1967] S. 238).

[26] »Der Zielreflex«; diese Ausgabe, S. 234–241.

[37] »Der Freiheitsreflex«; diese Ausgabe, S. 241–247.

[28] »Das Problem der positiven Bedeutung des ›Sozialreflexes‹«, diese Ausgabe S. 258–260.

[29] »Schwierigkeit der Bestimmung des Typs des Nervensystems bei gewissen starken Hunden (›Tresor‹ und ›Satyr‹) mit starker Tendenz zur Hypnose«; diese Ausgabe S. 260–264.

[30] »Noch einmal über den Phänotyp«; diese Ausgabe S. 265–267.

[31] »Der Reflex der biologischen Vorsicht (passiver Abwehrreflex) und seine Beziehung zum Untersuchungsreflex«; diese Ausgabe S. 267–270.

[32] »Über die Neurosen des Menschen und des Tieres«; diese Ausgabe S. 247–251.

[33] »Kritik an der Neurosenkonzeption des Psychiaters SCHILDER«; diese Ausgabe S. 247.

[34] »Über Hysterie«; diese Ausgabe S. 251–255.

[35] »Beiträge aus der Nervenklinik über Hysterie und Psychasthenie«; diese Ausgabe S. 270–273.

I. Pawlows Lehre von der Physiologie der höheren Nerventätigkeit

Einleitung zur 1. Auflage von »Zwanzigjährige Erfahrungen mit dem objektiven Studium der höheren Nerventätigkeit (des Verhaltens) der Tiere«, Petrograd 1923

[1] Abgedruckt aus: *Sämtliche Werke*, Bd. III, S. 1–5.

[2] S. G. WULFSON, enger Mitarbeiter und Schüler PAWLOWS, der in seiner Dissertation (St. Petersburg 1898) die Funktion der Speicheldrüsen untersucht hatte; er hat in jenen Jahren PAWLOW bei der Erforschung der psychischen Erregung weitgehend unterstützt.

[3] ANTON TEOFILOWITSCH SNARSKI (*1866), Mitarbeiter PAWLOWS. Er machte in seiner Dissertation »Analyse der normalen Bedingungen der Arbeit der Speicheldrüsen des Hundes« (Med. Diss. St. Petersburg 1901) zwar richtige Entdeckungen zur psychischen Erregung der Speicheldrüsen, deutete sie aber anthropomorph.

[4] Vgl. IWAN PETROWITSCH PAWLOW, Die naturwissenschaftliche Erforschung der sogenannten Seelentätigkeit der höheren Tiere (Vorlesung »Über neue Fortschritte der Wissenschaft in Beziehung zur Medizin und Chirurgie zu Ehren von THOMAS HUXLEY«, gehalten an der Charing Cross School in London am 1. Oktober 1906; aufgenommen in: *Zwanzigjährige Erfahrungen mit dem objektiven Studium der höheren Nerventätigkeit [des Verhaltens] der Tiere*, 1. Aufl., Petrograd 1923; abgedruckt aus: *Sämtliche Werke*, Bd. III) S. 40f.:

»Erlauben Sie mir, mit einem Vorkommnis zu beginnen, das sich vor einigen Jahren in meinem Laboratorium ereignete. Aus dem Kreis meiner Mitarbeiter im Laboratorium zeichnete sich ein junger Doktor besonders aus. Er hatte einen regen Verstand, der die Freude und den Triumph des forschenden Denkens kannte. Wie groß war da meine Verwunderung, als dieser treue Freund des Laboratoriums eine ehrliche, tiefe Entrüstung erkennen ließ, als er zum erstenmal von unseren Plänen erfuhr, die Seelentätigkeit des Hundes in dem gleichen Laboratorium und mit den gleichen Mitteln zu untersuchen, der wir uns bis zu dieser Zeit zur Lösung verschiedener physiologischer Fragen bedienten. Kein Zureden unsererseits wirkte auf ihn, er prophezeite und wünschte uns alle möglichen Mißerfolge. Und, wie man verstehen konnte, alles deswegen, weil in seinen Augen dieses Große und Eigentümliche, das er in der Seelenwelt des Menschen und der höheren Tiere vermutete, nicht nur nicht fruchtbringend erforscht werden konnte, sondern durch die Roheit der Arbeitsweise in unseren physiologischen Laboratorien geradezu beleidigt wurde. Möge dies, meine Damen und Herren, individuell etwas übertrieben sein, so entbehrt es doch, wie mir scheint, nicht des Charakteristischen und Typischen. Man darf nicht die Augen davor verschließen, daß die Berührung der wahren, konsequenten Naturwissenschaft mit der äußersten Grenze des Lebens, nicht ohne starke Mißverständnisse und Widerstand von seiten derer ablaufen wird, die von jeher und gewohnheitsmäßig dieses Gebiet der Naturerscheinungen von einem anderen Gesichtspunkt aus beurteilt haben und die diesen Gesichtspunkt im gegebenen Fall als einzig rechtmäßigen anerkannten.«

[5] Vgl. Iwan Petrowitsch Pawlow, Die Grundregeln der Arbeit der Großhirnhemisphären (Vortrag, gehalten in der Gesellschaft russischer Ärzte in St. Petersburg 1911; zuerst veröffentlicht in: *Abhandlungen der Gesellschaft russischer Ärzte* 78, St. Petersburg 1911; aufgenommen in: *Zwanzigjährige Erfahrungen mit dem objektiven Studium der höheren Nerventätigkeit [des Verhaltens] der Tiere*, 1. Aufl., Petrograd 1923; abgedruckt aus: *Sämtliche Werke*, Bd. III) S. 119f.:

»Als wir vor zehn bis elf Jahren auf den Gedanken kamen, die höheren Äußerungen der Nerventätigkeit des Hundes nur objektiv zu studieren, war unsere Lage nicht leicht. Wir waren wie alle gewohnt, uns vorzustellen, daß der Hund irgend etwas will, irgend etwas denkt usw. Als wir uns eben erst auf den objektiven Standpunkt stellten, schien es recht unwahrscheinlich, daß wir Erfolg haben sollten. Wir waren jedoch fest entschlossen und gingen an die Arbeit mit der objektiven Methode heran. Das Gebiet der Erscheinungen, die vor uns lagen und erforscht werden sollten, war grenzenlos, und uns fehlten selbst die einfachsten Unterlagen. Es ist verständlich: Unsere Lage war unheimlich, gab es doch keinerlei tatsächliche Stützen dafür, daß unser Entschluß richtig war. Es waren nur Hoffnungen, daß wir dort etwas finden würden, und gleichzeitig der Zweifel: Wird das auch als wissenschaftlich anerkannt werden? Dann ermunterten uns die Stunden der Erfolge. In Jahren sammelten sich viele Tatsachen an. Es wuchs auch eine festere Sicherheit. Dennoch muß ich gestehen, auch die Zweifel nahmen zu, und sie verließen mich sogar bis in die jüngste Zeit nicht, obwohl ich sie meiner Umgebung nicht zeigte. Es kam vor, daß ich mir die Frage stellte: Ist unser Verhalten, daß wir die Tatsachen nur von der Außenseite her betrachten, auch richtig oder ist es besser, wenn man sie vom alten Gesichtspunkt aus betrachtet? Diese Fälle wiederholten sich mehrfach und zogen natürlich meine Aufmerksamkeit auf sich. Schließlich hat sich folgendes herausgestellt. Jedesmal, sobald nur eine neue Reihe von Tatsachen, und zwar eine schwierige Reihe erschien, die von unserem Gesichtspunkt aus schwer verständlich war, verstärkten sich sofort die Zweifel. Warum ist das so? Worum handelt es sich dabei? Das ist ziemlich einfach. Weil wir in diesen neuen Tatsachen noch keinen ursächlichen Zusammenhang fanden, konnten wir nicht sofort erklären, was für ein Zusammenhang zwischen den Erscheinungen besteht, was wodurch bedingt wird. Als wir dann diesen Zusammenhang geklärt hatten, als wir sahen, daß aus dieser Ursache das und das folgt, fühlten wir sofort eine Befriedigung, eine Beruhigung. Warum aber gingen wir vordem ängstlich mit der früheren subjektiven Methode um? Das Geheimnis ist einfach: Weil das eine Methode des ursachlosen Denkens ist, weil die psychologische Erwägung eine indeterminierte Erwägung ist. d.h. ich erkenne eine Erscheinung an, die weder von hier noch von dort herrührt. Ich sage: Der Hund dachte nach, der Hund möchte, und gebe mich damit zufrieden. Das ist aber eine Fiktion. Denn eine Ursache für die Erscheinung ist immer noch nicht da. Demnach ist auch die Befriedigung beim psychologischen Deuten ebenfalls nur fiktiv, unbegründet. Unsere objektive Erklärung ist echt wissenschaftlich, d.h., es ist eine Erklärung, die sich immer an die Ursache wendet, die immer nach der Ursache sucht.«

[6] Iwan Filippowitsch Tolotschinow (*1859), enger Mitarbeiter Pawlows, der selbst über seine ersten Versuche in seinem Beitrag »Contribution à l'étude de la physiologie et de la psychologie des glandes salivaires« in den Forhandlinger vid. nord. naturforskare, Läkaremötet 1903, berichtete.

[7] Jacques Loeb (1859–1924), deutsch-amerikanischer Biologe, untersuchte um 1890 die Reaktionen niederster tierischer Organismen auf Außenreize und entdeckte die Tropismen, die er als Anfänge des Instinkts und des Willenverhaltens deutete und auch höhere Verhaltensvorgänge mit denselben mechanischen Mitteln zu erklären versuchte.

[8] Th. Beer, Vorgänger des Behaviorismus in Deutschland.

[9] Iwan Michailowitsch Setschenow (1829–1905), war zuletzt Ordinarius für Physiologie an der Universität Moskau; seine Ausbildung erfolgte in Deutschland und Österreich bei Ernst Brücke in Wien, Carl

LUDWIG in Wien (1858) und ALEXANDER ROLLETT in Graz. Hauptarbeitsgebiet: Physiologie der Reflexe und des Zentralnervensystems, zentrale Hemmung *(Reflexe des Gehirns,* St. Petersburg 1863). SETSCHENOW gilt als Begründer der russischen Physiologie.

[10] JAKOB JOHANN VON UEXKUELL (1864–1944), Biologe, Schöpfer der Umweltforschung und Mitbegründer der vergleichenden Physiologie. Er ist der Vertreter einer biologischen Bedeutungslehre, mit der er Aufnahme- und Verhaltensfunktionen von Tieren in ihrer Gesamtorganisation auf den Lebensraum zu beziehen versuchte.

[11] ALFRED BETHE (1872–1955), seit 1911 Professor für Physiologie in Kiel, seit 1915 in Frankfurt am Main; mit seiner Tropismenlehre machte er den Versuch, tierisches Verhalten ohne Rückgriff auf anthropomorphisierende Erlebnisschilderungen zu erklären; er hat damit in wesentlichen Punkten das Programm des Behaviorismus vorweggenommen.

[12] EDWARD LEE THORNDIKE (1874–1949), Professor für Physiologie an der Columbia University in New York; er war einer der Mitbegründer jener Richtung der Psychologie, die als Behaviorismus bezeichnet wird (vgl. S. 13). Das hier von PAWLOW erwähnte Buch ist *Animal intelligence. An experimental study of the associative process in animals,* New York/London 1898.

[13] ROBERT MEANS YERKES (1876–1946), einer der Pioniere des Tierversuchs in den USA; bekannt sind vor allem seine Versuche mit Schimpansen, aber auch mit niederen Tieren, wie Regenwürmern.

[14] GEORGE HOWARD PARKER (*1864), amerikanischer Psychologe, Behaviorist.

[15] JOHN BROADUS WATSON (1878–1958), einer der Schöpfer des Behaviorismus (vgl. S. 13).

[16] WLADIMIR MICHAILOWITSCH BECHTEREW (1857–1927), Professor für Neurologie an der Universität Petrograd.

[17] OTTO KALISCHER, Berliner Nervenarzt, legte 1907 die Arbeit »Zur Funktion des Schläfenlappens des Großhirns«, in: *S. ber. Preuss, Akad. Wiss.* 1907 S. 204–216, vor.

[18] Der Anspruch des einen oder des anderen auf irgendeine Priorität in Untersuchungen dieser Art ist für alle, die das Problem mehr oder weniger kennen, natürlich vollkommen unberechtigt (Anmerkung PAWLOWS).

Die Analyse einiger komplizierter Reflexe des Hundes

[1] Zuerst veröffentlicht in: *Sammlung von Abhandlungen K.A. Timarjesew von seinen Schülern zur Feier des siebzigsten Geburtstages dargebracht,* herausgegeben von F.N. KRSCHENIKOW, Moskau 1916, S. 375–385; aufgenommen in: *Zwanzigjährige Erfahrungen mit dem ob-*

jektiven Studium der höheren Nerventätigkeit [des Verhaltens] der Tiere, 1. Aufl., Petrograd 1923; abgedruckt aus: *Sämtliche Werke,* Bd. III, S. 228–234.

[2] Marija Kapitonowna Petrowa (1874–1948) war eine der engsten Mitarbeiterinnen Pawlows; Stalinpreisträgerin.

[3] Kliment Arkadjewitsch Timarjesew (1843–1920), Mitbegründer der russischen Schule und einer der bedeutendsten russischen Darwinisten des 19. Jahrhunderts.

Die neuesten Fortschritte beim objektiven Studium der höheren Nerventätigkeit der Tiere

[1] Vortrag, gehalten am 12. Dezember 1923 auf der Jubiläumssitzung des Wissenschaftlichen Lesgaft-Instituts; zuerst veröffentlicht in: *Mitteilungen des Wissenschaftlichen Lesgaft-Instituts* 8 (1924) S. 43–52 und *Bulletin of the Battle Creek Sanitarium and Hospital Clinic* 19 (1923/24) S. 1–4. Aufgenommen in: *Zwanzigjährige Erfahrungen mit dem objektiven Studium der höheren Nerventätigkeit [des Verhaltens] der Tiere,* 2. Aufl., Petrograd 1924; abgedruckt aus: *Sämtliche Werke,* Bd. III, S. 299–307.

[2] Nikolai Jewgenijewitsch Wedenski (1852–1922), bedeutender russischer Physiologe, Professor an der Petersburger Universität. Beim Studium der Entwicklung der Erregung in der Nervenfaser zeigte er, daß Erregung und Hemmung Phasen eines einheitlichen Erregungsprozesses des Protoplasmas der Nerven sind, der sowohl peripheren als auch zentralen Ursprungs sein kann. Die klassische Arbeit N. J. Wedenskis, *Erregung, Hemmung und Narkose* wurde 1901 veröffentlicht und war der Beginn einer neuen fortschrittlichen Richtung in der Lehre vom physiologischen Wesen des Hemmungsprozesses als eines Entwicklungsstadiums des einheitlichen Erregungsprozesses.

Über die Untersuchung bedingter Reflexe bei Kindern

[1] Abgedruckt aus: *Pawlowsche Mittwochkolloquien,* Bd. I, Berlin 1956, S. 87f.

[2] Anatol Georgijewitsch Iwanow-Smolenski (vgl. S. 284, Anm. 2) *Methodik der Untersuchung bedinger Reflexe beim Menschen,* 1. Aufl., Moskau 1930.

Über die Möglichkeit einer Verschmelzung des Subjektiven mit dem Objektiven

[1] Zuerst veröffentlicht als Vorwort des Buchs von Anatol Georgijewitsch Iwanow-Smolenski *Hauptprobleme der Pathophysiologie der höheren Nerventätigkeit,* Medgis 1933; aufgenommen in: *Zwanzigjäh-*

rige Erfahrungen mit dem objektiven Studium der höheren Nerventätigkeit (des Verhaltens) der Tiere, 5. Aufl., Leningrad 1932. Abgedruckt aus: *Sämtliche Werke,* Bd. III, S. 402f.

Die Äußerungen PAWLOWS über die »Verschmelzung« des Psychischen und Physischen, des Subjektiven und Objektiven drücken seine konsequent materialistischen Bestrebungen aus, den von den Idealisten geschaffenen Bruch zwischen der objektiv existierenden materiellen Wirklichkeit und dem Bewußtsein des Menschen zu beseitigen. Hier zeigt sich wieder die Grundidee PAWLOWS von der materiellen Grundlage aller psychischen Erscheinungen und von der Möglichkeit, die höhere Nerventätigkeit mit Hilfe der von ihm geschaffenen Methode des Studiums der bedingten Reflexe zu erforschen, die in sich Züge einer subjektiven Erscheinung und Züge eines objektiven physiologischen Prozesses vereinigen. Um die Notwendigkeit der Existenz einer materialistischen Psychologie zu bekräftigen, die auf der Grundlage der physiologischen Gesetzmäßigkeiten der Funktion des Nervensystems aufgebaut sein muß, schrieb PAWLOW: »Ich bin überzeugt, daß sich früher oder später die Physiologie mit ihren Untersuchungen des Nervensystems und die Psychologie zu einer engen freundschaftlichen Arbeit zusammenfinden werden ... Je mehr Standpunkte, um so größer sind die Chancen, daß wir uns schließlich freundschaftlich vereinigen und einander nützlich und unentbehrlich werden« (*Sämtliche Werke,* Bd. III, S. 334).

[2] ANATOL GEORGIJEWITSCH IWANOW-SMOLENSKI (*1895) war enger Mitarbeiter PAWLOWS, auf ihn geht das Assoziationsexperiment zurück. Seine Arbeiten betrafen vor allem das zweite Signalsystem und die Psychiatrie. Der hier von PAWLOW betonte Zusammenhang der objektiven und subjektiven Erscheinungen wurde von IWANOW-SMOLENSKI in seinem Vortrag auf der gemeinsamen Sitzung der Akademie der Wissenschaften der UdSSR und der Akademie der medizinischen Wissenschaften der UdSSR vom 28. Juni bis 4. Juli 1950 in Moskau eingehend begründet; 1949 erhielt IWANOW-SMOLENSKI für sein Buch *Grundzüge der Pathophysiologie der höheren Nerventätigkeit* den Stalinpreis (2. Auf. Moskau 1951, deutsch Berlin 1954).

Der dynamische Stereotyp des höchsten Gehirnabschnitts

[1] Vortrag gehalten auf dem 10. Internationalen Psychologen-Kongreß in Kopenhagen am 24. Aug. 1932; zuerst veröffentlicht in: *Die letzten Mitteilungen zur Physiologie und Pathologie der höheren Nerventätigkeit,* H. I, Leningrad 1933, S. 33–39, aufgenommen in: *Zwanzigjährige Erfahrungen mit dem objektiven Studium der höheren Nerventätigkeit (des Verhaltens) der Tiere,* 5. Aufl., Leningrad 1932. Abgedruckt aus: *Sämtliche Werke,* Bd. III S. 472–475.

In diesem Vortrag gab PAWLOW zum ersten Male eine ausführliche Darstellung vom sogenannten »dynamischen Stereotyp«, der nach seiner Definition ein durchaus kompliziertes, ausgeglichenes System innerer Prozesse darstellt. Zugleich wies er den Weg zum Studium der Ganzheit der höheren Nerventätigkeit der Tiere.

2 S.N. WYRSHIKOWSKI, »Der hemmbare, schwache Typ des Nervensystems ...« in: *Arbeiten aus den physiologischen Laboratorien I.P. Pawlows* 3 (1928).

3 I.I. KRSHYSCHOWSKI, *Bedingte Reflexe auf Töne nach Entfernung der Temporallappen der Großhirnhemisphären bei Hunden.* Med. Diss. St. Petersburg 1909.

4 P.S. KUPALOW (1888–1964), Mitarbeiter PAWLOWS.

5 ESRAS ASRATOWITSCH ASRATJAN (* 1903), Schüler und Mitarbeiter PAWLOWS, führte die Forschungen zur höheren Nerventätigkeit weiter; Verfasser einer »Physiologie des Zentralnervensystems«, Moskau 1953.

6 G.W. SKIPIN, »Differenzierung komplexer bedingter Reize« in: *Arbeiten aus den physiologischen Laboratorien I.P. Pawlows* 5 (1933).

7 Der erwähnte »literarische Inspirator« ist der Schriftsteller und Publizist DIMITRI IWANOWITSCH PISSAREW (1840–1868), der weltanschaulich Materialist und in seiner Literaturtheorie Realist war. PAWLOW schrieb in seiner Autobiographie: »Unter dem Einfluß der Literatur der 60er Jahre, insbesondere unter dem Einfluß PISSAREWS, richteten sich unsere geistigen Interessen auf die Naturwissenschaft, und viele von uns, darunter auch ich, beschlossen an der Universität die Naturwissenschaften zu studieren« *(Kollegiale Gedenkschrift der Ärzte des Abgangsjahrgangs 1879 der ehemaligen Medizinisch-chirurgischen Akademie,* St. Petersburg 1904, S. 115 = *Sämtliche Werke,* Bd. VI, S. 343).

Gefühle der Bemächtigung (les sentiments d'emprise) und die ultraparadoxe Phase

1 Zuerst veröffentlicht in: *Journal de psychologie* 30 (1933) S. 849–854, und in: *Die letzten Mitteilungen zur Physiologie der höheren Nerventätigkeit,* H. 2, Leningrad 1933, S. 5–11; aufgenommen in: *Zwanzigjährige Erfahrungen mit dem objektiven Studium der höheren Nerventätigkeit (des Verhaltens) der Tiere,* 6. Aufl., Leningrad 1938. Abgedruckt aus: *Sämtliche Werke,* Bd. III, S. 476–479.

2 Vgl. S. 287, Anm. 7.

Kritik des Buches von Claparède »Die Entstehung der Hypothese«

[1] Abgedruckt aus: *Pawlowsche Mittwochkolloquien*, Bd. III, Berlin 1956, S. 150–157.

[3] Édouard Claparède (1873–1940) war Professor für Psychologie in Genf; sein Hauptarbeitsgebiet war das der vergleichenden Psychologie und das der pädagogischen Psychologie.

[3] Vgl. S. 285, Anm. 5.

[4] Max Scheler (1874–1928), Philosoph, grenzte den Gegenstand der Psychologie einerseits vom physischen Bereich, andererseits vom Geistig-Noëtischen des Personseins ab.

[5] William James (1842–1910), ursprünglich Naturwissenschaftler und Mediziner. In seiner Schrift *Priciples of psychology*, New York 1890, versuchte er zwar die Psychologie auf exakte Grundlagen zu stellen, doch ist er wegen seiner ablehnenden Einstellung zum Experiment und seiner phänomenologischen Grundeinstellung trotz seines radikalen Empirismus mehr ein Wegbereiter idealistischer Konzeptionen wie der Gestaltpsychologie als des Behaviorismus.

[6] Wolfgang Köhler (1887–1967), von 1922 bis zu seiner Entlassung im Jahre 1935 Professor für Psychologie in Berlin, danach in den Vereinigten Staaten, u. a. in Princeton; er war einer der Mitbegründer der Berliner Schule der Gestaltpsychologie (vgl. S. 12f.).

Der bedingte Reflex

[1] Zuerst erschienen in der *Großen Medizinischen Enzyklopädie*, Bd. 33, Moskau 1936, Sp. 431–446, und in der *Großen Sowjet-Enzyklopädie*, Bd. 56, Moskau 1936, Sp. 322–337; aufgenommen in: *Zwanzigjährige Erfahrungen mit dem objektiven Studium der höheren Nerventätigkeit (des Verhaltens) der Tiere*, 6. Aufl., Leningrad 1938, Abgedruckt aus: *Sämtliche Werke*, Bd. III, S. 532–549. In diesem Artikel wird hinsichtlich Tiefe und Umfang ein ausgezeichneter Überblick über das Wesen der Lehre von den bedingten Reflexen gegeben, wird die gewaltige allgemein-biologische Bedeutung des Prinzips der zeitweiligen Verbindung und die Bedeutung der objektiven Methode für das Studium der höheren Nerventätigkeit der Tiere für die Psychologie und Psychopathologie gezeigt. Im Unterschied zu den von ihm früher geäußerten Vorstellungen über die »Balance« zwischen Erregung und Hemmung als unabhängigen Prozessen, kommt Pawlow in diesem Artikel zu einer dialektischen Interpretation der Einheit dieser Prozesse und der Möglichkeit des Übergangs der Erregungsenergie in Hemmungsenergie und umgekehrt.

[2] Hermann Munk (1839–1912), seit 1869 Professor für Physiologie in Berlin; von ihm wurde zum ersten Male die Existenz von Bezirken

der Hirnrinde nachgewiesen, die die kompliziertere Funktion der Wahrnehmung besitzen und deren Schädigung zur sogenannten »Seelenblindheit« oder »Seelentaubheit« führt, bei der der Kranke den Gegenstand sieht, ihn aber nicht erkennen und benennen kann.

[3] ERNST HEINRICH WEBER (1795–1878), 1818 Professor der vergleichenden Anatomie, 1821–1871 Professor der Anatomie und der Physiologie in Leipzig; er gehört zu den Schöpfern der neuzeitlichen Physiologie. Klassisch sind die in seinem Werk *De pulsu, resorptione, auditu et tactu* (Lipsiae 1834) enthaltenen Untersuchungen über den Tastsinn der Haut, die zum WEBER-FECHNERschen Gesetz führten, dem GUSTAV THEODOR FECHNER (1801–1887) »Über ein wichtiges psychophysisches Grundgesetz und dessen Beziehung zur Schätzung der Sterngrößen« in: *Abh. sächs. Ges. Wiss. math.-phys. Kl.* 4 (1858), Leipzig 1859, S. 455–532, mehrere Formen gab. Dieses Gesetz will eine zahlenmäßige Abhängigkeit zwischen Reizintensität und Empfindungsstärke feststellen; es nimmt an, daß die Empfindungsstärke proportional dem Logarithmus der Reizstärke anwächst und nicht parallel zur Veränderung ihrer absoluten Größe.

[4] WILHELM WUNDT (1833–1900), ursprünglich Mediziner (1864–1874 Professor für Physiologie in Heidelberg), 1874 Professor für induktive Philosophie in Zürich, 1875 Professor für Philosophie in Leipzig, wo er das erste Institut für experimentelle Psychologie gründete; er faßte als einer der ersten die verstreuten Ansätze zu empirisch-psychologischer Forschung zusammen, vertrat aber generell die These, daß man beim Studium der Psyche der Tiere von unserer eigenen ausgehen müsse.

[5] Vgl. S. 282, Anm. 12.

[6] Im Original deutsch.

[7] PIERRE JANET (1859–1947) war französischer Psychologe und Psychopathologe, Professor für Psychologie im Collège de France in Paris. Er hat gezeigt, daß die Krankheitserscheinungen, die man bei Neurosen beobachtet, psychogenen Ursprungs sind, d. h. nicht von pathologisch-anatomischen Veränderungen begleitet werden. Er grenzte als erster jene Form der Neurose ab, die als Psychasthenie bezeichnet wird und mit einer Schwächung des psychischen Tonus zusammenhängt. In seinen gnoseologischen Ansichten schließt er sich an die Philosophie des subjektiven Idealismus an.

Zu seiner Schrift *Les sentiments d'emprise* vgl. PAWLOW, *Gefühle der Bemächtigung (Les sentiments d'emprise) und die ultraparadoxe Phase*, diese Ausgabe, S. 50–55.

[8] Vgl. dazu besonders seine Schrift *Der sensitive Beziehungswahn*, Berlin 1918. Zu ERNST KRETSCHMER siehe auch S. 293, Anm. 2.

Diskussion des Artikels I. P. Pawlows »Der bedingte Reflex« für die »Medizinische Enzyklopädie«

[1] Abgedruckt aus: *Pawlowsche Mittwochkolloquien,* Bd. I, Berlin 1956, S. 428–436.
[2] Vgl. S. 294, Anm. 2.
[3] F. P. Majorow (1900–1967), Mitarbeiter Pawlows.
[4] Vgl. S. 285, Anm. 5.
[5] Wladimir Wasiljewitsch Sawitsch (*1874), Schüler und Mitarbeiter Pawlows.

II. Die Auseinandersetzung Pawlows mit der Gestaltpsychologie

Über die Kritik Köhlers an der Lehre von den bedingten Reflexen

[1] Abgedruckt aus; *Pawlowsche Mittwochkolloquien,* Bd. I, Berlin 1956, S. 149.
[2] Vgl. S. 286, Anm. 6.

Versuche an Menschenaffen

[1] Abgedruckt aus: *Pawlowsche Mittwochkolloquien,* Bd. II, Berlin 1955, S. 365–369.
[2] Vgl. S. 286, Anm. 6.
[3] Vgl. S. 282, Anm. 13.

Das Wesen des Verstandes der Menschenaffen und die fehlerhafte Deutung Köhlers

[1] Abgedruckt aus: *Pawlowsche Mittwochkolloquien,* Bd. II, Berlin 1955, S. 406–410.
[2] Vgl. S. 285, Anm. 6; Pawlow bezieht sich hier auf das Buch von Köhler *Intelligenzprüfungen an Anthropoiden,* Berlin 1917 (2. Aufl.: *Intelligenzprüfungen an Menschenaffen,* Berlin 1921), das 1930 in russischer Übersetzung erschien.
[3] Sir Charles Scott Sherrington (1857–1952), Professor der Physiologie in Liverpool (1895–1913) und anschließend in Oxford. 1932 erhielt er den Nobelpreis für Medizin für seine Forschungen über die Funktion der Neuronen. Sherrington, der selbst Beiträge zur physiologischen Erforschung des universellen Verbundsystems verfaßt und besonders durch seine Untersuchungen über die reflektorische Funktion des Rückenmarks neue Einblicke in die zentralen Steuerungsmechanis-

men des Organismus erbracht hat, stand PAWLOW reserviert gegenüber. Er stützt sich in seinen ideologischen Grundlagen weitgehend auf die Auffassungen des für seine Zeit bahnbrechenden Physiologen und Psychiaters JEAN FERNEL (1497–1558), dem er auch eine Monographie (Cambridge 1946) gewidmet hat. Dessen Auffassung, daß die Welt unerklärbar sei und daß psychisches Leben nicht mit naturwissenschaftlichen Methoden erkannt werden könne, ist philosophisch reiner Idealismus und damit den Auffassungen PAWLOWS diametral entgegengesetzt.

Über das Buch von Woodworth »Die moderne Schule der Psychologie« und über das Studium des primitiven Denkens bei Affen

[1] Abgedruckt aus: *Pawlowsche Mittwochkolloquien*, Bd. II, Berlin 1955, S. 491–493.

[2] ROBERT WOODWORTH (*1869), amerikanischer Psychologe, der 1918 eine dynamische Psychologie entwickelte, die sich um Reflex-, Instinkt- und Verhaltensprobleme gruppierte; hier bezieht sich PAWLOW auf das 1932 erschienene Buch von WOODWORTH *The Modern School of Psychology*, New York, 1932.

[3] A.A. LINDBERG, Mitarbeiter PAWLOWS.

[4] HERMANN V. HELMHOLTZ (1821–1894), der bedeutende Physiker, war ursprünglich selbst Physiologe gewesen; er war einer der Hauptvertreter der physikalisch-experimentellen Richtung in der Physiologie. Er bestimmte als erster die Leitungsgeschwindigkeit der Nerven; seine Arbeiten auf dem Gebiet der Sinnesphysiologie führten nicht nur zu seiner Erfindung des Augenspiegels, der durch den eine neue Epoche in der Ophthalmologie eingeleitet wurde, sondern er hat auch der Akustik durch sie, die er zu einer Physik der Tonempfindungen erhob, eine exakte Grundlage gegeben. Philosophisch war er jedoch Kantianer und Dualist. Infolgedessen war er weit von jeder materialistischen Anschauung des Psychischen entfernt.

Fall von Konzentration einer schwachen Hemmung bei M.K. Petrowas »Mirta«

[1] Abgedruckt aus: *Pawlowsche Mittwochkolloquien*, Bd. II, Berlin 1955, S. 524f.

[2] MARIJA KAPITONOWNA PETROWA (vgl. S. 283, Anm. 2).

Kritik der Gestaltpsychologie an Hand des Buches von Woodworth »Die moderne Schule der Psychologie«

[1] Abgedruckt aus: *Pawlowsche Mittwochkolloquien*, Bd. II, Berlin 1955, S. 536–561.

[2] Vgl. S. 289, Anm. 2.

[3] WILHELM WUNDT (1833–1900), ursprünglich Mediziner (1864–1874 Professor für Physiologie in Heidelberg), 1874 Professor für induktive Philosophie in Zürich, 1875 Professor für Philosophie in Leipzig, wo er das erste Institut für experimentelle Psychologie gründete; er faßte als einer der ersten die verstreuten Ansätze zu empirisch-psychologischer Forschung zusammen, vertrat aber generell die These, daß man beim Studium der Psyche der Tiere von unserer eigenen ausgehen müsse.

[4] Vgl. S. 286, Anm. 5.

[5] MARIA CHRISTIAN EHRENFELS (1859–1932), seit 1896 Professor für Philosophie an der Universität Prag; mit seiner Abhandlung *Über die Gestaltqualitäten* (1890) wurde er einer der Begründer der Gestaltpsychologie (vgl. S. 12f.).

[6] HENRY PIÉRON (*1881), Pariser experimenteller Psychologe, untersuchte seit 1908 das Verhalten von Organismen im Rahmen einer Situation und die Reaktion der Organismen auf diese Situation.

[7] MAX WERTHEIMER (1880–1943), 1922–1929 Professor für Psychologie und Philosophie in Berlin, 1929–1933 in Frankfurt am Main, seit seiner Entlassung 1933 in New York. Er war einer der Hauptvertreter der Gestaltpsychologie; seine Arbeiten betrafen vor allem die Wahrnehmungslehre.

[8] KURT KOFFKA (1886–1941), von 1918 bis 1927 Professor für Psychologie in Gießen, seit 1927 in den Vereinigten Staaten; zusammen mit KÖHLER (Anm. 9) einer der Begründer der Gestaltpsychologie. Er selbst arbeitete vor allem auf dem Gebiet der Wahrnehmungs- und Entwicklungspsychologie; sein hier besprochenes Buch *The growth of mind*, London 1924, ist eine Übersetzung eines deutschen Originals *Die Grundlagen der psychischen Entwicklung*, Osterwieck am Harz 1921. Folglich müßte die richtige deutsche Übersetzung *Die psychische Entwicklung* lauten.

[9] Vgl. S. 286, Anm. 6.

[10] 1 Fuß = 30,48 cm.

[11] Vgl. S. 289, Anm. 4.

[12] KURT LEWIN (1890–1947), von 1927 bis zum Entzug der Lehrbefugnis im Jahre 1935 Professor für Philosophie und Psychologie in Berlin, danach an der Cornell University (Ithaka, USA), Vertreter der Berliner Schule der Gestaltpsychologie; er entwickelte vor allem eine psychologische Feldtheorie.

[13] Vgl. S. 282, Anm. 12. Thorndike war vor allem Lernpsychologe; er war der Meinung, daß die Affen und andere Tiere für sie neue Aufgaben durch zahllose »Versuche und Fehler« lösen. Einzelne zufällig richtige Bewegungen werden durch Assoziationen gefestigt, die je nach dem folgenden Versuch erhalten bleiben oder verschwinden.

Pawlow bewertete seine Untersuchungen als einen ersten Versuch der Psychologen, zu einem objektiven Studium der Psyche der Tiere überzugehen, anstatt anthropomorphe Ansichten zu vertreten, durch die dem Verhalten der Tiere menschliche Motive unterstellt werden (siehe die Äußerungen Pawlows auf den »Mittwochkolloquien«). In seinem Bestreben, eine einheitliche universelle Erklärung der Fertigkeiten, des Lernens und des Intellekts auf allen Stufen der Evolution zu geben, setzte Thorndike jedoch alle Tiere mechanistisch gleich und negierte die spezifischen Besonderheiten der Psyche des Menschen. Sein Buch *Der Lernprozeß beim Menschen* erschien 1935 in russischer Übersetzung.

[14] 1 Sashen = 2,336 m.

[15] Hermann Ebbinghaus (1850–1909), Professor für Philosophie in Berlin (1886–1894), seit 1894 in Breslau; er erschloß der Psychologie die höheren geistigen Prozesse als neues Forschungsgebiet, die bis dahin als unzugänglich für experimentelle psychologische Verfahren galten.

[16] Vgl. S. 290, Anm. 8.

[17] S.W. Klestschew, Mitarbeiter Pawlows; er führte 1933 Versuche durch, in denen die bedingten Reflexe auf ihre Beziehungen zu Reizen, hier zu Tonintervallen, unabhängig von der absoluten Tonhöhe untersucht wurden (»Das Verhältnis der Töne als bedingt reflektorischer Reiz« in: *Arbeiten aus den physiologischen Laboratorien I.P. Pawlows* 5, 1933, S. 211–216).

[18] N.A. Podkopajew, Mitarbeiter Pawlows.

[19] I.O. Narbutowitsch, Mitarbeiter Pawlows.

[20] Vgl. S. 282, Anm. 13.

[21] John Locke (1632–1704), der eigentliche Begründer der Philosophie der Aufklärung; die Schrift, auf die Pawlow hier Bezug nimmt, ist Lockes 1690 veröffentlichtes Hauptwerk *An essay concerning human understanding,* das er schon 1671 verfaßt hat. Er begründete damit den englischen Empirismus. Locke lehnte die Existenz angeborener Ideen ab und behauptete, daß der Mensch alle Kenntnisse aus der Erfahrung gewinnt. Die wahre Erkenntnis erwächst aber nach Locke nicht nur aus den Empfindungen, sondern auch aus einer zweiten Quelle, der Überlegung, d.h. der Synthese der Empfindungen.

Über die Thesen Köhlers und über eigene Beobachtungen

[1] Abgedruckt aus: *Pawlowsche Mittwochkolloquien,* Bd. III, Berlin 1956, S. 12–17.

[2] Im Original deutsch; es handelt sich dabei um: WOLFGANG KÖHLER, *Psychologische Probleme,* Berlin 1933.

[3] Im Original deutsch.

[4] F.P. MAJOROW (1900–1967), Mitarbeiter PAWLOWS.

[5] EWALD H. HERING (1834–1918), Professor für Physiologie, Nachfolger CARL LUDWIGS in Wien und Leipzig; er war ebenso wie dieser Anhänger der experimentellen Physiologie. Seine Hauptarbeiten liegen auf dem Gebiet der Elektrophysiologie, Sinnesphysiologie, Psychophysiologie und der physiologischen Optik. Auf ihn geht die psychophysische Theorie der Vererbung zurück. Das Gedächtnis ist bei ihm eine Funktion der organisierten Materie.

[6] Im Original deutsch.

Kritik der Arbeit Köhlers »Psychologische Probleme«

[1] Abgedruckt aus: *Pawlowsche Mittwochkolloquien,* Bd. III, Berlin 1956, S. 39–44.

[2] Vgl. S. 286, Anm. 6 und besonders oben Anm. 2.

[3] A.A. LINDBERG, Mitarbeiter PAWLOWS.

[4] G.P. SELJONY, Mitarbeiter PAWLOWS, der sich später von ihm trennte und seine Lehre ablehnte.

Über das Buch Dunckers »Psychologie des produktiven Denkens«

[1] Abgedruckt aus: *Pawlowsche Mittwochkolloquien,* Bd. III, Berlin 1956, S. 105f.

[2] K. DUNCKER, Gestaltpsychologe; er war Schüler KÖHLERS. In seinem in Berlin 1935 erschienenen Buch *Psychologie des produktiven Denkens* definierte er die Leistung des Denkens als Umstrukturierung des konkreten oder abstrakten Wahrnehmungsfeldes.

[3] Im Original deutsch.

Die »Verhältnisse« der Frequenzen verschiedener Reize als Form des bedingten Reizes und die Fehler der Gestaltpsychologie

[1] Abgedruckt aus: *Pawlowsche Mittwochkolloquien,* Bd. III, Berlin 1956, S. 185–190.

[2] S. W. KLESTSCHEW, Mitarbeiter PAWLOWS (vgl. S. 291, Anm. 17).

[3] A. O. DOLIN, Mitarbeiter PAWLOWS.

III. Die Auseinandersetzung Pawlows mit Kretschmer

Die physiologische Lehre von den Typen des Nervensystems, den Temperamenten

[1] Vorgetragen auf der feierlichen Sitzung der Großrussischen Pirogow-Gesellschaft am 6. Dez. 1927, die dem Andenken NIKOLAI IWANOWITSCH PIROGOWS gewidmet war; aufgenommen in: *Zwanzigjährige Erfahrungen mit dem objektiven Studium der höheren Nerventätigkeit (des Verhaltens) der Tiere,* 5. Aufl., Leningrad 1932. Abgedruckt aus: *Sämtliche Werke,* Bd. III, S. 345–353.

[2] NIKOLAI IWANOWITSCH PIROGOW (1810–1881), seit 1836 Professor für Chirurgie in Dorpat, seit 1840 in St. Petersburg.

[3] LENID WASILJEWITSCH BLUMENAU (1862–1932), Professor für Psychiatrie in Leningrad.

Über Hysterie

[1] Abgedruckt aus: *Pawlowsche Mittwochkolloquien,* Bd. I, Berlin 1956, S. 195–197.

[2] ERNST KRETSCHMER (1894–1964), Professor der Psychiatrie in Marburg (1926–1946) und danach in Tübingen; neben seiner auf Konstitutionsforschung beruhenden Typologie (*Körperbau und Charakter,* 1. Aufl., Berlin 1921; russische Übersetzung 1930) sind vor allem seine Arbeiten über die Hysterie wichtig geworden. Seine Schrift *Über die Hysterie,* Leipzig 1923, ist 1928 in russischer Übersetzung erschienen.

In seinen Ansichten über das Wesen des Psychischen steht er auf der Position des Dualismus. In seiner Kritik an den Typen KRETSCHMERS hebt PAWLOW nur eine schwache Seite dieser Konzeption hervor. Es muß aber auch darauf hingewiesen werden, daß KRETSCHMER ebenso wie alle bürgerlichen Psychologen und Psychiater den Einfluß des sozialen Milieus auf den Menschen ignoriert und auf der idealistischen Position der Morganistischen Anthropogenetik steht.

Vgl. auch S. 287, Anm. 8.

[3] ALFRED HOCHE (1865–1943; seit 1899 Professor für Psychiatrie in Freiburg im Breisgau), »Ist die Hysterie wirklich entlarvt?« *Dtsch. med. Wschr.* 58 (1932) S. 1–3; hier versuchte HOCHE zu beweisen, daß bei der Interpretation des Wesens der Hysterie bisher keinerlei Fortschritte erzielt worden seien.

Über Kretschmers Schizoide und Zykloide

[1] Abgedruckt aus: *Pawlowsche Mittwochkolloquien,* Bd. II, Berlin 1955, S. 507–509.

[2] Vgl. S. 293, Anm. 2.

Über die Typen der höheren Nerventätigkeit der Tiere und des Menschen

[1] Abgedruckt aus: *Pawlowsche Mittwochkolloquien,* Bd. II, Berlin 1955, S. 510f.

[2] Vgl. S. 293, Anm. 2.

Bemerkungen über das Buch von Kretschmer »Körperbau und Charakter«

[1] Abgedruckt aus: *Pawlowsche Mittwochkolloquien,* Bd. III, Berlin 1956, S. 238–240.

[2] Vgl. S. 293, Anm. 2.

[3] MARIJA KAPITONOWNA PETROWA (vgl. S. 283, Anm. 2).

[4] WIKTOR K. FJODOROW, Mitarbeiter PAWLOWS.

IV. Pawlow und die Behavioristen

Antwort eines Physiologen an die Psychologen

[1] Zuerst veröffentlicht in: *Psychological Review* 39 (1932) S. 97 bis 127; aufgenommen in: *Zwanzigjährige Erfahrungen mit dem objektiven Studium der höheren Nerventätigkeit (des Verhaltens) der Tiere,* 5. Aufl., Leningrad 1932. Abgedruckt aus: *Sämtliche Werke,* Bd. III, S. 404–430.

Dieser Artikel wurde in der Zeitschrift *Psychological Review* 39 (1932) S. 97–127, abgedruckt, und zwar als Antwort auf die im Text erwähnten Arbeiten: GUTHRIE, »Die Bedingtheit als ein Prinzip des Lernens« und LASHLEY, »Die grundlegenden Nervenmechanismen des Verhaltens« *(Psychological Review* 37, 1930). In diesem Artikel hat PAWLOW besonders vollständig die grundlegenden methodologischen Prinzipien der Reflextheorie formuliert: das Prinzip des Determinismus, das Prinzip der Analyse und Synthese und das Prinzip der Strukturiertheit. Diese materialistischen Prinzipien stellt PAWLOW den verwirrten idealistischen Konzeptionen der amerikanischen Gelehrten gegenüber. In dem in derselben Zeitschrift im Jahre 1934 (Bd. 41) veröffentlichten Antwortartikel (»Die PAWLOWsche Theorie der bedingten Reflexe«) äußert GUTHRIE in noch deutlicherer Form seine idealistische Überzeugung, und besteht auf der Unmöglichkeit, die Grundlagen der psychischen Prozesse mit objektiven physiologischen Methoden erkennen zu können.

[2] E.R. GUTHRIE (*1886), amerikanischer Psychologe, der zu den Begründern der wissenschaftlichen Lerntheorie gehört; seine Kontiguitätstheorie ist eine Weiterentwicklung der klassischen Assoziationspsychologie. Nach ihm besteht der allmähliche Anstieg des Lernerfolgs in der assoziativen Kopplung von neuen Elementen der Reizsituation mit der Reaktion bei jeder Wiederholung.

[3] 2. Aufl. (Anmerkung PAWLOWS).

[4] Über die Notwendigkeit der Existenz innerer Analysatoren hat PAWLOW wiederholt geschrieben. Während die äußeren Analysatoren den Organismus mit der Außenwelt verbinden, erlauben ihm die inneren, die Signale aus allen Organen und Organsystemen des Tieres erhalten, »eine Analyse auch dessen, was in ihm selbst vorgeht«.

[5] kinästhetische Reizungen sind Signale, die von den Skelettmuskeln aus in das Nervensystem gelangen. Anhand dieser Signale urteilen wir über den Spannungs- oder Erschlaffungszustand der Muskeln, über die Lage der Gliedmaßen, über den Widerstand, der ihnen entgegengesetzt wird usw. Die Bedeutung der kinästhetischen Reize, die auch als »Muskelempfindungen« bezeichnet werden, wurde zum ersten Male von IWAN MICHAILOWITSCH SETSCHENOW gezeigt. Die kinästhetischen Zellen in der Großhirnrinde sind Zellen, in die Impulse geleitet werden, und zwar auf den Wegen, durch die die Muskelempfindungen laufen.

[6] KARL SPENCER LASHLEY (1890–1958), Vertreter des Behaviorismus, der sich in seiner Lerntheorie mehr Fragen der Motivation und der Emotionalität zuwandte.

[7] CHARLES EDWARD SPEARMAN (1863–1945), Professor der Psychologie in London; er führte statistische Verfahren in die Psychologie ein, um mit einer gesicherten Methode durch isolierende Untersuchung von Sachverhalten psychologische Gesetzmäßigkeiten zu gewinnen, die auf formalisierte Strukturmodelle hinauslaufen. PAWLOWS Kritik gilt hier jedoch seinen vitalistischen Vorstellungen vom Wesen des Intellekts.

[8] Ich entnehme den Hinweis dem Buch von Prof. KANNABICH, *Geschichte der Psychiatrie* (Anmerkung PAWLOWS).

[9] Da die von K.S. LASHLEY gleichzeitig mit der obenerwähnten Rede veröffentlichte Monographie unter dem Titel *Brain Mechanisms and Intelligence* das eigene Versuchsmaterial des Autors in größerer Vollstän-

digkeit enthält, werde ich in meiner weiteren Darlegung sowohl die Rede als auch die Monographie im Auge behalten und daraus beliebig Tatsachen, Folgerungen und Zitate anführen (Anmerkung PAWLOWS).

[10] RENÉ DESCARTES (1596–1650), Begründer der neueren Philosophie und Erfahrungswissenschaft. Er war Mechanist auf dem Gebiet der Naturwissenschaft, also auch in der Physiologie, und Idealist in der Philosophie. Er stellte als erster den Begriff des Reflexes als einer automatischen Reaktion des Organismus auf äußere Reizung auf, die durch die Weiterleitung der Erregung über die Nerven ins Gehirn zustande kommt. Der mechanistische Charakter dieser Vorstellung verband sich bei DESCARTES mit der idealistischen Vorstellung von einer »vernünftigen Seele« des Menschen (vgl. *De homine*, postum 1662 erschienen). Erst IWAN MICHAILOWITSCH SETSCHENOW (1829–1905) stellte 1861 die weitergehende Frage nach reflektorischen Verbindungen der tierischen Organismen, die Anpassungscharakter haben.

[11] »The relation between cerebral mass, learning and retention«, in: *J. Comp. Neur.*, Philadelphia 41 (1926); »The retention of motor habits after destruction of the so-called motor areas in primates« *Arch. Neurol. Psychiatr.*, London 12 (1924) (Anmerkung PAWLOWS).

[12] Vgl. S. 286, Anm. 6.

V. Pawlow und Freud

Der Zielreflex

[1] Vortrag, gehalten auf dem 3. Kongreß für experimentelle Pädagogik in Petrograd am 2. Januar 1916; zuerst veröffentlicht in: *Europäischer Anzeiger* 4 (1916) S. 69–75. Aufgenommen in: *Zwanzigjährige Erfahrungen mit dem objektiven Studium der höheren Nerventätigkeit (des Verhaltens) der Tiere*, 1. Aufl., Petrograd 1923; abgedruckt aus: *Sämtliche Werke*, Bd. III, S. 222–227.

Der Freiheitsreflex

[1] Vortrag, gehalten in der Petrograder biologischen Gesellschaft im Mai 1917; zuerst gedruckt in: *Russischer Arzt* 1918 S. 1f. Aufgenommen in: *Zwanzigjährige Erfahrungen mit dem objektiven Studium der höheren Nerventätigkeit (des Verhaltens) der Tiere*, 2. Aufl., Petrograd 1923; abgedruckt aus: *Sämtliche Werke*, Bd. III, S. 248–252.

[2] Bei einer näheren Analyse dessen, was als Reflex, und dessen, was als »Instinkt« bezeichnet wird, ergibt sich kein grundlegender Unterschied (Anmerkung PAWLOWS).

Kritik an der Neurosekonzeption des Psychiaters Schilder

[1] Abgedruckt aus: *Pawlowsche Mittwochkolloquien,* Bd. I, Berlin 1956, S. 102.

[2] PAUL SCHILDER (1886–1940) Professor für Neurologie und Psychiatrie in Wien (1925–1930), seit 1931 in den USA; Schüler FREUDS. Er entdeckte 1912 die Encephalitis periaxialis diffusa (SCHILDERsche Krankheit).

Über die Neurosen des Menschen und des Tieres

[1] Veröffentlicht 1932 in: *The Bulletin of the Battle Creek Sanitarium and Hospital Clinic;* aufgenommen in: *Zwanzigjährige Erfahrungen mit dem objektiven Studium der höheren Nerventätigkeit [des Verhaltens] der Tiere,* 5. Aufl., Leningrad 1932. Abgedruckt aus: *Sämtliche Werke,* Bd. III, S. 399–401.

[2] Vgl. oben Anm. 2.

Über Hysterie

[1] Abgedruckt aus: *Pawlowsche Mittwochkolloquien,* Bd. I, Berlin 1956, S. 191–194.

[2] Vgl. S. 287, Anm. 7.

[3] MICHAIL PAWLOWITSCH NIKITIN (*1879), Professor der Psychiatrie an der Universität Petrograd.

[4] Vgl. S. 293, Anm. 2.

Über den Wahn

[1] Abgedruckt aus: *Pawlowsche Mittwochkolloquien,* Bd. I, Berlin 1956, S. 319–321.

[2] Hier ist ERNST KRETSCHMERS Habilitationsschrift *Der sensitive Beziehungswahn,* Berlin 1918, gemeint; vgl. S. 293, Anm. 2 und S. 287, Anm. 8.

[3] EMIL KRAEPELIN (1856–1926), Professor der Psychiatrie in Dorpat (1886–1890), Heidelberg (1891–1902) und München (1903–1922); durch die Trennung der Dementia praecox von manisch-depressiven Zuständen hat er die erste brauchbare Systematik der Psychosen gegeben. Die Pharmakopsychologie hat er begründet.

[4] Vgl. S. 287, Anm. 7.

Das Problem der positiven Bedeutung des »Sozialreflexes«

[1] Abgedruckt aus: *Pawlowsche Mittwochkolloquien*, Bd. II, Berlin 1955, S. 253f.

[2] A.D. SPERANSKI (1888–1961), Mitarbeiter und später Nachfolger PAWLOWS. Er wurde 1950, vor allem wegen des in seinem Werk *Grundlagen einer Theorie der Medizin*, Moskau 1935 (deutsche Übersetzung Berlin 1950) verwendeten Begriffs des Nervennetzes und der zu geringen Berücksichtigung der führenden Rolle der Großhirnrinde kritisiert. Er entwickelte in seinen Arbeiten die These von der trophischen Funktion des Nervensystems.

Schwierigkeit der Bestimmung des Typs des Nervensystems bei gewissen starken Hunden (»Tresor« und »Satyr«) mit starker Tendenz zur Hypnose

[1] Abgedruckt aus: *Pawlowsche Mittwochkolloquien*, Bd. II, Berlin 1955, S. 288–292.

[2] W.P. GOLOWINA, Mitarbeiterin PAWLOWS.

[3] A.A. LINDBERG, Mitarbeiter PAWLOWS.

[4] I.S. ROSENTAL, Mitarbeiter PAWLOWS.

Noch einmal über den Phänotyp

[1] Aufgenommen aus: *Pawlowsche Mittwochkolloquien*, Bd. II, Berlin 1955, S. 518–520.

Der Reflex der biologischen Vorsicht (passiver Abwehrreflex) und seine Beziehung zum Untersuchungsreflex

[1] Abgedruckt aus: *Pawlowsche Mittwochkolloquien*, Bd. II, S. 561–563.

[2] Leningrader Vorstadt, heute Pawlowo, wo PAWLOW seit 1926 sein Forschungszentrum aufbaute. Nach der Zerstörung während des Krieges befindet sich dort heute wieder das »I.P. Pawlow Physiologische Institut«.

[3] ATHANASIUS KIRCHER (1601–1680), Professor für Mathematik und Philosophie am Collegium Romanum in Rom; er beschrieb 1646 die Tierhypnose (sog. »Bezauberung des Huhns«).

[4] WLADIMIR WASILJEWITSCH SAWITSCH (* 1874), Mitarbeiter PAWLOWS.

Beiträge aus der Nervenklinik. Über Hysterie und Psychasthenie

[1] Abgedruckt aus: *Pawlowsche Mittwochkolloien*, Bd. III, Berlin 1956, S. 104f.

[2] Vgl. S. 284, Anm. 2.

SACHREGISTER

Abbilder 113
Abwehrreflex, passiver 252
Affen, Gleichgewichtskünstler 134, 137
–, Hände 111
–, Intelligenz 103
–, primitives Denken 114, 115
Affenversuche 102–112, 113–116, 152 f., 158
Akkommodation 125
Allgemeinbegriffe 52
Alter(n) 81, 252
Ambivalenz bei Schizophrenen 54
Analysator, akustischer, Differenzierung komplexer Reize 212
–, akustischer, Exstirpation 212
Analyse 34, 72, 73, 106 f., 120–122, 126 f., 127, 131, 150, 160
–, Exaktheit 127 f.
– in der geistigen Arbeit 79
–, Grundlagen 72
–, höchste 212
–, physiologische 255
–, psychologische 99, 160, 255
angeborene Eigenschaften 194–196
Angelsachsen, Mentalität 239
Animismus 111 f., 157, 160, 208
Animist 109, 111 f.
Anpassung 62,63
Anpassungsfähigkeit des Nervensystems, Prüfung 180
– des Organismus 72
Appetit verderben 239
Arbeit beim Affen 102, 105
–, geistige 47, 109
Arbeitswerkzeug beim Affen 105
Assoziation 22, 49–63, 91, 92, 109–111, 114, 115 f., 120 f., 131, 135 f., 136, 142–151, 159–166, 167, 173 f.
– der Ähnlichkeit nach 80
–, elementare 115, 146, 148, 149
– der Gleichzeitigkeit nach 80
–, motorische 111
–, zeitweilige Verbindung 71
Assoziationsprozeß 103, 106
Assoziationspsychologie 91, 120, 121, 130, 138, 140, 143, 159–166, 173, 174
Assoziationstheorie 167
Aufmerksamkeit 187, 252
Aufrechterhalten eines ausgearbeiteten Systems 48
Ausgeglichenheit der Nervenprozesse 95 f.
Automatismen 56

Bahnen, afferente 68
–, efferente 68
Bahnung 69, 162
Baustein-Psychologie 121
Bedingtheit 198
– als Prinzip des Lernens 197
Begriffe 161
Behaviorismus 119, 132, 143, 154–157
Bemächtigung 51
–, Gefühle der 50–55
Berlin 155, 158, 159
Beweglichkeit der Nervenprozesse 79, 96
– der Nervenprozesse, Nachlassen im Alter 81
– der Nervenprozesse, Überbeanspruchung 82 f.
– der Prozesse in der Hirnrinde 75
Bewegungen, abortive 225
Bewegungssturm 187, 254
Bewußtsein 157
Brom 116, 259
–, Blutspiegel 259
–, Dosierung 83
–, kombiniert mit Koffein 84
– zur Neurosebehandlung 181–182

chaotische Reaktion 104 f.
Charakter 80
–, expansiver 256
–, primitiver 256
–, psychopathischer 256

–, russischer, negative Züge, soziale Gründe 240
Chemiker 201
Chemismus, normaler, Störung 37
Choleriker 79

Deduktion 198, 206
Denervierung, Schwierigkeit 220
Denken 107, 109, 113 f., 115, 136, 142–146, 152, 153 f.
–, Bildung 109
–, elementares 114 f., 116
–, Genese 153
–, Keimformen 152
–, konkretes 152
–, menschliches, Entstehung 135
–, primitives 114, 115
–, wissenschaftliches 150
Denkertyp 188, 191, 255, 271
Depression 52 f.
Determinierung 227
Determinismus 208, 218, 234
Deutsche 19
Deutschland 158
Deutung 248
Differenzierung 40 f.
– bedingter Reflexe 72 f.
Differenzierungshemmung 75 f., 94 f.
Dressurmethode 20
Dualismus 158, 160
Dynamik der Großhirnhemisphären 214
– und Struktur 207–211, 215, 226
dynamische Organisation 142

Emotionen 80, 91, 184
Empfindungen 81, 85, 87 f., 113, 124 f., 142 f., 188
Empirismus 183
Engramm 223
Enthemmung 75
Entwicklung der Natur 231
Entwicklungsgesetz, allgemeines 231
Entwicklungsphasen 231
Enzyklopädie, Medizinische, 89, 118 f.
Erfahrung 57
Erholung 204 f.
Erkennen 142
Erlebnisse, menschliche 45 f.
Erlöschen des bedingten Reflexes 202 f.
–, durchgehendes 202 f.
–, eine Hemmung 204 f.
–, intermittierendes 203
Ermüdung 107
Ernährungsweise, richtige 239
Erregbarkeit, Erhöhung 40
–, Verminderung 40
Erregung 215
Erregungsprozeß in der Großhirnrinde 74
–, Konzentration 102–104
–, pathologische Labilität 88 f.
–, pathologische Trägheit 87
–, Trägheit 116
–, Überbeanspruchung 82 f., 249
–, Umwandlung in Hemmungsprozeß 74 f.
–, Vorherrschen 38, 181
erworbene Eigenschaften 194–196
Erziehung 97, 240, 265, 266
–, Treibhausklima 269
Existentialpsychologie 119
Explosivität, außerordentliche, des Erregungsprozesses 88
Exstirpation, hintere Hälfte der Hemisphären 213
– des Hinterhauptsdrittels 223
–, obere Hälfte der Hemisphären 213
– der Schläfenlappen 212
–, vordere Hälfte der Hemisphären 213

Fasern, kinästhetische 224
Feigheit 263, 268, 269 f.
Fertigkeit, motorische 222
Fertigkeiten, Vergleich verschiedener 221 f.
Formalisten 120
fovea centralis 224
Freiheit 269
Freiheitsreflex 148
Freiheitstrieb 144
Funktion und Struktur 212 f.
Funktionen, dynamische, Lokalisation 98
Furchtreflex 187

Ganzheit 117, 119, 122, 128, 145
– des Organismus 69
Gedächtnis im Alter 39
–, Nachlassen 89
Gedanke(n) 113, 135
Gefühl 113
– der Befriedigung 49
– der Feierlichkeit 49
– der Freude 49
– der Leichtigkeit 49
– der Müdigkeit 49
– der Munterkeit 49
– der Schwierigkeit 49
– des Verdrusses 49
Gefühle 49, 51, 80
– der Bemächtigung 84
–, negative 49

–, positive 49
–, schwere 49
– der Verzweiflung 49
Gegensatz, Kategorie 52
Gehirn, elementarste Eigenschaften 198
–, menschliches 227
Geist, menschlicher 45
Geistesschwäche, senile 41
Generalisation 92, 165
– der bedingten Reflexe 72 f.
Genotyp 80, 265, 266
Geruchsreize 201
Geruchszentrum 230
Gesetz der Reproduktion des Ähnlichen 58
Gestalt 91, 119 f., 162 f., 164 f., 170, 174
Gestaltpsychologen 117 f., 140, 145
Gestaltpsychologie 118–139, 141 f., 142 f., 150, 159 f., 160–166, 169, 170, 173 f.
–, Kritik 118–137
Gestaltqualität 121
Gewohnheit 56, 59, 265
–, Macht der 21
Gewohnheiten 46
Gleichgewicht 46
– zwischen Erregungs- und Hemmungsprozessen 36 f., 179
– der Nervenprozesse 79
Gleichgewichtszustand 128
Glück, dauerhaftes menschliches 21
Größenkonstanz, scheinbare 124
Großhirnhemisphären, Mosaik 122
–, Physiologie 31 f.
Grundreaktion des Menschen 165

Hand, Bedeutung 104
Hemmbarkeit, leichte 79
Hemmung(sprozeß) 34, 74 f., 107, 179, 199, 201
–, äußere 74, 77, 92, 110 f., 199
–, Ausbreitung, allmähliche 76 f.
–, auslöschende 74, 78, 94, 95
–, bedingte 78, 93–97
–, bedingte zeitweilige 78
–, Fortbewegung, Geschwindigkeit 34
–, innere 75, 78, 92, 97
–, Irradiation 36
–, Klassifikation 89, 93
–, kortikale 74, 93, 94
– der niederen Abschnitte des zentralen Nervensystems 74
–, physikalisch-chemische Grundlage 77 f.
–, reflektorische 78
–, reflektorische, beständige 78
–, Überbeanspruchung 249 f.
–, Umwandlung in Erregungsprozeß 74
–, unbedingte 93, 94 f., 97
– eines verspäteten Reflexes 73
–, Vorherrschen 37 f.
–, zentrale 19
Hemmungsreflex, bedingter 35
Hemmungsreflexe 179 f.
Hemmungszustand begünstigt Wiederherstellung 204 f.
Hund, denkender 30
–, innere Welt 17
Hygiene 241
Hypnose 75,76, 86, 207, 251 f.
–, natürliche Grundlage 264
hypnotischer Zustand 251 f., 254, 261–264
Hysterie 38, 84, 185, 251–255
–, angeborene 254
–, erworbene 254
–, schwache Rindenzellen 185
Hysteriker 181, 192 f.

Idee 91, 99
Ideenassoziation 91
Immunität, mechanische 220
implication 57 f.
Induktion, gegenseitige 36, 54, 215
–, negative 77, 80, 93–95, 114, 156, 199, 230
–, positive 117
–, wechselseitige 77
Induktionsbeziehungen 117
– zwischen erstem und zweitem Signalsystem 114
Infusorium, Reaktionsformen 105
Innenwelt der Tiere 31 f.
insight 132–137, 139
Instinkt(e) 22, 33, 69, 80, 119, 146, 151, 234
– des Kampfes 257
– sind Reflexe 25 f.
–, sexueller 258
– der Überlegenheit 257
Intellekt, Funktion einer undifferenzierten Nervenenergie 206
–, ein Kettenreflex 129 f.
Intelligenz 132, 148
– der Affen 103–106
Intelligenzprüfungen an Menschenaffen 230
Introspektion 113, 119
Introversion 189
Inversion 84, 89, 99, 258
Irradiation 35, 72, 205, 215, 225, 237

–, Bedingungen 75
–, Hemmungsprozeß 73
–, zeitweilige 150
Iteration 87

Kalzium zur Neurosebehandlung 180
Kampf des Organismus gegen die Krankheit 86
Kastration, Wirkung auf höhere Nerventätigkeit 89
kataleptischer Zustand 168
katatone Zustände 85
Kategorie des Gegensatzes 52
Kausalität 55
kinästhetische Reizung 229
kinästhetischer Punkt 229
Kinder, eigensinnige 37
–, panischer Reflex 265
–, Reflexe 263 f.
Kleinhirnverletzung 225
Klinik für Geisteskranke 41
– für Nerven- und Geisteskrankheiten 184
Koffein und Brom kombiniert 84
Konfigurationalisten 120
Konstitution 175
Kontrasterlebnisse 81
Kontrastwirkung 100
Konturzeichnungen 224
Konzentration 215, 253
–, Bedingungen 75
– der Erregung 205
– der Gedanken 230
Kraftwirkung, Anordnung im Raum 207 f.
Kretinismus 39
Krieg 21
Krise, geistige 49
Künstlertyp 188, 191 f., 272
Kultur, ein Zielreflex 238
Kunstliteratur 228

Labyrinth, Bewegungen im 221 f.
Labyrinthfertigkeit 221
Labyrinthversuch 218–220
Latenz, geheimnisvolle 199, 201
Leben, menschliches Ziel 238
–, Verwirklichung eines Ziels 236
Lebensalter, Gehirntätigkeit 39
Lebensenergie, Grundform 238
Lebenserfahrung 222
Lebensinstinkt, allgemeiner 236, 240
Lebensordnung 232
Lebensreflex 236
Lebenssituation, soziale 189
Lebensweise, Änderung 49
Lehrbücher der Physiologie 175
Lehre von den bedingten Reflexen 212, 214
Leibeigenschaft, Erbe 240
Leichtsinn 183
Leidenschaft 230
Leitungsapparat 68 f.
Lernen 132, 137–141, 197, 206, 218, 222
Lernkurve 139
Literatur, psychologische 227
Lokalisation 224
–, dynamische 98
– der Sinnesorgane in der Hirnrinde 211
Lokomotion 213, 221 f.

Magendrüsen, psychische Erregung 17
Materie, lebende 231
–, lebende, höchste Differenzierung 226
Mechanik 54 f.
mechanisch 54 f.
mechanistisch 54 f.
Medizinische Enzyklopädie 89, 118
Melancholie, krankhafte 49 f.
Melancholiker 79
Mensch, Grundreaktion 165
–, eine Maschine 232
–, Neurosen 38
–, Pathologie 38
–, Sonderstellung 232
–, ein System 232
Menschenaffen, Verstand 108–111
Methode der Selbstbeobachtung 143
– von Versuch und Fehler 115, 132, 135, 136
Milchinstinkt 263
mnestische Spur 223
Mörder 257 f.
Mörser-Psychologie 121
Mosaik 36
– der Großhirnhemisphären 122
– der Rinde 76
Muskeltätigkeit, subtile Analyse 99

Nachdenklichkeit 230
Nachhemmung 202
Nahrungsreflex 236–239
–, Reizsumme 29
– stärker als Wächterreflex 29
Nahrungszentrum 35
Narkolepsie
Naturwissenschaft, Ideal 54
Negativismus 53 f.
Nervenerscheinungen, komplizierte 238

Nervenfaser, Veränderungen 38
Nervenklinik 189, 261 f., 270 f.
Nervenphysiologie 38
Nervenprozeß, doppelsinnige Leitung 229
Nervenprozesse, elementarste, physikalisch-chemischer Mechanismus 250 f.
–, gegenseitige Begrenzung 36
Nervensystem, drei Grundzüge 58
–, kompliziertestes und feinstes Instrument 69
–, Schwäche 253
–, schwaches 47, 254
–, starkes ausgeglichenes 47
–, starkes, nicht ausgeglichenes 47
–, systematische Einteilung 78 f.
–, Tonus 261
–, Typen 79
–, Unausgeglichenheit 251
Nerventätigkeit, höhere 34, 35, 50 f., 65, 67, 139, 151, 161, 165, 173, 255
–, höhere, bei Affen 107
–, höhere, chronische Störung 250
–, höhere, des Menschen 251
–, höhere, objektive Analyse 234
–, höhere, objektives Studium 31–43
–, höhere, Organ 22
–, höhere, physiologisches Studium 165
–, höhere, Plastizität 232
–, Norm 82
–, psychische Komponente 101
Neurasthenie 84, 272
Neurastheniker 38
Neurose 96, 116, 180, 248–251, 261
–, Bedingungen der Entstehung 249
–, Behandlung 180
–, chronische 84
–, experimentelle 82–84, 247
–, experimentelle, Therapie 83
– beim Hund 50
–, menschliche 247, 248, 256, 270 f.
–, menschliche, physiologische Analyse 248–251
Neurotiker 189
Niedergeschlagenheit 53
Notwendigkeit 208

objektive Analyse 234
objektives Verfahren 18
Ontogenese 231
Organe, Denervierung, Schwierigkeit 220
Organisation, dynamische 142
Organismus, Ganzheit 209
– und Umwelt 209
– und Umwelt, Hirnrinde 215
– und Umwelt, Wechselbeziehungen 176
Orientierung, höhere Form 179
– in der Umwelt 213
Orientierungsreflex 145, 165, 168, 200, 204, 205, 236, 265

Pädagogen 207
Pädagogik 269
panischer Reflex 263, 265
Paranoia 87, 89
Paris 140
Patellarsehnenreflex, Beeinflussung durch Hirnrinde 187
Pathophysiologie der höheren Nerventätigkeit 139
pattern vision 224
Periodizität, pathologische 88
Perseveration 87
Persönlichkeit 122
Perzeption 124, 126–129, 143
Pferde, denkende 30
Pflichten, gesellschaftliche 233
–, staatliche 233
Phantasie, wissenschaftliche 231
Phase, ausgleichende 119
–, paradoxe 49, 52, 76, 257
–, ultraparadoxe 99, 257, 258
Phlegmatiker 79, 184
Phylogenese 231
Physiker 209
Physiologie 255
–, Antwort an die Psychologen 197–233
– der höheren Nerventätigkeit 44, 118, 139, 161, 164
– des Gehirns 230
– der Goßhirnhemisphären 22, 65, 66
– des höchsten Abschnitts des Zentralnervensystems 65
– und Psychologie 118–137
–, Verschmelzung mit Psychologie 136
Physiologisches Institut 139
–, Vereinigung mit Psychologischem 137
Physiologisches und Psychologisches 44, 66
Plastizität der höheren Nerventätigkeit 232
Prinzip der Analyse und Synthese 207
– der Assoziation 229
– des Determinismus 207
– der Gleichzeitigkeit 226
– der Strukturiertheit 207
Programm 227
Projektionsbahnen 220

Projektionstrakte 218
Propheten 258
propriorezeptive Tätigkeit 99
Psychasthenie 84, 270 f., 272
Psychastheniker 192
Psychiater 188 f., 192, 256, 264
psychiatrische Klinik 188 f.
psychisch 51
psychische Beziehungen 176
- Erscheinungen, Eigenart 208
- Erscheinungen, auf physiologische zurückzuführen 54
- Erscheinungen, auf zahlenmäßige Messung 66
Psychisches, Identifizierung mit Somatischem 159
Psychoanalyse 247
Psychologe(n) 91, 101, 104, 106, 118, 154, 159–162, 164, 255
–, empirische 227
Psychologen-Kongreß, internationaler in Amerika 206
Psychologie 31, 55-65, 66, 112–115, 118–151, 154–155, 159–166, 166 f., 169, 172, 173
–, amerikanische 119
–, experimentelle 67
–, Handbücher 66
–, moderne 91
- und Physiologie 118–137
- des Rationalismus 119
–, –, teleologische 119
–, Verbindung mit Physiologie 139, 151
–, Verschmelzung mit Physiologie 136
- und Physiologie, bei Tieren 31
psychologische Analyse, Erklärung 255
psychologisches Denken 65
Psychologisches, Vereinigung mit Physiologischem 137
Psychophysik 67
Psychose(n) 257
–, zirkuläre 185
Psychotiker 191
Punkte, kranke isolierte 254
–, kranke, in der Rinde 184

Rationalismus 119
Ratte 218 f.
Ratten, weiße 218
Reaktion, bedingte 226
–, chaotische 104 f.
–, primitive 187
Realitätsgefühl 262
Reflex 20
–, angeborener 177
–, antisozialer 259
–, automatischer 169
–, bedingter 22, 37, 60–63, 65–70, 89, 157, 173, 178, 198, 201 f., 214, 226
–, bedingter, Bildung 22, 35, 71
–, bedingter, Bildung bei Vorausgehen des unbedingten Reizes 198
–, bedingter, Differenzierung 72
–, bedingter, dritter Ordnung 42
–, bedingter, Generalisation 72
–, bedingter bei Kindern 43
–, bedingter, auf Reizende 166
–, bedingter, Theorie 155 f.
-, bedingter, auf ein Verhältnis 168–174
–, bedingter, verspäteter 171, 174 f.
–, bedingter, zweiter Ordnung 42
- der biologischen Vorsicht 267–270
- der natürlichen biologischen Vorsicht 260
–, individueller 33
–, panischer 263, 265
–, Periodizität 238
–, primärer, der biologischen Vorsicht 263
–, unbedingter 69 f., 178
–, verspäteter 202
–, verspäteter, erste Periode 202
–, zeitweiliger 33, 177
Reflexbegriff 207, 214
–, Wesen 217
Reflexe, angeborene 22
- des Gehirns 18
–, Stärke, Vergleich 30
Reflexschema 210
Reflextätigkeit des Nervensystems, Theorie 207
Reflextheorie 209, 211, 218, 227
–, Gegenargumente 223 f.
–, Gegner 217 f.
–, ein Hindernis
–, Prinzipien 214
Refraktärperiode 92
Reiz(e) 129
–, äußere, Summe 25
–, akustische, komplexe 212
–, bedingte 168, 171
–, bedingte, hypnotische 215
–, bedingte, natürliche 76
–, bedingte, negative 75
–, kinästhetische 204 f., 219
–, Menge 215
–, schwache, einschläfernde Wirkung 262, 264
–, Stärkeverhältnis 30
Reizkomplex 127

Reizschwäche 88 f.
Reizsumme 29
Reizung, Begriff 98
–, künstliche 66
Religion 100
Revolution 21
Rezeptoren, Zerstörung 219
–, Zerstörung der wichtigsten 77
Rezeptorenapparat 210
Rinde, Kraftlosigkeit 185
– als Mosaik 76
Rindenregion, motorische, Entfernung 223
Rindenzelle, Arbeitsfähigkeit, Grenze 251
Ruhe als therapeutische Maßnahme 86
russischer Geist 19

Säurereflex, bedingter 40
Sammelleidenschaft 235 f.
Sammeln 236 f.
–, bei Tieren 235
Sanguiniker 79, 96, 183 f.
Scheintod 254
Scheintodreflex 187
Schilddrüse, Einfluß auf bedingte Reflexe 39
–, Entfernung 39 f.
Schizoide 188–191
Schizophrenie 54, 185, 188–190
Schizothyme 192 f.
Schläfrigkeit 201
Schlaf 97, 114, 188, 207
– äußerste Irradiation des Hemmungsprozesses 36
–, Erregungsstadium zu Beginn
Schlafzustand 76
– beim verspäteten Reflex 202
Schließungsapparat 68
Schluß, unbewußter 125, 128
Schutzhemmung 251
–, physiologische 86 f.
Schwangerschaft, eingebildete 101
schwierige Bedingungen 82
Seele 142
Selbstbeobachtung 113
Sehen, gegenständliches 224
Sehfertigkeit 223
Sehsphäre 223
Sekretion, psychische 17
Selbstmörder 238
Selbstmordversuche 49
Selbstregulation, höchste 232
sentiments d'emprise 50–55
Signal 145
– der primären Signale 81
Signalisierung 178
Signalisation, verbale 188
Signalreflex 177
Signalreize 70
Signalsystem, erstes 81, 114, 271, 272
–, zweites 81, 114, 271
Simulieren einer Krankheit 185
Sinnesorgane, Lokalisation in Hirnrinde 211
Speicheldrüse, psychische Erregung 17
Spontaneität 208
sozialer Reflex 258–260
soziales Verhalten, Leben, Kompliziertheit 189 f.
Spielinstinkt 148
Sprache 98 f., 111
Spuren, Wiederbelebung, Wirkungen beim Denken 114
Stärke des Hemmungsprozesses des Nervensystems, Prüfung 180
Standpunkt, subjektiver 17
Stereotyp 47–49
–, dynamischer 45–50, 78, 82, 91, 165
–, Konkurrenz 48
–, Schichtung 48
–, Umarbeitung 47
Stereotypie 87, 226
–, äußere 46
Stigmatisation 253
Stimmung(en) 113
–, schwermütige 49
Streben, menschliches 235
Struktur 209
–, Bedeutung 212 f.
– und Dynamik 207–211
– und Funktion 213, 216
– im Zentralnervensystem, Bedeutung 226
Strukturiertheit 214
subjektive Deutung, Erlebnisse 119, 155 f.
–, Erscheinung 119
–, Erscheinungswelt 64
–, Methode 143
subjektive Vorstellung, Welt 15, 17, 160, 166, 207
– des Menschen 45
Subjektives und Objektives 44, 159, 187, 197
subjektiver Standpunkt 17
Suggestibilität 38, 185, 252
–, Mechanismus 186
Suggestion 186, 252
Summation 225
– von Reizen 178
Symptome, psychotische, experimentell erzeugt 82

Synthese 32, 74, 91 f., 99, 119, 121, 149, 160 f., 207, 214
- von Assoziationen **92**
-, einfache 92
-, elementare 212
-, elementare bildhafte 212
-, in der geistigen Arbeit 80
-, höchste 212
-, komplizierte 92
Systematiker 257
Systemcharakter in den Nervenprozessen 226
Systematisierung in der Hirnrinde 178
Systematisierung, klassische 79

Tätigkeit, psychische 65
Takt 70
Teleologie 119, 231
Temperament 255, 271
-, cholerisches 183
-, Definition 182 f.
-, melancholisches 183
-, phlegmatisches 183
-, sanguinisches 183
Temperamente 175
-, Klassifizierung 183
Terminologie, objektive 17
Theorie, echte, wissenschaftliche 227
Tier, Bewußtsein 32
-, Innenwelt 32
Tierhypnose 168 f.
Tierneurosen 248, 251
Tierorganismus, Maschine 217
Tierpsychologie ohne Daseinsberechtigung 64
Töne
Tonus der Hirnrinde 165
- der Großhirnhemisphären 41
Trägheit des Erregungsprozesses 116
- der Nervenprozesse, normale 95
- der Nervenprozesse, pathologische 95
Training 254
Treibhausklima bei der Erziehung **269**
Triebe 119
Triumph des menschlichen Geistes 21
Tropismen 17
Typ(en), ausgeglichener 181
-, Definition 79 f.
-, erregbarer 181-183, 249
-, extreme, besonders anfällig 83
-, halbierte 181
-, hemmbarer 181–183
-, hemmungsloser 79
-, der höheren Nerventätigkeit 191
-, sehr lebhafter 79
-, menschlicher, schwerfälliger 79
- des Nervensystems 79, 175, 181–183, 188–192, 194–196, 256
-, des Nervensystems, allgemeine **192**
- des Nervensystems, ausgeglichener 95
- des Nervensystems, Bestimmung 260–264
- des Nervensystems, erregbarer 96, 190, 193
- des Nervensystems, hemmbarer 95
- des Nervensystems, Klassifikation 94–96, 188 f., 190, 191–193, 260–264
- des Nervensystems, beim Menschen 188–193, 271
- des Nervensystems, schwacher 79, 90, 94 f., 96, 189 f., 193, 258, 261–264
- des Nervensystems, schwacher, des Menschen 187
- des Nervensystems, schwacher, Training 97
- des Nervensystems, starker 95, 190 f., 257, 267–270
- des Nervensystems, starker erregbarer, des Menschen 187
- des Nervensystems, starker unausgeglichener 188 f.
- des Nervensystems, starker zyklisch unausgeglichener 190 f.
- des Nervensystems, träger 96
-, schwacher 79
-, zentraler 181–183

Überbau 22
Überbelastungshemmung 92 f.
Überdecken 63
Überschwemmung 260
Übung 219
Umarbeitung des Stereotyps 47
Umwelt, soziale 70, 81
Unausgeglichenheit 190
Unterdrückung, soziale Folgen 240
Untersuchungsreflex 237, 265, 267
Ursache und Wirkung 55

Verallgemeinerung nach dem Charakter 171–173
- nach der Qualität 170
Verbindung, bedingte 91
-, zeitweilige 91, 142, 146, 162, 173, 177
-, zeitweilige, zweier indifferenter Reize 70
Verdrängung 258
Verfolgungswahn 84, 257
Verhalten 189

–, Abweichung von der Norm 248
– des Menschen 42
– der Tiere 22
–, nicht Summe von Reflexen 123, 129
Verhaltenspsychologie 157
Verlust nahestehender Menschen 49
Verschmelzung der Psychologie mit der Physiologie 45
– des Subjektiven mit dem Objektiven 44
Verspätung 199–202
Verspätungshemmung 94
Verstand, Definition 108–112
–, elementarer 111
– der Menschenaffen 108–112
–, menschlicher 227
Verständnis 248
Verstehen 230
Versuch und Fehler 133, 135 f., 139, 147
Vorstellung 81, 85, 87, 91, 99

Wachzustand 77
Wächterinstinkt 26
Wächterpunkt 77
Wächterreaktion 23
–, Bedingungen 24–27
Wächterreflex 195 f.
–, angeborener 26
–, Reizsumme 29
Wahn 84, 255 f., 258
–, expansiver 257
–, sensitiver 257
Wahrheit 106, 151
Wahrnehmungen 124, 128 f., 143, 254
Weber-Fechnersches Gesetz 66
Wegfallen der gewohnten Beschäftigungen 49
Welt, subjektive 81 f., 156, 160, 166
Wien 21
Wille 120
–, zwei Arten 187
Willensfreiheit 208, 231–233
Wirklichkeit, Spuren 114
Wissen 135–137
–, elementares 136
Wissenschaft 136
–, exakte, vom Menschen 21
–, Schematismus 80
–, moderne 120
Woodhall 267
Wort als Signal 81
–, Verallgemeinerung 114
–, Zeichen 65
Wortzellen 54
Würde 70

Zentralnervensystem, Durchschneidungen 221
–, Struktur 226
Zentren 30, 210
–, relative Stärke 23–31
Zerrüttung 171, 180
Zerstörung des Glaubens 49
Ziel 231
Ziele im menschlichen Leben 235 f.
Zielreflex 234–241
Zirkularität 191
– der Nerventätigkeit 88
Zoopsychologie 32
Zusammenstoß 116
– des Erregungs- und Hemmungsprozesses 82, 180, 247
– von Erregung und Hemmung 249
Zustand, depressiver 51
–, hypnotischer 48, 52 f.
–, hypnotischer, Phasen 83
–, kataleptischer 76
–, schwieriger 250
Zwangsempfindung 99
Zwangserscheinungen 257
Zwangsneurose 87, 89
Zwangsphänomene 272
Zwangszustände 256
Zykloide 188–191
Zyklothyme 88, 192 f., 194
Zytoarchitektonik 210

NAMENREGISTER

Adler, A. 257
Asratjan, E. A. 48, 59, 62, 64, 65, 97, 98, 164, 285

Baader, G. 274
Baader-Schnapper, U. siehe Schnapper, U.
Bechterew, W. M. 20, 282
Beer, Th. 18, 281
Bethe, A. 18, 282
Bernard, C. 9
Blumenau, L. W. 185, 293
Birman, B. N. 272
Borodin, A. 271
Brücke, E. 281

Claparède, É. 12, 55, 56, 64, 276, 286
Corson, S. A. 278
Cyon, E. de 9

Descartes, R. 217, 296
Dolin, A. O. 168, 293
Du Bois-Reymond, E. 9
Duncker, K. 13, 166, 167, 277, 292

Ebbinghaus, H. 137, 291
Ehrenfals, M. C. 121, 290
Eljasson, M. I. 212

Fechner, G. Th. 11, 66, 67
Fernel, I. 289
Flourens, I. P. 9
Freud, S. 14, 15, 234, 247, 255, 272
Fursikow, D. S. 259

Goethe, J. W. v. 271
Golowina,W. P. 260, 261, 298
Goltz, F. 97
Gubergriz, M. M. 241
Guthrie, E. R. 197, 294, 295

Hall, M. 10
Hand, I. 15, 278
v. Helmholtz, H. 9, 11, 113, 125, 126, 289
Hering, E. H. 155, 292
Hippokrates 183, 271, 278
Hoche, A. 188, 294
Holzkamp, K. 9, 274
Huxley, Th. 279

Iwanow, Smolenski, A. G. 43, 45, 91, 93, 94, 95, 96, 97, 273, 283, 284

James, W. 59, 121, 286
Janet, P. 12, 50, 84, 251, 258, 287
Jewlachow 15, 272

Kalischer, O. 20, 282
Kannabich 295
Kardos, L. 15
Kircher, A. 268
Klestschew, S. W. 291, 293
Koffka, K. 123, 138, 139, 140, 290
Köhler, W. 12, 13, 61, 101, 102, 103, 106, 108, 109, 110, 111, 112, 123, 131, 133, 136, 137, 139, 147, 148, 152, 154, 158, 159, 166, 167, 228, 230, 276, 277, 278, 286, 292
Kraepelin, E. 256, 297
Krajewitsch 124
Kretschmer, E. 84, 85, 175, 186, 187, 188, 189, 190, 192, 193, 194, 254, 255, 256, 257, 258, 277, 278, 287, 293
Krschenikow, F. N. 282
Krschykowski, I. I. 48, 285
Kopalow, P. S. 48, 285

Lashley, K. S. 13, 206, 217, 218, 223, 294, 295
Lesgaft, P. F. 31
Lewin, K. 130, 131, 290
Lindberg, A. A. 164, 289, 292, 298
Locke, J. 149

Loeb, J. 18, 281
Ludwig, C. 9, 281 f., 292

Magnus, R. 211
Majorow, F. P. 97, 98, 99, 191, 259, 266, 288, 292
Mendelejew, D. I. 271
Munk, H. 66, 286 f.

Narbutowitsch, I. O. 62, 63, 157, 158, 166, 192, 193, 259, 291
Nikitin, M. P. 254, 297

O'Connor, N. 15

Pachomow, A. N. 99, 100
Parker, G. H. 19, 282
Petrowa, M. K. 23, 27, 28, 29, 116, 259, 276, 283, 289, 294
Piéron, H. 122, 290
Pirogow, N. I. 175, 293
Pissarew, D. I. 285
Podkopajew, N. A. 92, 94, 164, 291
Prostakowa 162
Protopopow, W. P.

Rollett, A. 282
Rosental, I. S. 298

Sawitsch, W. W. 97, 288, 298
Scheler, M. 59, 286
Schilder, P. 14, 247, 250, 279, 297
Schnapper, U. 274
Seljony, G. P. 164, 166, 292
Setschenow, I. M. 10, 18, 19, 281 f., 295, 296
Speranski, A. D. 107, 260, 298
Sherrington, C. S. 108, 111 f., 211, 288 f.
Skipin, G. W. 48
Snarski, A. T. 17, 18, 279
Spearman, C. E. 206, 295

Thorndike, E. L. 19, 22, 67, 132, 133, 139, 140, 141, 143, 151, 282
Timarjesew, K. A. 31, 282, 283
Titchener, E. B. 11, 13
Tolotschinow, I. F. 18, 281
Tolstoi, L. 188

v. Uexkuell, J. J. 18, 282
Ussivjewitsch, M. A. 106

Verworn, M. 211

Warren 57
Watson, J. B. 9, 13, 19
Weber, E. H. 66, 287
Wedenski, N. J. 38, 283
Wertheimer, M. 123, 290
Winogradow, N. W. 198
Woodworth, R. 12, 112, 118, 119, 121, 122, 123, 128, 137, 140, 143, 163, 276, 289
Wulfson, S. G. 17, 279
Wundt, W. 11, 13, 67, 120, 121, 287, 290
Wyrschikowski, S. N. 46, 285

Yerkes, R. M. 12, 19, 102, 103, 106, 146, 147, 276, 282

KINDLER TASCHENBÜCHER
GEIST UND PSYCHE

(2001)*	Anna Freud	Das Ich und die Abwehrmechanismen
(2002)*	Karen Horney	Der neurotische Mensch unserer Zeit
(2003)*	René Allendy	Die Liebe
(2004)*	Viktor von Weizsäcker	Natur und Geist
(2005)*	Erich Neumann	Tiefenpsychologie und neue Ethik
(2010)*	C. G. Jung	Welt der Psyche
(2019)****	Albert Görres	Methode und Erfahrungen der Psychoanalyse
(2021)*	Eduard Naegeli	Das Böse und das Strafrecht
(2029)*	Franziska Baumgarten	Beratung in Lebenskonflikten
(2030)*	Hans Driesch	Parapsychologie
(2032)*	August Mayer	Reifungsprobleme im Leben der Frau
(2034)*	Fritz Stirnimann	Psychologie des neugeborenen Kinde
(2036)**	Gustav R. Heyer	Der Organismus der Seele
(2040)***	Georg Groddeck	Das Buch vom Es
(2044)*	Hermann Rorschach	Ausgewählte Aufsätze
(2046)**	Alexis Carrel	Betrachtungen zur Lebensführung
(2048)**	Oscar Forel	Einklang der Geschlechter
(2050)*	Alphonse Maeder	Der Psychotherapeut als Partner
(2052)*	Eduard Schweingruber	Der sensible Mensch
(2053)*	Hans Driesch	Alltagsrätsel des Seelenlebens
(2054)*	Franziska Baumgarten	Demokratie und Charakter
(2055)**	Wilhelm Bitter	Einsamkeit in medizinisch-psychologischer, theologischer und soziologischer Sicht
(2057)**	Erich Stern	Der Mensch in der zweiten Lebenshälft
(2059)*	Wolfgang Wilhelm	Bewußte Lebensführung
(2060)**	Michael Fordham	Vom Seelenleben des Kindes
(2062)**	Alphonse Maeder	Selbsterhaltung und Selbstheilung
(2064)*	Heinz Artur Strauß	Psychologie und astrologische Symbolik
(2065)***	Rudolf Gelpke	Drogen und Seelenerweiterung
(2067)**	Josef Rattner	Psychologie und Psychopathologie des Liebeslebens
(2069)**	Michael und Enid Balint	Psychotherapeutische Techniken in der Medizin

In GEIST UND PSYCHE erscheinen die Schriften namhafter Psychologen, Psychoanalytiker und Pädagogen.

(2071)*	Josef Rattner	Individualpsychologie
(2072)**	Wilhelm Bitter	Die Angstneurose
(2074)**	J. H. Schultz	Grundfragen der Neurosenlehre
(2076)*	Hoimar von Ditfurth	Die endogene Depression
(2077)*	Leonard J. Friedman	Virginität in der Ehe
(2078)***	Herbert Lippert	Einführung in die Pharmakopsychologie
(2079)*****	Parin/Morgenthaler Parin-Matthey	Die Weißen denken zuviel
(2080)**	Medard Boss	Sinn und Gehalt der sexuellen Perversion
(2082)****	Jean-Hyppolyte Michon	System der Graphologie
(2083)****	Hans Giese	Der homosexuelle Mann
(2084)*	Heinz-Rolf Lückert	Der Mensch – das konfliktträchtige Wesen
(2085)**	Hans Strotzka	Psychotherapie und soziale Sicherheit
(2086)*	Hoimar von Ditfurth	Aspekte der Angst
(2087)****	Max Pulver	Symbolik der Handschrift
(2088)****	Robert Heiss	Allgemeine Tiefenpsychologie
(2089)**	Kurt Seelmann	Kind, Sexualität und Erziehung
(2090)***	Karen Horney	Neue Wege in der Psychoanalyse
(2091)***	Wilhelm Bitter	Freud, Adler, Jung
(2092)***	Emil Schmalohr	Frühe Mutterentbehrung
(2093)**	Dieter Eicke	Vom Einüben der Aggression
(2094)***	Werner W. Kemper	Psychoanalytische Gruppentherapie

Neuerscheinungen Frühjahr 1973

(2095)***	Hans Strotzka	Neurose, Charakter, soziale Umwelt
(2096)****	Iwan P. Pawlow	Auseinandersetzung mit der Psychologie
(2097)*	Autoren-Kollektiv	Drogen-Fibel
(2098)*****	Ronald Wiegand	Gesellschaft und Charakter
(2099)***	Josef Rattner	Selbsterkenntnis und Menschenkenntnis
(2100)****	Richard Pokorny	Psychologie der Handschrift

* Einfachband:	DM 4,80; sfr. 6,30
** Zweifachband:	DM 6,80; sfr. 8,90
*** Dreifachband:	DM 7,80; sfr. 10,20
**** Vierfachband:	DM 9,80; sfr. 12,80
***** Fünffachband:	DM 11,80; sfr. 15,40

Alle Preisangaben sind unverbindlich

7 – 1 – 10 – 4 – 3